Michael Argyle
Körpersprache und Kommunikation

Reihe
Innovative Psychotherapie und Humanwissenschaften
Band 5
Herausgegeben von
Hilarion Petzold

Michael Argyle

Körpersprache & Kommunikation

Junfermann Verlag · Paderborn
1996

© Junfermannsche Verlagsbuchhandlung, Paderborn 1979
© der englischen Ausgabe: 'Copyright © 1975 by Michael Argyle'
6. Auflage 1992
7. Auflage 1996
Die erste Ausgabe erschien im Verlag Methuen & Co. Ltd., London
Titel der englischen Ausgabe: 'Bodily Communication'.
Aus dem Englischen übersetzt von Christoph Schmidt
Einband-Gestaltung: S. Diekneite, J. Sieper
Gesamtherstellung: PDC — Paderborner Druck Centrum

CIP-Kurztitelaufnahme der Deutschen Bibliothek
Argyle, Michael:
Körpersprache und Kommunikation / Michael Argyle. —
(Aus d. Engl. übers. von Christoph Schmidt) —
Paderborn: Junfermann, 1979.
(Reihe innovative Psychotherapie und Humanwissenschaften; Bd. 5)
Einheitssacht.: Bodily communication <dt.>
ISBN 3-87387-171-8

ISBN 3-87387-171-8
ISSN 0720-2385

Inhalt

Vorwort

Körperliche, nonverbale Kommunikation war in den letzten Jahren der Gegenstand einer beträchtlichen Anzahl von Forschungen, und dabei wurden viele sehr interessante Entdeckungen gemacht. Diese sind von hoher theoretischer Relevanz für Psychologen, Linguisten, Soziologen und andere, und sie finden in etlichen wichtigen sozialen Bereichen ihre Anwendung. In diesem Buch habe ich versucht, die biologischen und gesellschaftlichen Wurzeln der Körpersprache, die verschiedenen Verwendungszwecke (z.B. Ausdruck von zwischenmenschlichen Einstellungen, Unterstützung des Redens), die verschiedenen Körpersignale (z.B. Gesichtsausdruck und Gestik) zu untersuchen und weitere theoretische und praktische Implikationen zu erforschen. Ich habe mein bestes versucht, ein Buch zu schreiben, das sowohl wissenschaftlich als auch allgemeinverständlich ist - wissenschaftlich, insofern alle Behauptungen auf eindeutigen Beweisen basieren und einige der wichtigsten Quellen angegeben werden, allgemeinverständlich, insofern es den Zweck verfolgt, für den durchschnittlichen Leser einsichtig und interessant zu sein.

Ich habe viel gelernt von Robert Hinde, Edmund Leach, John Lyons, Mike Cullen und anderen Mitgliedern der Royal Society group on non-verbal communication, die das Buch *Non-Verbal Communication* verfaßt haben, herausgegeben von Robert Hinde, veröffentlicht 1972. Sehr viel verdanke ich auch Erving Goffman, Ralph Exline, Albert Scheflen, Irenäus Eibl-Eibesfeldt, Paul Ekman, Stuart Altmann, Kenneth Pike und anderen, die an einer Reihe von kleinen Arbeitstagungen über dieses Thema in Long Island, Oxford und Amsterdam in den Jahren 1969 und 1970 teilgenommen haben.

Einige neuere Veröffentlichungen waren für mich besonders nützlich: die Arbeit von Ekman und Friesen über „Categories, origins, usage and coding" (*Semiotica,* 1969), Mehrabian, *Nonverbal Communication* (1972), Knapp, *Nonverbal Communication in Human Interaction* (1972), Harré und Secord, *The Explanation of Social Behaviour* (1972), Birdwhistell, *Kinesics and Context* (1970) und neuere Arbeiten von Kendon und Exline.

Ich bin dem Social Science Research Council dankbar für eine Reihe von Zuschüssen, die die Forschungen in Oxford in diesem Bereich ermöglicht haben. Und ich bin all denen zu Dank verpflichtet, die Mitglieder unserer Forschungsgruppe waren, insbesondere John Breaux, David Clarke, Peter Collett, Mark Cook, Jean Graham, Roger Ingham, Adam Kendon, Mansur Lalljee, Brian Little, Robert McHenry, Kimiko Shimoda, Mary Sissons, Ederyn Williams und Marylin Williams, sowie Ann McKendry für die Abschrift des Manuskripts.

Michael Argyle
Department of Experimental Psychology
South Parks Road
Oxford

Der Autor und Herausgeber möchte folgenden Verlagen seinen Dank aussprechen für die Erlaubnis zum Nachdruck:

Bildtafeln: E.P.Dutton & Co Ltd für Bild 1; Weidenfeld and Nicolson für Bild 2 und 3; MacMillan Publishing Co Inc für Bild 4; William Collins and Sons Ltd für Bild 5, 6 und 7; *Scientific American* für Bild 11; Plenum Press für Bild 12; B.H. MacDermot Esq. and Robert Hale & Co für Bild 13; American Heritage für Bild 14; Prentice-Hall Inc and Dr. A.E. Scheflen für Bild 15, 16 und 17; University of Chicago Press für Bild 18; The Open University für Bild 19 und 20.

Abbildungen: Penguin Books Ltd für Abb. 2.1; Wolfe Publishing Ltd für Abb. 4.3; Pergamon Press für Abb. 12.3; Edicom N.V. für Abb. 13.1.

Teil I.

Biologischer und gesellschaftlicher Hintergrund

1 Einführung

Körpersprache, nonverbale Kommunikation spielt im menschlichen Sozialverhalten eine zentrale Rolle.Neuere Forschungen von Sozialpsychologen und anderen haben gezeigt, daß diese Signale wichtiger sind und komplizierter funktionieren, als bisher angenommen wurde. Wenn wir menschliches Sozialverhalten verstehen wollen, müssen wir dieses nonverbale System aufschlüsseln.
Zumindest wissen wir, was diese Signale sind: Gesten, Kopfbewegungen und andere Körperbewegungen, Körperhaltung, Gesichtsausdruck, Blickrichtung, räumliche Nähe und Einstellung, Körperkontakt, Orientierung, Tonfall und andere nonverbale Aspekte in Sprache, Kleidung und Schmuck. Jeder Bereich kann in eine Reihe von weiteren Variablen unterteilt werden, z.B. die verschiedenen Erscheinungsformen des Blicks: der Blick während des Zuhörens oder während des Redens, sich gegenseitig ansehen, die Länge von flüchtigen Blicken, die Öffnung der Augen, die Pupillen-Größe, usw. Es ist eine Sache von rein empirischer Forschung herauszufinden, welche Wirkungen - sofern es welche gibt - diese Variablen haben. Zum Beispiel ist Kopfnicken sehr wichtig, Bewegungen mit den Füßen sind es aber nicht. Wir werden die Wirkungsweisen aller dieser Arten von Signalen in Teil III im einzelnen beschreiben.
Wir können uns ganz gut vorstellen, wie verschiedene Botschaften durch verschiedene Körpersignale übermittelt werden: emotionale Zustände, Einstellungen zu anderen Menschen, Äußerungen über das Selbst und Unterstützung beim Reden, indem man die Rede veranschaulicht, ein Feedback gibt, sie synchronisiert oder durch Zeichensprache ersetzt. Dies alles findet in Riten und Zeremonien, in Kunst und Musik, in der Werbung und in der Politik seine Anwendung. Es wurde die Vermutung geäußert, daß in einigen gesellschaftlichen Bereichen eine Gegenbewegung gegen die frühere Betonung der Sprache stattgefunden habe. Die alternativen Kommunikationsformen werden in Teil II erörtert.
Bei der Erforschung der Kommunikation bei Tieren wurde entdeckt, daß sie Signale verwenden, die den menschlichen ziemlich

ähnlich sind; das betrifft z.B. Gesichtsausdruck, Körperhaltung, Tonfall, Blickrichtung oder Veränderung der Gesichtsfarbe. Das zeigt sehr deutlich, wie sich die nonverbale Kommunikation im Laufe der Evolution entwickelt hat. Die Studien menschlicher Gesellschaften aus verschiedenen Kulturbereichen zeigen, daß manche Aspekte der Körpersprache in allen Kulturen sehr ähnlich sind, z.B. Gesichtsausdruck für Gefühle. Bei anderen, z.B. bei symbolischen Gesten, zeigen sich große Unterschiede. Jedenfalls haben Menschen die Fähigkeit, sich mittels der Sprache zu verständigen, und viele nonverbale Mitteilungen sind eng mit dem Sprechen verbunden, indem sie es in verschiedener Weise unterstützen und verstärken. Menschliche nonverbale Kommunikation unterscheidet sich von der der Tiere in anderer Weise: während Signale bei Tieren lediglich Reaktionen sind, die bei anderen Tieren wiederum Reaktionen auslösen, so impliziert vieles menschliche nonverbale Verhalten die Absicht, sich mitzuteilen, und die verwendeten Signale haben für Sender und Empfänger eine gemeinsame Bedeutung. Wir wollen untersuchen, ob solche bedeutungstragenden Signale eine Struktur haben, so wie Sprachen sie auch haben. Wir wollen überlegen, warum überhaupt nonverbale Kommunikation angewandt wird und was der Unterschied zwischen verbalen und nonverbalen Versionen derselben Mitteilung ist.

Die Ergebnisse dieser Forschung haben Konsequenzen, die über den Bereich der Sozialpsychologie hinausgehen. Es gibt geradezu radikale Konsequenzen für andere Studienbereiche, die sich mit dem menschlichen Verhalten beschäftigen, zum Beispiel Linguistik, Philosophie, Politik und Theologie. Das Hauptanliegen dieses Buches ist, darauf hinzuweisen, daß bisher der Sprache eine zu große Bedeutung beigelegt wurde: wir werden zeigen, daß Sprache in höchstem Maße von nonverbaler Kommunikation abhängig und mit ihr verflochten ist und daß es vieles gibt, das sich in Worten nicht angemessen ausdrücken läßt. Ebenso ergeben sich praktische Konsequenzen für einige Bereiche: z.B. die Behandlung von psychisch Kranken, Erziehung, Entwürfe von Kommunikations-Systemen, Rassenbeziehungen und internationale Angelegenheiten.

a) Definitionen und Unterscheidungen

Mit *Zeichen* oder Signal meinen wir ein Element des Verhaltens, der Erscheinung usw. eines Organismus, das von den Sinnesorganen eines zweiten Organismus wahrgenommen wird und dessen Verhalten beeinflußt. Nur mechanische Einflüsse schließen wir aus: A stößt B fort, ist ein mechanischer Effekt (selbst wenn es vielleicht ebenso ein Kommunikations-Vorgang ist). Zeichen wirken normalerweise aus einem Abstand, wenn wir auch bestimmte Formen von Körperkontakt in Betracht ziehen wollen. Manche Signale dienen dem Zweck, etwas mitzuteilen: diese werden *Kommunikationen* genannt. Signale sind sehr deutlich abzugrenzende Verhaltensformen, denn sie haben *Bedeutungen*: sie können für andere Gegenstände oder Ereignisse stehen oder Erwartungen auf ein daraus folgendes Verhalten schaffen.

Die Unterscheidung zwischen Mitteilungen im engeren Sinne und anderen Zeichen
Wenn ein Mann bei einer Versteigerung sein Programm hochhebt, um ein Angebot zu machen, dann zielt er bewußt darauf ab, dem Versteigerer eine Botschaft zu senden: er benutzt einen für alle verständlichen Kode, und der Versteigerer versteht ihn richtig als eine Person mit der Absicht, ihm eine spezielle Botschaft zu senden. Davon ist deutlich zu unterscheiden, wenn ein Tier oder ein Mensch in einem bestimmten emotionalen Zustand sichtbare Zeichen dieser Emotion an den Tag legt, wie etwa Zittern oder Schwitzen, die von anderen wahrgenommen werden: das sind beobachtbare Zeichen, mit denen aber nicht beabsichtigt wird, etwas mitzuteilen. Für Mitteilungen im engeren Sinne gibt es zielgerichtete Signale, während Zeichen nur verhaltensmäßige oder physiologische Reaktionen sind. Bei einem Kommunikationsvorgang ist man sich dessen bewußt, daß die anderen den verwendeten Code verstehen.
Leider ist sehr schwer zu entscheiden, ob ein einzelnes nonverbales Signal dazu bestimmt ist, etwas mitzuteilen oder nicht: wie wir sehen werden, gibt es Mitteilungen, die zwar einen Beweggrund haben, aber ohne Bewußtsein von einer Absicht. Ein Kriterium dafür ist, ob ein Signal als Funktion von äußeren Bedingungen (wenn man z.B. mit jemandem telephoniert statt ihn direkt zu sprechen) näher bestimmt wird oder nicht, oder ob ein Signal wiederholt wird, wenn es seine Wirkung verfehlte. Ein anderes Kriterium ist, ob der Sender sein Signal verändert, um von dem Empfänger die gewünschte Reaktion hervorzulocken (*Wiener* u. a. 1972).
Dasselbe Signal kann als Mitteilung oder als Zeichen verwendet werden; z.B. kann jemand zu vermitteln versuchen, er gehöre zur gesellschaftlichen Oberschicht, indem er einen Akzent spricht, der bei tatsächlichen Angehörigen der Oberschicht üblich ist und der gewöhnlich als Zeichen eben dieser Angehörigkeit fungiert. Ein

nonverbales Signal kann teils Mitteilung, teils Zeichen sein; z.B. der Gesichtsausdruck für ein Gefühl ist teils angeboren und spontan, teils kontrolliert durch das Verlangen, sich den gesellschaftlichen Anforderungen anzupassen.

Bewußte und unbewußte Mitteilungen

Man kann jemanden mit Erfolg dominieren, indem man sich nonverbaler Signale bedient wie: aufrecht stehen, die Hände an der Hosennaht, nicht lächeln, laut sprechen. Jemand kann zeigen, daß er zum Ende eines Satzes gekommen ist, indem er aufschaut und seine Hand wieder ruhig hält; oder er kann zeigen, daß er weiterreden will, indem er seine Hand leicht erhebt. In keinem dieser Fälle sind sich gewöhnlich die Betroffenen dessen bewußt, daß sie Signale angewandt haben oder was diese bedeuten. In allen Fällen handelt es sich wahrscheinlich um Mitteilungen, jedoch für beide Seiten unbewußt. Die besonderen Merkmale von bewußt kontrolliertem Verhalten wollen wir weiter unten behandeln.

Ähnliche Überlegungen gelten für die Wahrnehmung von Zeichen: Ein Mädchen fühlt sich zu einem jungen Mann hingezogen, und dabei vergrößern sich ihre Pupillen, was als ein Signal fungiert, das wiederum ihn anzieht, obwohl er sich dessen nicht bewußt ist, daß dieses Signal es verursacht. Der größte Teil der Kommunikation bei Tieren scheint sich in dieser Weise abzuspielen. Ein Tier reagiert auf eine Situation, und diese Reaktion löst wiederum bei anderen Tieren Reaktionen aus. Obwohl diese Signale in den meisten Fällen nicht zielgerichtet zu sein scheinen, kann man behaupten, daß sie Teil eines zielgerichteten evolutionären Prozesses sind, der dieses Signal-System hervorgebracht hat.

Andererseits ist die Unterscheidung zwischen bewußten und unbewußten Signalen eine Frage des Maßes, und es kann Zwischenstufen von bewußtem Verständnis geben. Zum Beispiel kann jemand seinen sozialen Status durch die Kleidung, die er trägt, mit Erfolg zum Ausdruck bringen, aber verbal diese Kleidung nur als „hübsch" oder als „angemessen" bezeichen. Andere Fälle von unbewußter Kommunikatikon begegnen in primitiven Ritualen, wo die Symbole, z.B. rotes Gummi für Menstruationsblut, eine mächtige emotionale und möglicherweise therapeutische Wirkung haben, ohne daß jemand diese Symbolik als solche bewußt wahrnehmen würde.

Wir können Mitteilungen danach unterteilen, wie weit Sender und Empfänger sich des Signales bewußt bzw. unbewußt sind:

Sender	Empfänger	
bewußt	bewußt	verbale Mitteilungen, manche Gesten, z. B. mit dem Finger auf etwas weisen.
größtenteils unbewußt	größtenteils bewußt	die meisten nonverbalen Mitteilungen.
unbewußt	unbewußt, aber mit Wirkung	Pupillen-Erweiterung, Blickwechsel und andere kleine nonverbale Signale.
bewußt	unbewußt	der Sender ist geübt, z. B. das Verhalten in räumlichen Beziehungen anzuwenden.
unbewußt	bewußt	der Empfänger ist geübt z. B. in der Interpretation von Körperhaltung.

Verbal und nonverbal

Verbales Verhalten beruht gewöhnlich auf Sprechakten, schließt aber auch Geschriebenes ein sowie Gesten, die für Buchstaben oder Worte stehen. Jedenfalls ist das Sprechen durchweg von komplizierten nonverbalen Signalen begleitet, die die Rede veranschaulichen, ein Feedback geben und durch eine Synchronisierung helfen. Davon sind einige direkt ein Teil der verbalen Mitteilung, besonders die *prosodischen* Signale von Versmaß, Stimmhöhe und Betonung. Andere nonverbale Signale sind von den sprachlichen Inhalten unabhängig, einschließlich der *paralinguistischen* Signale der emotionalen Tönung des Sprechens. Jedoch werden nonverbale Signale oft durch verbale Chiffren bewirkt; z.B. können symbolische Handlungen oder Gegenstände, die in Ritualen angewandt werden, einen Namen oder spezifische Bedeutung haben, und nonverbale Verhaltensweisen, wie z.B. ,,Charme'', ,,Würde'' und ,,stattliches Auftreten'', können verbal kategorisiert werden. Andererseits stehen einige nonverbale Signale für Gefühle, Einstellungen oder Erfahrungen, die sich nicht leicht in Worten ausdrücken lassen. Schließlich, wie bereits erwähnt, entspricht die Unterscheidung verbal-nonverbal nicht der Unterscheidung von stimmhaft-nichtstimmhaft, da es eben Handbewegungen gibt, die für Worte stehen, und stimmhafte Äußerungen, die das nicht tun.

Dekoder, die Signale interpretieren können

Viele Mitteilungen oder Zeichen können mehr oder weniger zutreffend von den meisten Angehörigen einer Kultur interpretiert werden. Andere Signale können nur von Leuten mit besonderer Schulung verstanden werden. Die Taubstummensprache oder die

Gebärden z.B. eines Spastikers sind dieser Art. Im Bereich der Zeichen können Psychoanalytiker Interpretationen von beobachtetem Verhalten geben, was Laien nicht vermögen. *Mahl* (Vorlesung in Long Island) bringt Beispiele, wie er die Bindung einer Patientin an die Analyse davon, wie weit sie auf der Couch Abstand hält, und ihre Einstellung zum Analytiker von ihrer Körperhaltung ableitet. Wir wollen später diskutieren, ob solche Ableitungen richtig sind. Wer dieses Buch gelesen hat, wird in der Lage sein, neue Schlüsse aus geringfügigen nonverbalen Signalen über emotionale Zustände, zwischenmenschliche Einstellungen usw. zu ziehen. Einige Verhaltensformen finden sich nur bei Einzelnen, und deshalb können sie überhaupt nicht interpretiert werden, außer von Leuten, die solche Menschen gut kennen oder ihr Verhalten besonders untersucht haben.

Mißverständnisse zwischen Enkoder und Dekoder

Oft besteht eine genaue Entsprechung zwischen dem Zeichengeben *(encoding)* und dem Zeichenverstehen *(decoding)*. A zeigt mit einem Zeichen an, daß er autostoppen will, was von B eindeutig verstanden wird. C hat D gern; er schaut D ins Auge; D bemerkt, daß C ihn gern hat, wenn auch keiner von beiden sich mehr als dunkel bewußt ist, was für eine Mitteilung auf dem Spiele steht.

Es entstehen verschiedene Schwierigkeiten, wenn Sender (S) und Empfänger (E) sich mißverstehen:

(1) E versteht das Signal von S falsch. Es findet immer in gewissem Grade ein Mißlingen statt, wenn S irreführende oder unangemessene Signale aussendet, oder wenn es E mißlingt, sie richtig zu interpretieren. Das spitzt sich zu, wenn S und E verschiedenen gesellschaftlichen Gruppierungen angehören, z.B. verschiedenen Altersstufen. Dann verwenden S und E keinen gemeinsamen Code.

(2) Zeichen werden für Mitteilungen gehalten, oder umgekehrt. S teilt mit, daß er E gern habe (was er tatsächlich aber nicht tut), oder er gehöre zur Upper Class (was aber nicht der Fall ist), und das wird von E als gültige Zeichen für echte Gefühle oder den vermeintlichen sozialen Status von S interpretiert. Oder S kann Signale aussenden, daß er E gern habe (was er tatsächlich tut), und E denkt sich, das sei eine gelenkte Mitteilung, obwohl sie in Wirklichkeit ganz spontan ist.

b) Theoretische Probleme bezüglich der Körpersprache

(1) Was sind die Ursprünge von nonverbaler Kommunikation?

Für die Tiere ist die nonverbale Kommunikation weithin angeboren; das Problem ist, den evolutionären Prozeß zu enträtseln, der zu der Entwicklung von sozialen Signalen geführt hat, die von einer einzelnen Spezies verwendet werden: Vogel-Gesang, das Tanzen bei den Bienen, Gesichtsausdruck bei den Primaten und ähnliches. Was den Menschen betrifft, so wollen wir wissen, wie viel von diesem angeborenen System noch übrig ist; ist z.b. der Gesichtsausdruck für Gefühle angeboren und universal?

Zweifellos ist auch das Lernen wichtig, da es ja zwischen den verschiedenen Kulturen erhebliche Abweichungen in der nonverbalen Kommunikation gibt. In welchem Falle und in welcher Weise werden diese Signale und ihre Interpretation gelernt? Hand-Signale mit herkömmlicher Bedeutung werden von Kindern wahrscheinlich durch direkte Imitation oder durch Belehrung gelernt. Im Falle der Zeichen für Alter, Gesellschaftsschicht usw. könnte die Interpretation durch Beobachtung erlernt sein.Andere Arten von nonverbaler Kommunikation sind schwieriger zu erklären. Wie lernen Menschen, die ziemlich komplizierten Signale anzuwenden, die z.B. mit dem gleichzeitigen Sprechen verbunden sind, zumal sie sich offensichtlich dessen nicht bewußt sind, was diese Zeichen sind? Und wie erhalten die nonverbalen Signale, die in Ritualen verwendet werden, ihre Bedeutungen, die von denen, die sie anwenden oder von ihnen beeinflußt werden, nicht in Worten erfaßt werden können?

(2) Warum gibt es nonverbale Kommunikation?

Was die Tiere anbelangt, gibt es kein Problem: es haben sich solche Verhaltensmuster von nonverbaler Kommunikation herausgebildet, die zum Überleben notwendig sind: sie lassen Männchen und Weibchen sich zusammenfinden, sie warnen vor Raubtieren, usw. Was die Menschen anbelangt, ist es nicht so augenfällig, warum wir überhaupt nonverbale Kommunikation verwenden müssen, da wir ja das Vermögen der Sprache haben, die auf den ersten Blick ein viel reichhaltigeres, subtileres und flexibleres Kommunikationsmittel ist als Grunzen und Kopfnicken usw. Was ist es denn, das eine nonverbale Kommunikation vermag und das Sprache nicht ebensogut leisten kann? Es gibt verschiedene Möglichkeiten: Vielleicht hat die nonverbale Kommunikation eine stärkere Wirkung, da sie ursprünglicher und unmittelbarer ist. Vielleicht ist es nützlich, einen zweiten Kanal anwenden zu können, so daß man beide Kanäle, verbalen und nonverbalen, gleichzeitig benutzen kann, ohne daß sie sich gegenseitig durcheinander bringen. Vielleicht gibt es einige Dinge, die auszudrücken die Sprache nicht so gut geeignet ist. Oder vielleicht gibt es Dinge, für die es besser ist, sie nicht zu deutlich zu machen oder sie nicht so genau zu beachten. Das sind fundamentale Fragen über Kommunikation und soziales Verhalten, die zu klären wichtig ist. Vielleicht betrifft die grundsätzlichste Frage den Unterschied zwischen verbal und nonverbal geäußerten Mitteilungen, die dieselbe Grundbedeutung haben.

Einige Autoren haben die Bedeutung der nonverbalen Kommunikation hervorgehoben. *McLuhan* (1962) behauptet, daß sich ihre Bedeutung als Folge des Fernsehens vergrößert habe; Susanne *Langer* (1942) meint, daß sie der Schlüssel zum Verständnis von Musik, Mythen und Riten sei. Politische Schriftsteller haben ihre Aufmerksamkeit auf den wachsenden Gebrauch von symbolischem politischem Verhalten gerichtet, das in einigen Kreisen mit einem Mißtrauen gegenüber der Sprache verbunden ist.

(3) Die Bedeutung von nonverbalen Signalen

In Diskussionen über Kommunikationstheorie wird gewöhnlich davon ausgegangen, daß es einen Zeichengeber *(encoder)*, einen Mitteilungsinhalt und einen Zeicheninterpreten *(decoder)* gibt. Wir müssen nun die Bedeutung der einzelnen Signale jeweils für Enkoder und für Dekoder feststellen. Das ist unkompliziert, wenn die Mitteilung eine Information kognitiver Art beinhaltet, wie in Zeichensprachen. In anderen Fällen ist es nicht so einfach. Was ist die Bedeutung von Kopfnicken in einem Gespräch, wenn es nicht bewußt bemerkt wird, aber die Wirkung hat, einem anderen das Weiterreden zu gestatten? Es hat vielleicht eine „Verhalten steuernde Bedeutung", wenn auch jemand, der über nonverbale Kommunikation gut Bescheid weiß, ihm eine kognitive Bedeutung geben könnte, etwa derart: „ich gebe dir die Erlaubnis, weiterzureden". Was ist die Bedeutung eines Musikstücks, das bestimmte Gefühle, Bilder oder motorische Reaktionen hervorruft? Man könnte dagegen sagen, die Bedeutung liege in den Reaktionen der Zuhörer, oder vielleicht in den Intentionen des Komponisten, sofern diese ermittelt werden können. Was ist die Bedeutung eines Rituals, das voller komplexer Symbole ist und dessen Wirkung Initiation oder Heilung sein mag? Was jedenfalls die Sprache betrifft, so reicht es nicht, Bedeutung als die Reaktionen der Sprechenden zu definieren; Worte bezeichnen bestimmte Handlungen oder Gegenstände *(Denotation)*, und sie bezeichnen zugleich die abstrakte Vorstellung von ihnen *(Konnotation)*. Verbale und rationale Diskussion ist abhängig von der Existenz dieser allgemeinen, abstrakten Bedeutungen, durch die ein Begriff zu anderen in Beziehung tritt. Haben nonverbale Signale in ähnlicher Weise allgemeine Konnotationen?

Wir wollen wissen, wie gut nonverbale Mitteilungen als ein Kommunikations-System funktionieren, und wie genau die Information bei dem Empfänger ankommt. Es kann Irrtümer geben, weil das Zeichengeben *(encoding)* ungenau war bzw. eine Täuschungsabsicht verfolgte, oder weil das Zeichen falsch interpretiert wurde *(decoding)* oder nur eine Teilinformation aus der Mitteilung herausgenommen wurde. Ist der Dekoder bei einer absichtlichen Täuschung in der Lage, dieses zu durchschauen? Und wie oft gibt es Mißverständnisse, wenn direkte Mitteilungen als Zeichen genommen werden oder umgekehrt?

(4) Wie funktioniert Körpersprache, betrachtet als Zeichen-System?

Mit neueren Entwicklungen in der Linguistik haben einige Forscher die Hoffnung, daß mit ähnlichen Prinzipien sich die nonverbale Kommunikation enträtseln lassen könnte; ja es ist modern geworden, sich mit ,,Körpersprache'' zu beschäftigen. Wir werden die verschiedenen Arten nonverbaler Kommunikation sehr sorgfältig untersuchen müssen, um zu sehen, in welcher Hinsicht sie den ,,eigentlichen'' Sprachen ähnlich sind und in welcher nicht. Hat z.B. die nonverbale Kommunikation eine Zwei-Ebenen-Struktur, d.h. von wenigen Grund-Einheiten ohne Bedeutung (wie Phoneme), die zu einer großen Anzahl von bedeutungstragenden Einheiten kombiniert werden können (wie Worte)? Gibt es Regeln für Verbindung und Reihenfolge, die grammatischen Regeln entsprechen? Können wir eine brauchbare Unterscheidung treffen zwischen Sprache und Sprechen, zwischen Kompetenz und Performanz, zwischen dem zugrundeliegenden System mit seinen bedeutungstragenden, klar definierten Beziehungen und den variablen, statistisch feststellbaren Annäherungen daran, die sich in spezifischen Performanzen finden? Kann man innerhalb dieses Systems beliebig viele Mitteilungen schöpferisch erzeugen?

Angenommen, die nonverbale Kommunikation funktioniert nicht wie eine Sprache, müssen wir genau untersuchen, wie sie dann als ein Kommunikations-System funktioniert.

c) Untersuchungsmethoden für die nonverbale Kommunikation

Psychologische Forschung findet zumeist mittels Labor-Experimenten statt. Jedoch sind in den letzten Jahren solche Experimente in der Sozialpsychologie von verschiedenen Seiten unter Beschuß geraten, und zwar derart, daß es Mode geworden ist, von der ,,Krise in der Sozialpsychologie" zu sprechen. Dabei spielen folgende Argumente die Hauptrolle: die Labor-Experimente seien künstlich, so daß sie unechte Phänomene hervorrufen oder es versäumen, wichtige Elemente der tatsächlichen Wirklichkeit miteinzubeziehen; die untersuchten Leute würden als passive „Versuchspersonen" behandelt, denen nicht gestattet werde, sich anders als Maschinen oder Ratten zu verhalten; die Experimentatoren würden die Versuchspersonen unbewußt so beeinflussen, daß diese solche Ergebnisse erbringen, die man von ihnen erwartet; es werde der Tatsache nicht Rechnung getragen, daß es die verschiedenartigsten Gründe gibt, weshalb Versuchspersonen so und nicht anders reagieren; und Labor-Experimente würden uns nicht befähigen, Regeln oder Systeme wie die Grammatik in der Linguistik zu entdecken. Jedoch sind sich die Forscher, die sich mit nonverbaler Kommunikation beschäftigen, seit einiger Zeit dieser Schwierigkeiten wohl bewußt; sie haben ihr möglichstes getan, sie zu umgehen, und waren gegenüber einer Forschung kritisch eingestellt, die mit unnatürlichen Labor-Methoden arbeitet, wobei die Versuchspersonen in Kabinen sitzen, auf Knöpfe drücken, und wo sowohl verbale als auch nonverbale Kommunikation eliminiert werden (*Argyle* 1969).

Welche Einrichtungen in einem Labor verwendet werden, hängt von der Methode des Forschers ab. In Oxford findet die Forschungsarbeit meist in einem großen möblierten Labor-Raum statt, der durch eine nur von einer Seite durchsichtigen Glaswand beobachtet werden kann und in dem Video-Aufnahmen gemacht werden können. Die Versuchspersonen sind sich wohl bewußt, daß sie sich in einem Labor befinden, aber der Zweck eines einzelnen Experiments wird ihnen erst nachher mitgeteilt. Sie werden aufgefordert, sich an irgendeiner vertrauten kommunikativen Aufgabe zu beteiligen, wie etwa an einem Interview oder einer anderen Gesprächsform.

Ob wir Labor-Experimente verwenden oder nicht - wesentlich ist, daß wir streng wissenschaftliche Forschungsmethoden anwenden, die uns in die Lage versetzen, alternative Hypothesen zu testen. Es hat keinen Zweck, in so eine Art von schwammigem Humanismus zu verfallen mit einer ungenauen und großzügigen Vision von der menschlichen Natur und es dabei zu versäumen, empirische Daten zu sammeln, die unseren Wissensstand erweitern können. Wenn allerdings das Wissen in irgendeinem Bereich sich ausweitet, werden die Hypothesen, die geprüft werden müssen, zunehmend komplizierter, und auch die Prüfungsmethoden müssen dementsprechend zunehmend verfeinert werden.

Eine Methode ist, Leute in Alltagssituationen zu untersuchen, wo sie von den Aktivitäten des Forschers nicht beeinflußt werden. Feldexperimente sind zwar möglicherweise ebenso einigen der genannten Einwände zu unterwerfen, aber sie können doch kausale Folgerungen ermöglichen. Zum Beispiel hat bei einer weiter unten zu beschreibenden Forschungsarbeit ein Schaupieler in Paddington-Station eine große Anzahl von Leuten angehalten, um sie nach dem Weg zu fragen: sein scheinbarer sozialer Status wurde experimentell verändert, und das Verhalten der antwortenden Leute wurde gefilmt. Auch bei einigen Labormethoden beschäftigen wir uns mit nichtsahnenden Versuchspersonen, z. B. wenn jemand meint, er säße in einem Wartezimmer und würde sich mit anderen in derselben Situation unterhalten.

Es ist wichtig, den Unterschied zwischen einer Entdeckung und einem Beweis zu beachten. Experimente sind ideal geeignet für Beweise, indem die Variablen konstant gehalten, unabhängige Variablen sorgfältig manipuliert und abhängige Variablen gemessen werden können. Jedoch führen Experimente nicht immer zu neuen Ideen, ja sie können sie sogar verhindern, indem sich die Aufmerksamkeit auf eine bestimmte, sehr begrenzte Anzahl von Variablen oder Verfahren beschränkt.Entdeckungen ergeben sich häufiger als Ergebnis einer weniger formellen und weniger gut kontrollierten Forschung, z.B. bei klinischen Fallstudien, anthropologischen Feldstudien und intensiven Studien von einzelnen Alltagssituationen. Hier fließen die Quellen für Daten reichlich, insofern hier nichts ausgeschlossen wird - wie es normalerweise in Experimenten geschieht. Auch können wir aus ungewöhnlichen Situationen etwas lernen, wie z.B. bei Initiations-Riten in primitiven Gesellschaften, bei Encounter-Gruppen oder beim modernen Drama, wo bestimmte Aspekte des Sozialverhaltens stark hervorgehoben werden; das Studium solcher abnormer Phänomene kann uns helfen, uns geläufige Erscheinungen klarer zu verstehen.

In diesem Buch interessieren wir uns für ganz verschiedenartige Fragestellungen bezüglich der nonverbalen Kommunikation: z.B. ihre Ursprünge aus der Evolutionsgeschichte; ob sie in allen Kulturen anzutreffen ist; was einzelne Signale bedeuten; wie sie sich zum Sprechen verhält; ob eine Täuschung durchschaut werden kann; warum sie überhaupt verwendet wird und wie ihre Struktur als Kommunikations-System aussieht. Jede dieser Fragestellungen erfordert verschiedene Forschungsverfahren, und in allen Fällen entstehen wieder Fragen, wieweit diese Methoden zufriedenstellen können.

Eine Forschungsart beschäftigt sich mit dem Dekodieren, d.h. wie Empfänger die Bedeutung von nonverbalen Signalen herausfinden. Hier gibt es viele Probleme: die Schwierigkeit, inszenierte statt echte Stimuli (z.B. für Gefühle) zu verwenden; die Notwendigkeit, einen glaubwürdigen Hintergrund herzustellen; die Schwierigkeit, Bedeutungsnuancen herauszufinden, die darüber, was der Dekoder berichten kann, hinausgehen (etwa verhaltensmäßige oder nicht verbalisierbare Reaktionen), und die Notwendigkeit, zwischen Mitteilungen und Zeichen zu unterscheiden.

Eine andere Forschungsart betrifft das Enkodieren, z.B. Versuchspersonen aufzufordern, sie sollen sich so verhalten, als wären sie glücklich. Auch hier liegen Probleme in der Unangemessenheit von gestellten Gefühlsausdrücken und in der Schwierigkeit, unbewußte Signale miteinzubeziehen. Psychoanalytiker können Interpretationen von unbewußten Signalen erbringen, aber keinen überzeugenden Beweis, daß diese Interpretationen auch richtig sind. Die Erforschung des Enkodierens kann durch Untersuchungen fortgesetzt werden, wie die Veränderung einiger Kommunikationsbedingungen wirkt, ob z.B. der Sender sichtbar ist oder nicht.

Eine alternative Arbeitsweise ist die ethologische Methode, Verhaltensfolgen ohne experimentelle Beeinflussung zu studieren. Damit hatte man Erfolg bei der Erforschung von tierischer Kommunikation: die statistische Wahrscheinlichkeit, daß eine Handlung zu einer anderen weiterführen wird, kann gemessen werden. Die Methode war auch erfolgreich bei der Untersuchung von Sequenzen nonverbaler Mitteilungen, die das Reden begleiten. Einige Forscher haben diese Vorgänge sehr gründlich in Details analysiert, indem sie Bild für Bild von kurzen Film-Abschnitten untersucht haben. Obwohl die Gesprächsteilnehmer sich der Signale von ganz kurzer Dauer nicht bewußt sind, sind solche Signale hier natürlich von Bedeutung. Um die beteiligten Kausalvorgänge aufzuschlüsseln, lassen sich durch statistische Analysen einige Fortschritte erzielen, aber es ist wahrscheinlich unumgänglich, auf irgendeine Art von Experiment zurückzugreifen.

Forscher, die die nonverbale Kommunikation wie die Sprache für ein strukturiertes Kommunikations-System halten, haben verschiedene, nicht-statistische Arbeitsweisen angewandt. Linguisten arbeiten im allgemeinen mit „idealisierten Daten", um eine allgemeine Sprach-Struktur zu eruieren. *Birdwhistell* (1970) hat sich auf Versuche konzentriert, ein Grund-„Vokabular" von nonverbalen Signalen nachzuweisen. *Garfinkel* (1963) hat ein gezieltes Verletzen von Normen als Methode eingeführt, um die Existenz von sozialen Normen abzuklären. *Goffman* (1971) suchte nach sich wiederholenden Verhaltenssequenzen mit jeweils derselben zugrundeliegenden Struktur.

Es gibt noch eine Reihe anderer Forschungsarten zur nonverbalen Kommunikation, die später beschrieben werden sollen, z.B. ein Vergleich verschiedener Tierarten, um evolutionäre Veränderungen entdecken zu können; Vergleiche verschiedener Kulturen, um herauszufinden, wie weit nonverbale Kommunikation konstant und wie weit sie von der jeweiligen Kultur abhängig ist; sowie ein Studium nonverbaler Kommunikation bei Kindern, psychisch Kranken und anderen.

d) Praktische Konsequenzen

Erforschungen des menschlichen Verhaltens finden gewöhnlich praktische Konsequenzen oder Anwendungen, oft in einer Richtung, an die die Forscher ursprünglich nicht gedacht haben. Im folgenden werden ein paar Bereiche genannt, in denen die Forschungen bereits eine Anwendung gefunden haben oder in naher Zukunft finden werden:

(1) Erziehung, Einüben sozialer Fertigkeiten und Therapie

In der Erziehung liegt gegenwärtig das Hauptgewicht auf Worten, Büchern und verbaler Kommunikation. Die Einübung eines adäquaten Sozialverhaltens wird jetzt jedoch in mehreren Bereichen praktiziert, z.B. für Interviewer, Lehrer und andere, die einen sozialen Beruf ausüben, und auch in einigen Schulen. Bei solchem Training wird häufig auf die Körpersprache Wert gelegt.

(2) Die Kommunikation zwischen Leuten aus verschiedenen Kulturen, Gesellschaftsschichten, Altersgruppen, usw.

Kommunikationsschwierigkeiten werden oft durch Unterschiede im Gebrauch von nonverbalen Signalen verursacht, und das kann zu Mißverständnissen und Feindschaft führen. Erziehung und Training kann das vermeiden.

(3) Kommunikationsprobleme durch Telephonieren oder Fernseh-Telephone, und für Blinde und Taube

In jedem dieser Fälle fehlen einige der normalen Mittel der Körpersprache. Hier müssen besondere Fähigkeiten entwickelt werden, um das zu kompensieren; die Forschung über nonverbale Kommunikation kann dazu anregen, wie solche Probleme in Angriff genommen werden können.

(4) Das Verständnis des Sozialverhaltens im täglichen Leben

Unser Verständnis des Sozialverhaltens im täglichen Leben ist oft unangemessen, da es auf einer ungenauen Vorstellung vom Menschen beruht. Ebenso wie unser Verhalten nicht hauptsächlich das Produkt von rational bewußten Entscheidungen ist, so beruht auch unser Sozialverhalten nicht hauptsächlich auf dem Austausch von verbalen Anregungen. Da der größte Teil unserer nonverbalen Kommunikation unbewußt ist, bemerken wir die wichtige Rolle nicht, die sie im Sozialverhalten spielt. Es scheint mir sehr wünschenswert zu sein, daß die Kenntnis darüber eine weitere Verbreitung findet, in der Hoffnung, daß man ein größeres Feingefühl für das, was mit einem geschieht, und bessere Fähigkeiten, damit umzugehen, entwickelt.

Zitierte Literatur

Argyle, M. (1969) Social Interaction, London: Methuen; dtsch.: Soziale Interaktion, Köln 1972.

Birdwhistell, R. (1970) Kinesics and Context, Philadelphia: University of Pennsylvania Press.

Garfinkel, H. (1963) Trust and stable actions, in: *O. J. Harvey (ed.)* Motivation and Social Interaction, New York: Ronald.

Goffman, E. (1971) Relations in Public, London: Allen Lane; deutsch: Das Individuum im öffentlichen Austausch, Suhrkamp, Frankfurt 1974.

Langer, S. K. (1942) Philosophy in a New Key, Cambridge, Mass.: Harvard University Press; deutsch: Philosophie auf neuem Wege. Das Symbol im Denken, im Ritus und in der Kunst, Fischer, Frankfurt 1965.

McLuhan, M. (1962) The Gutenberg Galaxy, Toronto: University of Toronto Press; deutsch: Die Gutenberg Galaxis. Das Ende des Buchzeitalters, Econ, Düsseldorf, Wien 1968.

Scheflen, A. E. (1965) The natural history method in psychotherapy: communicational research, in: *L. A. Gottschalk* and *A. H. Auerbach*(eds.) Methods of Research in Psychotherapy, New York: Appleton-Century-Crofts.

Wiener, M. et al. (1972) Nonverbal behaviour and nonverbal communication, *Psychological Review* 79: 185-214.

2 Nonverbale Kommunikation bei Tieren

In den letzten paar Jahren hat die Forschung über die tierische Kommunikation große Fortschritte gemacht und deren Grundprinzipien und -gesetze entdeckt. Das ist von großer Bedeutung, da man davon ausgehen muß, daß die menschliche Kommunikation, die verbale wie die nonverbale, sich aus diesen primitiveren Formen heraus entwickelt hat. Wenn man die verschiedenen Verständigungssysteme der Tiere vergleicht, könnte man die Prinzipien von Kommunikation überhaupt erschließen.

Forscher, die das Verhalten bei Menschen und Tieren untersuchen, haben neuerdings festgestellt, daß das menschliche Sozialverhalten und das von Affen und Menschenaffen eine Reihe von genauen Entsprechungen aufweist; insbesondere verwenden beide, Affen wie Menschen, sehr ähnliche nonverbale Signale. Die Forschungen über menschliche und nichtmenschliche Primaten haben beiden gemeinsame Signale und Kommunikationssysteme entdeckt. Das gesamte soziale Leben der Tiere wird durch nonverbale Kommunikation geregelt;sie freunden sich an, paaren sich, ziehen Nachkommen auf, arbeiten in Gruppen zusammen, errichten Führungshierarchien und wehren ihre Feinde ab, alles ausschließlich mittels nonverbaler Signale. Diese ausgefeilten Signalsysteme sind im wesentlichen im Laufe der Evolution entstanden, und zwar deshalb, weil sie für das Überleben der Arten notwendig sind.

Ein großer Teil unseres Wissens über Kommunikationsvorgänge, das man vom Menschen nicht erlangen kann, entstammt der Beobachtung tierischen Verhaltens. Das nonverbale System zeigt sich in einfacherer Gestalt, ohne eine kulturelle Verfeinerung. Die evolutionäre Entwicklung einzelner Signale kann man durch einen Vergleich der Kommunikation bei nahe verwandten Arten studieren. Wie Signale bzw. Kommunikationsformen in dem gesamten sozialen Leben einer Gruppe funktionieren, läßt sich mit detaillierten Feldstudien ermitteln.

In diesem Kapitel werden wir das Wort „Kommunikation" in einem sehr weiten Sinne verwenden, um jedes Verhalten eines Tieres, das das Verhalten eines anderen Tieres beeinflußt, miteinzubeziehen. Tier A ist in irgendeinem (emotionalen oder sonstigen) Zustand; diesen enkodiert es in einem Signal, das dann von Tier B dekodiert wird. Diesen Vorgang kann man beschreiben als das Übermitteln einer „Information" an B, insofern B sich jetzt auf das Verhalten von A einstellen kann, z.b. weiß, welcher Art A angehört und dergleichen.

Es ist sehr schwer zu entscheiden, ob Tiere die „Absicht" haben, etwas mitzuteilen; das soll weiter unten erörtert werden (vgl. S. 53f). Eine wichtigere Unterscheidung ist die zwischen solchen Handlungen, die im Laufe der Evolution als soziale Signale angeeignet wurden, und solchen, die hauptsächlich anderen Zwecken dienen. In vielen Fällen haben Tiere zweifellos nicht die Absicht, Signale auszusenden - sie können auch dann ausgesandt werden, wenn kein anderes Tier zugegen ist; solcherlei Kommunikation schließt sichtbare physiologische Veränderungen mit ein, wie Zeichen von Erregung oder Müdigkeit. Ebensowenig ist die Annahme notwendig, daß der Empfänger das Signal bewußt wahrnimmt. Dessen Reaktion kann unmittelbar physiologischer Art sein; wenn z.b. eine trächtige weibliche Maus eine fremde männliche wittert, dann verliert sie einige der Embryos, um auf diese Weise eine Überbevölkerung zu vermeiden. Andere Signale, wie der Bienen-Tanz (vgl. S. 33f), implizieren eher kognitive Prozesse.

In fast allen Fällen von Kommunikation zwischen Tieren ist ein Signal von A der „Auslöser" für eine Reaktion von B, die nicht das Ergebnis eines unmittelbar physischen Kontaktes oder einer Energieübertragung darstellt. So kann ein kleines Signal, wie eine Änderung der Blickrichtung, eine beträchtliche physische Wirkung haben, wie z.b. die Flucht.

Signale können experimentell untersucht werden; z.b. kann die Veränderung verschiedener Merkmale bei Vogel- oder Fischattrappen zeigen, welches Merkmal des Signals wichtig ist. David *Lack* (1939) entdeckte, daß Rotkehlchen, deren Brustfedern braun gefärbt wurden, von anderen Rotkehlchen weniger angegriffen wurden; und *Tinbergen* (1951) hat in Experimenten mit Attrappen gezeigt, daß Vögel einen Raubvogel an der Form seiner Flügel erkennen. In einigen Fällen wiederholt sich eine Reihe von komplexen Signalen, wie der Gesang eines einzelnen Vogels oder eine Sequenz von „Werbe"-Signalen. Das ist bereits eine ausgefeiltere Art der Kommunikation, die einige Parallelen zur Syntax in der menschlichen Sprache aufweist.

Die Wirkungen von Erfahrung auf die Anwendung nonverbaler Kommunikation wurden in Experimenten untersucht, bei welchen

Tiere entweder von Älteren oder von Gleichaltrigen isoliert großgezogen oder für bestimmte Zeitabschnitte in völliger Isolation gehalten wurden, um herauszufinden, was von wem und wann gelernt wird. Wenn Signale gelernt werden, dann können sie eine Tradition ausbilden, z.B. so etwas wie einen Dialekt.

Die Kommunikation zwischen Tieren kann auch als ein formales System untersucht werden. Wir können die unterschiedlichen Signalbedeutungen untersuchen, je nachdem wie sie interpretiert werden, wie sie im sozialen Verhalten angewandt werden, ob sie eine Syntax haben, usw. Jedes System tierischer Kommunikation besitzt bestimmte Strukturmerkmale, die eine einzelne Art befähigen, in einer spezifischen Umwelt zu funktionieren. Solche Strukturmerkmale können mit denen der menschlichen Sprache und der menschlichen nonverbalen Kommunikation verglichen werden.

a) Die verschiedenen nonverbalen Mitteilungen bei Tieren

(1) Emotionen und Einstellungen zu anderen

Es gibt eine Reihe von grundlegenden sozialen Beziehungen zwischen Tieren: zwischen Männchen und Weibchen, Eltern und Kindern, zwischen Freunden usw. Dabei wird eine große Anzahl von nonverbalen Signalen verwendet, um mit diesen Beziehungen umzugehen. Wir wollen diese Signale, soweit möglich, anhand der nichtmenschlichen Primaten veranschaulichen.

Sexualität. Ein Weibchen der meisten Primaten-Arten signalisiert seine sexuelle Bereitschaft durch sichtbare physiologische Veränderungen, besonders durch das blaue Anschwellen des Hinterteils. Das *affiliative Verhalten* zwischen Geschwistern und Freunden, Jungen und Alten nimmt verschiedene Formen an. Viel Zeit wird mit der ,,sozialen Fellpflege" (*grooming,* ,,Lausen") zugebracht: sie ziehen sich gegenseitig kleine Stückchen von abgestorbener Haut oder Insekten aus dem Fell, während sie mit den Lippen schmatzen und einen dazu passenden Gesichtsausdruck zeigen. Tiere verbringen auch viel Zeit in Körperkontakt, in den Familien und zwischen Freunden.

Mutter-Kind-Signale. Muttertiere umarmen und säugen ihre Jungen und erlauben ihnen später, sich an ihrem Bauchfell festzuklammern oder auf dem Rücken zu reiten. Die meisten Arten haben einen besonderen Ruf und einige einen besonderen Gesichtsausdruck, um ihre Jungen zurückzurufen. Die Jungen entwickeln die entsprechenden Verhaltensmuster von Anklammern, Saugen, Reiten und zur Mutter Laufen, wenn sie frieren. Sie verwenden besondere Rufe, wenn sie von ihrer Mutter getrennt und wenn sie mit ihr vereinigt werden.

Das *affiliative Verhalten* zwischen Geschwistern und Freunden, Jungen und Alten nimmt verschiedene Formen an. Viel Zeit wird mit der „sozialen Fellpflege" *(grooming, „Lausen")* zugebracht: sie ziehen sich gegenseitig kleine Stückchen von abgestorbener Haut oder Insekten aus dem Fell, während sie mit den Lippen schmatzen und einen dazu passenden Gesichtsausdruck zeigen. Tiere verbringen auch viel Zeit in Körperkontakt, in den Familien und zwischen Freunden.

Junge Tiere spielen viel: die Einladung zum Spielen besteht in einem „Spielgesicht", und das Spielen besteht aus Nachahmung, Verfolgungsjagden, Kämpfen und Aufreiten. Beim Grooming und Spielen finden lange Interaktionssequenzen statt, bei welchen eine Handlung mit einer bestimmten Wahrscheinlichkeit eine andere nach sich zieht. Wenn sich zwei Tiere treffen, dann begrüßen sie sich gewöhnlich gegenseitig, mit Schmatzen, Berühren, Beschnuppern, Umarmen oder gegenseitigem Aufreiten, oder sogar mit Händeschütteln.

Unterwerfung und Beschwichtigung. Wenn ein Tier ein anderes als dominant anerkennt, kann es seine Unterwerfung (Submission) in verschiedener Weise signalisieren: Es kann sich umwenden und fliehen, kreischen, urinieren oder sich über die Schulter schauen. Es kann Beschwichtigungssignale aussenden, indem es sich duckt, sich zusammenrollt, eine Hand ausstreckt, wegsieht, die Augen senkt, sich zur Paarung anbietet oder zum Lausen einlädt. Andere Arten, z.B. Katzen und Hunde, zeigen eine „defensive Drohgebärde", vielleicht weil sie sich in Konflikt zwischen Flucht und Angriff befinden. Die Haare oder die Federn sträuben sich; man kann auch Selbstschutz-Reaktionen beobachten, wie etwa Die-Augen-Schließen, oder einige aggressive Signale wie Bellen.

Ebenso wie Tiere Signale der Unterwerfung oder der Drohung äußern, die eine Beziehung tatsächlich verändern, können sie auch kleinere Gesten machen, mit denen sie eine bestehende Beziehung mitteilen oder sie erkennen, so daß auf diese Weise das Gemeinschaftsleben reibungsloser vonstatten geht und Aggressivität verhindert wird. Man hat beobachtet, daß Affen Dominanz mit bestimmten Gesten zum Ausdruck bringen können, z.B. mit einer lebhaften, weit ausschreitenden Gangart, oder dadurch, daß sie ruhig sitzen. Unterwerfung wird ausgedrückt, indem sie Grimassen schneiden oder die Hoden einziehen.

Kontakte knüpfen und aufrechterhalten. Mitglieder einer Gruppe von Tieren halten sich oft mittels „Kontaktrufen" in Verbindung. Dies ist allen Vögeln gemeinsam, findet sich aber auch bei Primaten, Schafen, Seelöwen und Eichhörnchen. Tiere lernen die Rufe ihrer Gefährten, Eltern und Kinder kennen, und bei einigen Vogelarten singen Paare zusammen Duette. Diese Rufe sind interessant, insofern sie spontan und keine Reaktion auf einen besonderen Stimulus sind.

Bedrohung gegenüber einem Artgenossen. Verschiedene Dominanzprobleme, wie der Zugang zum Futter und zu den Weibchen, werden durch Drohbekundungen zwischen männlichen Gegenspielern geregelt. Gewöhnlich kämpfen sie nicht, sondern führen sich gegenseitig angsterregende Gesten vor. Diese Drohbekundungen bestehen aus einer Reihe von nonverbalen Signalen:

Gesichtsausdruck: Zähnefletschen, gesenkte Augenbrauen, stiere Augen
Körperhaltung: angespannt, gesenkter Kopf, gebeugte Vorderbeine, sich wiegen
Bewegung: langsames Näherkommen
körperlicher Zustand: gesträubtes Haar
Körperkontakt: Schlagen, Beißen
Vokalisierung: Bellen oder Grunzen.

Angriff. Manchmal will ein Tier tatsächlich ein Mitglied der eigenen Gruppe, einer anderen Gruppe, einer anderen Spezies angreifen. Das kann geschehen in Form von Anstürmen, Schlagen, Kratzen, auf dem Rücken trampeln, an den Haaren zerren, Beißen, Hochheben und Hinknallen.

Flucht. Wenn ein Tier erschrickt, bemüht es sich in verschiedenen Formen um Flucht und Vermeidung: kreischend weglaufen, seine Arme übers Gesicht halten, sich verstecken oder sich ruhig wegschleichen.

Signale zwischen verschiedenen Arten. Viele Tiere leben in einer kooperativen Beziehung mit anderen Arten, z.B. ein „Putzer"-Fisch frißt die Parasiten eines bestimmten anderen Fisches. Spezielle Signale haben sich dazu entwickelt, daß eine solche Kooperation stattfinden kann. Häufiger jedoch stehen verschiedene Arten miteinader in Konflikt: die eine Art ist ein Raubtier, oder zwei Arten befinden sich in Konkurrenz um dasselbe Territorium. Dabei werden Drohsignale verwendet, die den innerhalb einer Art verwendeten ähnlich sind, wenn sie auch mit größerer Wahrscheinlichkeit zu einem tatsächlichen Angriff führen. Einige Vögel greifen einen Räuber an, indem sie lärmend über ihn herfallen; ein spezieller Ruf führt zu einem gemeinsamen Angriff auf den Feind.

(2) Erkennungssignale

Ein wichtiger Aspekt der tierischen Kommunikation betrifft das Erkennen. Es ist notwendig, die Spezies des anderen Tieres zu erkennen, welcher Gruppe es angehört, sein Geschlecht und sozialen Status und wo es ist.

Zunächst ist wichtig zu wissen, ob ein anderes Tier derselben Art angehört oder einer der vielen Raubtier-Arten, die jeweils anders behandelt werden müssen; ob es ein Beutetier ist oder einer Art angehört, mit der sich Beziehungen von Kooperation oder friedlicher Koexistenz entwickelt haben. Säugetiere erkennen andere Arten hauptsächlich durch besondere Erscheinungsmerkmale und durch ihre Rufe. Insekten dagegen erkennen ihre eigene Art durch ihre unterschiedlichen Pheromone (Geschmacks- oder Geruchssignale), während Vögel eine Art sowohl durch ihre Gestalt als auch durch den Gesang erkennen.

Bei anderen Vogelarten, wie dem Buchfink, gibt es einen Grundgesang, der bei den einzelnen Gruppen derselbe ist, aber darüberhinaus existieren dann genaue Dialekt-Unterschiede. Bei diesen Arten wird in bestimmten Zeitabschnitten durch Nachahmung gelernt, im Nest oder jedes Jahr für eine Zeit, vom Vater, von beiden Eltern oder von der ganzen Gruppe von Nachbarn. Diese Dialekt-Unterschiede ermöglichen den Vögeln, zwischen Mitgliedern verschiedener Gruppen zu unterscheiden, und man nimmt an, daß dies die biologische Funktion der auf Nachahmung beruhenden Abänderungen des Grundgesangs sei.

Bei visuellem Erkennen zeigt sich gewöhnlich keine Schwierigkeit, Geschlecht und Alter des anderen Tieres zu erfassen. Auch sein sozialer Status läßt sich aus solchen Signalen wie aufrechter Gang und gehobener Schwanz (bei einigen Affenarten) erfassen. Vögel können ebenfalls aus dem Gesang Geschlechtsunterschiede und bis zu einem gewissen Grad auch Altersunterschiede feststellen. Einige Insekten können ihren sozialen Status durch Pheromone signalisieren.

Einzelne Tiere lassen sich von anderen derselben Art oder Gruppe durch ihre individuelle Erscheinung oder ihren Ruf unterscheiden. Zum Beispiel wird ein Seevogel, der zu einer Kolonie von 2000 Artgenossen zurückkehrt, seine Familie durch charakteristische Rufe erkennen und von ihr erkannt werden. Die Rufe variieren in Tonhöhe, Tonqualität, Lautstärke und in deren Kombinationen, und sie verändern sich mit der Zeit; so bringen sie Tausende von verschiedenen Versionen eines im Grunde ähnlichen Rufes zustande. Männliche und weibliche Bou-Bou-Würger lernen, im Duett zu singen, das zwar zum Gruppendialekt gehört, das aber doch die Einzigartigkeit des einzelnen Pärchens bewahrt, so daß sie sich gegenseitig erkennen können.

Vogelgesang enthält noch eine andere Information: wo der Sänger ist. Vogelgesang dient dazu, ein Territorium für sich in Anspruch zu nehmen, z.b. einen einzelnen Baum, und hat die Funktion, Weibchen anzuziehen und Männchen von diesem Platz zu vertreiben. Gesang in großer Tonhöhe, der lange Zeit wiederholt wird, gibt über einen großen Bereich anderen weit entfernten Vögeln sehr klare Informationen.

Solche Erkennungssignale sind in Rufen miteingeschlossen, die auch andere Mitteilungen übermitteln. Die Erkennungselemente erscheinen am Anfang eines Rufes besonders klar, während die Identifikation des Einzelnen, der Gruppe und der Art durch seine je verschiedenen akustischen Merkmale erbracht wird.

(3) Mitteilungen über die Außenwelt

Der größte Teil der Kommunikation zwischen Tieren spielt sich in den bereits beschriebenen Formen ab: Mitteilungen über innere Erregungszustände, Einstellungen zu anderen Tieren und Identifikation. Jedoch können Tiere in einem begrenzten Maße auch Informationen über die Außenwelt vermitteln. Diese Kommunikationsart kommt der menschlichen Sprache am nächsten. Wir wollen drei Beispiele erörtern.

Der Bienentanz. Ein sehr interessanter Fall von offensichtlich symbolischer Kommunikation wurde von *Karl von Frisch* (1967) entdeckt und bildete den Gegenstand von zahlreichen detaillierten Experimenten. Man hat Folgendes herausgefunden: Wenn eine Arbeitsbiene zu ihrem Stock zurückkehrt, nachdem sie eine gute Nahrungsquelle gefunden hat, dann vollführt sie einen Tanz, der Informationen über die Lage dieser Quelle enthält, und die anderen Bienen fliegen dann zu eben dieser Stelle. Wenn die Futterquelle nicht weit entfernt ist, vollführt die Biene einen *Rundtanz*; die anderen Bienen riechen den Duft an ihr und werden dadurch animiert, in alle Richtungen auszuschwärmen und diesen Duft zu suchen. Wenn die Nahrungsquelle weiter entfernt ist, vollführt die Biene einen *Schwänzeltanz* in Gestalt einer 8; der Wechsel von einer Tanzform zur anderen findet zwischen 5 und 100 Metern statt, bei verschiedenen Bienenarten in verschiedener Weise. Beim Schwänzeltanz wird die Entfernung durch Geschwindigkeit mitgeteilt: je größer die Entfernung, desto langsamer der Tanz. Wenn der Tanz auf einer horizontalen Fläche vorgeführt wird, dann zielt die Achse des Tanzes auf die Nahrungsquelle hin. Meistens findet der Tanz auf einer vertikalen Fläche statt, und die Richtung wird dann folgendermaßen angezeigt: wenn die Nahrungsquelle in einer Richtung von 45 Grad links vom Sonnenstand liegt, dann liegt die Achse des Tanzes 45 Grad links von der Vertikalen usw. Wenn der Weg zur Nahrungsquelle einen Umweg einschließt, dann gibt der Tanz die Luftlinie an. Ein ähnlicher, wenn auch viel längerer Tanz wird von Kundschaftern aufgeführt, die einen neuen Platz für den Bienenstock gefunden haben; sie können dann mehrere Tage lang tanzen, wobei sie die Richtung mit der Orientierung auf die Sonne verändern, bis sich in dem Bienenstock eine Übereinstimmung ergeben hat.

In neueren Untersuchungen wurde die Vermutung geäußert, daß die Information über Richtung und Entfernung auch in Lautsignalen enthalten sei und dadurch übermittelt werde. Wichtiger ist die These, daß die anderen Bienen von der Information über Richtung und Entfernung überhaupt keinen Gebrauch machen, sondern einfach zu den bekannten Plätzen ausschwärmen, die denselben Duft haben wie die zurückgekehrte Arbeitsbiene; demnach würden sie nur durch den Geruch der Biene geleitet. Experimente von *Johnson* (1967) und *Wenner* (1967) zeigten, daß unerfahrene Bienen eher dem Geruch als dem Tanz folgen. *K. von Frisch* jedoch hält dagegen, daß ihre Ergebnisse ungültig seien, da sie eine überstarke Zuckerlösung verwendet hätten, die die Bienen erregte und in die falsche Richtung fliegen ließ. Und er berichtet von Experimenten, wonach die Bienen den Duft einer Nahrungsstelle von dem Duft einer Stelle ohne Nahrung unterscheiden können. Er fand auch heraus, daß die Bienen der Information des Tanzes für größere Entfernungen folgen können, als *Johnson* und *Wenner* sie untersucht haben, und zwar bis zu 4400 Metern. Es ist zudem äußerst unwahrscheinlich, daß ein so kompliziertes Signalsystem entwickelt worden wäre, wenn es gar keinen Nutzen hätte.

Alarmsignale. Wenn sich Feinde einem Territorium nähern, dann schlagen die Tiere, die sie zuerst sehen, Alarm, etwa die Primaten durch Brüllen, Heulen oder Bellen.

Bei einigen Vogelarten gibt es für einzelne Raubvögel spezifische Rufe, die manchmal den Ruf des Raubvogels imitieren. Der Gefährlichkeitsgrad kann durch Lautstärke oder Erregung des Rufs ebenfalls übermittelt werden. Die Reaktion auf solche Rufe ist angeboren: Küken bleiben still im Ei, wenn sie den Warnruf der Henne hören.

Komplexere Signale bei Tieren. Neuerdings haben Versuche, Schimpansen eine symbolische Kommunikation beizubringen, ein großes Interesse erregt. *Gardner* und *Gardner* (1969) brachten dem Schimpansen-Weibchen Washoe etwa 90 Zeichen aus der amerikanischen Taubstummensprache bei. Die meisten dieser Zeichen sind analogisch, z.B. ein Zeichen für Schwanzwackeln bedeutet „Hund"; aber andere sind eher willkürlich. Washoe konnte Kombinationen von zwei Zeichen, fast wie ein kleines Kind, verwenden, aber sie brachte sie nicht immer in die richtige Reihenfolge; eines dieser Wörter war zumeist eins von zwölf „Zentralwörtern", wie „gib her", „bitte", usw.. Das läßt die Benutzung einer primitiven Syntax vermuten. Wir wissen noch nicht, ob die Syntaxen tierischen Verhaltens nur Reihungen enthalten, oder ob sie eines von *Chomskys* komplizierteren grammatischen Modellen erfordern (vgl. S. 353f). *Premack* (1970) brachte einem anderen Schimpansen, Sarah, bei, mit einer kleineren Anzahl von Plastikformen auf einer magnetischen Tafel umzugehen. Hier waren die meisten Zeichen Buchstaben oder andere willkürliche Zeichen, die für Worte standen. Sarah lernte mit Erfolg, kompliziertere Sätze und Begriffe anzuwenden als Washoe, einschließlich der Vorstellung von Gleichheit und Unterschied, Alternativfragen und Namengebung, und sie konnte Fragen verschiedener Art beantworten.

Während diese Experimente zwar von großem Interesse sind, so besteht doch allgemeine Übereinstimmung, daß es große Unterschiede gibt zwischen dem, was Washoe und Sarah (bis jetzt) zuwegebringen, und der menschlichen Sprache.

Wir wollen die Theorie, daß Sprache ihre Ursprünge in Gesten hat, später erörtern (S. 243).

b) Die verschiedenen Kommunikationskanäle

Geschmack und Geruch

Viele Tiere haben spezielle Drüsen, die dem Urin oder den Exkrementen einen Geruch beifügen oder in anderer Weise Flüssigkeiten oder Gase ausscheiden. Dieselben Arten haben Rezeptoren, die oft außerordentlich empfindlich sind und solche Pheromone in sehr geringen Konzentrationen entdecken können. Die Pheromone haben in der Verwendung als Signalsystem einige spezielle Eigenschaften:

(1) Das Signal besteht eine Zeit lang, die notwendig ist, um einen Rückweg oder ein Territorium zu markieren, aber es macht eine zeitliche Einordnung schwierig. Ein Tier kann ein Signal hinterlassen, wenn es fortgegangen ist, oder kann es selbst verwenden; in dieser Hinsicht ist die Verwendung von Pheromonen dem Schreiben analog.

(2) Eine Information wird in alle Richtungen verbreitet, langsam und über eine beträchtliche Entfernung. Das ist für bestimmte Arten sehr nützlich: z.b. die Bienenkönigin signalisiert, daß sie weiterhin am Leben ist, durch ein Sekret, das sich im ganzen Bienenstock ausbreitet.

(3) Chemische Signale enthalten ziemlich geringe Information; sie sind Alternativsignale, wechselnde Intensität spielt dabei nur geringe Rolle, und sie geben keine Richtung an. Einige Arten haben jedoch Möglichkeiten entwickelt, den übermittelten Informationen weiteres hinzuzufügen, indem sie z.B. mehrere Drüsen gleichzeitig in verschiedenen Kombinationen und Konzentrationen verwenden.

Damit kann eine Reihe von verschiedenen Signalen ausgesendet werden:

(1) Territorien und Pfade können markiert werden.

(2) Abweisende Stimulantien können zu einer größeren Verbreitung der Art führen.

(3) Andere Signale sollen Artgenossen anwerben, z.B. wenn Insekten beim Transport eines größeren Nahrungsteilchens Hilfe benötigen.

(4) Mitglieder der Gruppe, ihr Geschlecht und manchmal ihr Status können erkannt werden.

(5) Einige Fische senden dadurch Alarmsignale aus.

(6) Sexuelle Bereitschaft wird allgemein durch Geruch signalisiert, wie z.B. bei Hunden.

(7) Information über eine Nahrungsquelle kann übermittelt werden, wie bei den Bienen.

Diese Signale sind fast immer diskret und stereotyp statt kontinuierlich.

So findet bei einigen Primaten eine chemische Kommunikation statt. Lemuren haben besondere Duftorgane, mit denen sie einen Duftstoff auf Bäumen hinterlassen oder an die Schwanzspitze bringen, mit der sie dann vor einem anderen Lemur herumwedeln. Chemische Kommunikation dient sexuellen und aggressiven Zwecken, auch dem Erkennen, dem Begrüßen und der Abgrenzung des Territoriums.

Taktile Kommunikaton

Sie findet bei allen Tieren statt und hat spezifische Merkmale:

(1) Viele Signale sind überhaupt keine wirklichen Signale, sondern grundlegendes Sozialverhalten, z.B. Aggression, Sexualität, Freundschaft und die Aufzucht der Jungen. Signale über andere Kanäle stehen anstelle von oder führen zu Berührungen. Taktile Signale verschiedener Art sind die stärksten Mittel, soziale Beziehungen herzustellen.

(2) Diese Kommunikationsform kann nur stattfinden, wenn Tiere sehr nahe beisammen sind, so daß sie also andere Kommunikationsmittel benutzen müssen, bevor sie zu diesem Kanal übergehen können.

(3) Weder für die Übermittlung noch für den Empfang sind spezielle Organe notwendig.

(4) Durch unterschiedliche Intensität oder Geschwindigkeit können Signale für quantitative Informationen ausgesendet werden, wie im Bienentanz.

Die wichtigste Form taktilen Verhaltens bei den Primaten ist die „soziale Fellpflege" (grooming), was hauptsächlich mit den Händen getan wird, mit Unterstützung von Zähnen, Zunge und Nase; und es kann gegenseitig gemacht werden. Aggressive Körperkontakte sind Beißen, Schlagen, am Fell zerren. Sich Anbieten, Aufreiten und Umarmen geschieht nicht allein zwischen Sexualpartnern, sondern auch in Verbindung mit Dominanz und Beschwichtigung. Einige Affenarten, z.B. die Zopfaffen, sitzen lange Zeit dicht zusammengedrängt mit einem Maximum an Körperkontakt, und sie entwickeln starke Bindungen mit allen Angehörigen der Gruppe; sie klammern sich zusammen, besonders wenn sie erschrocken sind. Paviane, Schimpansen und andere Arten, die nicht zusammenhocken, beruhigen und begrüßen sich mit einem kurzen Anfassen statt intensiverem Körperkontakt. Begrüßungen finden in vielen verschiedenen Formen von Körperkontakt statt: Lecken an den Genitalien oder am Bauch, Küssen, Umarmen und Lausen. Alle diese Körperkontakte können verschiedene Formen annehmen, was von der jeweiligen sozialen Beziehung zwischen zwei Tieren abhängig ist; Beißen kann aggressiv oder spielerisch sein, das Lausen kann längere oder kürzere Zeit dauern.

Visuelle Kommunikation im allgemeinen

Für die meisten Wirbeltiere ist die visuelle Kommunikation am wichtigsten. Alle Arten von Informationen können auf diese Weise übermittelt werden, so daß es hier nicht nötig ist, die verschiedenen Möglichkeiten aufzuführen. Die visuelle Kommunikation weist aber eine Reihe von spezifischen Eigenschaften auf, durch die sie sich von Geschmack und Geruch ziemlich unterscheidet:

(1) Es können sehr komplexe Darstellungsformen verwendet werden, die in Verhaltensmustern, Farbe, Schärfe, Polarisierung, Gerichtetheit und zeitlicher Abfolge wechseln, wenn auch nicht alle Arten diese Dimensionen anwenden können.

(2) Die Kommunikation ist unmittelbar und kann sich über eine beträchtliche Entfernung erstrecken, was von der Blickschärfe und der Signalstärke abhängig ist. Ein Tier kann damit unmittelbar ein Feedback von den Reaktionen eines anderen erhalten.

(3) Visuelle Signale können ein- und ausgeschaltet werden, und Tiere können ihre Signale kontrollieren, um Aufmerksamkeit zu erregen oder zu vermeiden.

Visuelle Signalsysteme sind den jeweiligen Kommunikationsbedürfnissen einer besonderen Art in einer besonderen Umwelt angepaßt. So sind z.B. für eine große Entfernung bestimmte Signale gewöhnlich sehr stereotyp und enthalten keine feineren Unterscheidungen. Dagegen werden bei größerer Nähe höherentwickelte Signale verwendet. Affensäuglinge beeinflussen durch ihre charakteristische Erscheinungsweise das Verhalten der Eltern. Vogelarten, die dem Angriff von Raubtieren in besonderer Weise ausgesetzt sind, lassen sich so wenig wie möglich sehen. Wenn zwei Arten dasselbe Territorium bewohnen, dann werden sie für beide Arten verständliche Signale entwickeln, um sich den Lebensraum einzuteilen.

Körperliche Erscheinungsweise. Durch das normale körperliche Aussehen eines Tieres wird seine Art identifiziert, sowohl von Artgenossen als auch von anderen Arten. Außerdem werden dadurch Geschlecht und Alter angezeigt, und Einzelne können von anderen Gruppenmitgliedern erkannt werden. Veränderungen in der körperlichen Erscheinungsweise informieren über einen inneren Zustand des Tieres. Den meisten weiblichen Primaten ist die Brunst ohne weiteres anzumerken an den leicht erkennbaren blauen Schwellungen im Genitalbereich. Ein Weibchen kann diesen blau gefärbten Körperteil einem Männchen zuwenden, was als ein Auslöser für sexuelle Aktivität wirkt. Einige Arten von Fischen und Vögeln können Farbe und Größe unter dem Einfluß zeitweiliger emotionaler Zustände verändern. Männchen in sexueller Erregung stellen ihre Penis-Erektion zur Schau. In allen Fällen von emotionaler Erregung, sexueller wie aggressiver, zeigen Primaten jeweils verschiedene autonome Reaktionen: gesträubtes Haar, geweitete Nüstern, Schwitzen und Keuchen, auch Signale durch die Körperhaltung und den Gesichtsausdruck. Schweiß und andere Duftstoffe können gleichzeitig abgesondert werden.

Räumliches Verhalten. Dieses variiert je nach Art und Umweltbedingungen. Säuglinge klammern sich an ihre Mütter, und mit zunehmendem Alter wagen sie sich nach und nach in größere Entfernungen von ihr. Bei einigen Arten hocken die Tiere eng zusammen, besonders wenn sie erschrocken sind. Andere Arten, wie die Languren und die Paviane, haben wie Menschen eine „Individualdistanz". Der typische Abstand zwischen zwei Pavianen verschiedener Klassen variiert: zum Beispiel zwei Weibchen sitzen näher zusammen als zwei Männchen. *Kummer* (1968) interpretiert das Distanzierungsverhalten der Paviane im Sinne eines Gleichgewichts von Kräften der Annäherung und der Vermeidung: sie bewahren bis zu einem bestimmten Grade Nähe und ebenso Abstand voneinander. Ein stärker dominantes Männchen benötigt einen größeren Raum und wird anderen Tieren nur erlauben, sich bis zu einem bestimmten Abstand zu nähern. Sich einem anderen Tier zu nähern, kann verschiedene Bedeutungen haben, je nachdem welche Signale dabei zusätzlich ausgesendet werden: es kann sexueller, aggressiver oder freundschaftlicher Art sein.

Michael *Chance* (in: *Chance* and *Jolly,* 1970) behauptet, daß bei Primaten-Gruppen die normale räumliche Anordnung so aussieht, daß die dominanten Männchen in der Mitte sitzen mit ihren Weibchen in der Nähe und den anderen in konzentrischen Kreisen um sie herum. *Thelma Rowell* (1972) meint, das geschehe nur dann, wenn etwas zu fressen da ist, so daß sich ein Kreis um das Fressen herum bilde. Wenn ein Zug von Affen unterwegs ist, befinden sich die dominanten Männchen nahe der Spitze des Zuges, Mütter und Säuglinge sind zu ihrem Schutz in der Mitte, und andere Männchen bilden die Nachhut, um auf Nachzügler aufzupassen.

Gesichtsausdruck. Im Unterschied zu den meisten niederen Tierarten haben Affen und Menschenaffen sehr ausdrucksstarke Gesichter und verändern laufend den Gesichtsausdruck mit dem Wechsel ihrer Launen und Beschäftigungen. Diese Gesichtsausdrücke sind eindeutiger als menschliche; sie sind nicht unterdrückt, und es gibt eine größere Anzahl von deutlich unterscheidbaren Ausdrücken. Jede Art verfügt etwa über dreizehn verschiedene Gesichtsausdrücke, und *Jane van Lawick Goodall* (1968) zählt für Schimpansen sogar ungefähr zwanzig auf. Die einzelnen Gesichtsausdrücke treten regelmäßig in jeweils bestimmten Situationen auf, aus denen ihre Bedeutung abgeleitet werden kann, und sie werden von charakteristischen Vokalisationen begleitet. Im Folgenden werden einige der von Goodall aufgezählten Ausdrucksformen aufgeführt:

Tabelle 2.1. *Gesichtsausdrücke bei Primaten* (nach *van Lawick Goodall, 1968*)

Situation	Gesichtsausdruck	Vokalisation
Entspannte Situation in der Gruppe	typisches entspanntes oder munteres Gesicht	weiches Grunzen oder Stöhnen
Fressen oder sich einem begehrten Fressen nähern	Mund leicht geöffnet bei jedem Laut; Lippen etwas zurückgezogen, um die Zähne zu zeigen	lautes Bellen
Spielen mit Kameraden	Spiel-Gesicht: Mund geöffnet bei bedeckten Zähnen	„Lachen": weiche Keuch-Töne
Reaktion auf entfernte Rufe; bei der Ankunft in der Gruppe	Schrei-Gesicht: die Lippen zu einer Trompete zugespitzt	Keuch-Schreie und Rufe
Vor einem Angriff oder der Paarung	glänzender, wilder Blick	
Wenn einer angegriffen wird	Mund weit offen, Zähne unbedeckt	Kreischen
Eine Mutter wiegt einen Säugling oder holt ihn zu sich	Schnuten-Gesicht: Lippen zugespitzt vorgeschoben	Schreien, Wimmern
Wenn Jugendliche die Mütter verlassen	Wimmer-Gesicht: wie das Schnuten-Gesicht, aber die Lippen sind von den Zähnen zurückgezogen	Wimmern
Unterwürfigkeits-Gesten nach einem Angriff	Grinsen: geteilte Lippen und die ganze Reihe der geschlossenen Zähne gezeigt	Quiek-Rufe
Konflikt zwischen Aggression und Zurückhaltung	Gähnen	

Zusätzlich zu diesem wechselnden Gesichtsausdruck haben die Einzelnen recht unterschiedliche Gesichter, womit sie erkannt werden können.

Blickrichtung. Dies ist nicht in erster Linie ein Signal, sondern eher ein Mittel, Signale zu empfangen. Jedoch zeigen Richtung und Art zu blicken die Einstellungen eines Tieres und werden insofern soziale Signale. Wenn man das Blick-Verhalten in einer Gruppe von Affen untersucht, kann man ebenso wie bei den räumlichen Positionen die soziale Struktur aufschlüsseln. Mütter und ihre Babys halten sich gegenseitig im Auge, ebenso wie sich paarende Männchen und Weibchen; wenn zwei Tiere sich eng verbunden haben, dann schauen sie aufeinander und halten sich eng zusammen. Ein direkter Starrblick wird als Drohsignal gesendet und empfangen; wegsehen („abbrechen") ist ein beschwichtigendes oder unterwürfiges Signal. Wir wollen später ein Experiment beschreiben, bei welchem ein Mensch unter Verwendung dieser Signale mit einem Affen eine Kommunikation entwickelte. *Michael Chance* (1967) behauptet, daß es bei vielen Arten eine „Aufmerksamkeits-Struktur" gibt, dergestalt daß sich die visuelle Aufmerksamkeit auf die dominanten Gruppenglieder richtet, so daß Untergeordnete den Anführern folgen, ihnen aus dem Wege gehen oder mit der Paarung aufhören, wenn sich einer plötzlich nähert. Dieser Mechanismus, verbunden mit speziellen Rufen, befähigt die Glieder einer Gruppe, sich in einer dichten Vegetation zusammenzuhalten. Der Blick zeigt auch die Ausrichtung der Aufmerksamkeit oder macht deutlich, welchem Tier jeweils weitere Signale gelten. Die Bedeutung des Blicks hängt von dem Gesichtsausdruck ab, der ihn begleitet: gehobene oder gesenkte Augenbrauen, offene oder halb geschlossene Augen usw..

Gesten. Das sind Bewegungen mit dem Arm oder mit anderen Körperteilen, die als soziale Signale fungieren. Sie können als Intentionsbewegungen Bedeutung erlangen (d.h. wenn sie der Beginn einer längeren Verhaltensfolge sind), oder auch durch andere, später zu beschreibende Mechanismen. Manchmal haben solche Gesten den Grund, daß ein Tier zu beschäftigt ist, um mehr zu tun, oder sich in einem Konflikt zwischen verschiedenen Motivationen befindet. So kann ein Angriff auf ein anderes Tier zu einer Geste reduziert werden (z.B. auf den Boden schlagen), weil das Tier sich mit weiterem nicht abgeben kann. Zuweilen dienen sie als offensichtlich intentionale soziale Signale, so z.B., wenn ein Tier ein anderes mit einer Berührung beruhigen will. Im Folgenden einige der gebräuchlicheren Gesten bei den Primaten:

Tabelle 2.2. Gesten bei Primaten.

Situation	Geste
Bedrohung eines anderen Tieres	Die Faust schütteln, stampfen, schlagen, knallen, den Arm heben und damit fuchteln, schwanken
Versöhnung, Beschwichtigung	Einladen zum Lausen, anfassen, die Hand anbieten, umarmen
Sexuelle Aufforderung, Unterwerfung	sich zur Paarung anbieten
Grüßen	Tänzeln, sich verbeugen, sich anfassen, küssen, lausen, sich anbieten, besteigen, die Hand halten
Beruhigen	anfassen, klapsen, umarmen, küssen.

Körperhaltung. Die Art und Weise, wie ein Tier sitzt oder geht, spiegelt seinen emotionalen Zustand und sozialen Status. Ein hochrangiges, selbstsicheres Tier streckt sich in entspannter Haltung aus und schreitet in aufrechter, aber entspannter Weise einher. Tiere ohne Selbstvertrauen sind angespannt, beim Sitzen ziehen sie den Kopf zwischen die Schultern und rollen in sich zusammen, und sie gehen vorsichtig. Einige Tiere benutzen den Schwanz als Kommunikationsmittel; selbstsichere Paviane lassen den Schwanz locker hängen, ängstliche Paviane strecken ihren Schwanz senkrecht in die Höhe. Andere Haltungen laden zum Lausen ein; die Stellung des Anbietens ist das Vorspiel zur Paarung. Ein Gorilla-Anführer kann signalisieren, daß er fortgehen will, indem er bewegungslos dasitzt und in die Richtung schaut, die er einschlagen will (*Rowell*, 1972; vgl. Abbildung 2.1).

Abbildung 2.1. Körperhaltungen bei Affen (nach *Rowell*, 1972, S. 88-91)

a) Selbstsicherer Gang eines erwachsenen Rhesus-Männchen

b) (Ausschreitender) selbstsicherer Gang eines erwachsenen Pavian-Männchen

c) Entspannte Sitzhaltung (Füße hoch) eines erwachsenen Rhesus-Männchen

d) Entspannte Sitzhaltung eines erwachsenen Pavian-Männchen

e) Vorsichtiger Gang eines untergeordneten Rhesus-Weibchen

f) Vorsichtiger Gang eines halbwüchsigen Pavian-Männchens, während es an einem erwachsenen Männchen vorbeigeht

g) Sitzhaltung eines untergeordneten Pavian-Weibchen (im Käfig)

h) Vorsichtige Sitzhaltung eines untergeordneten Rhesus-Weibchen (im Käfig)

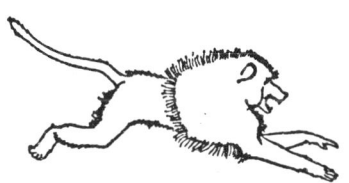

i) Erwachsenes Weibchen, das ein Junges an sich drückt

j) Halbwüchsiges Pavian-Männchen verjagt und bedroht ein anderes Männchen

k) Der aufrechte Schwanz stützt das Baby auf dem Rücken der Mutter ab

l) Haltung beim Lausen

43

m) Schwanz-Haltung beim Gang durch nasses Gras   n) Die Schwanz-Haltung kann regional verschieden sein.

Vokalisierungen

Vokalisierungen finden sich bei vielen Tierarten und sind das wichtigste Verständigungsmittel für einige Vögel, Insekten und Fische. Zum Beispiel wird eine taube Truthenne ihre Jungen töten, da sie sie für Räuber hält, wenn sie sie nur visuell wahrnehmen kann. Laute werden in verschiedener Weise erzeugt: mit speziellen Organen, wie bei Vögeln und Tümmlern, oder in nicht spezialisierter Weise, wie bei Insekten, die ihre Beine zusammenreiben, oder bei den Gorillas, die sich auf die Brust schlagen. Laute können durch die Luft, durch Wasser, feste Gegenstände oder durch direkten Kontakt übermittelt werden. Dieser Kommunikationskanal hat mehrere unterschiedliche Eigenschaften:

(1) Laute verbreiten sich in alle Richtungen, sie gehen um Ecken herum, durch Laubwerk hindurch und erreichen andere Tiere, ob diese zuhören oder nicht. Sie können große Entfernungen überbrücken, z.B. können Wale sich über Entfernungen von hundert Meilen verständigen.

(2) Hochfrequente Laute zeigen deutlich, woher sie kommen, während Leute niederer Frequenz das verbergen.

(3) Laute verklingen sofort und können zeitlich genau bestimmt werden, und so können komplexe Lautfolgen ausgesendet werden.

(4) Laute können vom Sender selbst gehört werden, der damit die Signale kontrollieren kann, wenn er z B. ein anderes Tier imitiert. Ein Selbst-Feedback ist bei visuellen Signalen unmöglich.

Wir wollen die Kommunikation durch Laute zunächst bei solchen Tieren illustrieren, für die sie die wichtigste ist: bei den Vögeln. Vögel haben hoch spezialisierte Stimmorgane, die fähig sind, komplizierte Lautfolgen von sich zu geben. Bei diesen Äußerungen lassen sich zwei Arten unterscheiden: *Rufzeichen* und *Gesang*. Rufzeichen sind kurz und einfach; die verschiedenen Rufzeichen (Warnung vor Raubtieren, Signale zwischen Eltern und ihren Jungen, aggressive Verteidigung des Territoriums) entsprechen den wichtigsten Antrieben. Einige dieser Signale können als Informationsträger eingestuft werden: was für ein Raubtier sich nähert, wie nahe es ist, ob auf dem Boden oder in der Luft. Andere können einen Platz mit Futter oder mit Material für den Nestbau anzeigen. Weiterhin können diese Signale, wie bereits ausgeführt, die Spezies, die soziale Gruppe und die Identität eines Einzelnen anzeigen. Der Vogelgesang ist länger und komplizierter und ist im wesentlichen Sache der Männchen während der Paarungszeit.

Auch bei Affen und Menschenaffen sind stimmliche Äußerungen sehr häufig, und einige bei Schimpansen übliche sind in der Tabelle 2.1 aufgeführt. Jede Spezies verfügt über ein Repertoire von Lauten, deren Anzahl zwischen 10 und 37 schwankt. Oft werden stimmliche Äußerungen und Gesichtsausdrücke oder andere visuelle Zeichen zusammen verwendet; visuelle Signale begegnen zwar ohne Vokalisierungen, aber nicht umgekehrt. *Rowell* schließt daraus, daß ihre Hauptfunktion sei, ein Signal stärker zu betonen oder Aufmerksamkeit auf sich zu lenken. Bei nichtmenschlichen Primaten, wie auch beim Menschen, wird zur Kommunikation zumeist von visuellen und akustischen Signalen gleichzeitig Gebrauch gemacht; einer der Hauptunterschiede zwischen beiden Kommunikationskanälen liegt darin, daß der visuelle von der Blickrichtung abhängig ist, während Laute von jedem innerhalb eines bestimmten Bereichs gehört werden können. Beim Menschen unterstützen die visuellen Zeichen normalerweise die akustischen, während bei den Affen das Gegenteil der Fall ist. Nichtmenschliche Primaten verwenden einen zweiten Typ von Lauten ohne Gesten, wenn die Vegetation den visuellen Kontakt abschneidet. Das betrifft die Rufe von verirrten Jungen, Kontaktrufe innerhalb einer Gruppe oder zwischen Gruppen und Alarmrufe. Einige Rufe zeigen, wo sich einer befindet, während andere das verbergen. Und sie signalisieren auch die Art und die Identität des Rufers.

c) Die Ursprünge der nonverbalen Kommunikation bei Tieren

(1) Evolution und Vererbung

Sämtliche Verhaltensmuster von Insekten und anderen einfachen Kreaturen sind angeboren und nicht von Umwelterfahrungen abhängig. Bei Tieren, die auf der Evolutions-Skala höher stehen, wird das Lernen zunehmend wichtiger, wenn auch dafür eine genetische Basis besteht. Zum Beispiel erscheinen die Rufzeichen vieler Vögel auch dann, wenn sie von Vögeln anderer Art ausgebrütet und aufgezogen werden. Der Kukuck ist dafür ein bekanntes Beispiel, aber dasselbe wurde auch bei Tauben und bei Kanarienvögeln festgestellt.

Tiere haben Kommunikationssysteme, die in ihrer besonderen Umwelt jeweils eindeutig „arbeiten". Bienen haben ihre Mittel, die anderen wissen zu lassen, wo die Blumen sind. Einige Vögel und Primaten warnen vor Raubtieren in einer tiefen Tonlage, da diese den Platz des Rufers nicht erkennen läßt; Vögel, die in höheren Tonlagen warnen würden, könnten von dem Raubtier gefressen werden, so daß die Erbinformation eines tiefen Rufs im Vorteil ist auf Kosten einer Erbinformation mit dem hohen Ruf.

Aber wie kommen einzelne Signale jeweils dazu, in einer bestimmten Weise verschlüsselt zu werden, und woher wissen die Empfänger, was sie bedeuten? Eine Antwort läßt sich für die einfacheren Formen von tierischer Kommunikation geben.

Intentionsbewegungen. Sie sind Teil eines ganzen Verhaltensmusters, und der Teil steht für das Ganze. Ein Vogel kann seine Schwingen ausbreiten als Signal, daß er gleich fortfliegen will. Zähnefletschen, was Vorbereitungen zum Beißen anzeigt, wird eine Drohgeste. Intentionsbewegungen werden als etwas wahrgenommen, das für das Ganze steht, da von dem übrigen Teil des Vorgangs erwartet wird, daß er gleich folgt. Solche Signale sind *bildlich* oder *analogisch*, d.h. das Signal ist ein Teil dessen, auf das es sich bezieht, oder es ist ihm ähnlich.

Ersatzhandlungen. Tiere sind oft in einer Situation von Konflikt oder Frustration: die Angst vor einem dominanten Tier hält sie vom Fressen weg, oder sie können nicht weit genug springen, um ranzukommen. Sie zeigen dann häufig ein Verhalten, das für die gerade vorrangigen Antriebe irrelevant zu sein scheint. Wenn z.B. Vögel in einem Konflikt stehen, ob sie sich einem anderen Vogel nähern oder wegfliegen sollen, aber für beides motiviert sind, dann fliegen sie hin und her; wenn der Konflikt stärker ist, dann beschäftigen sie sich damit, das Gefieder zu putzen. Im allgemeinen werden sie in solchen Situationen die Federn oder den Schnabel putzen, trinken oder etwas futtern. - Dafür gibt es keine anerkannte Erklärung; vielleicht ist es folgendermaßen zu verstehen: wenn ein Konflikt das Hervortreten der vorrangigen Musters eines motorischen Verhaltens verhindert, dann dürfen die weniger wichtigen, die bisher behindert wurden, hervortreten; oder aber so, daß ein allgemeiner Erregungszustand hervorgerufen wird, der seinerseits irrelevantes ebenso wie relevantes Verhalten hervorruft. Wenn bestimmte Ersatzhandlungen in irgendeiner Situation regelmäßig geschehen, dann kann es kommen, daß sie als soziale Signale fungieren. Frustrierte Schimpansen werden, wie *Goodall* berichtet, sich kratzen, gähnen, lausen, masturbieren, schaukeln, Zweige schütteln, schlagen und stampfen, schlechte Laune um sich verbreiten oder ihre Aggressionen sonstwo auslassen. Derlei Tätigkeiten begegnen in verschiedenen Zusammenhängen: die Schimpansen lausen sich, wenn sie auf Fressen warten, sie kratzen sich, wenn sie wegen der Nähe eines Tieres höheren Ranges in Unruhe sind. Wenn solche Tätigkeiten als Signale dienen, dann sind sie *willkürliche* Signale (im Gegensatz zu analogischen), weil zwischen dem Signal und dem, worauf es sich bezieht, keine Ähnlichkeit besteht.

Autonome Displays. Das Sich-Streuben der Haare, Keuchen, Schwitzen und andere körperliche Veränderungen, die aus der Wärmeregulierung oder anderen autonomen Reaktionen des Körpers folgen, können von anderen Tieren wahrgenommen werden und somit als soziale Signale fungieren.

Ritualisierungen. Sobald ein Vorgang in einer dieser Weisen eine Bedeutung erlangt hat, kann er evolutionäre Veränderungen erleben, die ihn als ein Signal wirkungsvoller machen. Diese Veränderungen werden Ritualisierungen genannt. Ein Signal, das in seiner Intensität variiert, kann in einige getrennte Signale zerfallen, jedes mit einer klaren Bedeutung. Bei den Primaten findet man das in Bezug auf die verschiedenen Abstufungen von Drohung - dazwischenliegende Intensitätsstufen sind selten, und für die verschiedenen Arten sind jeweils unterschiedliche Intensitäten typisch. Eine Ritualisierung kann ein Signal auffälliger machen, wie die Federn des Pfau, der einem Weibchen den Hof macht. Bei Primaten sind solche Ritualisierungen ziemlich selten, da sie ein komplexes Netz von Sozialbeziehungen haben; und die meisten Signale haben keine konstanten Bedeutungen, sondern sind von der jeweiligen Beziehung abhängig. Jedoch finden sich auch hier einige Beispiele von ritualisierten Signalen mit klaren Standardbedeutungen. Bei den Pavianen ist das Schmatzen vom Saugen herzuleiten, aber es wurde zu einem Signal für Versöhnung oder Beschwichtigung.

Ritualisierung führt zu der Entwicklung von *diskreten*, digitalen, stereotypen Sozialsignalen, wie z.B. von Vogel-Rufen. Diesen kann man andere Signale gegenüberstellen, die innerhalb einer bestimmten Dimension *kontinuierlich* variieren, wie z.B. der Warnruf eines Vogels durch Schnelligkeit und Lautstärke. *Altmann* (1967) hat gezeigt, warum analoge Signale immer kontinuierlich sein müssen, da es sonst bei der Kommunikation große Mißverständnisse geben könnte.

Wir können die evolutionären Ursprünge der menschlichen Signale veranschaulichen durch die Entwicklung einiger Signale bei den Primaten. Man kann die Entwicklungsgeschichte eines Signals verfolgen, indem man entsprechende Signale bei nahe verwandten Arten untersucht, wo die Signale als Formen einer früheren Evolutionsstufe angesehen werden können. *Van Hooff* (1972) hat auf diese Weise die evolutionäre Herkunft des menschlichen Lächelns und Lachens zurückverfolgt. Bei primitiven Säugetieren ist einer der ältesten Gesichtsausdrücke der *Schrei mit bloßen Zähnen*: das ist eine defensive Intentionsbewegung, die auf Biß- und Schutzreaktionen beruht, und das Tier mag dabei fauchen oder zischen. Bei Makis und anderen Affen entspricht dem das *stumme Gesicht mit bloßen Zähnen*: das ist ein Grinsen, bei dem die Zähne völlig bloßgelegt sind und das von untergeordneten Tieren als ein Beschwichtigungssignal benutzt wird. In drei Abstammungslinien der höheren Primaten, bei den Schimpansen, den Mandrillen und beim Menschen, verändert dieses Signal seine Bedeutung und wird im wesentlichen zu einem Freundschafts- oder Beruhigungssignal. *Van Hooff* vermutet, daß dies der Ursprung des menschlichen Lächelns sei. - Die Ursprünge des Lachens sind ganz andere. Bei vielen Primaten zeigt sich während des Spiels mit Artgenossen das *Spiel-Gesicht* bzw. ein *entspannter offener Mund*. Das ist vermutlich eine ritualisierte Intentionsbewegung, basierend auf dem Nagen, was häufig bei spielerischen Kämpfen geschieht. Bei Schimpansen verbindet sich das Spiel-Gesicht mit leisen Keuch-Lauten oder mit Grunzen, was den Lauten des menschlichen Lachens entsprechen mag.

Die evolutionäre Herkunft von Vokalisierungen ist schwieriger aufzudecken. *Andrew* (1963) hat die Vermutung aufgestellt, sie seien hauptsächlich eine Begleiterscheinung von Gesichtsausdrücken, bedingt durch das Ausatmen. Z.B. haben die meisten Säugetierarten ein Reaktionsmuster, das die Sinnesorgane angesichts von plötzlichen, erschreckenden Ereignissen schützen soll; die Kehle wird zusammengezogen, Luft wird ausgestoßen, und das verursacht ein lautes Geschrei, das sich später zu einem Alarmruf entwickelt. Bei einigen Vögeln und einigen Primaten teilt sich dieser wiederum auf in eine Reihe von scharfen, hohen Rufen, die andere zur Hilfe herbeirufen sollen, um mit einem Störenfried fertig zu werden, und in einen kurzen, tiefen Stöhnruf, der schwer zu lokalisieren ist und vor gefährlicheren Raubtieren warnen soll. Je stärker ein Affe einer Art mit hohen Alarmrufen erschrocken ist, desto stärker stößt er die Mundwinkel zurück, was einen entsprechend höheren Schrei verursacht. Ein anderer Gesichtsausdruck ist das Knurren mit bloßen Zähnen: eine Intentionsbewegung, die eine Angriffsabsicht anzeigt und zu einem Drohsignal wird; die bei diesem Gesichtsausdruck ausgestoßenen Laute sind ganz andere, und sie werden selbst wieder zu Drohsignalen.

Wenn ein Signalsystem und die Verhaltensmuster des Zusammenlebens im Laufe der Evolution komplizierter werden, müssen entsprechende Entwicklungen auch in der Wahrnehmung und im Verständnis von Signalen stattfinden. Für kurze Signale, die in bestimmtem Maße variieren, ist eine größere Empfindlichkeit erforderlich, und die Fähigkeit, das jeweilige Signalrepertoire zu erkennen, muß angeboren sein. Da es schwieriger ist, die Bedeutung von willkürlichen als die von analogen Signalen zu erlernen, ist es für die willkürlichen Signale wichtiger, daß sie angeboren sind.

Analoge Signale können leichter gelernt werden, zumindest von solchen Tieren, die zum Lernen fähig sind; trotzdem ist auch deren Erkennen angeboren, denn wahrscheinlich gibt es eine natürliche Selektion für die Fähigkeit, Signale richtig zu identifizieren, ebenso wie es eine natürliche Selektion für geeignete Signale gibt.

(2) Lernen

Manche tierische Signale entstehen ohne jede Umwelterfahrung. Das gilt für die Rufe einiger Vogelarten sowie für andere stereotype und artspezifische Signale. Jedoch wird möglicherweise gelernt, an welche Individuen diese Signale zu richten sind und wie sie richtig verstanden werden, wenn sie von anderen ausgesendet werden. *W. H. Thorpe* (1972) fand heraus, daß der Buchfink sich selbst zwischen anderen Lauten singen hören mußte, bevor sich sein Gesang stabilisierte; dazu aber war es nicht notwendig, daß er den Gesang eines Ausgewachsenen hörte. Somit ist das also keine Sache von Nachahmung. Der Gesang des Buchfink ist nach dem ersten Zeitabschnitt im Nest vollständig stabilisiert. Bei einigen anderen Finken wird der Dialekt einer örtlichen Gruppe auch durch Nachahmung erworben. Andere Arten erlernen das gesamte Gesangsmuster durch Nachahmung. - Das veranschaulicht die ganze Bandbreite von der vollständigen Abhängigkeit eines Signals von angeborenen Faktoren bis zur vollständigen Abhängigkeit vom Lernen aus der Umwelt.

Wo Signale gelernt werden können, besteht die Möglichkeit einer Traditionsbildung und -weitergabe innerhalb einer einzelnen

Gruppe. Die Entwicklung eines Dialekts in Gruppen von Vögeln ist ein Beispiel dafür.

d) Bedeutung und Syntax

Enkodierte Bedeutung

Ein Signal hat für den Zeichengeber eine Bedeutung dadurch, daß zwischen dem Signal und dem, wofür es steht, eine feste Beziehung besteht. Bei Tieren kann die enkodierte Bedeutung erfaßt werden, indem man die Beziehung zwischen meßbaren Aspekten von Zustand oder Situation eines Tieres und dem jeweiligen Signal untersucht. Wenn ein Vogel signalisiert, daß sich ein Raubvogel nähert, indem er dessen Ruf imitiert, dann steht diese Imitation für den Raubvogel, sie „bedeutet" ihn. Wenn eine Biene den Standort von Blumen anzeigt, dann steht die Geschwindigkeit des Tanzes dafür, sie bedeutet die Entfernung der Blumen. In beiden Fällen bezieht sich das Signal auf Vorgänge in der Außenwelt. Emotionale Äußerungen stehen demgegenüber für den inneren physiologischen Zustand des Tieres, und sie sind sogar ein unmittelbarer Teil des Zustandes, für den sie stehen. Man kann sagen, daß sie sich auf das vollständige Verhaltensmuster, das folgen könnte, beziehen, so wie das Zähnefletschen für Beißen steht, wenn auch das Beißen selbst nur unter bestimmten Bedingungen folgt. Oder wenn ein Signal eine Information über Identität und Standort aussendet, so wie z.B. der Vogelgesang eine Vogelart charakterisiert, dann ist die Beziehung zwischen dem Signal und dem Bezugsgegenstand wieder anders.

Obwohl die nonverbale Kommunikation bei Tieren zumeist analoge Bedeutung hat, basierend auf Intentionsbewegungen, gibt es auch willkürliche Signale, die sich von Ersatzhandlungen und Ritualisierungen herleiten lassen. Analoge Signale sind kontinuierlich, während willkürliche Signale gewöhnlich diskret und digital sind. Die Bedeutung eines Signals für den Sender ist nicht immer identisch mit der für den Empfänger. Dafür gibt es verschiedene Gründe, denen wir uns jetzt zuwenden.

Dekodierte Bedeutung

Ein Signal kann für einen Empfänger verschiedene brauchbare Informationen enthalten: wo sich der Sender gerade befindet, über sein bevorstehendes Verhalten, über dritte, wie z.B. Raubtiere, wo Futter zu finden ist oder über andere Angelegenheiten der Außenwelt. Die dekodierte Bedeutung läßt sich feststellen, indem man regelmäßige Wirkungen eines Signals auf das Verhalten des Empfängers untersucht und dabei z.B. dessen Verhalten auf einen geringeren Bereich von möglichen Reaktionen eingrenzt. Man kann die Menge an enkodierter und dekodierter Information in einem Signal messen (im Sinne der Informationstheorie, wo ein „Bit" von Information eine Wahl aus zwei alternativen Möglichkeiten bedeutet). Man hat geschätzt, daß der Bienentanz ungefähr fünf Bits enthält, von denen ungefähr die Hälfte tatsächlich wahrgenommen wird. Jedoch kann dieselbe Mitteilung verschieden interpretiert werden und daher auch verschiedene Bedeutungen haben, was jeweils von der Umweltsituation und von der Identität des Empfängers abhängig ist.

Man kann sagen, daß der Gesang des Buchfinken folgende Informationen enthält: „Ich gehöre der Spezies *Fringilla coelebs* an; mir gehört ein Territorium; ich bin das Individuum PDP8; ich sitze an dieser speziellen Stelle meines Territoriums; ich habe keine Frau bei mir." Ein partnerloses Buchfinkweibchen wird sich durch eine solche Meldung angezogen fühlen; ein partnerloses Männchen, das für sich selbst ein Territorium sucht, wird sich davonmachen; ein bekannter Nachbar wird ihm geringe Aufmerksamkeit zollen oder dagegen singen, es sei denn daß der andere Vogel mit seinem Gesang außerhalb seines anerkannten Bereichs sitzt, so daß er eine nähere Inspektion evozieren würde. Ein junges Buchfink-Männchen wird in seinem ersten Frühling auf seinem gerade gefundenen Territorium den Gesang zusätzlich zu seinem Repertoire wiederholen (*Cullen*, 1972). So also können verschiede Dimensionen desselben Gesangs bei verschiedenen Empfängern verschiedene Reaktionen hervorrufen: während eine Biene auf den Winkel des Tanzes reagieren wird, werden Menschen auf ihr Summen reagieren und damit vermeiden, gestochen zu werden.

Die Funktion eines Signals für den Sender kann etwas ganz anderes sein als dessen Bedeutung für den Empfänger - obwohl die zwei zusammen sich als Teile eines beide umfassenden Systems von brauchbarer Kommunikation darstellen. Ein Alarmsignal hat für den Sender die biologische Funktion, seine Abkömmlinge und andere Artgenossen zu beschützen; der Empfang des Alarmsignals hat noch unmittelbarer die Funktion, selbst zu überleben.

Syntaktische Strukturen

Menschliche Sprache hat eine Drei-Stufen-Struktur: die niedrigste Stufe besteht aus bedeutungslosen Lauten bzw. *Phonemen*; diese werden kombiniert (zwei oder mehr zusammen), um *Morpheme* (die zugrunde liegenden Wortstämme) zu bilden, welche wiederum zu Sätzen kombiniert werden. Die Kommunikation bei den Tieren scheint jedoch aus bedeutungstragenden Elementen zu bestehen: der Alarmruf, das Gähnen usw. Es könnte aber möglich sein, solche Signale in kleinere Komponenten aufzulösen, die selbst keine Bedeutung haben, zumal das Verhalten eine hierarchische Struktur hat; aber diese scheinen nicht aus einer begrenzten Klasse von Grundelementen zu bestehen, wie es in der menschlichen Sprache der Fall ist.

Tiere verwenden Signalkombinationen entweder aufeinanderfolgend oder gleichzeitig. Z.B. Bienen signalisieren Richtung plus Entfernung plus die Art des Dufts in einem Signal. In den meisten Fällen jedoch ist die Anordnung der Signale unwichtig, so daß sich hier keine Entsprechung zur Grammatik findet. Allerdings spielt bei einigen Signalen die Anordnung doch eine Rolle. Das augenfälligste Beispiel ist der Vogelgesang, wo die Mitteilung aus einer feststehenden Melodie besteht, deren Töne und Phrasen die richtige Reihenfolge haben müssen. Die Gesangsfolgen der Vögel sind in der Tat komplizierter, als sie zur Übermittlung der Information, die sie auszusenden scheinen, sein müßten; der Grund dafür ist noch nicht bekannt. Vielleicht sagen diese Signale mehr aus, als wir denken.

Ein anderes Beispiel, wie Signale in Kombinationen fungieren, ist eine veränderte Kommunikationsebene (Metakommunikation): wenn bei den Primaten ein Tier das Spiel-Gesicht signalisiert, bekommen alle begleitenden Signale eine andere Bedeutung. Eine Kombination von verschiedenen Informationseinheiten findet auch dann statt, wenn ein Tier ein Signal dadurch interpretiert, daß es der wahrgenommenen Situation Rechnung trägt. *John Smith* (1969) hat seine Aufmerksamkeit darauf gelenkt, daß mehr Mitteilungen ausgesendet werden können, als Signale verfügbar sind. Z.B. der Keuchruf der Silbermöwe wird verwendet (1) von Jungen, die um Futter betteln, (2) von Jungen, die eine Futterquelle gefunden haben und Hilfe brauchen, den Eigentümer zu verdrängen, (3) von Ausgewachsenen vor der Paarung.

Altmann (1967) hat die Reihenfolgen von Kommunikationsvorgängen bei den Rhesusaffen untersucht und dabei festgestellt, daß bestimmte Reihenfolgen regelmäßig, andere aber nie stattfinden. Somit sind die Signalfolgen, die gesendet werden können, also begrenzt. Er hat auch festgestellt, daß das Verhalten eines Tieres besser vorausgesagt werden kann, wenn man bis zu vier vorausgehende Tätigkeiten in Rechnung stellt; das gilt wahrscheinlich auch für die Reaktion von anderen auf das Verhalten dieses Tieres.

In welchem Maße gleichen diese Systeme tierischer Kommunikation der menschlichen Sprache? *Hockett* (1960) hat eine Liste von 16 „Strukturmerkmalen" aufgeführt, von denen die Sprache alle besitzt und die verschiedenen tierischen Kommunikationssysteme jeweils einige. Dazu gehören z. B. die Willkürlichkeit von Symbolen, die Fähigkeit, sich auf zeitlich und räumlich entfernte Gegenstände zu beziehen, oder über das System selbst zu reden. Aus dieser Methode folgt, daß „Sprachlichkeit" eine Frage des Grades ist. *Chomsky* (1968) teilt diese Sichtweise nicht: er meint, daß Sprache eine komplizierte grammatische Struktur habe, was angeborene Nervenstrukturen erfordere, und daß sie von jeder tierischen Kommunikation total verschieden sei. Nichtsdestoweniger müssen wir anerkennen, daß Kommunikation der Tiere einen gewissen Grad an Kompliziertheit besitzt und daß einige Arten eine einfache Syntax zu verwenden scheinen. Bei den Bienen und den Schimpansen können wir lernen, daß tierische nonverbale Kommunikation von willkürlichen Signalen Gebrauch machen kann, daß Tiere sich auf zeitlich und räumlich abwesende Gegenstände beziehen und einfache Kombinationen von zwei oder drei Signalen verwenden können.

Intentionalität und Zielrichtung der Kommunikation

Signale können absichtlich etwas mitteilen, so wie wenn jemand einen anderen anspricht, oder sie können ohne eine Absicht Informationen übermitteln, so wie wenn andere eine Konversation belauschen oder wenn jemand den emotionalen Zustand oder den Charakter eines anderen beobachtet. Daß ein Tier einem anderen absichtlich etwas mitteilen will, wird evident durch Beobachtungen von gezielten Täuschungen und dadurch, daß ein Signal auf ein anderes Tier ausgerichtet wird. *Lorenz* (1952) erzählt ein Beispiel von einem Täuschungsversuch:

„Ich hatte gerade das Hoftor geöffnet, und bevor ich Zeit hatte, es wieder zu schließen, sprang der Hund laut bellend auf. Als er mich darauf erkannte, zögerte er einen Moment in höchster Verlegenheit, drängte an meinem Bein vorbei und raste durch das offene Tor und über die Straße, wo er fortfuhr, am Tor unseres Nachbarn wütend zu bellen, gerade so als ob er von Anfang an einen Feind in diesem Garten angebellt hätte."

Die Zielrichtung von Signalen kann in verschiedener Weise geschehen; bei den Primaten ist die gebräuchlichste, sich dem Adressaten zuzuwenden und ihn anzusehen. Untergeordnete vermeiden den Blick, um die Interaktion zu vermeiden. Primaten lernen, Signale wie z.B. ein aggressives Gähnen genau auf andere auszurichten. Wenn sich ein Weibchen einem Männchen anbietet, schaut es zunächst noch herum und richtet dann seinen Blick auf das Männchen (vgl. Bildtafel 8). Primaten können in mehr als eine Richtung Mitteilungen aussenden, wenn z. B. ein Weibchen sich einem Männchen anbietet und gleichzeitig andere Weibchen bedroht.

Weiterführende Literatur

Altmann, S. A. (ed.), Social Communication among Primates, Chicago: University of Chicago Press, 1967.
Hinde, R. (ed.), Non-verbal Communication, Cambridge: Royal Society and Cambridge University Press, 1972.
Sebeok, T. A. (ed.), Animal Communication, Bloomington: Indiana University Press, 1968.

Zitierte Literatur

Andrew, R. J. (1963) The origin and evolution of the calls and facial expressions of the primates, *Behaviour* 20: 1-109.
Chance, M. R. A. (1967) Attention structure as a basis of primate rank orders, *Man* 2: 503-18.
Chance, M. R. A. and *Jolly, C. J.* (1970) Social Groups of Monkeys, Apes and Men, London: Cape.
Chomsky, N. (1968) Language and Mind, New York: Harcourt, Brace; deutsch: Sprache und Geist, Suhrkamp, Frankfurt 1973.
Cullen, M. (1972) Some principles of animal communication, in *R. Hinde* (ed.) Non-verbal Communication, Cambridge: Royal Society and Cambridge University Press.
Frisch, K. von (1967) The Dance Luaguage and the Orientation of Bees, Cambridge, Mass.: Harvard University Press; dt.: Tanzsprache und Orientierung der Bienen, Berlin, Heidelberg 1965.
Gardner, R. A. and *Gardner, B. T.* (1969), in: *A. Schrier* and *F. Stollnitz* (eds.) Behavior of Non-human Primates, Vol. 3. New York: Academic Press.
Goodall, J. van Lawick (1968) The behaviour of free-living chimpanzees in the Gomb stream reserve, *Animal Behaviour Monographs* I: 161-311
Hockett, C. F. (1960) Logical considerations in the study of animal communication, in: *W. E. Lanyon* and *W. N. Tavolga* (eds.), Animal Sounds and Communication, American Institute of Biological Sciences: Washington, D. C.
Hoff J.A.R.A.M. van (1972) A comparative approach to the phylogeny of laughter and smiling, in: *R. Hinde* (ed.), Non-Verbal Communication, Cambridge: Royal Society and Cambridge University Press.
Johnson, D. L. (1967) Communication among honey bees with field experience, *Animal Behaviour* 15: 487-92.
Kummer, H. (1968) Social Organisation of Hamadryas Baboons, Basel: Karger; dt.: Soziales Verhalten einer Mantelpavian-Gruppe. Aus der Tierpsychologischen Abteilung der Universität Zürich, Bern und Stuttgart 1957.
Lack, D. (1939) The behaviour of the robin, *Proceedings of the Zoological Society of London* 109: 169-78.
Lorenz, K. (1952) King Solomon's Ring, London: Methuen; dt.: Er redete mit dem Vieh, den Vögeln und den Fischen, dtv 173, München 1964.

Premack, D. (1970) A functional analysis of language, *Journal of the Experimental Analysis of Behaviour* 14: 107-25.

Rowell, T. (1972) The Social Behaviour of Monkeys, Harmondsworth: Penguin Books.

Smith, W. J. (1969) Messages of vertebrate communication, *Science* 165: 145-50.

Thorpe, W. H. (1972) Vocal communication in birds, in: *R. Hinde* (ed.), Non verbal Communication, Cambridge: Royal Society and Cambridge University Press.

Tinbergen, N. (1951) The Study of Instinct, London: Oxford University Press; dt.: Instinktlehre. Vergleichende Erforschung angeborenen Verhaltens, Parey, Berlin, Hamburg 1964.

Wenner, A. M., Wells, P. H., and *Rohlf, F. J.* (1967) An analysis of recruitment in honey bees, *Physiological Zoology* 30 (4): 317-4.

3 Körpersprache in der menschlichen Gesellschaft

Die menschliche nonverbale Kommunikation ist in vielen Punkten tierischer Kommunikation ähnlich, aber in mancher Hinsicht auch ganz verschieden. Der wichtigste Unterschied liegt darin, daß die Menschen für die Kommunikation die Sprache verwenden. Jedoch ist die Sprache, wie wir sehen werden, eng mit der Körpersprache verbunden und wird von ihr verstärkt; sie ergänzt die Bedeutung der verbalen Äußerungen, gibt ein Feedback und lenkt die Synchronisierung im Gespräch (vgl. Kap. 8). Das bedeutet, daß oft zwischen verbalen und nonverbalen Kommunikationsformen gewählt wird, und das läßt die Frage entstehen, warum überhaupt nonverbale Mitteilungen verwendet werden, da doch die Sprache ein größeres Vokabular besitzt und kompliziertere Botschaften übermitteln kann. Diese Grundfrage wird eine Reihe unterschiedlicher Antworten erhalten, wenn wir die verschiedenen Arten von nonverbaler Kommunikation in Teil II untersuchen. Es kann auch passieren, daß inkonsistente Botschaften geäußert werden, wobei die nonverbale der verbalen Kompomente widerspricht.

Im Unterschied zu den meisten tierischen Signalen wird die menschliche Kommunikation größtenteils gelernt, wenn auch in bestimmten Bereichen angeborene Komponenten eine große Rolle spielen, insbesondere in dem Ausdruck von Gefühlen und interpersonalen Einstellungen. Während menschliche Kommunikation teilweise spontan ist und von niedrigeren Stufen des Zentralnervensystems gelenkt wird, ist sie andernteils mehr überlegt und von höheren kognitiven Prozessen abhängig. Es gibt keine eindeutige Grenzlinie zwischen beiden, und oft ist mehr als eine Ebene beteiligt, wie es z.B. bei einem teilweise kontrollierten Gefühlsausdruck der Fall ist.

Da Signale und deren Bedeutung erlernt werden können, können menschliche Gruppen und Kulturen leicht ihre eigenen Signalformen entwickeln. Diese werden lokale Variablen universaler Grundthemen sein, wie etwa Gefallen oder Mißfallen ausgedrückt wird.

Im nächsten Kapitel wollen wir untersuchen, wie weit sich nonverbale Kommunikation in den verschiedenen Kulturen unterscheidet und wie weit es dabei universal gültige Komponenten gibt. Menschliche Gruppierungen können ganz neue soziale Signale entwickeln, z. B. bei Spielen oder bei der Arbeit. Die Bedeutung dieser Signale ist von Vorstellungen, meist verbalisierten Vorstellungen abhängig und steht in dem jeweiligen Kontext von Zielen, Regeln und Auffassungen des Spiels.

Körperliche Ausdrucksformen werden auch bei Zeremonien und Riten, bei politischen Veranstaltungen, bei Demonstrationen und in den Künsten angewandt. Ideen und Gefühlen, die sich in Worten nicht so wirksam ausdrücken lassen, wird ein symbolischer Ausdruck verliehen.

Nonverbale Kommunikation wird teilweise durch die höheren kognitiven Zentren gesteuert und durch Sprache und Vorstellungen beeinflußt. Ist sie selbst eine Art Sprache mit ähnlichen Eigenschaften in Bedeutung und Syntax? Wir werden sehen, daß einige nonverbale Kommunikationsformen etwas anders wirken; ihre Strukturen sollen in Teil II untersucht werden. Inzwischen können wir festhalten, daß in der menschlichen Gesellschaft nonverbale Kommunikation in folgende Bereichen Anwendung findet:

Unterstützung der Sprache
Ersatz für die Sprache
Ausdruck von Emotionen
Ausdruck von interpersonalen Einstellungen
Mitteilungen über die Person
in Zermonien und Riten
in der Werbung, bei politischen Veranstaltungen und Demonstrationen
in den Künsten.

Um die verschiedenartigen Aspekte der menschlichen nonverbalen Kommunikation zu erforschen, ist eine Vielzahl von Forschungsmethoden notwendig, von denen einige bisher in anderen Forschungsbereichen noch nicht angewandt wurden. In diesem Kapitel wollen wir Studien beschreiben, die mit der Methode der Regel-Verletzung arbeiten, um Regel-Systeme zu untersuchen; im nächsten werden wir Vergleiche zwischen verschiedenen Kulturen im Hinblick auf ihre Körpersprache beschreiben. Bei der Forschung über Bedeutungen wurden mehrere verschiedene Methoden angewandt, entsprechend den jeweiligen Prämissen und Fragestellungen der einzelnen Forscher.

a) Soziale Handlungen

Eine Reihe von Soziologen unterscheiden zwischen menschlichem Sozialverhalten und anderen Vorgängen in der Natur. Es wird gesagt, menschliche soziale Handlungen (*social acts*) würden mit bestimmten verstandesmäßigen Zielen initiiert und geplant; die Durchführung unterliege der eigenen Lenkung, befolge Spielregeln und habe für den Handelnden insofern Bedeutung, als er sich verbal darüber Rechenschaft geben und es damit rechtfertigen könne, oder aber versuchen könne, dieses antizipierend bis zur Bewahrheitung zu tun. Außerdem seien viele soziale Handlungen, verbale wie nonverbale, symbolischer Art, was sie von nahezu sämtlichem tierischem Verhalten unterscheide. Nonverbale Handlungen, genauso wie verbale, unterschieden sich in ihrer Mitteilungsweise grundlegend von rein physischen Signalen. Z.B. das *Fehlen* einer nonverbalen Handlung, etwa die Weigerung, jemandem die Hand zu schütteln, könne eine äußerst wichtige soziale Handlung sein. Geringe Unterschiede in den physischen Vorgängen, z.B. geringe Unterschide in der Blickrichtung, könnten sehr große Unterschiede in ihrer Bedeutung zu Folge haben. In dieser Hinsicht seien nonverbale Singnale den verbalen ähnlich, insofern ein Wort durch die Veränderung eines Buchstaben eine total andere Bedeutung erhalten könne. Zudem könne derselbe physische Vorgang, ebenso wie ein Wort, in verschiedenen Kulturen eine ganz andere Bedeutung haben. Wenn man diese beiden Punkte zusammennimmt, kann man sagen, es könne in verschiedenen Kulturen eine ganz verschiedene Bedeutung haben, wenn man in bestimmten Situationen nichts tue.

Etwas ähnliche Ansichten wurden von den „existentiellen" oder den „humanistischen" Psychologen geäußert, welche die reduktionistische Analyse anderer Psychologen verwerfen und den Menschen als eine Ganzheit betrachten und die subjektiven Erfahrungen der Identität, die Bindung an Werte, Freiheit, Kreativität und Liebe betonen. Ethnomethodologen und humanistische Psychologen opponieren beide gegen solche Psychologen, die eine mechanistische, behavioristische Forschung bevorzugen. Zuweilen wird eine Unterscheidung getroffen zwischen dem „alten Paradigma" von S-R-Experimenten und der Skinnerschen Theorie einerseits, und dem „neuen Paradigma", Beschreibungen von wirklichen Lebenssituationen zu sammeln, andererseits. Überdies wird angenommen, daß dabei zwei ganz verschiedene Vorgänge beteiligt sind: ein biologischer und ein symbolischer. Rom *Harré* (Vorlesung in Oxford 1972) hat beobachtet, daß der Vorgang einer Hochzeit von zwei Leuten ein Ablauf von symbolischen sozialen Handlungen ist, wie bereits angedeutet; wenn dieselben Eheleute Eltern werden, ist der Vorgang ein ganz anderer, ein biologischer. Jedoch ist schwer zu sehen, inwiefern dabei in dieser Weise zwei ganz verschiedene Vorgänge ablaufen sollten, zumal zwischen den verschiedenen Ebenen des menschlichen Verhaltens eine Kontinuität zu bestehen scheint und es keine eindeutige Grenze zwischen menschlichem und tierischem Verhalten gibt.

Jedenfalls die neueren psychologischen Modelle des menschlichen Sozialverhaltens werden der Natur des sozialen Handelns gerecht, ohne zwei verschiedene Vorgänge zu postulieren und ohne daß die normalen wissenschaftlichen Forschungsverfahren aufgegeben werden müßten. In seinem Modell von ,,sozialen Fertigkeiten" (*social skills*) z.B. beschreibt der Autor Sozialverhalten als (1) ein hierarchisches System, in dem die Elemente der niederen Ebenen automatisch und gewohnheitsmäßig ablaufen, während die Handlungsabläufe höherer Ebenen einer kognitiven Kontrolle unterliegen; und (2) als geplant und angesichts des Feedback einer kontinuierlichen Kontrolle bzw. einem ausgleichenden Handeln unterworfen. Man kann über seine Pläne verbal Rechenschaft ablegen, nicht aber über die kleineren Elemente, aus denen die Pläne bestehen. Reiz-Reaktions-Modelle wurden von den meisten Psychologen aufgegeben, bedingt durch die Erkenntnis, wie wichtig die kognitiven Vorgänge der Wahrnehmung und der Einordnung, des Probleme-Lösens und des Denkens sind; manches Verhalten wird durch verbale Vermittlung ausgeführt, anderes durch nonverbale kognitive Vorgänge.

Ein wichtiges Ereignis in dieser Entwicklung war *Chomskys* Aufweis (1957), daß die Abfolge von Wörtern in einem Satz nicht als eine Reihe von S-R-Ketten erklärt werden kann. Vielmehr ist Sprache ein Produkt von zwei verschiedenartigen Prozessen: zum einen Teil das Produkt der Kompetenz, grammatikalisch korrekte Wortverbindungen zu konstruieren, zum anderen Teil das Produkt der Beziehungen zwischen Wörtern und Bedeutungen sowie zwischen verschiedenen Wörtern, entsprechend statistisch nicht erkennbaren Lerngesetzen. Auch hier gibt es eine höhere Ebene von bedeutungstragenden Sätzen und eine niedere Ebene, auf der bedeutungslose Laute in hoher Geschwindigkeit und ohne bewußte Wahrnehmung hervorgebracht werden.

Auch die Interaktion zwischen zwei oder mehr Leuten findet auf mehreren Ebenen statt. Sie beruht teils auf dem Austausch von inhaltlichen Äußerungen sowie auf einer sorgsamen gegenseitigen

Abstimmung des Verhaltens. Auf einer weniger reflektierten Ebene kann jemand einen anderen beeinflussen, indem er sein Verhalten mit einem leichten Kopfnicken oder Lächeln verstärkt, wovon sich beide Seiten normalerweise überhaupt nicht bewußt sind. Das Sprechen wird von geringfügigem Kopfnicken, Blickwechsel und Brummen synchronisiert, was häufig außerhalb einer bewußten Kontrolle geschieht.

Früher ging die Analyse von sozialen Handlungen davon aus, daß alles Sozialverhalten auf bewußter Kommunikation beruhe. Das ist jedoch einfach nicht der Fall, wie die Beschreibung der nonverbalen Kommunikation in den folgenden Kapiteln zeigen wird. Die Kommunikation eines Schauspielers mag wohlüberlegt oder auch ganz absichtslos sein. Kommunikation mag absichtlichslos sein, weil sie gewohnheitsmäßig ist, unterhalb der Ebene von bewußter Aufmerksamkeit und Kontrolle, wie es bei den Begleiterscheinungen des Sprechens der Fall ist. Sie ist vielleicht deshalb absichtlichtslos, weil der Handelnde hauptsächlich mit etwas anderem beschäftigt ist; wenn z.B. jemand in einer Arbeitsgruppe sehr schnell arbeitet, wird das zu einem Signal für die anderen Mitarbeiter werden, obwohl es gar nicht als solches gemeint war. Es mag unbeabsichtigte ,,Leckagen'' für emotionale Zustände geben. Man kann nicht genau unterscheiden zwischen einem intentionalen und einem nicht intentionalen Verhalten; Intentionalität ist eine Frage des Grades. Neu erlernte Verhaltensmuster sind oft genau überlegt, sie werden aber gewohnheitsmäßig, ,,spontan'' und nicht intentional, wenn sie gut eingeübt sind.

Dieselbe soziale Handlung kann sich spontan ergeben oder bewußt eingesetzt und kontrolliert sein. *Vernon Allen* (Vorlesung in Oxford) berichtet, daß Kinder, wenn sie in der Schulklasse aufgefordert werden, den Eindruck von ,,verstanden'' oder ,,nicht verstanden'' zu erwecken, etwas ziemlich anderes an den Tag legen als was gemeint ist. Wenn sie erfahrener oder bessere Schauspieler wären, dann wäre der Unterschied vielleicht geringer, aber es bliebe weiterhin ein Unterschied in dem Vorgang, insofern im einen Falle die Aufmerksamkeit des jeweiligen Kindes sich auf die Darstellung konzentrierte, im anderen Falle aber nicht. Macht das die Methode, mit einzelnen sozialen Handlungen zu arbeiten, oder *Goffmans* (1956) Modell vom Sozialverhalten als einer schauspielerischen Darstellung ungültig? Diese Methoden gehen in der Tat davon aus, daß spontanes Verhalten ähnlich wie gespieltes Verhalten ablaufen würde, und unsere Analyse der sozialen Fertigkeiten nimmt eine ähnliche Position ein: eine Mitteilung wird auf andere ausgerichtet, und auf beiden Seiten findet fortlaufend ein Feedback und ein ausgleichendes Verhalten statt. Der wichtigste Einwand dagegen, das Sozialverhalten nach dem Modell des Schauspiels zu verstehen, liegt erstens darin, daß die Rollen nur zum Teil im voraus geschrieben seien und sich so gestalten müssen, wie sich eine Kommunikation fortentwickelt; und zweitens, daß die Rolle, die einer spiele, seine eigene Persönlichkeit und nicht die eines anderen sei.

Jedenfalls gibt es bestimmte Aspekte des Sozialverhaltens, die zu der Arbeitsweise mit „sozialen Handlungen" ziemlich gut passen. Die „Selbstdarstellung" wird im 7. Kapitel erörtert: es scheint für Tiere wie für Menschen notwendig zu sein, anderen seine Identität zu signalisieren - für sich selbst, um anderen genügend Informationen über sich mitzuteilen, für die anderen, um angemessen auf sie reagieren zu können. Solche Informationen bestehen aus symbolischen Mitteilungen, die zeigen sollen, welcher Kategorie von Mensch einer angehört. Solche Selbstdarstellung kommt bei Vögeln mutmaßlich nicht durch zielstrebige und reflektierende, kognitive Prozesse zustande, und bei vielen Menschen wahrscheinlich auch nicht. Jedoch impliziert Selbstdarstellung häufig ein recht sorgsames Planen, sowie in gewissem Maße auch bewußte Täuschung. Wenn dieses Verhalten längere Zeit praktiziert ist, wird es spontan und unreflektiert.

Für Interakteure ist es auch notwendig, die Zwecke seines Verhaltens hinreichend zum Ausdruck zu bringen, damit es möglichen Zuschauern einsichtig werden kann; *Goffman* (1971) hat das die „Erläuterung durch den Körper" (*body-gloss*) genannt. Man ist sich zweifellos dessen bewußt, wie sein Verhalten auf andere wirkt, und man sendet zusätzlich nonverbale Signale aus, um zu zeigen, daß es einen akzeptablen und vernünftigen Zweck hat, oder auch gelegentlich, um eine irreführende Absicht zu äußern, wie bei täuschendem Verhalten verschiedener Art. In diesen letzteren Fällen ist die Selbstwahrnehmung viel bewußter als bei einem lockeren und spontanen Verhalten.

b) Die Bedeutung von nonverbaler Kommunikation

Nonverbale Signale sind körperliche Bewegungen, die als rein physische Vorgänge analysiert werden können. Jedoch werden sie erst dadurch wichtig, daß sie für Sender und Empfänger eine Bedeutung haben. Zum Beispiel ist Zischen ein Geräusch, das erzeugt wird, indem man in einer bestimmten Weise Luft aus dem Mund bläst, ein Geräusch, das sich ebenso mit einer kleinen Metallpfeife erzeugen läßt. Wenn ein Mensch dieses Geräusch macht, dann hat das gewöhnlich einen kommunikativen Zweck, aber seine Bedeutung ist in verschiedenen Teilen der Welt unterschiedlich: in Japan zeigt es Respekt vor einem Vorgesetzten, in England signalisiert es Verachtung. Kommunikation jeder Art kann man betrachten als einen Vorgang zwischen einem Sender, der eine Botschaft enkodiert, und einem Empfänger, der sie dekodiert, so daß das Signal für beide eine Bedeutung hat.

Man kann auch eine viel einfachere Analyse verwenden: daß Reize des Senders beim Empfänger Reaktionen hervorrufen; aber das etwas kompliziertere Modell eröffnet den Weg zu zwei getrennten Forschungsweisen bezüglich der nonverbalen Kommunikation: Untersuchungen des Enkodierens und des Dekodierens. Wir können auch dann von Enkodieren sprechen, wenn der Sender nicht die Absicht hat, etwas mitzuteilen. Das Dekodieren kann eine sehr komplizierte Angelegenheit sein, da nonverbale Mitteilungen größtenteils schwer zu interpretieren sind: Jemand verläßt mittendrin eine Vorlesungsstunde, jemand anders bricht in Tränen aus - es wird weitere Interaktionen und vielleicht einen verbalen Austausch erfordern, um die Bedeutung eines solchen Vorgangs abzuklären. Gewöhnlich denkt man hauptsächlich im Sinne von verbalen Bedeutungen, z.B. ein finsteres Gesicht mit bloßen Zähnen stellt man sich als ,,feindselig'' vor. Die verbalen Bedeutungsaspekte können mit offenen Interviews untersucht werden, oder indem man Versuchspersonen auffordert, für nonverbale Signale freie Assoziationen aufzuschreiben; das hat den Vorteil, daß die auffälligsten Merkmale eines Signals festgestellt werden können, d.h. die Bedeutungsdimensionen, die für die Versuchsperson die wichtigsten sind.

Wenn die relevanten Bedeutungsdimensionen bekannt sind, können Versuchspersonen aufgefordert werden, Signale in einer dazu passenden Serie von Sieben-Punkte-Skalen einzustufen, z.B.:

freundlich — — — — — — feindlich
unterlegen — — — — — — überlegen
angemessen — — — — — — unangemessen.

Während man zwar oft solche verbalen Bezeichnungen für nonverbale Signale erbringen kann, so wird man doch normalerweise mit ihnen nicht in dieser Weise umgehen. Wir reagieren auf einen Gesichtsausdruck oder auf den Tonfall einer Stimme, ohne ihn zu benennen, ebenso wie ein Autofahrer der Richtung einer Straße ohne Verbalisierungen folgen kann. Es gibt drei Stufen von Reaktionen:

Nonverbales Signal
(1) Wahrnehmung
(2) physiologische Reaktionen verschiedener Art, subjektive Gefühle und Bilder
(3) Vorbereitung einer Reaktion

Verbale Bezeichnungen von (1) werden nicht erschöpfend beschreiben können, wie Signale empfangen werden. Eine Möglichkeit, die Bedeutung von nonverbalen Signalen festzustellen, ist es, Leute aufzufordern, daß sie Stimuli klassifizieren sollen, z.B. welche zwei von drei Stimuli sich am ähnlichsten sind (triadischer Vergleich). Größere Anzahlen von Stimuli können dann sortiert oder eingeordnet und die Ergebnisse analysiert werden, um die verschiedenen Bedeutungsdimensionen aufzuzeigen. Peter *Stringer* (1967) hat eine Cluster-Analyse von Gesichtsausdrücken durchgeführt: Versuchspersonen wurden gebeten, die Gesichtsausdrücke, die sich am ähnlichsten seien, zusammenzustellen. Sodann sollten sie die Gruppierungen oder Dimensionen, die sie dabei verwenden, benennen: das nahm weiter Zeit und Nachdenken in Anspruch - was also zeigt, daß die ursprüngliche Einordnung nicht auf verbalen Kategorien beruhte. Somit wird der Wahrnehmungskode auf dieser Stufe ganz oder teilweise nonverbal sein.

Auf der Stufe (2) mag es verbale Assoziationen geben, aber auch visuelle Bilder, Erwartungen und körperliche Reaktionen von hauptsächlich nonverbaler Art. Stufe (3) wird ein verbales Planen miteinbeziehen, aber häufiger geschieht auch das nicht. Einige Signale rufen eine Verhaltensreaktion hervor, scheinen aber nur eine geringe Bedeutung als Phänomene zu haben, wie es bei geringfügigem Kopfnicken oder anderen das Reden bestärkenden Signalen der Fall ist.

Bei einer anderen Methode, soziale Handlungen oder Signale zu verstehen, wird die Bedeutung aus den vorausgehenden und den nachfolgenden Vorgängen abgeleitet, wie es z.B. mit tierischem Verhalten gemacht wird: Ein Tier ist erschrocken, weil es ein Raubtier gesehen hat, und es stößt einen Schrei aus, was die Wirkung hat, seine Artgenossen zu warnen. Viele menschliche nonverbale Kommunikation verläuft ähnlich: z.B. aus dem Kopfnicken des einen folgert der andere, daß er weiterreden darf, aber keiner von beiden nimmt das Kopfnicken bewußt wahr. Murray *Melbin* (1972) verwendete eine solche Methode bei einer Untersuchung der Interaktion zwischen Psychiatrie-Schwestern und Patienten. Es zeigte sich z.B., daß „Scherze" (von den Schwestern) in fünf Situationstypen gemacht wurden, zumeist bei einem schwierigen Verhalten der Patienten; die häufigste Alternative war in solchen Situationen, den Patienten von dem, was er gerade tat, abzuhalten. *Melbin* folgert daraus, die Bedeutung solcher Scherze liege „zwischen den Polen von Verdrängung, Nachsicht und dem unmittelbaren Fertigwerden mit einer herausfordernden Situation". Es ist wichtig zu wissen, was die Hauptalternativen sind und wie häufig sie auftreten. Somit hat ein unterlassener Händedruck eine ganz andere Bedeutung, wenn 99 Prozent der anderen sich die Hand geben, als wenn es sonst niemand tut. Null-Reaktionen können eine große Bedeutung haben.

In der Linguistik betonen die Strukturalisten, daß die Bedeutung eines Wortes von den anderen Wörtern einer Sprache abhängig sei. Z.B. wenn man die englischen Wörter „mat" (Matte, Untersetzer), „rug" (Bettvorleger, Wolldecke) und „carpet" (Teppich, Läufer) mit den französischen Wörtern „tapis" (Teppich, Tischdecke), „paillasson" (Strohmatte, Abtreter) und „carpette" (schmaler Teppich) vergleicht, so stimmt kein französisches Wort mit einem der englischen überein (*Lyons,* 1973). Dementsprechend ist im nonverbalen Bereich die Bedeutung eines Signals von den alternativen Signalen abhängig, die von einem einzelnen Menschen oder in einer einzelnen Situation oder Kultur verwendet werden. Es gibt jedoch, wie *Lyons* ausführt, einen gemeinsamen Bedeutungskern, entsprechend der Gruppierung von Gegenständen in der Außenwelt. In ähnlicher Weise gibt es auch im nonverbalen Bereich bestimmte Universalien - zum Beispiel die sieben grundlegenden Gesichtsausdrücke.

Psychologen analysieren die Bedeutung von Signalen im Sinne der Worte und Bilder, die von ihnen hervorgerufen werden. Forscher im Bereich der Semiotik betonen jedoch, daß Zeichen zwei Arten von Bedeutungen haben: Denotation und Konnotation. Ihre Denotation betrifft eine Klasse von Gegenständen oder Ereignissen; die Konnotation betrifft die abstrakten Vorstellungen, die diese Klasse definieren; Konnotation ist von der Verbindung eines Zeichens mit anderen Zeichen in dem Kommunikationssystem abhängig. Also eine Geste, die einen großen Fisch veranschaulicht, repräsentiert die Klasse großer Fische und bezeichnet zugleich diese besondere Art von Tieren. Konnotation impliziert Verbindungen mit anderen Begriffen (kleiner Fisch, große Tiere usw.), und zwar sowohl mit verbalisierten Begriffen als auch mit Bildern von diesen Klassen. Konnotation bezeichnet oft Gegensätze (groß - klein) und Hierarchien von Klassen (Fische als Teil des Tierreichs).

Einige Körpersignale haben ihre Bedeutungen als Teile eines elaborierten Zeichensystems. Kenneth *Pike* (1957) hat darauf hingewiesen, daß man nicht verstehen könnte, was in einem Gottesdienst, bei einem Baseball-Spiel, einer Fischfang-Expedition oder in einem wissenschaftlichen Experiment abläuft, wenn man nicht die Vorstellungen und Absichten der Beteiligten und zugleich die Gesamtheit von Begriffen und Regeln versteht, die mit dem Gottesdienst oder dem Baseball-Spiel verbunden sind.

Die Bedeutung nonverbaler Signale variiert je nach der speziellen gesellschaftlichen Situation innerhalb einer Kultur. Einen anderen Menschen zu berühren, bedeutet jeweils etwas anderes, je nachdem der betreffende a) die eigene Frau, b) die Frau eines anderen, c) ein völlig Fremder, d) ein Patient, e) ein anderer in einem überfüllten Aufzug, f) ein Teilnehmer einer Encounter-Gruppppe usw. ist. Die Bedeutung eines nonverbalen Signals ist weiterhin auch von dessen zeitlicher Einordnung und von seiner Beziehung zu anderen Signalen abhängig. Ein Schlag auf die Schulter kann als ein herzhafter Glückwunsch oder als physischer Angriff empfunden werden, je nachdem was sich zuvor abgespielt hat. Signale beim Essen, wenn man einen bittet, etwas herüberzureichen, oder deutlich macht, daß man gerne noch etwas haben will, daß es einem schmeckt, daß man satt ist usw., wären bedeutungslos und unverständlich ohne Bezug auf diese Situation der Mahlzeit.

Ray *Birdwhistell* (1970) behauptet, daß Körpersignale nur geringe oder gar keine Bedeutung in sich selbst hätten, sondern ihre Bedeutung nur in ihrem jeweiligen Kontext erhielten (vgl. S. 237f). Bei einfachen Gesten, wie dem Handheben, ist das richtig. Jedoch gibt es etliche nonverbale Signale, die ziemlich konstante Bedeutungen haben: z.B. Gesichtsausdrücke für Gefühle, veranschaulichende oder hinweisende Gesten. Die Bedeutung eines Signals kann auch für verschiedene anwesende Personen unterschiedlich sein: wenn P lächelt, kann sich ein anderer denken, P möge ihn gern, oder P sei in guter Stimmung, oder er sei ein fröhlicher und gut angepaßter Mensch, oder aber P sei ein Machiavellist, der von ihm etwas haben wolle, usw.. Die Bezeichnung, die einer einzelnen physischen Handlung beigegeben wird, hängt also von der Kultur, der Situation und dem Beobachter ab.

Wir wollen später in diesem Buch Arten von nonverbaler Kommunikation erörtern, deren Bedeutung komplizierter ist als in den bisher behandelten Beispielen. Religiöse Riten sind ein Beispiel dafür (vgl. S. 172ff). Solche Riten erwecken bestimmte Bilder; z.B. wird in einem Ritual, das weiter unten dargestellt wird, zu rotem

Gummi Menstruationsblut assoziiert. Andererseits behaupten Anthropologen, daß Rituale eine darüber hinausgehende Bedeutung haben, indem sie die Einheit eines Volksstammes symbolisieren, nämlich mit Symbolen, die den Stamm als ganzen symbolisieren, so wie eine Flagge oder ein Totem.

Kunst und Musik sind ebenso nonverbale Mitteilungen; sie haben primär nonverbale Bedeutung und können nicht in Worte übersetzt werden. Die Reaktionen auf Kunst und Musik wurden in vielen Experimenten untersucht, und dabei wurden verschiedenerlei nonverbale Bedeutungen gefunden: sie erwecken visuelle Bilder, sie erwecken und repräsentieren Gefühle, rufen Körperbewegungen hervor, sie repräsentieren Gegenstände und Ereignisse und vermitteln tiefere Geisteshaltungen, Gefühle und Lebenseinstellungen (vgl. S. 362f).

c) Die Regeln der nonverbalen Kommunikation

Es wird heute allgemein anerkannt, daß bestimmte Formen des menschlichen Verhaltens biologischen Gesetzen folgen, während andere von *Regeln gelenkt* werden. Wenn zwei Leute heiraten, dann läuft das gesellschaftliche Verhalten nach bestimmten Regeln ab, wie bereits erwähnt. Wenn jemand bei einer Hochzeit etwas nicht richtig macht, dann würde er vielleicht zugeben, daß er einen Fehler gemacht hat, oder andere würden seine Mißachtung der Regeln aufmerksam verfolgen. Manche Witze beruhen darauf, daß Regeln mißachtet werden, und ihre Pointe leitet sich gerade von der Existenz einer Regel ab, von der jedermann weiß, daß es so und so ablaufen müßte, obwohl es nicht so geschehen ist. Regeln sind nicht dasselbe wie statistische Druchschnittswerte; sie sind allgemein übliche Vorstellungen von dem, was geschehen sollte.

Was die Sprache anbelangt, so ist klar, daß die Kommunikation mißlingt, wenn die grammatischen Regeln über ein gewisses Maß hinaus gebrochen werden - wenn auch bei nur geringeren grammatischen Fehlern eine mehr oder weniger erfolgreiche Kommunikation stattfinden kann. Es wäre unmöglich, eine Sprache zu verstehen, wenn man lediglich die statistischen Regelmäßigkeiten der benutzten Wörter erforschen würde. Vielmehr muß man die zugrunde liegende Struktur erfassen. Diese besteht aus einem begrenzten Vokabular von Wörtern, die in bestimmte grammatische Klassen eingeteilt und in der beschriebenen Weise nach den Regeln der Grammatik kombiniert werden. Hinter den Fehlern von tatsächlichen Äußerungen steht eine einfache grammatische Idealstruktur, mit welcher alle korrekten Sätze in einer Sprache konstruiert werden können. Diese zugrundeliegende Struktur läßt sich nicht durch statistische Analysen der gesprochenen Sprache erfassen, sondern indem man sie von idealisierten Sprachmustern ableitet und sieht, ob die gefundenen Regeln akzeptable Sätze erzeugen. Diese Unterscheidung zwischen *langue* und *parole*, Kompetenz und Performanz ist für die moderne Linguistik grundlegend.

Ähnliche Überlegungen gelten auch für Spiele: wenn die Spieler sich nicht einig sind, sich an bestimmte Spielregeln zu halten, könnte es überhaupt kein Spiel geben; bei vielen Spielen ist ein Unparteiischer oder Schiedsrichter erforderlich, der darauf achtet, daß die Regeln eingehalten werden. Jedoch würde ein Marsmensch, der als Sozialwissenschaftler das Kricket-Spiel erforschen wollte, nicht sehr weit kommen, wenn er nur statistische Tendenzen untersuchen würde; er müßte die Regeln des Spiels entdecken, um die Grundeinheiten des Verhaltens (wie *ball, over, innings*) und eine Reihe von Schlüsselbegriffen (wie *no-ball, declare, out*) verstehen zu können.

Unser eigentliches Interesse aber gilt den Regeln, die die nonverbale Kommunikation in den verschiedenen gesellschaftlichen Situationen steuern. Einige dieser Regeln sind ganz augenfällig und können von jedermann im Rahmen einer Kultur festgestellt werden, z.B. daß Männer Hosen tragen und in der Wohnung keinen Hut tragen. Andere Regeln sind weniger augenfällig, aber sie sind in Anstandsbüchern festgehalten, d.h. sie sind von „Schiedsrichtern" des richtigen Sozialverhaltens kodifiziert und verbalisiert. Eine solche Regel ist z.B., daß Damen normalerweise als erste durch die Tür gehen; bestimmte Ausnahmen sind erlaubt, wenn man z.B. in ein Restaurant geht und ein Tisch zu beschaffen ist. Ähnliche Regeln gelten auch außerhalb dieses für Anstandsbücher üblichen Bereichs: *Goffman* (1963) beobachtet, daß es normalerweise einen ziemlichen Unterschied ausmacht, wie jemand einer Frau an einer Bushaltestelle oder in einem Übersee-Hafen einen Abschiedskuß gibt. Es gibt eine beträchtliche Anzahl von solchen Situationen, von denen jede ihre eigenen Regeln hat; nach *Barker* und *Wright* (1954) sind es in einer kleinen Stadt in Kansas etwa 800 allgemein bekannte Situationen mit jeweils unterschiedlichen Regeln. Davon ein paar Beispiele: Spiele verschiedener Art, Teilnahme an Zeremonien wie dem Gottesdienst der Kirche, Vorträge und andere Bildungsveranstaltungen, der Gang in Läden, Ämter und ähnliche Stellen, Mahlzeiten in verschiedenen Umständen, Gäste bewirten und bewirtet werden, Ausschußsitzungen, verschiedene

Arbeitsumstände, mit der Familie zuhause zusammen sein, das Verhalten auf der Straße und anderen öffentlichen Plätzen usw..

Die Schwierigkeit mit einigen solchen Regeln liegt darin, daß sie nicht alle sehr ernst genommen werden; so bemerkt Marvin *Harris* (1958, S. 590):

,,...das könnte eine Lebensweise heraufbeschören, in der die Männer vor den Damen den Hut nehmen; Jugendliche lassen alten Leuten in öffentlichen Verkehrsmitteln den Vortritt; ledige Mütter sind selten; die Bürger unterstützen die Beamten bei der Durchführung der Gesetze; Kaugummi wird nie unter Tische geklebt und nie auf dem Bürgersteig fallen gelassen; die Fernsehreparateure bringen den Apparat in Ordnung; die Kinder verehren die alten Eltern; Reiche und Arme erhalten die gleiche medizinische Versorgung; die Steuern werden voll bezahlt; alle Menschen sind gleich geschaffen, und unser Verteidigungs-Budget dient der Aufrechterhaltung des Friedens.''

Wenn man Regeln nicht durch Beobachtung von Verhalten erfassen kann, wie kann man sie dann untersuchen? Dafür gibt es einige Methoden, aber alle greifen in gewissem Ausmaße auf traditionelle Forschungsmethoden zurück. (a) Die wichtigste Methode ist ein gezieltes Verletzen von möglichen Regeln, um zu sehen, welche Wirkung das hat. *Garfinkel* (1963) war damit der erste: Studenten verhielten sich gegenüber ihren Eltern so, als wären sie Untermieter, oder sie machten bei Spielen falsche Züge, indem sie beispielsweise zum Spaß ein o setzen und Kreuze auf eine Linie statt in ein Viereck (Abb. 3.1). Ich habe diese Methode in einer experimentell besser kontrollierten Weise angewandt, und zwar als stufenweise zunehmende Regel-Verletzung (s. u.). (b) Manchmal ist es möglich, mit einem Regel-Buch zu arbeiten. Das ist natürlich bei wirklichen Spielen kein Problem, aber für das alltägliche Leben gibt es gewöhnlich solche Bücher nicht. *Goffman* (1963) untersuchte Anstandsbücher, aber dem läßt sich entgegenhalten, daß viele nicht wissen, was in solchen Büchern vorgeschrieben ist, oder sich nicht daran halten. (c) Eine andere Methode ist die Untersuchung von sozialen Veränderungen: *Garfinkel* untersuchte Agnes, eine junge Dame, die ihr Geschlecht gewechselt hatte und sich plötzlich der verschiedenen Regeln bewußt wurde, die von Männern und Frauen befolgt werden. Es wäre ganz einfach, weniger ausgefallene Veränderungen zu untersuchen, z.B. einen Wechsel zwischen Gesellschaftsschichten oder Kulturen. (d) die am häufigsten angewandte Methode war jedoch ein beharrliches Beobachten von Verhalten, um die wichtigsten Einzelelemente des Verhaltens in bestimmten Situationen und die Regelmäßigkeiten ihres Auftretens zu erfassen. *Harré* hat z.B. Begrüßungsformen untersucht und meint, daß Begrüßungen in vier Phasen mit folgender Reihenfolge ablaufen: 1) namentliche Anrede eines Fremden („Ah, Dr. Livingstone ..."), 2) physischer Kontakt, 3) Erfassen von Identität und Status, und 4) mit einer Formel ihn hereinbitten; man kann auch noch weitere Phasen annehmen: 5) gemeinsame Interessen herausfinden, und 6) erklären, warum wir uns treffen oder uns bekannt machen. Eine sorgfältige Untersuchung ist jetzt notwendig, um herauszufinden, wie viele dieser Elemente wesentlich sind und unter welchen Bedingungen.

Abbildung 3.1.

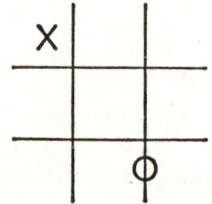

Ich habe mehrere Experimente durchgeführt, die sich mit den Regeln der nonverbalen Kommunikation beschäftigen. Ein Experiment bezog sich auf die Regeln, wie man einen beim Reden unterbrechen kann; es bestand aus abgestuften Regel-Verletzungen und erbrachte ziemlich unerwartete Ergebnisse. Die Fragestellung war, ob die Annehmbarkeit einer Unterbrechung davon abhängt, wie lange der andere schon geredet hat, oder von der grammatischen Stelle, an der er sich gerade befindet. Die Länge der Äußerungen vor der Unterbrechung wurde variiert (2, 5, 10 und 30 Sekunden), und die Stelle im Satz, an der die Unterbrechung stattfand, wurde folgendermaßen variiert: am Ende eines Satzes, am Ende eines Nebensatzes, mitten im Nebensatz. Die „Angemessenheit" der Unterbrechung wurde von Versuchspersonen folgendermaßen beurteilt:

	Länge der vorausgehenden Äußerung (Sek.)			
	2	5	10	30
Ende eines Satzes	12,5	13,3	14,0	12,7
Ende eines Nebensatzes	11,7	7,5	7,7	6,1
Mitten im Satz	4,4	5,9	3,5	4,2

Nur in Bezug auf die Stelle im Satz zeigten sich signifikante Abweichungen. Dieses Experiment soll als Beispiel zeigen, wie die

Untersuchung von Regeln experimentell gehandhabt wird. Es erbrachte ein eindeutiges Ergebnis, nach welchen Regeln Redeunterbrechungen ablaufen; zu diesem Ergebnis hätte man mit informelleren Methoden nicht gelangen können.

Bei einem anderen Experiment ging es um die Regeln bezüglich der Nähe und Körperorientierung bei einem Gespräch zwischen zwei Personen. Die Ergebnisse sollen später dargestellt werden (S. 299). Hier soll nur erwähnt werden, daß die Wirkung der Regel hier statistisch variierte und keine alternativen Gegensätze zeigte, d.h. es gibt ein bestimmtes Maß von akzeptabler Nähe, und größere Abweichungen werden zunehmend mißbilligt.

In einer anderen Untersuchungsserie legten wir Versuchspersonen Beschreibungen mit einigen Beispielen von Regelverletzungen vor, forderten sie auf, diese anhand von Rating-Skalen zu bewerten, und werteten die Ergebnisse dann statistisch aus. Als wichtigstes Resultat zeigte sich, daß ziemlich genau zwischen zwei Arten von Regeln unterschieden wurde: Regeln, die für das Zustandekommen von bestimmten gesellschaftlichen Vorgängen von wesentlicher Bedeutung sind, und Regeln, die lediglich Konventionen sind. Das Verletzen von Regeln der ersten Art ist weit beunruhigender. Dafür ein paar Beispiele:

Ein Gast beim Essen
> *total ungehörig:* verhält sich unfreundlich gegenüber anderen Gästen, betrinkt sich stark;
> *nur leicht ungehörig:* er ißt mit dem falschen Besteck, trägt (als Mann) einen Hut.

Konversation
> *total ungehörig:* er spricht eine unbekannte Sprache, ist aggressiv oder nicht interessiert, reagiert auf das, was gesagt wurde, indem er über etwas anderes spricht;
> *nur leicht ungehörig:* liegt auf dem Boden, sitzt zu nahe oder zu weit weg.

Jede Situation hat bestimmte Regeln, die für sie wichtig sind. *Mann* (1970) hat in Australien untersucht, wie Leute für ein Fußballspiel Schlange stehen. Diese Schlangen sind sehr lang, dauern die ganze Nacht, und dafür haben sich eigene Regeln entwickelt: es ist erlaubt, daß Leute sich abwechseln, wobei jeder bis zu einer Stunde fortgehen kann für drei Stunden Stehen; ein Einzelner kann seinen Platz für zwei oder drei Stunden behalten, wenn er einen Schlafsack oder sonst etwas da liegen läßt; wer diese Regeln mißachtet, wird in die Schlange nicht wieder zugelassen; sich vorzudrängen wird natürlich nicht gestattet. Diese Regeln ermöglichen es den Schlange-Stehern, ihr Ziel, die Einlaßtore, in einer geordneten und fairen Weise zu erreichen; sie machen das Schlange-Stehen erträglich und fördern eine soziale Integration.

Es ist eine interessante Frage, wie sich Regelsysteme entwickeln. Regeln sind eine spezielle Art von sozialen Normen: Normen, die die Koordination und die Abfolge von sozialen Handlungen steuern. Die Entwicklung von Normen wurde sehr ausführlich erforscht. Wir wissen, daß sie sich in allen Gruppen entwickeln, besonders in Angelegenheiten, bei denen es um wichtige Ziele oder Tätigkeiten der Gruppe geht; daß dominante Angehörige einer Gruppe einen Einfluß darauf haben, welche Normen zur Lösung von Gruppenproblemen beitragen können; daß den Normen mit sozialem Druck, Überredung und Verwerfung von Abweichlern Geltung verschafft wird; und daß sie in eng zusammenhaltenden Gruppen strenger durchgeführt werden. Das, was *Regeln* von anderen Normen unterscheidet, liegt darin, daß sie die Koordination und die Abfolge von sozialen Handlungen steuern: die Verletzung einer Regel bringt die Interaktion durcheinander und erschwert es anderen fortzufahren. Beispiele dafür sind das Verletzen von Spielregeln, unangemessene Bewegungen in genau strukturierten Situationen wie Versteigerungen und Begrüßungen, oder wenn jemand die Abfolge von verbalen Äußerungen durcheinanderbringt, z. B. auf eine Frage mit einer Gegenfrage antwortet oder lacht, wenn kein Witz gemacht wurde. Bei einer Untersuchung bei männlichen Jugendgruppen wurden manche Regeln festgestellt, so z.B.: ,,mit einem neuen Mädchen zu gehen, ist solange statthaft, wie es der Gruppe mitgeteilt wird für den Fall, daß es irgendwelche Einwände gibt''. Bei Arbeitsgruppen wurden Regeln festgestellt über die Zuteilung von bevorzugten Tätigkeiten, über gegenseitige Hilfe, sowie über Slang-Ausdrücke und nonverbale Signale, z.B. in lärmenden Fabrikhallen.

Es gibt noch manche ungelöste Probleme, was die Entstehung von Regeln anbelangt. In bestimmten Städten, wie Moskau und New York, gibt es Regeln, auf welcher Seite des Bürgersteigs man gehen soll, während es in anderen Städten, wie London, solche Regeln nicht gibt. In Boston war eine Regel üblich, nach der festgelegt war, mit wem man bei einer Dinner-Party bei jedem Gang zu reden habe: die Gastgeberin sprach während des ersten Gangs mit ihrem rechten Nachbarn, beim zweiten mit dem linken, usw.; alle anderen Gäste haben sich dann paarweise entsprechend eingeteilt. Aber diese Regel ist heute normalerweise nicht mehr üblich. Es ist keineswegs klar, was für Bedingungen zu einer Regelung in solchen Angelegenheiten führen.

Wie können solche Regeln geändert werden? Wenn man Veränderungen von Gruppennormen untersucht, zeigt sich, daß dazu die Abweichung eines Einzelnen führt, der dann den Rest der Gruppe davon überzeugt, daß die neue Norm zu ihrem Vorteil ist. Der Abweichler mag seine Ideen von anderen Gruppen übernommen oder sich über eine Veränderung selbst Gedanken gemacht haben. Er wird die anderen dann überzeugen können, wenn er in der Gruppe eine anerkannte Stellung hat, bisher mit ihr übereingestimmt hat, Überzeugungskraft besitzt und zeigen kann, daß die anderen aus der Veränderung einen Vorteil erzielen werden. Vermutlich gibt es so etwas wie eine natürliche Auslese, welche Regeln überleben, und zwar danach, wie weit sie die Gruppenmehrheit zufriedenstellen. Daraus folgt, daß es vielleicht gesellschaftliche Regeln geben wird, an die bisher noch keiner gedacht hat und die eben noch vorteilhafter sein könnten. Vielleicht würden wir ganz gut ohne einige von unseren gegenwärtigen Regeln auskommen, genauso wie wir ohne die Bostoner Tischsitten, ohne den ,,Boston-Switch" zurechtkommen.

Kinder müssen die Regeln ihrer Kultur erlernen, wie auch Fremde, die zu einer Kultur dazukommen. Kinder üben sich darin, indem sie sich für ihre Spiele selbst Regeln geben. Die Regeln für viele Situationen werden ganz leicht erlernt, da andere Leute sich darum kümmern und die jeweiligen Entsprechungsrollen spielen, welche unmittelbar ein die Regeln befolgendes Verhalten hervorrufen. Z.B. wenn ein Arzt seine Arztrolle spielt, dann ist ziemlich klar, was der Patient zu tun hat. Manchmal kann es notwendig sein, die Regeln zu erläutern, z.B. wenn ein Patient zum ersten Mal in psychotherapeutischer Behandlung ist, oder wenn jemand sich einer neuen Kirche anschließt. Es gibt Bücher, die einige solcher Regeln erklären; *Cavan* (1970) hat 32 Anstandsbücher in der Volksbibliothek von San Francisco untersucht, die sich an Kinder richten. Darin finden sich Belehrungen über Gegenstände, wie man sich unter Leuten zu verhalten habe: die Rechte anderer Leute respektieren, z.B. bestimmte persönliche Fragen nicht stellen, sich vorstellen und sich vorstellen lassen, jemanden einladen und empfangen, oder Verabredungen absagen.

Bisher haben wir solche Regeln erörtert, die jeweils für einzelne gesellschaftliche Situationen spezifisch sind. Gibt es darüber hinaus allgemeinere Regeln, die sich auf alle Situationen innerhalb einer Kultur anwenden lassen? Genauso wie in einer Kultur dieselbe

Sprache gesprochen wird, so gilt auch dasselbe System von non-verbaler Kommunikation. Im nächsten Kapitel werden einige Unterschiede zwischen verschiedenen Kulturen erörtert.

Da es in einer Gesellschaft so viele verschiedene Situationen gibt, von denen jede ihre eigenen Regeln hat, woher wissen die Leute dann, welche Regeln sie jeweils zu befolgen haben? Das hängt von ihrer "Bestimmung der Situation" ab. Man unterscheidet Situationen, indem man bestimmte äußere Merkmale von ihnen beachtet. Ein bestimmter Raum, der kalt und dumpf ist, ohne Anstrich und ohne Verputz, nur mit einer schwachen Glühbirne und einem Tisch und Stuhl aus blankem Holz ist wahrscheinlich eher der Hintergrund für ein Verhör als für eine gesellige Unterhaltung oder eine Besprechung. Ebenso lassen Möbel und Ausstattung erkennen, ob ein Raum der Hintergrund für eine Liebesgeschichte, für die Arbeit oder für die Meditation sein soll, oder sie können die Stimmung und den sozialen Status des Bewohners klar aufzeigen. Solche ,,Signale" werden produziert von Möbelfabrikanten, Innenausstattern und von jedem, der sich ein Zimmer einrichtet; und sie werden dekodiert von Leuten, die das Zimmer betreten.

Man kann die Raumgestaltung gezielt manipulieren, um eine Situation in einer bestimmten Weise festzulegen. In der Gestaltung von psychiatrischen Krankenhäusern wurden diesbezüglich manche Experimente unternommen. Teppich- statt Steinfußboden reduziert den Geräuschpegel, macht die Patienten weniger reizbar und läßt das Krankenhaus eher als ein Zuhause erscheinen, während die Patienten sich stärker bemühen, ordentlich zu sein und sich zu mäßigen (*Cheek* u.a., 1971). Man hat eine amerikanische Abtreibungsklinik untersucht, in der die Möbeleinrichtungen, die Kleidung des Personals und ein sachgerechter und sauberer Arbeitsstil den Eindruck erwecken, die Klinik sei eher eine Art von Erholungsheim. Eine solche Situationsbestimmung beruhigt nervöse Klienten und fördert den guten Ruf der Klinik. Techniken dieser Art lassen sich gut dazu verwenden, das Verhalten anderer Leute zu beeinflussen.

Situationen ändern sich auch durch bloße körperliche Zuordnungen, was den Abstand und den Winkel zwischen Personen anbelangt: wer kann wen sehen und wie gut oder läßt einen in bestimmte Richtungen gehen oder sehen. Die Wirkungen dieser räumlichen Faktoren des Verhaltens werden in Kap. 16 erörtert.

Ein dritter Aspekt von Situationsbedingungen ist die Art der Beschäftigung oder der vorrangigen Tätigkeit. Die daraus jeweils folgenden Verhaltensregeln sind ziemlich unterschiedlich, je nachdem, was die Beschäftigung ist:

Arbeit oder soziales Handeln
Zusammenarbeit oder Konkurrenz

und was die beteiligten Leute sind:

vom selben oder von unterschiedlichem Sozialstatus
gleichen oder verschiedenen Geschlechts.

Das zwischenmenschliche Verhältnis von Arbeitern wird sich danach gestalten, wie der Arbeitsfluß geregelt ist (*Argyle*, 1972). Gesellschaftsspiele und Übungen in Encounter-Gruppen (vgl. S.277f). lassen eine Art von Sozialbeziehungen und von Verhaltensformen entstehen, die man sonst gewöhnlich nicht erfährt.

Eine Interaktion ist sehr schwierig, wenn die äußere Situation und auch die Beziehung zwischen den Beteiligten nicht dazu paßt. Ich habe in einem Experiment versucht, Leute paarweise zusammenzubringen und sie aufzufordern, sich zehn Minuten lang zu unterhalten, jedoch ohne weitere Anweisungen. In jedem Falle wurde (ungefähr) die erste Minute damit zugebracht, für welche Art von Unterhaltung sie sich entscheiden sollen; und deren Anzahl war ziemlich beschränkt, z.B. (1) sich gegenseitig kennenlernen, (2) Oxford-Klatsch. (3) seriöse Berufsgespräche. Manchmal gehen Kommitee-Mitglieder nach dem offiziellen Treffen in eine Bar: hier setzen dieselben Leute die Diskussion über dieselben Fragen fort, aber mit ganz anderen Spielregeln, die lautes Lachen, Bier verschütten usw. erlauben. Eine Konversation zu halten, scheint unmöglich zu sein, wenn nicht eine gewohnte gesellschaftliche Situation gewählt wird und alle Beteiligten sich an deren Regeln zu halten bereit sind. Insbesondere in „formellen" Situationen muß man die jeweils gültigen Spielregeln beherrschen. Der Held des Hitchcock-Films „North by Northwest" brachte es fertig, bei einer Auktion verhaftet zu werden, indem er nichts weiter tat, als falsch zu bieten, nämlich niedrigere statt höhere Gebote als das letzte Gebot zu machen. Gäste beim Essen in älteren Oxford Colleges sind manchmal über die Regeln verblüfft, die dafür maßgeblich sind, wie und wann man eine Prise Schnupftabak nimmt, den Portwein reicht, auf die Königin trinkt, den Namen einer Frau erwähnt, auf die Toilette oder nachhause geht.

Bei der Untersuchung von Regeln eröffnen sich einige neue empirische Fragestellungen, die bisher nicht beachtet wurden, z.B. unter welchen Bedingungen sich Regeln herausbilden, ob sie ein unabhängiges System bilden, ob sie kognitiven Strukturen entsprechen, wie verschiedene Arten von Regelverletzungen zu charakterisieren sind. Eine traditionelle Forschung über die Ursache-Wirkung-Beziehungen, wie Regeln sich verändern, kann die Untersuchung der Regeln ergänzen, wenn es auch oft als erstes getan werden muß - und mit sauberen Forschungsmethoden!

Weiterführende Literatur

Goffman, E. (1963) Behavior in Public Places, New York: Free Press; dt.: Verhalten in sozialen Situationen. Strukturen und Regeln der Interaktion im öffentlichen Raum, Gütersloh 1971.

Harré, R. and Secord, P. F. (1972) The Explanation of Social Behaviour, Oxford: Blackwell.

Stone, G. P. and Farberman, H. A. (1970) Social Psychology through Symbolic Interaction, Waltham, Mass.: Ginn-Blaisdell.

Zitierte Literatur

Argyle, M. (1972) The Psychology of Interpersonal Behaviour, Harmondsworth: Penguin Books.

Barker, R. G., and Wright, H. F. (1954) Midwest and its Children: The Psychological Ecology of an American Town, Evanston, Ill.: Row, Peterson.

Birdwhistell, R. L. (1970) Kinesics and Context, Philadelphia: University of Pennsylvania Press.

Cavan,S. (1970) The etiquette of youth, in: G. P. Stone and H. A. Farberman (eds.), Social Psychology through Symbolic Interaction, Waltham, Mass.: Ginn-Blaisdell.

Cheek,F. E., Maxwell, R. and Weisman, R. (1971) Carpeting the ward: an exploratory study in environmental psychiatry, Mental Hygiene 55: 109-18.

Chomsky, N. (1957) Syntactic Structures, The Hague: Mouton; dt.: Strukturen der Syntax, The Hague 1973.

Garfinkel, H. (1963) Trust and stable action, in: O. J. Harvey (ed.), Motivation and Social Interaction, New York: Ronald.

Goffman, E. (1956) The Presentation of Self in Everyday Life, Edinburgh: Edinburgh University Press; dt.: Wir alle spielen Theater. Die Selbstdarstellung im Alltag, Piper, München 1969, 3. Aufl. 1976.

Goffman, E. (1971) Relations in Public, London: Allen Lane; dt.: Das Individuum im öffentlichen Austausch, Suhrkamp, Frankfurt 1974.

Harris, M. (1968) The Rise of Anthropological Theory, London: Routledge and Kegan Paul.

Lyons, J. (1973) Structuralism and linguistics, in: D. Robey (ed.), Structuralism, London: Oxford University Press.

Mann, L. (1970) The social psychology of waiting lines, American Journal of Sociology 75: 340-54.

Melbin, M. (1972) Alone and with Others, New York: Harper & Row.

Pike, K. L. (1957) Language in Relation to a Unified Theory of the Structure of Human Behavior, 2nd revised edition, The Hague: Mouton.

Sherif,M. and Sherif, C. W. (1964) Reference Groups, New York: Harper and Row.

Stringer, P. (1967) Cluster analysis of non-verbal judgements of facial expressions, British Journal of Mathematical and Statistical Psychology 20: 71-9.

4 Kulturelle Unterschiede und Gleichförmigkeiten in der Körpersprache

Wir wollen uns in späteren Kapiteln mit den genaueren Ursprüngen und dem Ausmaß von kulturellen Unterschieden in Gesichtsausdruck, Körperhaltung, Blick usw. beschäftigen. In diesem
Kapitel soll es um die allgemeinen Prinzipien gehen, die dabei eine
Rolle spielen. Dabei stellen sich manche sehr interessante und
wichtige Fragen: die relative Bedeutung von Biologie und gesellschaftlichen Einflüssen auf die nonverbale Kommunikation, der
Einfluß von Denken und Sprache sowie andere Aspekte der Kultur,
ob es nonverbale Univeralien gibt und welche praktischen Probleme bei einer Kommunikation zwischen verschiedenen Kulturen
entstehen.

a) Biologische und kulturelle Ursprünge der nonverbalen Kommu-nikation

Es gab eine intensive Kontroverse darüber, wie weit Gefühlsausdruck und andere Körpersignale in allen Kulturen gleich sind und
wie weit sie variieren. Allerdings ist die Sachlage infolge neuerer
Forschungen sehr viel klarer geworden, und es stellte sich heraus,
daß die Antwort für verschiedene Kommunikationsarten ziemlich
verschieden ausfallen muß.

Es ist klar erwiesen, daß einige Körpersignale angeboren sind.
Man denke z.B. an Gesichtsausdrücke für Gefühle: erstens sind
diese Ausdrücke in allen Kulturen sehr ähnlich, in denen sie untersucht worden sind (vgl. S. 207f); zweitens finden sie sich schon bei
kleinen Kindern, und zwar auch bei blinden und tauben Kindern,
die das nicht durch Imitation gelernt haben können (Abb. 4.1); und
drittens sind einige menschliche Gesichtsausdrücke denen von Primaten sehr ähnlich, und man hat die evolutionäre Entwicklung bei
einigen dieser Ausdrücke verfolgen können (vgl. S. 48f). Diese
Überlegungen gelten für die wichtigsten Gesichtsausdrücke und
für Lachen und Weinen. *Eibl-Eibesfeldt* (1972) hat für den ,,Augen-
gruß" ebenso eine universale Verbreitung gefunden: dabei werden
die Augenbrauen für etwa eine Sechstel Sekunde ruckartig hochge-
hoben, beim Grüßen oder beim Flirten.

Abbildung 4.1. Gesichtsausdrücke eines taub und blind geborenen neunjährigen Mädchens: a) ausgeglichene Stimmung, b) lächelnd, c) und d) weinend (aus *Eibl-Eibesfeld,* 1970).

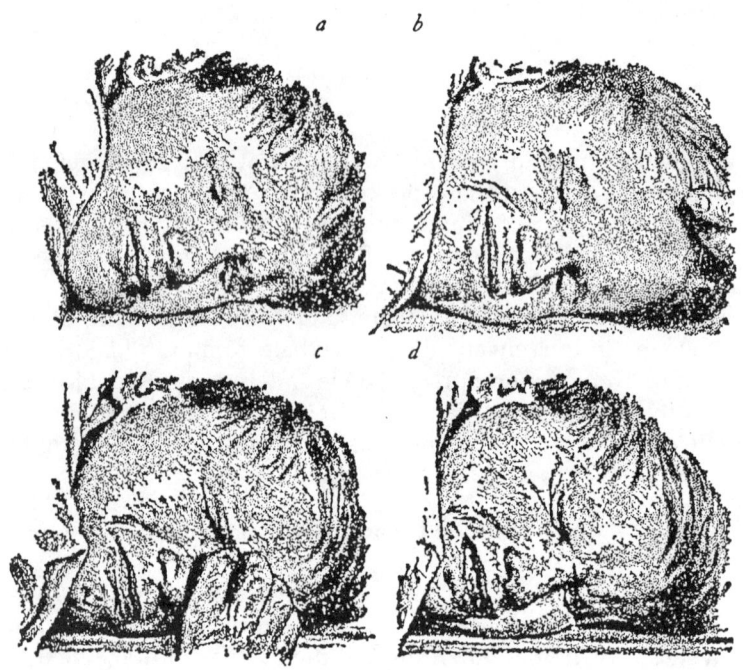

Abbildung 4.2. Der Augengruß in verschiedenen Kulturen: a) Balinese, b) Französin, c) Papua (Woitapmin), d) Waika-Indianer. Die Abbildungen zeigen jeweils den Gesichtsausdruck bei Aufnahme des Blickkontaktes und beim Augengruß (aus *Eibl-Eibesfeld,* 1970).

Jedoch gibt es auch bei diesen Körpersignalen kulturelle Unterschiede: z.B. wie weit Gesichtsausdrücke unterdrückt oder offen gezeigt werden. In Japan ist das Ideal ein kontrolliertes, ausdrucksloses Gesicht, und Lachen und Lächeln dient dazu, um Ärger oder Kummer zu verdecken. Es zeigen sich auch kulturelle Unterschiede in Bezug auf die Situationen, in denen solche Gefühlsausdrücke gezeigt werden: ob man bei Beerdigungen weint, ob man Freude äußert, wenn man eine Auszeichnung erhält, oder ob man seinen Ärger zeigt, wenn man beim Spielen verliert, usw. *Shimoda, Argyle* und *Ricci Bitti* (1978) haben verglichen, wie weit die Gefühlsäußerungen von Engländern, Italienern und Japanern von Versuchspersonen aus diesen drei Ländern richtig wahrgenommen werden. Die prozentualen Ergebnisse sind folgende:

Beurteilung	*Darstellung*		
	Engländer	*Italiener*	*Japaner*
Engländer	63	58	38
Italiener	53	62	28
Japaner	57	58	45

Engländer und Italiener konnten gegenseitig ihre Gefühlsäußerungen und die ihrer Volksgenossen ziemlich zutreffend beurteilen, aber nicht die der Japaner; diese wiederum konnten die Gefühle der anderen besser beurteilen als sie selbst beurteilt wurden, die Gefühlsäußerungen der Japaner selbst aber wieder nicht so gut.

Bei Signalen durch Gesten zeigen sich ziemlich große Unterschiede, und deshalb wird darauf gerne von Leuten Bezug genommen, die die kulturell bedingten Komponenten der Kommunikation betonen wollen. So hat *LaBarre* (1964) die verschiedenen Handbewegungen mit jeweils speziellen Bedeutungen in den verschiedenen Kulturen aufgezählt; eine Geste, die in der einen Kultur benutzt wird, wäre in den meisten anderen Kulturen bedeutungslos. Das gilt insbesondere für Gestensprachen wie in Italien und Griechenland. Einige allgemeine Körperbewegungen sind als kommunikative Signale in mehreren Kulturen üblich, aber mit verschiedenen Bedeutungen. Z.B. die Zunge herauszustrecken, mag unter anderem bedeuten, jemanden zum Schein zu erschrecken, um sich über ihn lustig zu machen, Verwirrung, dem anderen sagen, er sei ein Dummkopf, Vertreibung von bösen Geistern, Klug-

heit, eine höfliche Ehrerbietung, eine Verneinung oder eine provo-
katorische Geringschätzung. Zwischen diesen Bedeutungen gibt es
kein gemeinsames Element; solchen Körpersignalen kann somit offensichtlich eine große Anzahl von Bedeutungen gegeben werden.
Während einige willkürlich sind, kann bei anderen manchmal zurückverfolgt werden, wie sie zustandegekommen sind. Die Zunge
mag in manchen Kulturen als Phallus-Symbol angesehen werden,
während die heraushängende Zunge von Selbstmördern die Zunge
zu einem Gegenstand des Ekels machen kann.

Demgegenüber werden wir später sehen, daß manche Gesten in
vielen Kulturen dieselbe Bedeutung haben, z.B. mit dem Finger
zeigen, Händeklatschen, die Hand heben, die Achseln zucken, mit
der Hand winken (vgl. S. 244f).

Wir haben gesehen, daß einige Körpersignale primär das Ergebnis der biologischen Evolution sind, während andere im wesentlichen aus historischen Entwicklungen resultieren. Wir wollen nun
einen Fall behandeln, wo beide Faktoren wichtig sind: Begrü-
ßungssignale. Begrüßungen nehmen in verschiedenen Gesellschaften offensichtlich sehr unterschiedliche Formen an. Im Folgenden
werden die Begrüßungsformen einiger primitiver Gesellschaften
aufgeführt (nach *Krout*, 1942):

Begrüßungssignal	*Kultur*
Händeklatschen (die höchste Form einer höflichen Be-grüßung)	Volk von Loango
Hände klatschen und mit den Ellbogen auf die Rippen trommeln	Volk von Balonda
Seine Kleider hergeben (als ein Zeichen für Hingabe bei der Begrüßung)	Assyrer
Sich bis zum Gürtel entblößen	Abessinier
Den Hut abnehmen oder ihn nur berühren; Hände-schütteln	Amerikaner und Euro-päer
Die Hände fassen und die Daumen zusammendrücken	Wanyiika-Volk
Die Hände fassen und mit einem Ruck trennen, so daß sie mit Daumen und Fingern schnalzen	Nigerianer
Eine Art Rauferei betreiben, wobei jeder versucht, die Hände des anderen zu seinen Lippen zu heben; den Bart küssen	Araber

Die Hände bei der begrüßten Person von den Schultern die Arme hinab bis zu den Fingerspitzen streifen,
oder die Hände gegenseitig zusammenreiben   Ainus (Japan)

Sich gegenseitig in die Hände oder die Ohren blasen   einige Präliteraten

Über das eigene Gesicht mit den Händen des anderen   Polynesier
streicheln

Sich gegenseitig die Wangen beriechen und sich mit   Mongolen,   Malayen,
den Nasen berühren und reiben   Burmesen, Lappen

Mit den Fingern schnalzen   Dahomen und andere

Einige weitere Begrüßungsformen werden im Folgenden illustriert.

Abbildung 4.3. Einige Begrüßungsformen (aus *Brun*, 1969).

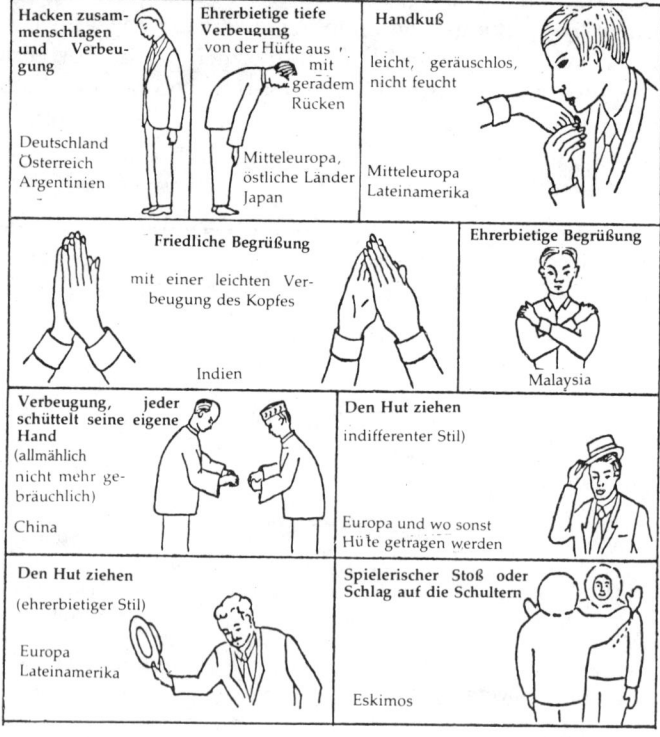

Die große freundschaftliche Umarmung		
Den Kopf über die rechte Schulter des Partners, drei Schläge auf den Rücken Wechsel der Stellung...		... dann den Kopf über die linke Schulter des Partners, drei Schläge auf den Rücken. Trennung Lateinamerika
Die Hände zusammenklatschen, sie langsam hochheben und sie oben auseinandertrennen		Lockere, informelle Begrüßung, Nur eine leichte Kopfbewegung
Bantus		Großbritannien

Jedoch gibt es dabei einige Komponenten bei den Begrüßungen, die ihnen weithin gemeinsam sind:

enge Körpernähe, direkte Zuwendung

der ,,Augengruß'' (siehe oben)

Lächeln

Blickwechsel (bei einer distanzierten Begrüßung zweimal)

Körperkontakt (einschließlich der meisten Kulturen ohne Kontakt, mit der Ausnahme von Indien)

Anbieten der Handfläche, entweder nur als sichtbares Zeichen oder zum Händeschütteln

den Kopf zurückwerfen (oder Kopfnicken, Verbeugung).

Einige Begrüßungsformen finden sich sowohl bei Schimpansen als auch in einigen menschlichen Gesellschaften: Hodenberührung, Händeberührung und Umarmung. Es scheint so, als würden Begrüßungen auf einer gemeinsamen biologischen Struktur basieren, die den Affen ebenso wie den Menschen eigen ist. Wir wollen später zeigen, daß Begrüßungen zudem eine universale Struktur von drei Hauptphasen aufweisen, wobei die mittlere Phase einen Körperkontakt impliziert (vgl. S. 171). Jedoch zeigen die Begrüßungsformen zwischen den Kulturen auch beträchtliche Unterschiede, die zweifellos auf die jeweilige Kulturgeschichte und auf andere gesellschaftliche Aspekte zurückzuführen sind. Die Unterschiede der Begrüßung *innerhalb* einer Kultur können außerordentlich aufschlußreich sein, was die Einstellung zu der begrüßten Person anbelangt.

Das räumliche Verhalten läßt ziemlich unterschiedliche Fragestellungen entstehen. Unsere akustischen und optischen Signale wären nicht anwendbar, wenn die andere Person zu weit weg wäre - oder zu nahe wäre, da es auch für die Nähe physische Grenzen gibt, was von der Physiologie unserer Sende- und Empfangsorgane herrührt. Wenn wir lautere Stimmen und eine bessere Sehkraft hätten, könnten wir auch weiter voneinander entfernt stehen. Solche Überlegungen gelten auch für andere Aspekte des räumlichen Verhaltens: wenn wir das Gesicht eines anderen sehen wollen, dann muß es uns zugewandt sein, und das bedeutet, daß sein Körper nicht zu weit weg gewandt sein darf. Allerdings gibt es innerhalb der physischen Grenzen auch im räumlichen Verhalten große Unterschiede zwischen den Kulturen: Lateinamerikaner, Araber und andere stehen oder sitzen sehr nahe beisammen und sind sich dabei direkter zugewandt; Schotten, Schweden, Engländer und Nordamerikaner halten einen größeren Abstand und bevorzugen eher eine halbe Zuwendung (vgl. S. 297f). Solche unterschiedlichen Bevorzugungen sind jeweils typisch für die betreffenden Kulturen, sie können auf ihre historischen Ursprünge hin zurückverfolgt, auf Umwelt und Milieu und auf die modalen Persönlichkeitscharaktere in diesen Kulturen bezogen werden. Daraus folgt, daß *dasselbe* Signal, z.B. körperliche Nähe von einem halben Meter, für einen Araber eine *andere* Bedeutung hat als für einen Engländer - was zu Problemen bei internationalen Begegnungen führt.

Kulturen unterscheiden sich auch deutlich darin, in welchem Maße sie von einzelnen nonverbalen Signalen Gebrauch machen. Berührung ist ein gutes Beispiel. In Indien und China findet außerhalb der Familie fast gar kein Körperkontakt statt, selbst bei Begrüßungen; auch in England gibt es außerhalb der Familie nur sehr wenig Berührung, abgesehen von berufsbedingten Körperkontakten sowie unfreiwilligen Berührungen, wenn Menschen zusammengedrängt sind - aber beide werden nicht als kommunikative Vorgänge definiert. In Teilen von Afrika demgegenüber halten sich die Leute gewöhnlich die Hände oder verschränken ihre Beine während der Unterhaltung: das dient als ein zusätzlicher Kommunikationskanal.

Ähnliche Überlegungen lassen sich auch auf einige andere Kanäle der Körpersprache anwenden: Gesten, Kleidung und Geruch werden in einigen Gesellschaften viel stärker als in anderen als Signale verwendet. Wo ein Kanal nicht üblich ist, muß die Information, die er sonst übermitteln würde, über andere Kanäle laufen.

Jedenfalls ist interessant zu sehen, daß bestimmte Kulturen von dem einen oder anderen Kanal relativ geringen Gebrauch machen, so daß das ganze nonverbale System weniger wirksam sein wird, als es sein könnte. So finden z.B. in England einige Kanäle eine viel geringere Anwendung als in anderen Kulturen:

Kanal	Kulturen, die den Kanal stärker verwenden als in England üblich
Berührung	Teile von Afrika, Südosteuropa
Gesichtsausdruck	Italien
Gestik	Italien
Kleidung (Männer)	primitive Gesellschaften, frühere historische Epochen in England
Geruch	Araber.

Es gibt kulturelle Unterschiede bei nonverbalen Mitteilungen über Gefühle, über sich selbst usw. In Italien und Griechenland werden Gefühle frei geäußert, durch Gesichtsausdruck, Gestik und Tonfall. In Japan ist das überhaupt nicht der Fall; England liegt dazwischen. Selbstdarstellung kann sich verbal und nonverbal vollziehen. In einigen Gesellschaften, z.B. in Indien, geschieht das ohne Einschränkung; in England besteht ein Tabu bezüglich verbaler Selbstdarstellung, außer wenn diese sehr indirekt und diskret verläuft. Dasselbe gilt vermutlich für nonverbale Selbstdarstellung, und insbesondere sind Männer z.B. in der Auswahl der Kleidung, die sie tragen können, sehr eingeschränkt. In einigen Kulturen werden zwischenmenschliche Einstellungen durch eine große Anzahl von Personalpronomen zum Ausdruck gebracht. In England, Europa und in den USA gibt es eine sehr begrenzte Auswahl von Anredeformen: Vorname, Nachname, Herr usw., aber zwischenmenschliche Einstellungen müssen gänzlich durch nonverbale Kommunikation zum Ausdruck gebracht werden.

b) Der Einfluß von Denken und Sprache

Einer der Hauptunterschiede zwischen Mensch und Tier liegt in unserem Besitz von Sprache und abstrakten Vorstellungen, welche auch einige Hauptmerkmale der verschiedenen Kulturen sind. Zunächst wollen wir uns damit befassen, wie man Ereignisse oder andere Menschen kategorisiert, ohne Berücksichtigung dessen, ob dabei zugleich auch verbale Bezeichnungen verwendet werden. Wie jemand andere Leute klassifiziert, läßt sich mit dem triadischen Vergleich eruieren, das bereits beschrieben wurde (vgl. S. 64); dieses Verfahren läßt sich auf jede Gruppe von Signalen anwenden.

Verschiedene Kulturen besitzen in den jeweiligen Bereichen unterschiedliche Wortreihen. Dabei mag es verschiedene Wortreihen für Farben geben, entsprechend den Regionen des Spektrums; dasselbe wurde auch für den Bereich von heiß und kalt festgestellt. Wo wir ein Wort für „Schnee", „Papagei" oder „Reis" haben, werden andere Kulturen mehrere Wörter besitzen. Grundsätzlich gilt die Hypothese, daß eine Korrelation zwischen Sprache und Denken besteht: *Whorf* (1956) hat behauptet, daß die Sprache das Verhalten beeinflusse, entweder dadurch, daß sie kognitive Kategorien schaffe, oder bei der Kodierung von Wahrnehmung helfe, oder Erinnern und Wiedererkennen unterstütze. Der Einfluß kann aber auch umgekehrt sein: Kulturen entwickeln Kategorien und Unterscheidungen, die für sie wichtig sind. Die Hypothese von *Whorf* wurde am deutlichsten durch Experimente über das Erkennen von Farben belegt: dabei wurde festgestellt, daß solche Farben, denen am regelmäßigsten derselbe Name gegeben wird, besser erkannt werden. Ähnliche Ergebnisse wurden in einem wichtigen Bereich der nonverbalen Kommunikation erbracht: anhand einer großen Anzahl von Photographien von einer Schauspielerin, die jeweils verschiedene Gefühlszustände zeigten, wurde festgestellt, daß die Konsistenz der verbalen Bezeichnungen der Genauigkeit des Erkennens entsprach (*Frijda* und *van der Geer*, 1961). Das Enkodieren des Verhaltens kann ebenso auch durch verbale Kategorien beeinflußt sein, und in jeder Kultur gibt es Worte als Bezeichnungen für nonverbale Vorgänge oder Verhaltensstile, die sich nur in der betreffenden Kultur finden; Beispiele dafür sind „*Machismo*" (Mexiko), was überladene Pracht bedeutet, „*chutzpah*" (Jiddisch), empörende Frechheit, „*Ehre*" in Spanien und anderswo. Auch Subkulturen haben solche Begriffe entwickelt: z. B. „cool", „weird", „way-out" in der Hippi-Subkultur. Vermutlich wird die Existenz eines Wortes sowohl zu der Gestaltung des Verhaltens als auch zu dessen richtiger Wahrnehmung beitragen. Die gleiche Funktion haben solche Bezeichnungen in Spielen: beim Kricket können verschiedene Bälle als „full toss", „googly", „leg break" und der gespielte Wurf als „cover-drive", „cut" oder „playing back" bezeichnet werden.

Jedoch meine ich, daß man Gefahr läuft, die Bedeutung dieser verbalen Bezeichnungen überzubetonen, denn das Sozialverhalten scheint sich zum großen Teil ohne besondere verbale Vermittlung abzuspielen. Die nonverbalen Signale, die das Reden durch ein Feedback und durch Synchronisierung begleiten, scheinen selbst nicht verbal kodiert zu sein (vgl. Kap. 8). Wohl aber mag es eine kognitive Vermittlung geben, d.h. kognitive Kategorien und Konstrukte, aber diese brauchen keine verbalen Bezeichnungen zu haben.

Vorstellungen und Überzeugungen können durch Körpersignale zum Ausdruck kommen. Die Kulturen werden bestimmte Idealvorstellungen über Körperhaltungen, über die Art des Blicks und natürlich über die äußere Erscheinung haben. Einzelne nonverbale Signale können mit bestimmten sozialen Schichten in Verbindung gebracht werden, mit rassischen Gruppen, mit Männern oder mit Frauen, oder mit besonderen Berufen, wie z.B. Prostituierte, Priester oder Soldat. Einige Gesten rufen die Vorstellungen hervor, die sie repräsentieren: jemanden direkt anzuschauen, kann die Assoziation eines „bösen Blicks" hervorrufen.

Es zeigen sich auch darin kulturelle Unterschiede, wie Ereignisse klassifiziert und auf das kognitive System bezogen werden, was sprachlich wohl nicht reflektiert wird. *Collett* (1972) hat z.B. festgestellt, daß Araber extremer urteilen als Engländer; die häufig berichtete Tendenz der Araber zu übertreiben mag auf eine allgemeine Übertreibung im Urteilen zurückzuführen sein. Einige Dimensionen werden für die eine Kulturgruppe wichtiger sein als für eine andere; Afrikaner in Nigeria stufen sich gegenseitig vor allem nach ihrer Stammeszugehörigkeit ein, während Engländer das eher auf der Basis von sozialen Schichten tun.

Die Wahrnehmung und Anwendung von Körpersignalen kann in Trainings- oder Therapiesitzungen eingeübt werden, in denen über Bezeichnungen, Feedback usw. unterwiesen wird. Zweifellos werden solche Trainingsformen einen Menschen im Hinblick auf nonverbale Signale bewußter machen und die Effektivität sozialer Interaktion vergrößern. Das Erlernen von verbalen Bezeichnungen hat mehrere Nutzanwendungen: es konzentriert die Aufmerksamkeit auf die bezeichneten Vorgänge (z.B. Verhaltensmuster des Blicks, Pupillenerweiterung, Tonfall usw.); es befähigt einen, sich alternative Kommunikationsvorgänge vorzustellen und bringt das Verhalten stärker unter bewußte Kontrolle. Nach einer gewissen Zeit jedoch wird das Sozialverhalten dann wieder spontan und unreflektiert, wenn auch das kognitive System um eine Periode von bewußter Aufmerksamkeit und Verbalisierung bereichert wurde.

c) Regeln, Struktur und andere Aspekte der Kultur

Wir haben gesehen, daß eine Kultur ihre Spielregeln und Konventionen entwickelt, d. h. Standards und Vorschriften, wie man sich in einzelnen Situationen zu verhalten habe. Bestimmte Situationen finden sich in faktisch allen Kulturen: z.B. Mahlzeiten, Kaufen und Verkaufen, religiöse Riten, Zusammenarbeit in einer Gruppe. Die Verhaltensregeln für solche Situationen können aber große Unterschiede aufweisen; man denke an das Kaufen und Verkaufen in England und in Nordafrika! Einige Regeln beschäftigen sich speziell mit der Körpersprache: welche Haltung man anzunehmen und welche Kleidung man bei einem feierlichen Essen zu tragen habe, wohin man schauen soll, wenn man auf jemandes Gesundheit trinkt (in Schweden) usw. Einige Regeln gelten für viele Situationen in einer ganzen Kultur, was z.B. räumliches Verhalten, Kleidung und Gefühlsausdruck anbelangt.

Andererseits hat jede Kultur (und auch manche Subkultur) spezifische, nur in ihr vorfindliche Situationen, jede mit eigenen Spielregeln.

,,Ein Fakultätsmitglied an der Oxforder Universität z. B. kann Studenten in Vorlesungen, Tutorien, Diskussionsklassen, im Universitäts-Café usw. treffen. Er kann seine Freunde bei Sherry-Parties, bei College-Essen usw. treffen. In allen diesen Fällen ist man sich im allgemeinen einig, wie lange die Begegnung dauern wird (manchmal ist sogar die Tageszeit festgelegt), welche Kleidung zu tragen ist (z.B. ob ein Talar, ein Anzug usw.), wie lange jeder reden darf, ob man steht oder sitzt und dergleichen. Solche Konventionen sind sehr unterschiedlich zwischen den verschiedenen Kulturen und Subkulturen, und manche Begegnungsformen werden sich vielleicht nur in einer einzelnen Kultur finden. Besucher in den USA werden vielleicht lernen müssen, was bei einer Pyjama-Party, einer Bull-Session, einem Piknik, einem Baby-Shower geschieht und welche ausgefeilten Spielregeln solche Geselligkeiten begleiten" (*Argyle*, 1969, S. 190f).

Auch die Gesellschaftsstruktur hat einen Einfluß auf die nonverbale Kommunikation. Wenn Gruppen von höherem Sozialstatus sich einen bestimmten Stil von Kleidung, Verhalten usw. und Gruppen von niederem Status sich einen anderen Stil aneignen, dann werden die betreffenden Signale zu Statussymbolen. Sie können von Leuten, die in dem System aufsteigen wollen, angenommen werden, so daß Leute von höherem Status sich wieder um einen anderen Stil bemühen; und so findet ein ,,Kreislauf der Symbole" statt (vgl. S. 320f). Sonst signalisiert eine Person ihren Sozialstatus durch den jeweiligen Stil, den sie wählt. Ähnliche Überlegungen treffen auch bei rassischen oder sonstigen Minderheitsgruppen zu. Schwarze Amerikaner haben bis ungefähr 1964 mit einem bestimmten Stil kundgeben wollen, daß sie zu einer Negro-Subkultur mit einem niederen Sozialstatus inbezug auf die Gesamtgesellschaft gehörten - abgesehen von den Schwarzen mit hohem Sozialstatus, die einen ziemlich auffallenden Konsum zeigten.

Nach 1964 hat sich ihr Stil total geändert, der nun eine völlige Verwerfung der weißen Gesellschaft und deren Symbole zum Ausdruck brachte (vgl. S. 190). Das traditionelle Verhalten der europäischen Juden zeigte einen ruhigen, bescheidenen und rücksichtsvollen Stil; die heutigen Israelis jedoch haben aggressive, selbstbewußte Umgangsformen angenommen, in bewußter Ablehnung des traditionellen Stils. Solche gesellschaftlichen Stile entstehen bei den gewöhnlichen historischen Prozessen von sozialen Veränderungen. Die Imitation von Vorbildern und die Wirkung der Massenmedien sind dabei wichtige Faktoren. Der Hippie-Stil, sich zu kleiden und zu verhalten, scheint mit Jack Kerouac, Allen Ginsberg und anderen in San Francisco Anfang der Sechziger Jahre begonnen zu haben, wurde dann von mehreren Popsängern aufgenommen, die wiederum von jungen Leuten sehr umschwärmt wurden, und so hat sich dieser Stil über die ganze Welt ausgebreitet.

Die Technik und der materielle Reichtum unserer Kultur beeinflußt die nonverbale Kommunikation in verschiedener Hinsicht. *McLuhan* hat die Vermutung geäußert, daß häufiges Fernsehen die Sensitivität für Gesichtsausdruck und dessen Bedeutungen vergrößern wird (vgl. S. 349f), wenn es auch bisher keinen empirischen Beweis dafür gibt, und der wäre auch sehr schwer zu erbringen, da das Fernsehen jetzt so weit verbreitet ist. In ähnlicher Weise könnte man annehmen, daß das Telephon die Sensitivität für den Tonfall vergrößert. Oder auch eine Überbevölkerung mag das Verhältnis zu räumlicher Nähe beeinflussen: natürlich erdulden die Menschen in überbevölkerten Städten eine größere Nähe - aber vielleicht hat gerade ihr räumliches Verhalten zu der Überbevölkerung geführt.

Schließlich stehen vermutlich auch allgemeinere Aspekte eines nationalen Charakters zu der Körpersprache in Beziehung und kommen teilweise auch darin zum Ausdruck. Wo eine größere Extraversion oder ein starkes Interesse an Geselligkeit herrscht (USA, Australien), da spielen vermutlich auch körperliche Nähe, der Blick oder andere Signale, die mit Vertrautheit in Zusammenhang stehen, eine größere Rolle. In Ländern, in denen das „Gesicht" bzw. die Selbstachtung sehr wichtig sind (Japan) läuft das Verhalten vermutlich stärker auf eine Selbtdarstellung hinaus, und die Informationen über sich selbst werden stärker kontrolliert. Sowohl ein nationaler Charakter als auch die Körpersprache sind durch Sozialisationserfahrungen bedingt, wenn auch hier noch vieles zu erforschen bleibt. Wo z.B. die Kleinkinder von den Müttern auf dem Rücken getragen werden, werden sie nur kürzere Zeit der Mutter ins Gesicht schauen, und vielleicht werden sie deshalb auch später weniger Interesse haben, auf Gesichter zu achten. In Japan werden kleine Kinder so getragen, und das könnte eine Erklärung für die relativ starke Abneigung sein, jemandem ins Gesicht zu sehen.

Die Ergebnisse solcher kulturellen Vorgänge sind unterschiedliche, aber in sich einheitliche Kultursysteme. In Japan z.B. wird weniger auf das Gesicht geachtet, vielleicht aus dem genannten Grunde, und das Gesicht ist auch weniger ausdrucksstark. Dem entsprechende Regeln beherrschen die Weise, einen anzusehen, und den Ausdruck von Gefühlen. Demgegenüber ist im arabischen Kulturbereich das Gesicht sehr ausdrucksstark, die Sprache ist stereotyp und häufig irreführend, und deshalb richtet sich die Aufmerksamkeit sehr stark auf das Gesicht. Im Folgenden wollen wir die Verhaltensmuster für die Körpersprache in diesen beiden Kulturen beschreiben.

d) Zwei Fallstudien: Japaner und Araber

Die Japaner [1]

In Japan weist die nonverbale Kommunikation einige sehr interessante Merkmale auf. Das beginnt damit, daß es davon mehr gibt unddaß sie eine größere Subtilität als anderswo besitzt. Das ist teils auf die Zen-Lehre vom Wert des Schweigens und der Wahrnehmung, ohne zu reden, zurückzuführen, teils auf die kulturelle Einheitlichkeit der Japaner und auf die Entwicklung eines Verhaltenskodex, und teils darauf, daß das soziale Leben großenteils innerhalb von kleinen eng verbundenen Gruppen stattfindet, wo jeder jeden außerordentlich gut kennt. In Konversationen bleibt vieles ungesagt, man schweigt oft für längere Zeit, ja es ist ein gesellschaftliches Ideal, wenig zu reden. Die Hervorhebung von nonverbalen Signalen beginnt schon im Säuglingsalter: *Cardill* und *Weinstein* (1969) haben festgestellt, daß japanische Mütter sich längere Zeit mit ihren Kindern beschäftigen und mehr Körperkontakt mit ihnen haben, aber weniger mit ihnen sprechen als amerikanische Mütter.

Zunächst wollen wir die verschiedenen Mitteilungsarten der nonverbalen Kommunikation untersuchen.

Unterstützung des Redens. Zu einer Konversation gehören viele ausdrucksvolle Laute, die keine wörtliche Bedeutung haben, aber dazu dienen, Überraschung, Zustimmung usw. auszudrücken. Ein Beispiel ist Zischen, was eine Meinungsverschiedenheit andeutet, ein anderes Wort „hai", was wörtlich „ja" heißt, aber in Wirklichkeit eher Verstehen als Zustimmung anzeigt. Ein Japaner beherrscht eine Menge höflicher Verhaltensmuster, wobei die nonverbalen Begleiterscheinungen äußerst wichtig sind.

Ausdruck von Gefühlen. Gefühle dürfen in der Öffentlichkeit nicht gezeigt werden. Das gilt insbesondere für negative Gefühle wie Kummer oder Ärger, aber auch für positive Gefühle wie Freude.

Interpersonale Einstellungen. Wie bereits gezeigt, sind die Gefühle der Japaner schwer zu erkennen, sogar von den Japanern selbst. Hierarchische Beziehungen sind in Japan sehr wichtig, und die Leute machen sich große Mühe, eine Beziehung korrekt zu erfassen, durch Verbeugen, Tonfall usw.. Es besteht ein scharfer Kontrast zwischen dem Verhalten gegenüber Familienangehörigen und Mitarbeitern und gegenüber Außenseitern, die mit viel größerer Reserve behandelt werden.

Selbstdarstellung geschieht z.T. durch Kleidung, Uniformen und Abzeichen, sowie mittels Visitenkarten, die den Rang und den Beruf deutlich machen. Andererseits wird nur wenig über individuelle Eigenschaften mitgeteilt, denn die auf die einzelnen Situationen bezogenen Regeln sind in Japan sehr wichtig, und das Verhalten ergibt sich eher aus Situationen als aus persönlichen Eigenschaften. Das wurde von Ruth *Benedict* (1946) und anderen beobachtet, und wir haben einige experimentelle Beweise erbracht, die diese Theorie bestätigen. Gewiß ist dabei das Sozialverhalten in vielen Situationen formell und stereotyp, und die sozialen Beziehungen spielen sich in festgelegten, anerkannten Bahnen ab. Diese Verhaltensmuster haben oft verbale Bezeichnungen, zum Beispiel:

Oyabum — koyum	Formelle Beziehung zu einer Person in der Rolle von Pflegeeltern.
Gimu	Gehorsam gegenüber Eltern, usw.

Rituale. Es gibt viele traditionelle Rituale: Teezeremonien, das Blumenstecken, usw., wobei die Betonung auf der korrekten Anwendung von subtilen und genau beherrschten nonverbalen Mitteilungsformen beruht.

Im Folgenden soll nun gezeigt werden, wie die einzelnen nonverbalen Signale in Japan angewandt werden.

Gesichtsausdruck. In der Öffentlichkeit ist ein Pokergesicht das Ideal, im privaten Bereich ein mattes Lächeln. In vielen Fällen dürfen Sorgen oder Ärger nicht gezeigt werden. Ein Japaner wird eher lächeln oder lachen als negative Gefühle zeigen. Während die Beherrschung der Hauptunterschied zwischen der japanischen und anderen Kulturen ist, haben der Autor und Kimiko *Shimoda* festgestellt, daß englische und italienische Versuchspersonen große Schwierigkeiten hatten, selbst sehr ausdrucksstarke Gefühlsäußerungen von Japanern richtig zu beurteilen, was vermuten läßt, daß sie vielleicht tatsächlich andere Ausdrucksformen für Gefühle haben (vgl. S. 80). Wenn auch die Gesichtsmuskulatur bei den Japanern dieselbe ist wie bei Nichtorientalen, ist die Gesichtsstruktur, besonders im Bereich der Augen, doch etwas unterschiedlich.

Blick. Die Japaner schauen sich gegenseitig nicht oft in die Augen, sondern ihnen wird beigebracht, auf den Hals zu schauen. Sie vermeiden es, einem Vorgesetzten länger als nur ganz kurze Augenblicke ins Gesicht zu sehen. In der Öffentlichkeit wird ein Augenkontakt mit Fremden vermieden. Aber in der Bahn oder im Bus wird man den Kopf von der einen Seite zur anderen wenden, um kurz die anderen in der Nähe zu überfliegen.

Gestik. Zusätzlich zu den üblichen Gesten zur Betonung und Veranschaulichung gibt es *temane* - Gesten mit willkürlichen Bedeutungen. Man verwendet sie aus der Entfernung, wenn man z.B. jemanden auffordern will herzukommen; man streckt dabei den Arm aus, die Handfläche nach unten, und flattert mit den Fingern. Andere Gesten werden benutzt, wenn Worte zu direkt wären: wenn man z.B. vermutet, daß einer ein Lügner sei, leckt man sich die Fingerspitzen und streicht sich über eine Augenbraue.

Körperhaltung. Die interessanteste Körperhaltung bei den Japanern ist die Verbeugung, die wie das Händeschütteln eine Begrüßungsform ist. Die Verbeugung dient dazu, seinen Status im Verhältnis zum anderen zum Ausdruck zu bringen: die weniger gewichtige Person verbeugt sich tiefer; die bedeutendere Person kann ihren höheren Rang zur Geltung bringen, indem sie sich weniger verbeugt als der andere. Oder es gibt einen Wettstreit in der Höflichkeit. In jedem Falle achtet jeder genau darauf, wie tief der andere sich verbeugt.

Körperkontakt. In der Öffentlichkeit findet kaum Körperkontakt statt, nicht einmal Händeschütteln. In vollen Bahnen oder Bussen dagegen wird es akzeptiert, und die Leute können sich gegenseitig anlehnen und schlafen. Im privaten Bereich spielen Berührungen eine große Rolle; man hält sich warm im Winter, schläft und badet zusammen. Die Intimsphäre spielt eine geringere Rolle als in vielen anderen Kulturen, wobei aber im selben Raum zu schlafen oder zusammen zu baden nicht dieselben sexuellen Implikationen hat wie anderswo.

Räumliches Verhalten. Das unterschiedliche Verhalten im öffentlichen und im privaten Bereich ist oben erwähnt worden. Das räumliche Verhalten wird durch die Raumgestaltung sowie durch die Notwendigkeit, sich warm zu halten, beeinflußt. Nach den traditionellen Regeln gehen junge Leute hinter ihren Eltern und Frauen hinter ihren Ehemännern.

Kleidung. Es gibt für nahezu jede Berufsgruppe spezielle Uniformen, z.B. für Studenten oder für Gangster (schwarze Brillen) ebenso wie für Polizisten. Für jede Gelegenheit gibt es besondere Kleidung. Mannschaftsabzeichen zeigen den Status in der Firma an.

Geschenke spielen im Leben der Japaner eine bedeutende Rolle. Bei vielen Gelegenheiten müssen Geschenke gegeben und erwidert werden. Ein typischer Japaner wird etwa zwanzig wertvolle Geschenke pro Monat vergeben und erhalten, und er wird dafür einen beträchtlichen Teil seines Einkommens ausgeben. Die Geschenke sind ganz unpersönliche Gegenstände, deren Preis bekannt ist und die in bestimmten Läden gekauft werden. Den ganzen Vorgang kann man als völlig ritualisiert ansehen. Obwohl das eine sehr lästige Ordnung ist, kann man sich davon unmöglich freimachen, ohne gesellschaftlich geächtet zu werden. Die Absicht ist dabei, zur Aufrechterhaltung der gesellschaftlichen Bindungen beizutragen (vgl. *Morsbach*, 1973).

Die Araber [2]

Im Libanon, in Saudi-Arabien, Ägypten und in anderen arabischen Ländern wurden eine ganze Reihe von experimentellen und Beobachtungsstudien unternommen, die deutlich zeigen, daß in diesem ganzen Bereich der Stil des Sozialverhaltens eine weitgehende Gleichartigkeit aufweist. Die größten Unterschiede bestehen zwischen der Stadt und den traditionellen dörflichen Gesellschaften.

Man hat festgestellt, daß die Araber, wie die Japaner, gegenüber nonverbalen Mitteilungen sehr sensitiv sind, zum Teil deshalb, weil auch sie vieles stereotype und formelle Verhalten an den Tag legen, das nonverbal ergänzt werden muß. Jedoch unterscheidet sich die Körpersprache der Araber in vieler Hinsicht sowohl von der der Japaner als auch von der der westlichen Welt.

Ausdruck von Gefühlen. Der Tradition entsprechend sollte man seine Gefühle beherrschen, mit einem freundlichen Gesicht und einer Stimme in mäßiger Tonhöhe. Ziemlich oft jedoch geraten sie in heftige Gefühlsausbrüche und zeigen unverhohlen ihre Trauer, Freude oder Feindseligkeit, und Männer können dabei weinen und ihre Kleider zerreißen oder in der Öffentlichkeit schreien.

Interpersonale Einstellungen. Bei höflichen Unterhaltungen ist die Konversation zum großen Teil stereotyp und hat nur geringen Informationswert. Interpersonale Einstellungen werden hauptsächlich durch den Tonfall und durch andere nonverbale Signale zum Ausdruck gebracht. Den Arabern liegt sehr viel daran, wie sie in den Augen der anderen dastehen, und sie unterscheiden nur wenig zwischen Status und Gefühlszustand. Die äußere Erscheinung und die Ehre sind sehr wichtig; Schamgefühl ist wichtiger als Schuldgefühl. Liebenswürdigkeiten spielen eine große Rolle - sie schmeicheln und zeigen gegenüber anderen alle möglichen Gefühlsregungen, um andere zu manipulieren.

Selbstdarstellung. Peter *Collett* hat festgestellt, daß die Selbstachtung bei den Arabern sehr ausgeprägt ist und durch erwartetes Lob und Zuneigung bestärkt wird. Das aufgeblähte Selbstbild führt auch dazu, daß sie prahlen, übertreiben und sich bemühen, den Schein zu wahren, aber nicht die Wahrheit über sich selbst sagen, außer gegenüber nahen Verwandten. Durch geringe Anzeichen von Kritik oder Skepsis geraten sie außer Fassung, und sie sind zugleich gegenüber jedem anderen mißtrauisch.

Rituale. Bei Mahlzeiten herrschen viele stereotype Verhaltensformen; wenn einem Essen angeboten wird und man nichts mehr mag, muß man dreimal ablehnen. Und natürlich alles Kaufen und Verkaufen geht nicht ohne oft lange dauerndes Feilschen.

Blick. Wenn sich zwei Araber im Labor unterhalten, schauen sie sich gegenseitig mehr an, als es zwei Amerikaner oder Engländer täten. Für Araber ist es überaus wichtig, daß sie sich gegenseitig ansehen, und es ist schwierig für sie, mit jemandem zu reden, der dunkle Brillen trägt, oder wenn sie nebeneinander gehen. Sich einem nicht direkt genug zuzuwenden, wird als unhöflich angesehen.

Gestik. Es gibt ein reiches Vokabular von Gesten. Einige Gesten werden unabhängig von der Sprache verwendet; z.B. wird eine Hand ausgestreckt, mit der Handfläche nach unten, und so nach oben und zurückgeschnellt, um zu sagen: „nicht mein Fehler, aber wie sieht es denn bei dir damit aus?"; wenn man die Fingerspitzen einer Hand zusammennimmt und zu einer Pyramide nach oben richtet und die Hand vom Handgelenk aus auf- und abwärts bewegt, dann heißt das, daß jemand sehr hübsch oder attraktiv ist, oder daß etwas sehr gut gemacht wurde. Andere Gesten verdeutlichen das Reden, wobei die Bedeutung von einigen Gesten zwar analog ist, aber sie wären nicht aus sich selbst heraus verständlich; z.B. die rechte Faust auf der linken Handfläche in einer kurzen waagerechten Bewegung vom Körper wegstreichen, drückt die Hoffnung aus, daß derjenige, von dem gerade gesprochen wird, ein gewaltsames Ende finden werde. Andere Gesten dienen der Betonung, begleiten die Unterhaltungen, wie z.B. eine Faust so zu bewegen, als würde man auf den Tisch hauen.

Körperhaltung. Traditionell hocken die Araber mit überkreuzten Beinen, und sie hocken auch beim Urinieren.

Berührung. Während der Konversation fassen sich die Männer gegenseitig mit der rechten Hand an den Oberarm, und bei einem Scherz schlagen sie sich gegenseitig mit der rechten Hand. Bei der Begrüßung halten sich Männer eine Zeit lang lose die Hand, während sich der verbale Teil der Begrüßung abwickelt. Männer umarmen und küssen sich (die Hände, das Gesicht oder den Bart), wenn sie sich lange nicht gesehen haben, bei einer Hochzeit und bei anderen formellen Gelegenheiten. Frauen werden in der Öffentlichkeit überhaupt nicht berührt.

Räumliches Verhalten. E. T. *Hall* (1966) hat die Beobachtung gemacht, die von *Watson* und *Graves* (1966) experimentell bestätigt wurde, daß Araber beim Reden normalerweise enger beieinander stehen und sich direkter zugewandt sind, als es im Westen üblich ist; bei der Unterhaltung dicht zusammenzustehen, ist für die Araber wichtig, was jedoch auch durch Blickkontakt oder lautes Rufen ersetzt werden kann. In der Öffentlichkeit läßt man sich gegenseitig nicht den persönlichen Raum, der in anderen Kulturen üblich ist. Im Haus gibt es kaum einen persönlichen Intimbereich, da die Araber nicht gerne allein sind, aber viel freien Raum innerhalb des Hauses haben sie gern.

Kleidung. Es ist besonders interessant, daß die Araber sich mit Kleidung sehr gut einhüllen, im Gegensatz zu nichtarabischen Gesellschaften im Sudan, die bei einem ähnlichen Klima weitgehend unbekleidet sind. Insbesondere für die Frauen gelten mächtige Konventionen bezüglich ihrer Bescheidenheit und Sittsamkeit; in vielen Bereichen sind sie die meiste Zeit zuhause, und wenn sie in der Öffentlichkeit erscheinen, sind sie vollständig eingehüllt und verschleiert; auch das Gesicht ist verhüllt, und nur die Augen sind zu sehen.

Der *Tonfall* ist ein wichtiger Schlüssel zum Verständnis der tatsächlichen Bedeutung von verbalen Äußerungen, ob sie freundschaftlich, ernsthaft, überheblich usw. sind. Das ist für Araber wichtiger als für Abendländer, da viele verbale Äußerungen stereotyp und zweideutig sind. Araber sprechen viel lauter, und Europäer oder Amerikaner würden meinen, sie würden schreien. Das Reden ist oft viel farbiger infolge von dem flammenden Gefühlsausdruck und der Übertreibung.

Geruch. E. T. *Hall* meint, daß der Geruch bei den Arabern eine große Rolle spiele und daß sie sich bewußt anatmen, damit der eine den Atem des anderen riechen könne. Jedoch ist überhaupt nicht klar, was für eine verwendbare Information dieser Quelle entnommen werden kann.

e) Kulturelle Universalien

Bestimmte Aspekte der Körpersprache sind allen Kulturen gemeinsam, sei es weil sie angeboren sind, oder weil sie das Ergebnis von universalen Menschheitserfahrungen sind. Das Ausmaß einer solchen Universalität ist wichtig wegen der Folgerungen für eine interkulturelle Kommunikation. Zunächst einmal werden dazu in allen Kulturen dieselben Bereiche des Körpers benutzt: Gesichtsausdruck, Gesten, räumliches Verhalten usw.. Wie wir gesehen haben, finden sich aber bereits darin Unterschiede, in welchem Maße diese Bereiche dafür verwandt werden: z.B. benutzen die Japaner das Gesicht weniger und die Italiener die Hände mehr als wir. Weiterhin dienen die jeweiligen Körperteile in allen Kulturen denselben Mitteilungszwecken: überall modifiziert der Tonfall die Bedeutungen von verbalen Äußerungen und bringt die interpersonalen Einstellungen zum Ausdruck; die äußere Erscheinung des Körpers übermittelt Informationen über einen selbst: Geschlecht, Alter, sozialer Status, Beruf usw..

Des weiteren wird in allen Kulturen ein ähnlicher Bereich von Informationen nonverbal mitgeteilt: interpersonale Einstellungen, Gefühle, Mitteilungen über sich selbst, nonverbale Mitteilungen zur Bestärkung des Redens und in der Kunst und in Riten. Unterschiede liegen in der Betonung der einzelnen Funktionen: die Japaner unterdrücken die Mitteilung von Gefühlen, aber den Status und andere interpersonale Einstellungen zu signalisieren, spielt eine große Rolle. Weiterhin führen überall dieselben Gründe zu nonverbaler Kommunikation: weil man nicht darüber reden kann oder keine Worte zur Verfügung stehen, weil Worte zu direkt wären oder weil Körpersprache stärker und unmittelbarer ist. Einige Körpersignale haben in allen Kulturen sehr ähnliche Bedeutungen: z.B. Gesichtsausdruck von Gefühlen und allgemeine veranschaulichende Gesten.

Nonverbale Signale dienen in allen Kulturen weithin denselben Situationen und Beziehungen, und diese wiederum sind denen der Tiere ähnlich. Die grundlegenden Beziehungen sind die in der Familie, zwischen Freunden, in Arbeitsgruppen und in der Gemeinschaft, mit Leuten, die man mag oder nicht mag, mit Leuten von höherem, gleichem oder niederem Status und mit Fremden. Die allgemeinen gesellschaftlichen Situationen sind die Arbeit, Mahlzeiten, Kaufen und Verkaufen, Zusammensein mit Freunden etc.. Wie wir gesehen haben, kann eine Kultur speziell definierte Formen für diese Situationen und Beziehungen haben, wie bei den Japanern die *Oyabum-koyum*-Beziehung, bei der die ältere Person so etwas wie ein Pflegevater wird, der Treue und Gehorsam fordert und Liebe und Schutz verspricht.

Schließlich sind auch die Grundprinzipien der Semiotik Gemeingut aller Kulturen. Die Bedeutung ist gewöhnlich analogisch; das gilt sowohl für Signale wie etwa Intentionsbewegungen, die biologisch angeboren sind, als auch für andere Signale wie veranschaulichende Gesten, die das nicht sind. Andere Signale haben willkürliche Bedeutungen; das gilt für einige angeborene Signale, die im Laufe einer komplizierten Evolutionsgeschichte durch Ritualisierung und Ersetzung dazu geworden sind, wie Lächeln und Lachen. Wieder andere Signale erlangen willkürliche Bedeutungen infolge von historischen Assoziationen, wie das bei einem religiösen oder politischen Symbolismus der Fall ist.

f) Kommunikation mit Menschen anderer Kulturen

Wie wir in diesem Buch gesehen haben, weist jeder Aspekt der nonverbalen Kommunikation Unterschiede zwischen den Kulturen auf. Diese Unterschiede können leicht zu Mißverständnissen und Kommunikationsschwierigkeiten führen, wenn Leute aus verschiedenen Kulturen zusammenkommen. Das ist nicht nur für Spione und Touristen sondern auch für Diplomaten und Handelsreisende wichtig. Innerhalb der meisten Länder gibt es darüberhinaus Probleme mit kulturellen Minderheitsgruppen. Wie wir noch sehen werden, liegt ein Grund für ihre Unbeliebtheit darin, daß die Mehrheit das nonverbale Verhalten der Minderheit nicht verstehen kann. Es gibt endlose Berichte von Reisenden über Mißverständnisse, und man kann sie im Sinne solcher kulturellen Unterschiede erklären. Dafür ein paar Beispiele:

Gesichtsausdruck: Abendländer haben beim Gespräch mit Japanern große Schwierigkeiten, hauptsächlich wegen deren beherrschten Gesichtsausdruck und deren Gewohnheit, für sie unerwartet zu lächeln oder zu lachen.

Abstand: E. T. *Hall* hat als erster die Schwierigkeit bemerkt, bei internationalen Zusammenkünften mit Arabern oder Lateinamerikanern einen für beide akzeptablen Körperabstand zu finden; sie scheinen einem zurückweichenden Amerikaner oder Europäer nachzusetzen, wenn diese zu einem angemesseneren Abstand zurückwollen oder sich zu einer weniger direkten Gegenüberstellung abwenden.

Körperkontakt: Engländer sind erstaunt, wenn sie italienische Jugendliche sich die Hände halten sehen, oder sie sind erschrocken, wenn Araber oder Afrikaner sie berühren.

Kleidung: Europäische Missionare waren völlig außer Fassung, daß die Frauen in Westafrika keine Kleidung trugen, und versuchten, sie dazu zu veranlassen, was wiederum große Verwirrung stiftete, da in dieser Zeit nur verrufene Frauen Kleidung trugen.

Blick: Griechen (und vermutlich auch andere), die nach England kommen, sind verwirrt, weil man sie in der Öffentlichkeit nicht erstaunt anblickt, und sie fühlen sich dabei ignoriert.

Tonfall: Adams (1957) berichtet, daß ein Tonfall, der von Ägyptern als „ernst" interpretiert wird, für Amerikaner „streitlustig" klingt.

Regeln und Riten: Kenneth *Pike* (1967) berichtet von einer Missionarin, die mit einem Kannibalen-Häuptling in Schwierigkeiten kam, weil sie ihn zu Boden zu werfen versucht hätte (sie schüttelte ihm die Hände) und ihn ausgelacht hätte (sie lächelte). Abendländer haben in Afrika und im Osten oft Schwierigkeiten, damit klarzukommen, was sie als unredliche Bestechung ansehen, was aber für die Einheimischen nichts weiter als ein herkömmlicher Austausch von Geschenken ist.

Kognitive Strukturen: Viele Besucher des Nahen Osten kommen in Schwierigkeiten, weil sie die Stellung der Frau, die Rolle der Religion, die Bedeutung des Status und anderes mißverstehen. Ein Trainingsprogramm, wie man mit solchen Problemen umzugehen hat, wird unten beschrieben.

Kommunikationsstruktur: Bennet und *McKnight* (1966) beschreiben eine der Schwierigkeiten bei Kontakten zwischen Amerikanern und Japanern: die Japaner behandeln die Amerikaner als Überlegene, während die Amerikaner versuchen, sie eher als gleichrangig statt als Untergebene zu behandeln, was aber zu einer sozialen Distanzierung führt.

Ich habe in dieser Hinsicht die Vorurteile gegenüber Minderheiten in England untersucht. Als Ergebnis zeigte sich bisher, daß bezüglich vieler Minderheitsgruppen (wenn auch nicht allen) eine

Korrelation besteht zwischen dem Empfinden, daß die Interaktion mit ihnen schwierig sei, und ihrer Unbeliebtheit. Der Grund der Schwierigkeiten ist in jedem Fall wieder anders. Typische Probleme sind: es sei ,,schwierig, sich mit ihnen zu unterhalten'', sie seien ,,herrisch und arrogant'', ,,aggressiv'', ,,impulsiv'', ,,zu laut'', sie hätten ,,schlechte oder andere Manieren'' und dergleichen.

Es wurden bereits verschiedene Versuche unternommen, Leute für den Kontakt mit Menschen aus fremden Kulturen auszubilden. Eine Studiengruppe an der Universität von Illinois hat einen ,,Kultur-Assimilator'' entwickelt, ein programmierter Text, mit dem man das Verhalten in anderen Kulturen erlernen kann. Der arabische Kultur-Assimilator besteht aus 55 Problemsituationen; sie beschäftigen sich hauptsächlich mit der Rolle der Frauen, der Bedeutung der Religion im Nahen Osten und mit Interaktionsfertigkeiten. Der Auszubildende beurteilt die Ursachen von Mißverständnissen oder Konflikten bei jedem Problem, und darauf wird ihm die Bedeutung seiner Entscheidung im Hinblick auf die kulturellen Vorstellungen mitgeteilt. Kultur-Assimilatoren wurden für Griechenland, Thailand und Honduras entwickelt. Experimente vor und nach den Studien haben zwar positive, aber geringe Erfolge gezeigt (*Fiedler* u. a., 1971).

Der Kultur-Assimilator beschäftigt sich eher mit kognitiven Strukturen statt mit der nonverbalen Kommunikation. Peter *Collett* (1971) brachte einigen Engländern ein paar nonverbale Signale der Araber bei: größere Nähe, direktere Gegenüberstellung, mehr lächeln, den Gesprächspartner mehr ansehen und mehr berühren. Arabische Versuchspersonen wurden einem so trainierten und einem zweiten, nicht trainierten Engländer gegenübergestellt. Die Araber hatten die ersteren lieber und hätten sie gerne als Freunde usw.. Das Experiment wurde mit englischen Versuchspersonen wiederholt, aber dabei zeigte sich kein Unterschied in der Sympathie. Ein früheres Experiment von *Haines* und *Eachus* (1965) zeigte, daß man Versuchspersonen das nonverbale Verhalten einer imaginären neuen Kultur mittels Rollenspiel und anschließendem Playback eines Videobands beibringen könnte. Spätere Untersuchungen mit Rollenspiel zeigten, daß dieses sehr erfolgreich ist, wenn es mit einer Vorführung verbunden ist, die auf Videobändern mit geübten Darstellern (in diesem Falle aus der jeweiligen Kultur stammend) basiert. - Allerdings ist die Aneignung des nonverbalen Stils einer fremden Kultur nur eine der möglichen Lösungen des Problems; es kann unter bestimmten Bedingungen die beste Lösung sein. Eine andere Lösung wäre, daß beide Seiten sich der fremdartigen Gewohnheiten des anderen bewußt werden und daß beide soviel wie möglich von solchen Signalen Gebrauch machen, die ein Allgemeingut aller Kulturen sind.

Den Schwierigkeiten mit Einwanderern ließe sich durch Erziehung beider Seiten in den Schulen begegnen. Peter *McPhail* (1972) hat Material für die „Charaktererziehung" entwickelt. Ein Abschnitt besteht aus einer Kartenserie, die Konflikte mit rassischen und anderen Minderheitsgruppen beschreibt, welche sich aus unterschiedlichen Bräuchen oder Überzeugungen herleiten. Ein Beispiel: „Ein pakistanischer Ehemann mittleren Alters geht auf einem engen Bürgersteig neben der Straße vor seiner Frau. Ein Mann in einem Auto bemerkt dazu: „Keiner von ihnen weiß, wie man sich Frauen gegenüber zu benehmen hat". " (vgl. S. 346). Solche Situationen dienen als Grundlage für Rollenspiel, Diskussion, Illustration und andere Aktivitäten im Unterricht. Eine andere Materialreihe erklärt einige Problemsituationen etwas detaillierter mit Photographien, Statistiken und kurzen dramatischen Dialogen: Einer beschäftigt sich mit dem Beginn der Rassenunruhen in Los Angeles, ein anderer mit dem Verhältnis zwischen weißen Ärzten und Afrikanern in Südafrika. Sie werden im Unterricht aufgeführt und diskutiert. Solche Methoden können wahrscheinlich größeres Wohlwollen und Verständnis für andere kulturelle Gruppen erwekken sowie einige Konfliktquellen bewußt machen. Um jedoch die Unterschiede in der nonverbalen Kommunikation völlig erfassen zu können, sind Filme erforderlich, und ein Training, wie man sich gegenüber Menschen aus anderen Kulturen zu verhalten habe, erfordert direkte Praxis.

Anmerkungen

[1] Ich habe Dr. Helmut *Morsbach* zu danken für Informationen über diesen Bereich; vgl. seine Arbeit: Aspects of non-verbal communication in Japan, Department of Psychology, University of Glasgow (1972). Ebenso bin ich Miss Kimiko *Shimoda* zu Dank verpflichtet.

[2] Ich habe Dr. Peter *Collett* für Informationen über diesen Bereich zu danken. Vgl. *Collett* (1972).

Weiterführende Literatur

Eibl-Eibesfeldt, I. (1972) Similarities and differences between cultures in expressive movements, in: *R. A. Hinde* (ed.), Non-Verbal Communication, Cambridge: Royal Society and Cambridge University Press.

Hall, E. T. (1966) The Hidden Dimension, Garden City, New York: Doubleday.

LaBarre, W. (1964) Paralinguistics, kinesics and cultural anthropology, in: *T. A. Sebeok* (ed.), Approaches to Semiotics, The Hague: Mouton.

Zitierte Literatur

Adams, J. B. (1957) Culture and conflict in an Egyptian village, *American Anthropologist* 59: 225-35.

Argyle, M. (1969) Social Interaction, London: Methuen; dt.: Soziale Interaktion, Köln 1972.

Benedict, R. (1946) The Chrysanthemum and the Sword, Boston: Houghton Mifflin.

Bennet, J. W. and *McKnight, R. K.* (1966) Social norms, national imagery, and interpersonal relations, in: *A. G. Smith* (ed.), Communication and Culture, New York: Holt, Rinehart & Winston.

Brun, T. (1969) International Dictionary of Sign Language, London: Wolfe.

Caudill, W. and *Weinstein, H.* (1969) Maternal care and infant behavior in Japan and America, *Psychiatry* 32: 12-43.

Collett, P. (1971) On training Englishmen in the non-verbal behaviour of Arabs: an experiment in inter-cultural communication, *International Journal of Psychology* 6: 209-15.

Collett, P. (1972) Some psychological differences between Arabs and Englishmen relevant to Arab-English encounters: structure and content in cross cultural studies of self-esteem, *International Journal of Psychology* 7: 169-79.

Eibl-Eibesfeldt, I. (1970) Love and Hate, London: Methuen; dt.: Liebe und Haß. Zur Naturgeschichte elementarer Verhaltensweisen, München 1970.

Fiedler, F. E., Mitchell, T., and *Triandis, H. C.* (1971) The culture assimilator: an approach to cross-cultural training, *Journal of Applied Psychology* 55: 95-102.

Frijda, N. H. and *van der Geer, J. P.* (1961) Codability and recognition: an experiment with facial expressions, *Acta Psychologica* 18: 360-8.

Haines, D. B. and *Eachus, H. T.* (1965) A preliminary study of acquiring cross-cultural interaction skills through selfconfrontation. Aerospace Medical Research Laboratories, Wright-Patterson Air Force Base, Ohio.

Krout, M. H. (1942) Introduction to Social Psychology, New York: Harper & Row.

McPhail, P. (1972) Lifeline, London: Longmann.

Morsbach, H. (1973) The ritual of gift-giving in Japan, Vortrag, gehalten vor der British Psychological Society.

Nakane, C. (1970) Japanese Society, London: Weidenfeld & Nicolson.

Pike, K. L. (1967) Language in Relation to a Unified Theory of Human Behavior, 2. überarb. Aufl., The Hague: Mouton.

Shimoda, K., Argyle, M. and *Ricci Bitti, P.* (1978) The intercultural recognition of emotional expressions by three national groups: English, Italian and Japanese, *European Journal of Social Psychology* 8: 169-179.

Stolurow, L. M. (1965) Idiographic programming, *National Society for Programmed Instruction Journal*, Oct.: 10-12.

Watson, O. M. and *Graves, T. D.* (1966) Quantitative research in proxemic behaviour, *American Anthropologist* 68: 971-85.

Whorf, B. L. (1956) Language, Thought and Reality, (ed. *J. B. Carol*), Cambridge, Mass.: M.I.T. Press; dt.: Sprache, Denken, Wirklichkeit. Beiträge zur Metalinguistik und Sprachphilosophie, Reinbek bei Hamburg 1963.

Teil II.

Die verschiedenen Verwendungsbereiche von Körpersprache

5 Äußerung von Gefühlen

Unter Gefühlen versteht man gewöhnlich Zustände wie Angst, Depression, Fröhlichkeit und dergleichen. Wir können auch leichtere Gefühlzustände oder Stimmungen miteinbeziehen, Empfindungen von Behagen und Unbehagen, verschiedene Grade von Wachheit oder Schläfrigkeit und die Erregung und Befriedigung von Hunger, Sexualität und anderen Trieben. In jedem Falle handelt es sich um eine subjektive Erfahrung, einen körperlichen Zustand und um ein Muster von nonverbalen Signalen - in Gesicht, Stimme und anderen Bereichen. Es ist zweckdienlich, Gefühlszustände von zwischenmenschlichen Einstellungen zu unterscheiden, obwohl beide zusammen auftreten können: z.B. ein Zustand von Ärger ist verbunden damit, daß man sich über jemand ärgert (aggressiv gegen ihn ist). Aber ein emotionaler Zustand ist nicht schon in sich selbst auf eine andere Person ausgerichtet.

Wie wir bereits gesehen haben, senden Affen und Menschenaffen bei ihren täglichen Beschäftigungen beständig Signale über ihre inneren Zustände aus, hauptsächlich durch Gesichtsausdrücke und Vokalisierungen (vgl. S. 39f). Bei Menschen geschieht dasselbe, wenn wir auch infolge der Kontrolle über unser Ausdrucksverhalten viel weniger Informationen verbreiten. Warum werden diese nonverbalen Signale ausgesendet?

(1) Einige sind unmittelbare physiologische Reaktionen, ohne irgendeine Absicht, etwas mitzuteilen. Beispiele sind der Gesichtsausdruck für Ekel, wenn man etwas Widerliches gegessen hat, Anzeichen von organischen Zuständen wie Schläfrigkeit und Aufregung und eine Unterbrechung des Verhaltens bei hochgradiger Erregung.

(2) Einige ausdrucksvolle Signale haben sich im Laufe der Evolution als soziale Signale herausgebildet, die von Tieren und Menschen spontan ausgesendet werden. Für Tiere ist es sinnvoll, z.B. einen Zustand von Angst oder Ärger zu zeigen. Die komplizierte evolutionäre Entwicklung einiger dieser Äußerungen hat man verfolgen können (vgl. S. 48f). Jedoch ist es überhaupt nicht klar, war-

um für Menschen Gefühlsäußerungen wie Depressionen oder Angst sinnvoll sein sollen - was einige Kulturen, wie die Japaner, ja auch streng zurückzuhalten versuchen.

(3) Einige Gefühlsäußerungen können als bewußt eingesetzte soziale Signale angesehen werden. Das ist nur deshalb möglich, weil ein bestimmtes Repertoire von Gefühlsäußerungen allgemein verständliche Bedeutung hat. Jedoch sehr häufig spiegeln Signale dieser Art nicht den tatsächlichen emotionalen Zustand wider. Gesichtsausdurck und Tonfall für Gefühle werden sstattdessen für andere Zwecke benutzt, wie z.B. in den verschiedenen Weisen, das Reden zu begleiten (vgl. Kap. 8), und in Ritualen (vgl. Kap. 9).

William *James* hat behauptet, daß die Erfahrung von Gefühlen auf die Wahrnehmung der eigenen körperlichen und motorischen Reaktionen zurückzuführen sei: jemand fühlt sein Herz schlagen und sieht sich selbst fortlaufen, und so realisiert er, daß er Angst hat. In späteren Untersuchungen wurde festgestellt, daß es tatsächlich verschiedene Körperreaktionen für einige der wichtigsten Emotionen, wie etwa Angst und Wut, sowie für verschiedene Erregungsstufen gibt und daß Leute solche körperlichen Zustände unterscheiden können. Jedoch haben wieder andere Studien (z.B. mit Injektionen von Adrenalin) ergeben, daß diese körperlichen Zustände nicht schon von sich aus die Erfahrung von Gefühlen erzeugen. *Schachter* (1964) stellte fest, daß Versuchspersonen Informationen aus der Umgebung brauchen, um ihre Gefühle benennen zu können: *derselbe* körperliche Zustand, durch eine Adrenalin-Injektion herbeigeführt, wurde als Euphorie oder als Wut erfahren, je nach dem Verhalten des Mitarbeiters in der experimentellen Situation. *Tomkins* (1962-63) hat die Vermutung geäußert, daß auch der Gesichtsausdruck dazu verhilft, ein Gefühl von anderen zu unterscheiden: ebenso wie andere körperliche Veränderungen erzeugt auch ein Gefühlszustand einen spezifischen Gesichtsausdruck, den der Betreffende empfindet und der ihm hilft, das Gefühl zu benennen. *Shimoda* fand für diese Theorie einige Beweise (vgl. S. 207). *Bem* (1967) hat in ähnlicher Weise argumentiert, um seine Theorie zu stützen, daß man seine Einstellungen wahrnimmt, indem man sein Verhalten beobachtet: wenn jemand zur Kirche geht, realisiert er, daß er religiös sein muß. *Bem* meint, daß innere Reize nicht verbal benannt werden, weil sie nicht dem öffentlichen Bereich angehören; somit sei man von öffentlichen Vorgängen wie z.B. dem eigenen Verhalten abhängig, die verbal benannt werden. Jedoch haben wir in diesem Buch bereits gesehen, daß nonverbale Signale verwendet werden können, ob sie nun verbal benannt sind oder nicht.

a) Klassifizierung der Gefühle

In frühen Untersuchungen von *Woodworth, Schlosberg* und anderen wurden Versuchspersonen aufgefordert, Gefühle verbal zu identifizieren, die auf vorgelegten Photographien von Schauspielern zum Ausdruck kommen, wobei nur das Gesicht zu sehen war. Solche und spätere Untersuchungen werden erörtert. Nach dem gegenwärtigen Stand der Forschung ist anzunehmen, daß man im allgemeinen sieben Hauptgruppen unterscheidet, die etwa Glück, Erstaunen, Furcht, Traurigkeit, Wut, Ekel/Verachtung und Interesse entsprechen.

Jedoch werden wir noch sehen, daß das Gesicht nicht die einzige Weise ist, in der Gefühle zum Ausdruck kommen, und daß das Dekodieren des Gefühlszustandes eines anderen zum Teil von der eigenen Situation abhängt. Ich glaube, daß ein viel breiterer Bereich von Gefühlsreaktionen zum Ausdruck gebracht und interpretiert wird, wenn diese auch nicht leicht vom Gesicht allein identifiziert werden können. Beispiele dafür sind:

Freude	gute Gesundheit	Konzentration
Langeweile	Kopfschmerzen	Verwirrung
Schuld	Übelkeit	sexuelle Erregung
Scham	Müdigkeit	religiöses Gefühl
Verlegenheit	Hunger	ästhetisches Gefühl
Ungeduld	Durst	patriotisches Gefühl
Selbstzufriedenheit	Selbstvertrauen	

Es verbleibt noch zu erforschen, ob diese Gefühlszustände in einer erkennbaren Weise signalisiert werden.

Welche Körpersignale werden benutzt, um Gefühlszustände mitzuteilen? In späteren Kapiteln werden wir uns genauer damit beschäftigen, wie Gesicht, Stimme und andere Bereiche Gefühle zum Ausdruck bringen. Die wichtigsten Bereiche sind folgende:

Gesicht: Mund, Augenbrauen, Haut, Gesichtsbewegungen

Augen: Öffnungsweite, Pupillengröße, Länge eines Blicks

Gestik: Gestalt der Hand, Handbewegungen, die Hände zusammenhalten,   die Hände zum Gesicht halten

Körperhaltung: angespannt oder entspannt, aufrechte Haltung, Stil der   Körperbewegungen

Tonfall: Stimmhöhe, Schnelligkeit, Volumen, Rhythmus, wirres Reden.

Einzelne Körperteile können verschiedene Aspekte von Gefühlen mitteilen. Wie gesagt, kann das Gesicht sieben der wichtigsten Gefühle zeigen; *Graham, Ricci Bitti* und *Argyle* (1975) haben festgestellt, daß Videobänder mit dem Kopf allein genauer interpretiert werden konnten als Videobänder mit dem Rest des Körpers. Jedoch ließen sich vom Körper genauso gut wie vom Gesicht fünf Intensitätsgrade von Gefühlen erschließen. Es scheint, daß die Füße Ärger (durch Stampfen) oder den Grad von Aufregung anzeigen können.

b) Das Enkodieren von Gefühlen

Das Enkodieren von Gefühlen kann man untersuchen, indem man Versuchspersonen auffordert, einen Gesichtsausdruck oder Tonfall anzunehmen, der Glück oder Traurigkeit usw. entspricht. Das kann zwar zu übertriebenen oder konventionellen Ausdrucksformen führen, andererseits aber kann in der Verwendung von derart dargestellten Gefühlsausdrücken ein Vorteil liegen, daß nämlich die Darsteller nicht, wie es sonst im täglichen Leben häufig geschieht, ihre Gefühlsäußerungen unterdrücken oder verbergen werden. Dabei wurde festgestellt, daß für denselben Gefühlszustand von verschiedenen Leuten eine beträchtliche Anzahl von unterschiedlichen Gesichtsausdrücken gezeigt wurde. Wenn eine breitere Auswahl von Leuten Gefühle darstellt, dann werden von beurteilenden Personen nur etwa 60% richtig wiedererkannt. Jedoch gibt es für ein einzelnes Gefühl im Zentrum der verschiedenen Ausdrucksformen einen Normalbereich, der von den meisten richtig als traurig, glücklich usw. angesehen wird.

Den Beweis für eine transkulturelle Ähnlichkeit von Gesichtsausdrücken für Gefühle werden wir an anderer Stelle erörtern (s. S. 207f); die evolutionären Ursprünge von Gesichtsausdruck und Tonfall wurden bereits behandelt (s. S. 48f). Über die physiologische Basis eines Gefühlsausdrucks ist einiges bekannt; teilweise wird das durch verschiedene Erregungsgrade verursacht, in denen jemand zum Handeln vorbereitet wird, was zu einer Erhöhung von Herzschlag, Atemrhythmus, Blutdruck, Muskelspannung und Hauttemperatur führt. Bei einigen Gefühlen sind auch die physiologischen Reaktionen unterschiedlich: bei Wut und Angst hat man festgestellt, daß sie sich physiologisch ganz verschieden auswirken; die Begleiterscheinungen von Angst sind ein hoher Adrenalin-Spiegel, eine Erhöhung von Puls, Muskelspannung, Atemrhythmus, aber eine eingeschränkte Blutzufuhr zur Haut (daher das weiße Gesicht) und zu den Muskeln; die Begleiterscheinungen von Wut sind mehr Adrenalin, mehr Speichel und eine erhöhte Blutzufuhr zur Haut. Der Gesichtsausdruck für Gefühle ist somit zum Teil eine unmittelbare Folge dieser Veränderungen, zum Teil aber sind es auch soziale Signale mit einer ziemlich komplizierten Entwicklungsgeschichte. Der Tonfall läßt sich erklären als Wirkung von Gesichtsausdruck und der Spannung in der Kehle.

Säuglinge zeigen kurz nach der Geburt das Verhaltensmuster für Erschrecken in Form von lautem Schreien, und mit sechs Wochen lächeln sie auf das Gesicht und die Stimme eines Menschen hin; Freude und Kummer zeigen sie mit drei Monaten, durch Gesichtsausdruck wie auch durch die Stimme. Schon früh zeigen sie Reaktionen, die als Abscheu, Ärger und Angst erkennbar sind. Im Laufe des zweiten Lebensjahres und später kommen als emotionale Verhaltensmuster hinzu: Kummer (Weinen, die Hand in dem Mund), Ärger (wütende Laune), allgemeine Aktivierung (Fuchteln und andere Körperbewegungen) und Frustration (am Körper kratzen, Zähneknirschen, die Füße kneten). Gelacht wird bei heftigem Spielen, wenn auch nicht genau geklärt ist, was damit signalisiert werden soll. Dieselben grundlegenden Ausdrucksmuster erscheinen auch bei blindgeborenen Kindern, allerdings mit größeren Abweichungen. Wahrscheinlich entwickelt sich das Ausdrucksverhalten im wesentlichen im Laufe des Reifungsprozesses, aber einiges wird auch gelernt, wie die kulturellen Abweichungen beim Gefühlsausdruck beweisen.

Kulturelle Unterschiede im Gefühlsausdruck zeigen sich darin, (1) wie weit solche Äußerungen unterdrückt werden; (2) in kulturellen Konventionen, besonders bezüglich Lachen und Weinen in der Öffentlichkeit; (3) welche Ereignisse welche emotionale Reaktionen hervorrufen: wenn z.B. die Geburt von Zwillingen dazu führen wird, daß Mutter und Kinder hingerichtet werden, wie es früher im Niger-Delta geschah, dann wird die Geburt von Zwillingen nicht als ein freudiges Ereignis begrüßt; (4) Unterschiede, die auf die jeweilige Sprache und Vorstellungen zurückzuführen sind, wie Gefühle eingeordnet werden: die Japaner unterscheiden klarer als andere Kulturen zwischen „traurig" (z. B. wegen eines Unglücks) und „deprimiert" (eine irrationale Stimmung).

Das Gesicht ist der allerwichtigste Bereich für die Mitteilung von Gefühlen; es hat sich als kommunikativer Signalbereich herausgebildet. Die Haut zeigt unmittelbar physische Zustände an (rot für Wut, weiß für Angst); das Öffnen des Mundes zeigt aggressive Intentionen, aber auch sexuelle, wenn man die Zunge zeigt. Das Lächeln hat einen komplexeren Ursprung. Offene Augen und gehobene Augenbrauen erlauben einen klareren Blick, während halbgeschlossene Augen und gesenkte Augenbrauen einen abschirmen.

Der Tonfall ist auch ein wichtiges Ausdrucksmittel. Grunzen, Bellen und Schreien bei Affen und Menschenaffen sind beim Menschen ersetzt durch den Tonfall von verbalen Äußerungen. Wir machen von solchen emotionalen Lauten wie Grunzen und Schreien weit weniger Gebrauch und zeigen nicht permanent auf diese Weise unsere Gefühle - zugunsten unserer Umgebung, aber der Tonfall unserer verbalen Äußerungen zeigt (unter anderem) unseren emotionalen Zustand.

Gesten und andere Körperbewegungen bilden ein drittes Ausdrucksmittel. Handhaltungen und -bewegungen können ganz spezifische Gefühle darstellen. Diese Bewegungen sind bei den einzelnen Menschen ziemlich unterschiedlich; wie sie interpretiert werden, wird auf S. 252 aufgeführt. Auch von anderen Körperteilen werden Gefühle mitgeteilt, wenn auch weniger genau. Der Körper als ganzer zeigt den allgemeinen Spannungs- (bzw.Entspannungs-) Zustand, womit die Stärke des jeweiligen Gefühls zum Ausdruck kommt. *Ekman* und *Friesen* (1968) haben festgestellt, daß Gefühle wie Angst oder Vorsicht in gewissem Maße aus Filmen, in denen nur Beinbewegungen gezeigt werden, identifiziert werden können.

Schließlich können Gefühle auch durch die äußere Erscheinung, insbesondere durch die Kleidung, mitgeteilt werden. In einem fröhlichen Rahmen wird sich jemand kaum schwarz kleiden, wenn er es nicht muß.

Der Gefühlsausdruck ergibt sich häufig aus einem Konflikt zwischen dem grundlegenden biologischen Ausdrucksmuster und den kognitiven Versuchen, dieses zu beherrschen. *Dittmann* (1972) nimmt an, daß man Gefühle dann zu beherrschen versucht, wenn negative Sanktionen befürchtet werden. Solche Beherrschung läuft oft darauf hinaus, daß der Gefühlsausdruck ganz verhindert wird; allerdings kann auch das Gegenteil geschehen, wenn z.B. jemand sein Leiden ausdrückt, um andere zu beeinflussen. Es ist sehr schwierig, autonome Elemente unter Kontrolle zu bringen, wie Schwitzen oder die Pupillenweite. *Ekman* und *Friesen* (1969), die das Ausdrucksverhalten bei psychisch Kranken untersucht haben, meinen, daß Hände und Füße weniger leicht kontrolliert werden als das Gesicht und daß in diesen Bereichen eine ,,Leckage" für den emotionalen Ausdruck besteht. Dafür gibt es zwei verschiedene Erklärungsmöglichkeiten: erstens, daß sich einige Bereiche weniger leicht kontrollieren lassen, oder zweitens, daß die Information für sich ein Ventil sucht, so daß in unkontrollierten Bereichen der Ausdruck dafür stärker ist. Bei zwei Patienten stellten sie fest, daß durch den Körper negativere Gefühle als durch das Gesicht ausgedrückt werden (nach dem, was die Versuchspersonen meinten) - wenn allerdings auch, wie *Mehrabian* (1972) betont, diese Bereiche möglicherweise noch negativer wären, wenn im Falle dieser Patienten keine Täuschung im Spiele wäre. Ein anderer Weg, wie verdeckte Gefühle durchscheinen, besteht in den „mikromomentanen Ausdrücken", die den meisten Betrachtern unerkennbar sind. Auch in anderen Kanälen, wie etwa im Tonfall oder in den Gesten, kann so eine „Leckage" geschehen; ein nervöser öffentlicher Redner wird sein Gesicht und seine Stimme kontrollieren können, aber schwitzt oder zittert sichtlich. Wer zu täuschen versucht, wird zumeist einen Augenkontakt vermeiden, was wiederum eben dadurch zu einem Signal für eine Täuschung werden kann (s. S. 232).

Lanzetta und *Kleck* (1970) stellten eine negative Beziehung fest zwischen dem Ausmaß an physischer emotionaler Erregung und dem Emotionsausdruck, was damit gemessen wurde, wie weit beurteilende Versuchspersonen die Signale von Gesicht und Körperhaltung richtig identifizieren konnten. Es wurde eine Unterscheidung getroffen zwischen „Innengerichteten" (internalizers), die zwar physische Erregung, aber wenig Gefühlsausdruck zeigen, und „Außengerichteten" (externalizers), die das Gegenteil tun (*Jones*, 1960). Diese Ergebnisse wurden von *Buck* u. a. (1972) bestätigt, die weiterhin feststellten, daß Frauen dazu neigen, eher außengerichtet zu sein und Gefühle klarer mitzuteilen.

c) Das Dekodieren von Gefühlsäußerungen

Das Dekodieren, d.h. das Erkennen von Gefühlsäußerungen, wurde ausgiebig untersucht, aber zumeist mit ziemlich künstlichen Untersuchungsmethoden. Z.B. wurden Versuchspersonen lediglich Photographien von Gesichtern gezeigt, mit der Aufforderung, die dargestellten Gefühle zu identifizieren. Auf diese Weise aber werden Gefühle normalerweise nicht wahrgenommen; einige, z.B. Überraschung, können nur aus einer Folge von Äußerungen erkannt werden, und es ist unmöglich, nur nach einem Photo zu sagen, wie weit sich der gezeigte Ausdruck von der angestrebten normalen Erscheinung eines Menschen unterscheidet - was eher von der Persönlichkeit als von den Gefühlen her zu verstehen ist. Gefühle können nach einem Film besser als nach statischen Photos erkannt werden, obwohl das Erkennen bei Photos besser als nur durch Zufall bestimmt ist (*Ekman* u.a., 1971). Ein anderes Problem liegt darin, daß gestellte Gefühlsäußerungen sich von spontanen etwas unterscheiden werden, wenn auch beide tatsächlich gleich gut erkannt werden. Im täglichen Leben bemüht man sich häufig, seine Gefühle, besonders negative, zu verbergen; das gelingt nur teilweise, aber einige der entsprechenden Verhaltensmuster werden wohl nicht gezeigt.

Man weiß nicht genau, wie früh Kinder Gefühle erkennen können. Wahrscheinlich reagieren sie auf Lächeln und Stirnrunzeln ziemlich früh und auf heftige und sanfte Behandlung noch früher, und es wird häufig berichtet, wenn es auch nicht erwiesen ist, daß sie dafür empfindlich sind, ob sie mit angespannten oder mit entspannten Armen gehalten werden. Im Kindergarten verursacht das Weinen eines anderen Kindes Hungergefühle, und auf Lächeln reagieren sie mit Lächeln. Mit zunehmendem Alter können immer mehr Gefühle auf Photos erkannt werden: Kummer mit 6-7, Ärger mit 7, Angst und Schrecken mit 9-10, Überraschung mit 11, Verachtung mit 18 Jahren und später. Das hängt zum Teil davon ab, wie sich Wörter und Begriffe für Gefühle entwickeln. Auch bei Erwachsenen zeigen sich erhebliche individuelle Unterschiede, wie weit sie Gefühle erkennen können; aber man kann Leute ziemlich leicht darin üben (vgl. S. 347f).

Wie gesagt, werden ungefähr 60% von Photos, die Gefühlszustände im Gesicht zeigen, richtig erkannt. Wenn die „besten" Photos benutzt werden, kann die Genauigkeit bis zu 80% ansteigen, und bei Freude, Angst und Entschlossenheit noch höher. *Woodworth* (1938) fand heraus, welche Gesichtsausdrücke am leichtesten unterschieden werden können; Ärger kann mit Angst oder Abscheu verwechselt werden, aber nicht mit Liebe oder Erstaunen.

Davitz (1964) hat untersucht, wie genau jeweils eine Darstellung mit dem Gesicht oder mit der Stimme beurteilt wird, indem er einen Film und einen Tonstreifen vorführte mit Darstellern, die aufgefordert worden waren, eine neutrale Mitteilung von 10-15 Sekunden in sechs verschiedenen emotionalen Stilen vorzulesen. Dabei wurden folgende Genauigkeitsverhältnisse erzielt:

Medium	Erkennen in (%)
Tonfilm (Stimme und Gesicht)	59
Tonstreifen	47
Stummfilm	56

Der oben berichtete höhere Genauigkeitsgrad bei Photos basierte auf sorgfältig dargestellten und ausgesuchten Photos. Jedoch werden verschiedene Gefühle jeweils bei verschiedenen Medien am leichtesten erkannt:

| Gefühl | Medium | | |
	Stimme	Gesicht	Stimme und Gesicht
Freude	42	86	81	
Erstaunen	41	43	51,5	
Angst	74	58	73	
Abscheu	34	52	51,5	
Ärger	56	62,5	61	*Erkennen*
Verachtung	33	37	37	*in Prozent*

(aus *E. A. Levitt*, in *Davitz*, 1964).

Im alltäglichen Leben reagiert man wahrscheinlich in der Regel auf die gegenseitigen Gefühle, ohne sie zu verbalisieren.

Gefühle werden aus der Gesamtheit der nonverbalen Verhaltensmuster erkannt, die gewöhnlich miteinander übereinstimmen, und auch mit Hilfe der durch den Kontext bedingten Erwartungen, so daß die Beurteilung leichter als in diesen Experimenten ist. Es wurden auch Experimente unternommen über die Wahrnehmung von nicht übereinstimmenden Signalen. Es stellte sich heraus, daß dabei ein Signal außer Acht gelassen oder anders interpretiert wird, statt daß beide zu einer durchschnittlichen Bedeutung zusammengenommen werden. Der häufigste Grund für solche widersprüchlichen Signale ist der nur teilweise gelingende Versuch, ein Gefühl zu verbergen. Es ist nicht bekannt, wie so etwas wahrgenommen wird; aber vermutlich wird jemand, der es bemerkt, auf die Signale für negative Gefühle größeres Gewicht legen, da sie mit einer größeren Wahrscheinlichkeit verborgen werden, sowie vielleicht auf die weniger gut kontrollierten Signalbereiche wie Hände, Füße, die Haut usw.. Wenn verbale und nonverbale Signale zueinander in Widerspruch stehen, dann wird sehr wahrscheinlich der nonverbalen Komponente größere Aufmerksamkeit gezollt werden, wie es z.B. bei interpersonalen Einstellungen der Fall ist.

Weitere Information über den emotionalen Zustand eines Menschen leitet man aus der Situation ab, in der man ihn sieht. In einigen Experimenten wurden Gesichtsausdruck und Informationen über die Situation gleicherweise variiert. Bei früheren Experimenten wurden z.T. recht dramatische Situationen herangezogen, z.B. „einen Erhängten sehen", oder „ein Mädchen läuft vor einem Gespenst weg". *Frijda* (1968) veranstaltete eine Reihe von Experimenten, in denen Versuchspersonen mittels 7-Punkte-Skalen Photos mit Gesichtern allein, verbale Situationsbeschreibungen und mit Situationsbeschreibungen kombinierte Photos zu beurteilen hatten. Er stellte fest, daß bei den Kombinationen die Photos stärker als die Kontextbeschreibungen zu den Beurteilungen beitrugen, besonders wenn beide in Widerspruch zueinander standen. Jedoch haben *Ekman* u. a. beobachtet, daß in einigen Fällen der Kontext dominiert, und welche Quelle wichtiger ist, hängt davon ab, wie eindeutig und wie stark die Andeutungen jeweils sind.

Lalljee jedoch stellte fest, (in einer unveröffentlichen Studie), daß es nicht so sehr darauf ankomme, wie ausgeprägt ein Gesichtsausdruck sei; die Versuchspersonen würden verschiedenen Strategien folgen, wenn sie Widersprüche zwischen dem Gesichtsausdruck und der Situation interpretieren. Manchmal meinten sie, der Gesichtsausdruck maskiere das wahre Gefühl, und zwar häufiger bei fröhlichen Gesichtern als bei traurigen, die sie eher als authentisch betrachteten. Oder sie meinten, daß das Gefühl in einer anderen als der beschriebenen Situation seinen Grund hätte, oder die Situation wurde uminterpretiert, z.B. wenn ein fröhliches Gesicht mit einer offensichtlich traurigen Situation verbunden war.

Auch die Umstände des Empfängers haben einen Einfluß darauf, wie er nonverbale Andeutungen eines Gefühls interpretiert. Hypnotisierte Versuchspersonen wurden fröhlich, ängstlich oder aggressiv gemacht, und ihnen wurden ziemlich vage Bilder gezeigt; ihre Interpretationen der Bilder spiegelten jeweils ihren eigenen emotionalen Zustand. Ein glücklicher Mensch denkt, daß auch andere Menschen glücklich sind. In tatsächlichen sozialen Situationen gibt es dafür noch einen anderen Grund: ein glücklicher Mensch verursacht bei Leuten, mit denen er zusammenkommt, zumindest zeitweilig einen heiteren Gemütszustand, den er dann als den ihrigen ansieht, ohne zu bemerken, daß er selbst ihn teilweise bewirkt hat.

Davitz (1964) und seine Kollegen meinen, daß man allgemein dazu fähig sei, Gefühlsäußerungen zutreffend zu dekodieren, ob diese nun durch die Stimme, durch das Gesicht oder mit Zeichnungen mitgeteilt würden. Diese Fähigkeit entspreche der anderen, Gefühle zum Ausdruck zu bringen, sowie auch der verbalen Intelligenz, jedoch nicht den 33 gemessenen Persönlichkeitsvariablen. Brian *Little* und Eleanor *Stephens* (unveröffentlicht) haben in Oxford Dreiergruppen von sprachlichen Stimuli vorgestellt, wobei zwei dem Gefühlston und zwei dem Inhalt nach ähnlich waren. Dabei wurde festgestellt, daß etliche Versuchspersonen die Stimuli hauptsächlich nach dem sprachlichen Gefühlston klassifizierten; und zwar waren das solche Leute, die Menschen im wesentlichen nach psychologischen Begriffen einordneten, d.h. nach Persönlichkeitsmerkmalen (z.B. introvertiert), im Unterschied zu physischen

Merkmalen (z.B. hochgewachsen) oder zu Rollen (z.B. Ingenieur), und die vermutlich eher personenorientiert als sachorientiert waren.

Wir können abschließend festhalten, daß nonverbale Kommunikation von Gefühlen weithin angeboren ist und daß sie teils auf unmittelbare Wirkungen von physischen Zuständen zurückzuführen ist, teils auf die Entwicklung von sozialen Signalen. Diese sind bei Tieren dem Zweck angepaßt, die Mitglieder einer Gruppe kontinuierlich über die Zustände anderer Tiere informiert zu halten. Die wichtigste Modifikation dieses Schemas in der menschlichen Gesellschaft liegt darin, daß Gesichtsausdrücke beherrscht und Schreie durch den Tonfall der Stimme bei Konversationen ersetzt werden und daß konventionelle Äußerungen eingeführt werden, auch wenn gar kein Gefühl beteiligt ist.

Weiterführende Literatur

Davitz, J. R. (1964) The Communication of Emotional Meaning, New York: McGraw Hill.

Ekman, P., Friesen W. V., and *Ellsworth, P.* (1972) Emotion in the Human Face, New York: Pergamon.

Zitierte Literatur

Bem, D. J. (1967) Self-perception: an alternative interpretation of cognitive dissonance phenomena, *Psychological Review* 74: 188-200.

Buck, R. W. et al. (1972) Commuinication of affect through facial expressions in humans, *Journal of Social and Personality Psychology* 23: 362-71.

Dittmann, A. T. (1972) Interpersonal Messages of Emotion, New York: Springer.

Ekman, P. and *Friesen, W. V.* (1968) Nonverbal behavior in psychotherapy research, *Research in Psychotherapy* 3: 179-216.

Ekman, P. and *Friesen, W. V.* (1969) Nonverbal leakage and clues to deception, *Psychiatry* 32: 88-105.

Frijda, N. H. (1968) Recognition of emotion, *Advances in Experimental Social Psychology* 4: 167-223.

Graham, J. A., Ricci Bitti, P. and *Argyle, M.* (1975) A cross-cultural study of the communication of emotion by facial and gestural cues, *Journal of Human Movement Studies* I: 68-77.

Jones, H. E. (1960) The longitudinal method in the study of personality, in: *I. Isore* and *H. W. Stevenson* (eds.), Personality Development in Children, Austin: University of Texas Press.

Lanzetta, J. T., and *Kleck, R. E.* (1970) Encoding and decoding of nonverbal affect in humans, *Journal of Personality and Social Psychology* 16: 12-19.

Mehrabian, A. (1972) Nonverbal Communication, Chicago: Aldine-Atherton.

Schachter, S. (1964) The interaction of cognition and physiological determinants of emotional state, *Advances in Experimental Social Psychology* 1: 49-80.

Tomkins, S. S. (1962-3) Affect, Imagery, Consciousness, New York: Springer.

Woodworth, R. S. (1938) Experimental Psychology, New York: Holt, Rinehart and Winston.

6 Mitteilen von interpersonalen Einstellungen

Tiere paaren sich, ziehen Junge auf, befreunden sich, verscheuchen ihre Feinde, etablieren hierarchische Herrschaftsstrukturen und kooperieren in Gruppen, gänzlich mittels ihrer Körpersignale. Das Menschengeschlecht hat die Sprache entwickelt, aber sie dient eher dazu, Informationen über andere Menschen, über Gegenstände und über Vorstellungen mitzuteilen, als über die Gefühle eines Menschen für seinen Zuhörer. Allgemein gesagt, die nonverbale Kommunikation wird für das eine und die Sprache für das andere benutzt. Die Tiere haben spezielle Organe entwickelt, die Körpersignale zum Begründen von interpersonalen Beziehungen senden und empfangen, und der Mensch hat diese Organe geerbt. Wir wollen weiter unten Experimente beschreiben, die zeigen, daß zur Mitteilung von Einstellungen zu anderen Menschen nonverbale Signale eine stärkere Wirkung haben als gleichbedeutende verbale Signale. Obwohl die Form der Körpersignale zwischen den Kulturen gewisse Unterschiede aufweist, so sind diese doch in allen Kulturen sehr ähnlich.

a) Die Dimensionen von interpersonalen Einstellungen

In einer Reihe von Untersuchungen haben sich zwei Hauptdimensionen von interpersonalen Beziehungen herausgestellt, wie Abb. 6.1 zeigt:

Abbildung 6.1.

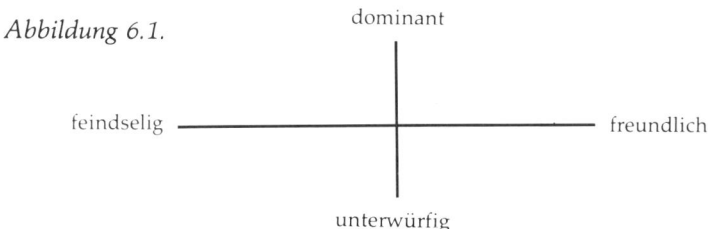

Affiliation umfaßt verschiedene positive soziale Einstellungen: Freundschaft, Anerkennung und Herzlichkeit zwischen Gleichgestellten. Ähnliche Einstellungen herrschen innerhalb von Familien, z.B. zwischen Eltern und Kindern.

Sexuelle Anziehungskraft ist der Affiliation ähnlich, und es werden dieselben Signale benutzt. Jedoch werden viel stärkere Signale ausgesendet, z.B. größere Nähe und mehr Augenkontakt, sowie zusätzliche Signale, insbesondere Körperkontakt.

Ablehnung, Aggression ist der Affiliation entgegengesetzt. Wie bei den Tieren sind tatsächliche Angriffe selten, außer bei kleinen Jungen. Bei den Menschen wird selbst der Ausdruck von Feindseligkeit oft verborgen, so daß es schwierig sein mag, diese Einstellung wahrzunehmen.

Dominanz-Beziehungen entstehen, wenn zwischen Leuten keine klaren Unterschiede in Macht oder Status bestehen. Dominanzsignale werden auch dazu benutzt, um formlose Statusunterschiede herzustellen, wenn keine objektive Grundlage für solche Unterschiede besteht, wie z.B. bei Gruppen von Primaten, Jedoch erfordert es einige Fähigkeiten, eine Beziehung herzustellen, die der andere akzeptieren wird, oder der andere wird einfach fortgehen - die Beziehung muß für ihn lohnend genug sein. Das erzieherische Verhalten von Eltern ist eine Verbindung von Dominanz, Affiliation und Beschützung des Kindes.

Unterwürfigkeit, Nachgiebigkeit ist das Gegenteil von Dominanz. Bei Kindern und anderen impliziert es das Suchen nach einer Abhängigkeitsbeziehung. Im späteren Leben wird solches Verhalten in der Beziehung zu älteren oder zu mächtigeren Menschen angewandt. Es impliziert die Bereitschaft, sich geschlagen zu geben, und die Vermeidung von Aggressionen des anderen.

Das sind die allgemeinen Dimensionen von interpersonalen Einstellungen; einzelne Fälle sind aber oft komplizierter: So mag es Kombinationen von Einstellungen geben, z.B. freundliche Dominanz, oder Zwischenstufen, wie z.B. Affiliation mit einem Anflug von Sexualität; oder verbale und nonverbale Signale widersprechen sich, was unten beschrieben werden soll; und Signale können auch täuschen.

b) Enkodieren von interpersonalen Einstellungen

In einigen Fällen kann die Evolutionsgeschichte eines Signals zurückverfolgt werden. Wir haben gesehen, wie sich das Lächeln aus dem ,,stummen Gesicht mit bloßen Zähnen" entwickelt hat, das von Affen als ein Beschwichtigungssignal benutzt wird. Körperkontakt wird sich vielleicht aus der sozialen Fellpflege herleiten, einer der wichtigsten affiliativen Verhaltensweisen bei Primaten. Andererseits dient der Blick bei Menschen und Tieren ziemlich unterschiedlichen Zwecken: bei Menschen signalisiert der Blick eher

Interesse, Aufmerksamkeit und Zuneigung als Feindseligkeit oder Aggression. Einige dieser Signale finden sich schon bei Säuglingen, und sie sind in allen Kulturen gleich; so sind sie vermutlich angeboren, wie zum Beispiel der Augengruß (vgl. S. 78f). *Blurton-Jones* (1972) und andere haben festgestellt, daß Kinder im Alter von 1 bis 2 Jahren einige interpersonale Gesten verwenden: sie winken, um zu zeigen, daß sie mit ihren Müttern zusammen sein wollen; sie heben die Arme, wenn sie getragen werden wollen; sie lutschen den Daumen, wenn sie von den Müttern getrennt sind. Oder sie schreien, wenn sie von der Mutter getrennt sind, sie lachen beim lebhaften Spiel mit anderen Kindern, lächeln, wenn jemand anderes sich nähert, und runzeln die Stirn, wenn sie ein anderes Kind angreifen. Der Ausdruck von interpersonalen Einstellungen wird auch durch die Kultur und die Sozialisation beeinflußt. Arabische Kinder lernen für viele Situationen die Anwendung von Körperkontakt, englische Kinder hingegen nicht. Kinder aus Arbeiterschichten lernen, gegenüber solchen, die sie nicht mögen, physische Aggression anzuwenden, während Kinder aus der Mittelschicht lernen, das zu unterdrücken.

Das Enkodieren von interpersonalen Einstellungen kann in verschiedener Weise untersucht werden. *Mehrabian* (1972) forderte Versuchspersonen auf, zu einer Hutablage zu gehen und zu ihr zu reden, als wäre sie eine Person mit bestimmtem Geschlecht, Status usw.; er hat dann die dabei angenommene Nähe, Orientierung und Körperhaltung gemessen. *Cook* (1970) forderte Leute auf, anhand einer Serie von Planskizzen zu zeigen, wie und in welchem Winkel sie bei verschiedenen sozialen Begegnungen sitzen würden. In Beobachtungsstudien, z.B. bei Kindern, werden die einzelnen Situationen vermerkt, in denen Kinder bestimmte Signale aussenden, und die signalisierte Einstellung wird daraus abgeleitet.

Mehrabian hat in einem seiner Experimente mit der Hutablage festgestellt, daß Zuneigung oder Abneigung gegenüber der eingebildeten anderen Person und die Annahme, sie sei von höherem oder niederem Status, einen Einfluß auf den Blick, die Nähe und auf verschiedene Aspekte der Körperhaltung der Versuchspersonen hatte, und zwar in folgender Weise:

Tabelle 6.1. Endkodieren von interpersonalen Einstellungen (aus *Mehrabian*, 1968)

Positive Einstellung (Männer) = 2.90 (Blick) — 1.35 (Arme in die Hüfte gestemmt) — 1.34 (Abstand)

Positive Einstellung (Frauen) =   — 5.89 (Arme in die Hüfte gestemmt) — 1.07 (Abstand)
                                 + 0.40 (offene Arme)

Status des Adressaten (Männer) = 6.00 (geneigter Kopf) + 3.25 (Beine offen) + 2.50 (Blick)
                             — 2.45 (Arme aufgestemmt)
                             — 1.16 (Beine entspannt) — 0.89 (Hände entspannt)

Status des Adressaten (Frauen) = 2.13 (geneigter Kopf) + 2.02 (Blick) — 3.69 (Arme aufgestemmt)
                             — 2.74 (Beine entspannt) — 4.64 (Hände entspannt)
                                  + 1.43 (offene Arme)

Aus solchen und anderen Untersuchungen können wir wissen, welche Körpersignale benutzt werden, um Einstellungen im Bereich der beiden Hauptdimensionen zu enkodieren, wie die folgende Tabelle zeigt:

Körpersignal	*Affiliation*	*Dominanz*
Körperkontakt	berühren, streicheln, anfassen (statt schlagen)	-
Nähe	1) innerhalb des Normalbereichs 2) größere Nähe	-
Orientierung	1) bei Blickkontakt direktere Orientierung 2) intimere Freunde jedoch sitzen Seite an Seite, und bei direkter Orientierung an einem Tisch sind sie konkurrierend	weniger direkt
Blick	mehr Blickkontakt, verbunden mit Lächeln; besonders bei Männern	weniger Blickkontakt
Augenbrauen	beim Grüßen und Flirten ruckartig hochgehoben	-
Körperhaltung	1) vorwärts gebeugt 2) offene Arme und Beine (bei Frauen)	1) entspanntere Körperhaltung 2) Kopf rückwärts geneigt (statt vorwärts) 3) Hände auf den Hüften
Gesichtsausdruck	Lächeln	-
Tonfall	weich	laut, anmaßend

Mehrabian stellte fest, daß Dominanzbeziehungen durch eine allgemeine körperliche Entspannung mitgeteilt werden: der Dominierende hat die Arme in einer asymmetrischen Haltung, z.B. eine Hand auf einer Stuhllehne oder in der Tasche; er lehnt sich seitwärts; die Beine sind asymmetrisch, einer oder beide Füße auf dem Fußboden; Hände und Hals sind entspannt, und er beugt sich von der Vertikalen nach hinten. Jedoch kann die Dominanz mit anderen Sendern von Dominanzsignalen in Konkurrenz stehen. Dann wird in einer schnellen und subtilen Folge von Signalen auf einer nonverbalen Ebene die genaue Beziehung zwischen zwei Leuten ausgehandelt werden.

Werbesignale sind eine Variante der Affiliationssignale - wie etwa der Augengruß, Blickkontakt, Lächeln, Berührung. *Scheflen* (1972) beobachtet, daß sie zwischen Männern und Frauen ziemlich häufig angewandt werden, auch wenn keine ernsthafte Werbung beabsichtigt ist. Vielleicht gibt es ein ,,Scheinwerben", wobei andere Signale zeigen, daß das Werben nicht ernst gemeint ist: einen Spaß daraus machen, die Arme überkreuz halten oder ein Gesichtsausdruck, der einen Mangel an ernsthafter Absicht anzeigt. Wir werden später sehen (S. 221), daß eine Pupillenerweiterung als ein Signal für sexuelle Anziehung fungiert.

Wie wir gerade gesehen haben, wird A, wenn er B gern mag, einige verschiedene Signale anwenden, um seine Einstellungen mitzuteilen: Körperkontakt, Blickkontakt, Nähe, Gesichtsausdruck, ein weicher Tonfall, direkte Orientierung, körperliche Entspannung und eine Haltung mit offenen Armen. Bei einem allgemein üblichen freundlichen oder feindlichen nonverbalen Verhaltensmuster wird ein Mensch normalerweise einige oder alle diese Signale zusammen verwenden. Der Autor und Janet *Dean* (1965) vermuten, daß diese Signale sich gegenseitig ersetzen können: wenn z.B. zwei Leute weiter voneinander entfernt sind, dann wird der Mangel an Intimität infolge der größeren Distanz durch vermehrten Blickkontakt oder Lächeln usw. kompensiert. Diese These wurde in einer Reihe von Experimenten bestätigt, in denen der Blickkontakt bei unterschiedlichen Entfernungen gemessen wurde. Diese Experimente zeigen, daß der gegenseitige Blickkontakt mit der Entfernung in sehr deutlicher Weise zunimmt, und bestätigen somit den Gedanken der Äquivalenz der Stellvertretung von Signalen. Bei anderen Experimenten wurde festgestellt, daß Leute sich mehr ansehen, wenn sie *nicht* reden, und weniger, wenn sie sich über intime Dinge unterhalten; beides bestätigt den Gedanken eines Gleichgewichts von Intimität, wobei die Verstärkung des einen Signals die Intensität anderer Signale verringert. Bei der Mitteilung von anderen interpersonalen Einstellungen werden sehr wahrscheinlich ähnliche Prozesse wirksam sein.

Wir werden später sehen, daß einem nonverbalen Signal größere Aufmerksamkeit geschenkt wird, wenn verbale und nonverbale Komponenten einer Botschaft einander widersprechen. Aber warum senden Leute solche Botschaften, und welche andere Information kann durch sie übermittelt werden?

Zaidel und *Mehrabian* (in *Mehrabian*, 1972) haben Versuchspersonen aufgefordert, je drei Stufen von Zuneigung und von Abneigung darzustellen, indem sie mit Gesichts- und stimmlichen Signalen einzelne Wörter sprechen; diese wurden dann von beurteilenden Versuchspersonen dekodiert. Dabei wurde festgestellt, daß das Gesicht mehr Information mitteilt als die Stimme und daß bei negativen Einstellungen Veränderungen besser mitgeteilt werden als bei positiven. Der Grund dafür liegt vielleicht darin, daß starke Konventionen den verbalen Ausdruck von negativen Einstellungen unterdrücken. Das mag dazu führen, daß negative (nonverbal) mit positiven Einstellungen (verbal) kombiniert werden. Oder wenn ein Mädchen sagt „nein, nicht", werden ihre Worte den Konventionen entsprechen, ihr Tonfall aber wird ihre wahren Wünsche ausdrücken. Ein Grund für widersprüchliche Botschaften liegt sodann in einem sozialen Druck, der hauptsächlich den verbalen Ausdruck beeinflußt. Zum Beispiel werden nonverbale Mittel zur Beeinflussung oder zum Überreden benutzt, wenn soziale Konventionen eine verbale Beeinflussung unannehmbar machen, etwa wenn eine untergeordnete Person sich mit einem Vorgesetzten beschäftigt. Die aus solchen widerprüchlichen Botschaften empfangene Information ist hauptsächlich, daß der Sender eine dem nonverbalen Signal entsprechende interpersonale Einstellung hat. Widersprüchliche nonverbale Botschaften können absichtlich benutzt werden, um z.B. einem anderen zu zeigen, daß er trotz kritischer verbaler Äußerungen immer noch akzeptiert sei - etwa wenn ein Vater sich mit einem Kind beschäftigt.

Bei Tieren spiegeln interpersonale Signale die tatsächlichen Einstellungen der beteiligten Tiere. Bei den Menschen sind die Dinge komplizierter, und für strategische Zwecke werden oft Signale gesendet, die nicht wahrhaftig sind. Die üblichste Form der Täuschung ist vermutlich, eine freundlichere als die tatsächliche Einstellung zum Ausdruck zu bringen; teilweise dient das dem Zweck von Schmeichelei bei Vorgesetzten oder anderen, von denen eine Vergeltung erhofft wird, teilweise, um das Leben in sozialen Gruppen leichter und angenehmer zu machen. Im Gesicht findet vermutlich am meisten Verstellung statt, da man seinen Gesichtsausdruck leicht kontrollieren kann; demgegenüber ist nicht so allgemein bekannt, daß interpersonale Einstellungen auch durch einige andere nonverbale Signale zum Ausdruck kommen, wie etwa durch die Körperhaltung oder die Orientierung, und das gibt einem die Möglichkeit, einen täuschenden Gesichtsausdruck zu durchschauen.

Die meisten Menschen können solche interpersonalen Signale aussenden, und sie tun es weithin in derselben Weise. Das ist nicht überraschend, denn sie sind teils angeboren, teils gelernt von der jeweiligen Kultur, welche zahlreiche Gelegenheiten bietet, die jeweils verwendeten Signale zu beobachten. *Mehrabian* hat in seinen Experimenten festgestellt, daß Männer geringere Enkodierungsfähigkeiten haben als Frauen und daß auch Leute, die darauf aus sind, Anklang zu finden, schlechtere Enkoder sind. Wir haben festgestellt, daß viele psychisch Kranke nicht in der Lage sind, die gewöhnlichen Signale auszusenden, insbesondere für Zuneigung, und stattdessen eine konstante gelangweilte Indifferenz, oder auch Feindseligkeit zeigen. Diese Kranken müssen wohl die angeborenen Körpersignale, die auch von kleinen Kindern benutzt werden, tatsächlich verlernt oder aber ihre Unterdrückung gelernt haben.

c) Dekodieren von Signalen für interpersonale Einstellungen

Bei der Interaktion kann man freundliche, feindliche, überlegene und unterlegene Einstellungen ziemlich leicht aus dem Gesichtsausdruck, aus dem Tonfall und aus den übrigen Körpersignalen erfassen. Diese Fähigkeit kann man untersuchen, indem man Versuchspersonen Videobänder oder unmittelbar ein Verhalten vorstellt und sie auffordert, auf Sieben-Punkte-Skalen zu beurteilen, was dabei zum Ausdruck kam, zum Beispiel:

freundlich $-----$ feindlich.

Die ersten nonverbalen Signale, auf die Säuglinge reagieren, sind Körperkontakt, Gesichtsausdruck und Tonfall. Zum Teil ist diese Wahrnehmung nicht erlernt, aber es muß dabei auch ein Lernen beteiligt sein, da der Ausdruck von interpersonalen Einstellungen in den verschiedenen Kulturen etwas unterschiedlich ist. Interpersonale Einstellungen werden durch eine Verbindung von verbalen und nonverbalen Signalen zum Ausdruck gebracht. In einigen Experimenten wurde die Gesamtwirkung solcher Verbindungen von Signalen untersucht. Albert *Mehrabian* (1972) hat ein Experiment durchgeführt, in dem die relativen Wirkungen von Gesichtsausdruck, Tonfall und den sprachlichen Inhalten verglichen wurden. Die einzelnen Ausdrucksbereiche wurden zunächst bezüglich ihrer Stärke gleichgestellt, wie auch in unserem unten beschriebenen Experiment: der Tonfall wurde dabei mittels eines Bandfilters untersucht, der die verbalen Inhalte unverständlich macht. Die Beurteilungen einer positiven Einstellung (Zuneigung) zeigten folgende Ergebnisse:

Positive Einstellung = .07 (verbaler Inhalt) + .38 (Tonfall) + .55 (Gesichtsausdruck).

Mit anderen Worten, beide nonverbale Signale hatten eine viel stärker Wirkung als der verbale Inhalt, und der Gesichtsausdruck eine stärkere als der Tonfall. Der Autor und Kollegen (*Argyle, Alkema* und *Gilmour,* 1972) haben eine Serie von Experimenten durchgeführt, in denen verbale und nonverbale Signale für „freundlich-feindlich" und „dominant-unterwürfig" verglichen wurden. Bei den Experimenten bezüglich „freundlich-feindlich" wurden drei in sich geschlossene nonverbale Stile entworfen:

Freundlich: warmer, weicher Tonfall, offenes Lächeln, entspannte Haltung.

Neutral: ausdruckslose Stimme, nichtssagendes Gesicht.

Feindlich: rauhe Stimme, Stirnrunzeln und Zähnezeigen, gespannte Haltung.

Darstellungen dieser drei Stile wurden auf Videoband vorgeführt und zum Ausschließen der verbalen Inhalte von eins bis fünfzehn numeriert. Einige Versuchspersonen hatten sie zu beurteilen und auf Sieben-Punkte-Skalen einzustufen:

feindlich — ⊀ — ⊀ — ⊀ — freundlich
 A   B   C

Die Darstellungen wurden modifiziert, so daß ihre Beurteilungen auf diesen Skalen annähernd bei A, B und C lagen. Eine ähnliche Arbeit wurde durchgeführt, um drei verbale Botschaften zu entwickeln, wobei die Einstufungen nahezu identisch waren, wenn ihre schriftlichen Versionen beurteilt wurden. Diese Botschaften wurden folgendermaßen formuliert:

Freundlich: „Ich treffe mich gerne mit den Versuchspersonen, die an diesen Experimenten teilnehmen, und gewöhnlich komme ich gut mit ihnen aus. Ich hoffe, Sie werden nachher noch etwas bleiben können, um über das Experiment zu plaudern. Die Leute, die bisher als Versuchspersonen gekommen sind, schienen tatsächlich sehr angenehm zu sein."

Neutral: „Ich habe eigentlich nichts dagegen, mich mit den Versuchspersonen zu treffen, die an diesen Experimenten teilnehmen. Einige von ihnen sind ganz nett, andere natürlich ziemlich langweilig. Wenn Sie wollen, können Sie ja nachher noch mitkommen, um über das Experiment zu reden, aber bitte nicht zu lange. Im Ganzen habe ich keine besonders festen Meinungen über die Leute, die als Versuchspersonen zu den Experimenten kommen."

Feindlich: ,,Ich treffe mich nicht besonders gerne mit den Versuchspersonen, die an diesen Experimenten teilnehmen. Ich finde sie oft ziemlich langweilig und finde es schwierig, mich mit ihnen zu beschäftigen. Bitte halten Sie sich nachher nicht zu lange auf, um über die Experimente zu reden. Einige Leute, die als Versuchspersonen kamen, sind wirklich ziemlich unangenehm."

In dem eigentlichen Experiment wurden die nonverbalen und die verbalen Signale in allen neun Kombinationen miteinander verbunden, z.B. freundlich (nonverbal), neutral (verbal) usw.. Die Darsteller sprachen die verbale Botschaft in den nonverbalen Stilen. Diese Darstellungen wurden dann von neuen Versuchspersonen beurteilt. Die statistische Analyse zeigte, daß die nonverbalen Signale bei den Schlußbeurteilungen ungefähr fünfmal so starke Wirkung hatten wie die verbalen. Wenn beide miteinander in Konflikt standen, wurden die verbalen Botschaften weitgehend ignoriert. Mit Signalen für überlegen-unterlegen (Dominanz-Unterwürfigkeit), sowie auch bei Untersuchungen anderer Forscher, wurden ganz ähnliche Ergebnisse erbracht.

Wir stellten fest, daß widersprüchliche Signale in sich selbst eine spezielle Qualität haben: eine in feindseligem Ton gesprochene freundliche Botschaft wurde als unaufrichtig angesehen, während eine in freundlichem Ton gesprochene feindliche Botschaft als verwirrend betrachtet wurde. Solche widersprüchlichen Signale wurden auch als komisch empfunden, besondes überlegene und feindselige Vehaltensweisen, kombiniert mit ihnen widersprechenden Botschaften. Sarkasmus ist ein anderes Beispiel: eine angenehme Botschaft wird in einem feindseligen Ton gesprochen; dabei überwiegt wiederum die nonverbale Komponente die verbale, indem in diesem Falle jedoch gezeigt wird, daß das Gegenteil der verbalen Botschaft indirekt ausgesagt werden soll.

Weitz (1972) fand in dem Verhalten von Weißen gegenüber Schwarzen ein sehr interessantes Beispiel für einen Konflikt zwischen verbalen und nonverbalen Äußerungen: Zwischen dem Tonfall (beurteilt als Wärme und Bewunderung) und den verbal ausgedrückten freundlichen Einstellungen gegenüber einer schwarzen Versuchsperson zeigte sich eine negative Einstellung; es bestanden negative Korrelationen zwischen dem Tonfall und den verhaltensmäßigen Zeichen von Freundschaft, wie etwa der gewählten Nähe und der Intimität des gemeinsamen Gesprächsgegenstandes. Der freundlichste Tonfall wurde von solchen Versuchspersonen benutzt, deren Einstellungen nur wenig freundlich waren. Wer übertrieben freundliche Einstellungen ausdrückte, verdeckte dabei wahrscheinlich eine grundlegende Feindschaft, die sich aber in dem Tonfall verriet.

Bugental und *Kollegen* (1970) haben in einem ähnlichen Experiment festgestellt, daß Tonfall und verbaler Inhalt sich nicht addierten, sondern daß eine positive Botschaft in dem einen Kanal ihre Bedeutung verlor, wenn der andere negativ war. Allerdings hatte der Gesichtsausdruck eine stärkere Wirkung als der Tonfall oder die sprachlichen Inhalte. Und im Gegensatz zu dem, was wir herausgefunden haben, betrachteten Kinder (nicht Erwachsene) einen von einer Frau vorgetragenen negativen Text auch dann als negativ, wenn er von einem positiven Ausdruck in Gesicht und Stimme begleitet war.

Bei dem gegenwärtigen Stand der Forschung ist es noch nicht möglich, Maßeinheiten zur quantitativen Messung zu entwickeln, wieviel Gewicht jedem nonverbalen Signal gegeben wird. Jedenfalls scheint dem Körperkontakt am meisten Gewicht beigemessen zu werden, sodann dem Gesichtsausdruck und dem Tonfall; es folgt die Körperhaltung, und die Orientierung ist vermutlich schwächer. Einige der wichtigsten Ergebnisse der Experimente bezüglich des Dekodierens wurden in der Tabelle auf S. 120 aufgeführt.

Bei diesen Ergebnissen zeigen sich aber doch einige Schwierigkeiten. Zum Beispiel sind die Auswirkungen der Orientierung sehr stark von der Situation abhängig. In experimentellen Situationen zeigt eine direktere Orientierung eine positivere Einstellung an; wenn zwei Leute an einem Tisch sitzen, wird eine solche Orientierung als feindliche oder als konkurrierende Haltung angesehen, und ein Nebeneinandersitzen als kooperierende Haltung; zwei enge Freunde werden beim Essen gegenübersitzen, aber beim Trinken oder Plaudern nebeneinander.

Dabei gibt es einige interessante geschlechtsspezifische Unterschiede. Frauen nehmen gegenüber Männern, die sie gern mögen, und gegenüber Männern von höherem Status eine Haltung mit offenen Armen und Beinen an. Männliche Versuchspersonen haben gegenüber einem Mann, den sie gar nicht mögen, eine weniger entspannte Haltung angenommen, jedoch bei einer direkteren Orientierung und mit mehr Blickkontakt, als Frauen es täten, was eine größere Aufmerksamkeit im Hinblick auf eine physische Bedrohung vermuten läßt. Ähnliche Ergebnisse wurden von Mark *Cook* (1970) in Oxford erzielt. Er stellte fest, daß eine stark positive

Einstellung, wie z.B. gegenüber einer nahe befreundeten Person des anderen Geschlechts, durch körperlich Nähe Seite an Seite ausgedrückt wird. Eine sehr negative Einstellung zu einer Person gleichen Geschlechts bei einem Streitgespräch wird durch Nähe bei direkter Gegenüberstellung ausgedrückt. Ferner muß man anscheinend bei einer feindlichen oder einer Konkurrenz-Beziehung ein Auge auf den anderen halten, wenn auch bei weniger intensiven Beziehungen der Blickkontakt geringer ist. Das ist also ein Beispiel, wie zwei Signale in verschiedenen Kombinationen jeweils spezifische Bedeutungen erzeugen: Der Grad der Intimität wird durch eine jeweils spezifische Kombination von Orientierung und Nähe signalisiert.

Wie genau werden interpersonale Einstellungen wahrgenommen, und wie genau kann man täuschende Signale durchschauen? *Tagiuiri* (1958) stellte fest, daß Gruppenmitglieder ziemlich genau sagen konnten, wer sie anerkennen würde; nur 4 Prozent der Wahlen wurden als Ablehnung angesehen. Jedoch betrachteten sie 9 Prozent der Ablehnungen als Anerkennung. Eine Ablehnung wird nicht so genau wahrgenommen, weil sie häufig verdeckt wird und täuschende Signale ausgesendet werden. Eine Einstellung kann nur dann richtig wahrgenommen werden, wenn man auf die weniger augenfälligen und weniger gut kontrollierten Signale achtet, wie z.B. bei negativen Gefühlen (vgl. S. 113). So kann etwa auch Dominanz falsch eingeschätzt werden: *Burns* (1954) stellte fest, daß taktvoll mitgeteilte Anordnungen eines Vorgesetzten von dem Empfänger als eine Information oder als ein Ratschlag verstanden wurden. Der überredend-demokratische Stil, unbesehen aller seiner Vorteile, kann doch recht irreführend sein für Leute, die daran nicht gewöhnt sind. Schmeichelei ist ein anderes interessantes Beispiel. Ein Schmeichler macht einem Menschen Komplimente, äußert ihm Zustimmung und Lob, verbal oder nonverbal, in einer irreführenden Weise, mit dem Zweck, seine Gunst zu erlangen. Luc *Lefebvre* (1975) in Leuven hat festgestellt, daß Körpersignale wie Lächeln von Schmeichlern benutzt werden, daß die Zielpersonen aber nicht realisieren, daß es sich dabei um täuschende und strategische Signale handelt. E. E . *Jones* (1964) hat in Experimenten gezeigt, daß dabei ziemlich raffinierte Formen von Schmeichelei benutzt werden - sonst würde eine solche Taktik ja nicht wirken; vermutlich werden nonverbale Signale oft deshalb verwendet, weil verbale Signale zu deutlich wären und anderen zu sehr bewußt machen würden, was dabei abläuft.

Wenn sich zwei oder mehr Leute treffen und eine Beziehung entwickeln, dann vollzieht sich das mittels Körpersignalen in *Versuch und Irrtum.* Ein solcher Vorgang ist einer Gruppendiskussion ähnlich, nur daß dabei Anregungen in nonverbalen Entsprechungen zu ,,ich denke, ich sollte die Führung übernehmen'', oder ,,ich denke, wir werden Freunde'' geäußert werden. Solche nonverbalen Anregungen haben eher einen Versuchscharakter, sie werden kaum bewußt wahrgenommen und sind leicht zurückzunehmen. Ein Beispiel wäre ein Mann, der sich selbst als Sprecher der Geschworenen wählt, indem er sich an dem Tisch in die Mitte setzt und eine Körperhaltung wie ein solcher Sprecher annimmt. Ein anderes Beispiel wäre, wenn jemand allmählich mehr und mehr Redezeit in Anspruch nimmt, indem er dabei subtile Synchronisationssignale verwendet.

So wie manche Leute keine besonders guten Fähigkeiten haben, diese interpersonalen Signale auszusenden, so können andere sie nicht gut entschlüsseln. Doch scheint zwischen diesen beiden Fähigkeiten nur eine geringe Beziehung zu bestehen: jemand kann ein guter Enkoder und dabei ein schlechter Dekoder sein. Schizophrene sind besonders unfähig, nonverbale Signale zu verstehen. Ederyn *Williams* (1972) hat in Oxford mit dem auf S. 124f beschriebenen experimentellen Verfahren festgestellt, daß sie viel stärker auf verbale Signale reagieren. Andererseits sind Neurotiker extrem empfindlich, allerdings besonders auf Signale für Ablehnung. Selbsterfahrungsgruppen und andere Übungsverfahren verfolgen das Ziel, die Sensibilität für soziale Phänomene zu erweitern. Männer sind weniger sensibel als Frauen, insbesondere Männer in technischen, sachorientierten Berufen, - was vermuten läßt, daß in diesem Bereich einiges zu verbessern ist. Andererseits liegt möglicherweise in einer Überbelastung mit sozialen Informationen eine Gefahr, insofern damit der soziale Vollzug behindert werden könnte.

Wir können nun die Frage beantworten, warum für interpersonale Einstellungen bei der Bevorzugung von verbalen Signalen überhaupt Körpersignale verwendet werden. Diese Signale und die damit verbundenen Körperstrukturen gab es schon, bevor die Sprache entwickelt wurde, und die Sprache scheint sich hauptsächlich für andere Zwecke entwickelt zu haben. Während zwar auch Worte die Einstellungen zu anderen Menschen zum Ausdruck bringen *können*, haben Körpersignale doch bestimmte eindeutige Vorteile: erstens sind sie stärker und haben eine unmittelbarere Wirkung; zweitens können negative Signale verwendet werden, ohne daß sie voll bewußt wahrgenommen werden; drittens können Signale, durch die Beziehungen zustandekommen, auf subtile

Weise, andererseits ohne volle Bewußtheit angewandt werden, und sie können leicht zurückgenommen werden.

Weiterführende Literatur

Argyle, M. (1969) Social Interaction, London: Methuen; dt.: Soziale Interaktion, Köln 1972.

Mehrabian, A. (1972) Nonverbal Communication, Chicago: Aldine-Atherton.

Zitierte Literatur

Argyle, M. and Dean, J. (1965) Eye-contact, distance and affiliation, Sociometry 28: 289-304.

Argyle, M., Alkema, F. and Gilmour, R. (1972) The communication of friendly and hostile attitudes by verbal and non-verbal signals, European Journal of Social Psychology I: 385-402.

Blurton-Jones, N. G. (1972) Non-verbal Communication in children, in: R. Hinde (ed.), Non-Verbal Communication, Cambridge: Royal Society and Cambridge University Press.

Bugental, D. E., Kaswan, J. W., and Love, L. R. (1970) Perception of contradictory meanings conveyed by verbal and nonverbal channels, Journal of Personality and Social Psychology 16: 647-55.

Burns, T. (1954) The directions of activity and communication in a departmental executive group: a quantitative study in a British engineering factory with a self-recording technique, Human Relations 7: 73-97.

Cook, M. (1970) Experiments on orientation and proxemics, Human Relations 23: 61-76.

Jones, E. E. (1964) Ingratiation: a Social Psychological Analysis, New York: Appleton-Century-Crofts.

Lefebvre, L. (1975) Bystanders' evaluations of different sorts of illicit and attractive ingratiation overtures, British Journal of Social and Clinical Psychology 14: 33-42.

Mehrabian, A. (1968) The inference of attitudes from the posture, orientation, and distance of a communicator, Journal of Consulting and Clinical Psychology 32: 296-308.

Scheflen, A. E. and Scheflen, A. (1972) Body Language and the Social Order, Englewood Cliffs, N. J.: Prentice-Hall.

Tagiuiri, R. (1958) Social preference and its perception, in: R. Tagiuiri and L. Petrullo (eds.), Person Perception and Interpersonal Behavior, Stanford, Calif.: Stanford University Press.

Weitz, S. (1972) Attitude, voice, and behavior, Journal of Personality and Social Psychology 24: 14-21.

Williams, E. (1972) The Social Behaviour of Schizophrenic Patients, Oxford D. Phil thesis.

7 Mitteilungen über die Persönlichkeit

a) Nonverbale Signale, die auf die Persönlichkeit hinweisen

Einige Aspekte der tierischen Kommunikation sind dazu bestimmt, Informationen über den Sender zu übermitteln. Ein Vogelruf zum Beispiel wird eine Information über die Spezies des Senders enthalten, seine Gruppe wird durch seinen „Dialekt" angezeigt (durch die Weise, wie der Gesang der Spezies ausgeführt wird), während er durch seinen Tonfall als Individuum von einigen tausend anderen Vögeln unterschieden werden kann. Tiere können durch Vokalisierungen und durch andere Signale ihr Alter, Geschlecht und ihren sozialen Status aufzeigen. Es ist natürlich wichtig, einige der wesentlichsten Eigenschaften eines anderen Tieres schnell zu erfassen, damit das Tier weiß, wie es sich ihm gegenüber zu verhalten hat. Während zwar Tiere oft spezielle Signale aussenden, die diese Funktion haben, so kann man aber doch nicht sagen, einzelne Tiere hätten die Absicht, solche Informationen zu senden; sondern das ist vielmehr nur ein Bestandteil des Kommunikationssystems, das sich im Laufe der Evolution herausgebildet hat. Einige Informationen über Individuen benötigen keine speziellen Signale; Informationen über die Spezies, Alter, Geschlecht und Größe usw. werden visuell mittels vieler spezieller Signale übermittelt.

In ähnlicher Weise werden bei Menschen Informationen übermittelt: Informationen über Rasse, Alter, Geschlecht werden hier unwillkürlich gegeben. Zusätzlich aber werden Signale auch gezielt manipuliert, zum Beispiel zur „Selbstdarstellung": die Vorstellungen, die der Sender über sich selbst hat, werden in Körpersignale verwandelt, welche andere dekodieren müssen. Die Manipulation von Signalen betrifft auch in gewissem Maße die Kontrolle über scheinbar festgelegte und unwillkürliche Signale für Alter, Körperbau, ja selbst für Rasse und Geschlecht. Obwohl dergleichen schwer durchzuführen ist und obwohl es natürlich Grenzen dafür gibt, was man überhaupt tun kann, so erreichen es trotzdem manche Leute in einem erstaunlichen Maße. mit verschiedenen Methoden, einschließlich chirurgischer Eingriffe, ihre Stimme oder ihre äußere Erscheinung zu verändern. Menschen benötigen ebenso wie Tiere gegenseitig Informationen übereinander. Jedoch haben wir dafür noch zusätzliche Motive: indem wir bei anderen einen günstigen Eindruck erwecken, können wir materielle Vorteile erlangen, ein befriedigendes positives Selbstbild aufrechterhalten und - eine ,,sich selbst erfüllende Prophezeiung" (*self-fulfilling prophecy*) - in vielen sozialen Situationen einen größeren Erfolg haben; Lehrer können ihren Schülern mehr beibringen, Psychiater können ihre Patienten schneller zur Genesung bringen, sofern sie als kompetent angesehen werden.

Persönlichkeit kann man interpretieren als ein Enkodieren und Dekodieren von im wesentlichen nonverbalen Signalen. Aber welche Botschaft wird dabei ausgesendet? Unabsichtliche Signale übermitteln alle möglichen Informationen über den Körper, die Rollen und die Persönlichkeit des Senders; sie werden dann von anderen Leuten dekodiert, je nachdem welche kognitiven Dimensionen oder Kategorien sie verwenden. Bei den manipulierten Signalen liegt die Information darin, wie der Sender sich selbst versteht und wie er wünscht, daß andere, im allgemeinen oder in besonderen Bereichen, ihn sehen. Die Situation wird dadurch komplizierter, daß in diesem Bereich ganz verschiedene kognitive Konstrukte verwendet werden - die Menschen klassifizieren sich gegenseitig in sehr vielfältigen Dimensionen, die sich teilweise aus der jeweiligen Kultur herleiten, teilweise individuell entwickelt wurden. In England und in den USA sind vor allem drei Arten von Konstrukten allgemein üblich: (1) Körperliche Merkmale wie Größe, Hautfarbe, Haartracht usw.; sehr wichtig in diesem Bereich ist vielleicht eine daraus zu folgernde Dimension: körperliche Attraktivität. (2) Welche Rollen jemand spielt und welche gesellschaftliche Position er innehat, wie Alter, Geschlecht, Rasse, Gesellschaftsschicht, Beruf, Religion und sonstige Gruppenzugehörigkeiten. (3) Persönlichkeitszüge, wie Extraversion - Introversion, neurotisches Verhalten, Dominanz. Hierbei zeigen sich erhebliche Unterschiede, welche und auch wie viele Dimensionen jemand verwendet.

Zugegebenermaßen liegt in diesem Bereich zur Zeit noch ein schwerwiegendes ungelöstes Problem. Die Psychologen haben bisher Persönlichkeit im Sinne von Wesenszügen verstanden, wie Extraversion oder Dominanz. Jedoch ist deutlich geworden, daß besondes im Feld des Sozialverhaltens dasselbe Individuum in verschiedenen Situationen ganz unterschiedliche Verhaltensstile an den Tag legt und daß Persönlichkeitstests dieses Verhalten nicht sehr gut vorhersagen können (*Mischel,* 1969).

Es besteht kaum Zweifel, daß die Lösung in der Ermittlung von festen zugrundeliegenden persönlichen Eigenschaften liegt, aus denen ein Verhalten in verschiedenartigen Situationen vorhergesagt werden kann. Beispiele solcher festen Merkmale sind: Fähigkeiten, Einstellungen und sonstige kognitive Strukturen, Alter, Geschlecht und sonstige demographische Variablen, Motivationen, geistiger Gesundheitszustand, Körperbau und andere physiologische Faktoren, und das Selbstbild. Das Verhalten entsteht in dem Zusammenwirken dieser persönlichen Eigenschaften mit den jeweiligen Situationsmerkmalen (vgl. *Argyle,* 1976). Zum Beispiel kann in dem Zusammenwirken einer grundlegenden Charaktereigenschaft von Ängstlichkeit mit Streßsituationen wirkliche Angst entstehen.

Die Forschung hat sich ausgiebig damit beschäftigt, herauszufinden, ob ein Verhalten am besten aus der „Persönlichkeit", aus der Situation oder aus einer Kombination von beidem voraussagbar sei. Jedenfalls wird nun allgemein angenommen, daß man sich solche Situationen aussucht, die einem passen (*Bower,* 1973), und daß es einem oft gelingt, sie durch ein Aushandeln mit den anderen anwesenden Personen zu verändern. Somit wird Persönlichkeit teilweise in den Situationen, in denen eine Person sich befindet, enkodiert.

Persönlichkeitsmerkmale erzeugen unmittelbar und unwillkürlich und ohne jede Mitteilungsabsicht nonverbale Signale, z.B. ein nervöser Mensch zittert und schwitzt, oder Leute aus verschiedenen Regionen oder Gesellschaftsschichten sprechen mit einem jeweils spezifischen Akzent. Jedoch selbst diese nonverbalen Signale werden kontrolliert und modifiziert: manche Leute können dieselben Signale gezielt einsetzen, um bestimmte Merkmale hervorzuheben oder um eine verbesserte Version ihrerselbst zu präsentieren.

Welche Signale werden zur Selbstdarstellung verwandt? Die körperliche Erscheinungsweise ist dabei von großer Bedeutung: Kleidung, Haartracht, Gesicht, Körperbau usw. Der Akzent ist ein weiterer spezifischer Hinweis, ein Hinweis auf Gruppenzugehörigkeit. Ein allgemeiner Verhaltensstil dient als Hinweis auf die Persönlichkeit. Auch Wörter werden dazu verwendet, jedoch in England und in einigen anderen Kulturen besteht so etwas wie ein Tabu bezüglich verbaler Selbstdarstellung, besonders bei Verdiensten und besonderen Leistungen, außer auf eine sehr indirekte

Weise, so daß man genötigt ist, sich dazu nonverbaler Mitteilungsformen zu bedienen.

Bei der Untersuchung des Enkodierens von Persönlichkeit müssen wir damit beginnen, was überhaupt enkodiert werden kann. Bezüglich der willkürlichen Aspekte des Enkodierens ist dies das Selbstbild (*self-image*). Man kategorisiert andere Leute in der einen oder anderen Weise, damit man weiß, wie man sich ihnen gegenüber zu verhalten habe; wenn sich jemand beständig in einer bestimmten Weise kategorisiert und behandelt sieht, entwickelt er ein Selbstbild. Je nachdem, wie weit andere ihn mit Anerkennung und Respekt behandeln, wird er sich in gewissem Maße eine Selbstachtung aneignen.

Das Selbstbild bzw. die „Ich-Identität" bezieht sich darauf, wie ein Mensch sich selbst versteht. Vielleicht wird er sich seines Selbstbildes nur dann bewußt, wenn ihm von Psychologen besondere Fragen gestellt werden oder wenn andere auf ihn in einer Weise reagieren, die in scharfem Widerspruch zu seinem Selbstbild steht, zum Beispiel so, als würde er zu einer anderen Gesellschaftsschicht gehören. Der Persönlichkeitskern besteht gewöhnlich aus seinem Namen, seinen Körpergefühlen, seinem körperlichen Gesamteindruck, Geschlecht und Alter. Für einen Mann ist der Beruf von zentraler Bedeutung - außer wenn er unter einer Entfremdung durch den Beruf leidet. Für eine Frau werden auch ihre Familie und der Beruf ihres Ehemanns wichtig sein. Der Kern wird auch andere besonders hervorstechende Eigenschaften enthalten, wie etwa die Gesellschaftsschicht, die Religion, besondere hervorragende Leistungen und sonstige Dinge, die einen Menschen von anderen unterscheiden. Das Selbstbild enthält somit ein Körper-Image, eine Reihe von Rollen und Vorstellungen über Charakterzüge bzw. Persönlichkeitsmerkmale - das sind die drei Bereiche, die wir früher bereits unterschieden haben. Über die Ursprünge und die Struktur des Selbstbildes ist einiges bekannt. Eine der interessantesten Phasen ist die Entwicklung einer Ich-Identität während der späten Adoleszenz, was zuerst von *Erikson* (1956) beschrieben und später von anderen bestätigt wurde. In dieser Zeit besteht ein verstärkter Zwang, ein konsistentes Selbstbild zu erlangen; das hat zur Folge, daß junge Leute verstärkt auf die Reaktionen anderer ansprechen, sich ihres Selbstbildes bewußt werden und vielleicht eher dazu geneigt sind, es in Worten auszudrücken.

Wie führt das Selbstbild zur Selbstdarstellung? Wie *Goffman* (1956) dargelegt hat, benötigen Leute, die miteinander umgehen, Informationen über die Eigenschaften des anderen, um zu wissen, wie sie sich gegenseitig zu behandeln haben. Es ist schwierig, beispielsweise die Intelligenz oder die Gesellschaftsschicht unmittelbar zu erfassen, und deshalb stützt man sich dazu auf Gesten, d.h. auf Signale, die oft mit solchen Eigenschaften verbunden sind, so wie der Akzent mit der Gesellschaftsschicht. Mit solchen Signalen kann man daher auch Informationen über sich selbst aussenden, die nicht ganz richtig sind - um eine bessere Version seinerselbst vorzuführen. *Goffman* meint, daß Leute bei der Interaktion einen Konsensus über die wechselseitigen Vorstellungen voneinander erarbeiten würden; Selbstdarstellung sei gleichsam ein Theaterspiel, bei welchem eine ,,Kollusion" zwischen den Mitgliedern einer Gruppe bestehe, wenn beispielsweise eine Familie Gäste empfange, was ja in den vorderen Räumen der Wohnung, also z.B. im Salon, geschehe. Bei solcher Selbstdarstellung wird auch eine ,,Rollendistanz" zum Ausdruck gebracht, womit gezeigt werden soll, daß der Betreffende eine besondere Art von Kellner oder Psychologe sei, daß mehr zu ihm gehöre als nur seine Rolle. Wenn er ein Spion oder ein Krimineller ist, wird er den Eindruck einer ,,normalen Erscheinung" erzeugen, indem er sich entsprechend seiner Deckidentität verhält und keine Verwirrung verursacht.

Das Selbst ist nicht immer aktiv, man signalisiert nicht ständig etwas über sich selbst. Das geschieht nur in solchen Situationen, die *Goffman* einen ,,Bühnenauftritt" (*on-stage*) nannte: zum Beispiel, wenn man tatsächlich vor einer Zuhörerschaft erscheint; wenn man als Arzt oder als Verkäufer seinen Beruf ausübt; wenn man von anderen bewertet wird, z.B. bei einem Einstellungsinterview oder einem mündlichen Examen; wenn eine junge Frau von einem jungen Mann begleitet wird; wenn man mit einem älteren oder ranghöheren Menschen zusammen ist; wenn man unterschiedlich gekleidet oder sonstwie herausgehoben ist. In all diesen Situationen wird man sich befangen fühlen, da man eher der ,,Beobachtete" als der ,,Beobachter" ist, und man wird sein möglichstes tun, bestimmte Aspekte seines Selbstbildes in Erscheinung treten zu lassen. Die Selbstdarstellung ist unterschiedlich motiviert: In Berufen wie dem Lehrerberuf versucht man, als kompetent zu erscheinen, damit andere die jeweilige Beeinflussung akzeptieren. Wer sich um eine Anstellung bewirbt, möchte einen solchen Eindruck erwecken, durch den er die Einstellung erreichen wird. Wer in seiner Identität unsicher ist, sucht sie zu festigen. Manche pflegen ein Image von physischer Attraktivität oder von hohem Sozialstatus, weil ihnen die dadurch geschaffenen sozialen Beziehungen gefallen.

Persönliche Eigenschaften werden durch folgende Signale mitgeteilt: (1) Äußere Erscheinung: wir werden auf S. 313f ein Experiment beschreiben, in dem festgestellt wurde, daß Leute sich solche Kleidung aussuchen, die ihr Selbstbild am besten zum Ausdruck bringt. (2) Stil des Sozialverhaltens: es weist auf den bevorzugten Stil hin, wie oben beschrieben wurde. (3) Verbale Methoden: *Jones* (1969) stellte fest, daß schmeichlerische verbale Äußerungen gezielt eingesetzt werden, wenn jemand z.B. positive Eigenschaften in unwichtigen Bereichen beschreibt oder sich selbst in einigen Dingen verurteilt.

Man übermittelt auch Informationen über seine Intentionen und Erklärungen seines Verhaltens, um dieses möglichen Zuschauern einsichtig zu machen; *Goffman* (1971) hat das die „Erläuterung durch den Körper" (*body-gloss*) genannt. Man ist sich zweifellos dessen bewußt, wie sein Verhalten für andere aussieht, und mit zusätzlichen nonverbalen Signalen will man zeigen, daß es einen akzeptablen und vernünftigen Zweck hat, oder gelegentlich will jemand auch damit irreführen und täuschen. In diesen letzteren Fällen ist einem sein Verhalten viel stärker bewußt als bei entspannten und spontanen Verhaltensweisen.

b) Wahrnehmung von Persönlichkeit mittels nonverbaler Hinweise

Zur Erforschung der Wahrnehmung von Persönlichkeit werden Beispiele vorgeführt, wie bestimmte Personen sich darstellen und äußern, und die Betrachter werden aufgefordert, sie zu beurteilen, einzuordnen, zu klassifizieren oder sonstwie auf sie zu reagieren. Sich von einem anderen einen Eindruck zu verschaffen, hat gewöhnlich den Zweck, über dessen Verhalten eine Art von Vorhersage treffen zu können. Unter bestimmten Bedingungen sind solche Vorhersagen mehr als nur zufällig richtig, und sie können sogar ziemlich genau zutreffen. Von Personalchefs können nach Einstellungsgesprächen Vorhersagen gemacht werden, welche Bewerber eine Tätigkeit am erfolgreichsten ausüben werden; aus Gesprächen können sie wesentlich bessere Vorhersagen machen als nur aus den Personalakten. Nach auf Filmen gezeigten Personen lassen sich auch nachträgliche Aussagen über das vermutlich vorausgegangene Verhalten machen, und ziemlich gut läßt sich vorhersagen, wie jemand einen Fragebogen über sich selbst ausfüllen wird. Manche urteilen genauer als andere, und zwar dann, wenn sie den beurteilten Personen in Alter und Lebensumständen ähnlich sind;

wenn sie sie ausführlicher hatten sehen können, und wenn sie intelligent und nicht geistesgestört sind.

Wenn jemand das Verhalten eines anderen beobachtet, wird er dieses teils auf dessen besondere Persönlichkeit und seine Intentionen zurückführen, teils auf die gewöhnlichen Bedingungen der jeweiligen Situation. Attributionstheoretiker haben gezeigt, daß ein Verhalten unter folgenden Bedingungen der Persönlichkeit des Betreffenden zugeschrieben wird: wenn er von den Situationsnormen abweicht (besonders wenn sein Verhalten sozial unerwünscht ist); wenn kein starker Situationsdruck besteht und ihm mehrere Alternativen offenstehen; und wenn sein Verhalten über längere Zeit hin konsistent ist (*Kelley*, 1967). Neuere Studien haben gezeigt, daß man sein eigenes Verhalten oder das eines Freundes der Situation zuschreibt, während man bei fremden Personen meint, ihr Verhalten sei hauptsächlich auf deren Persönlichkeit zurückzuführen. Da Persönlichkeit teilweise in der Auswahl und in der Manipulation von Situationen enkodiert wird, ist wohl anzunehmen, daß man es als persönliche Charaktereigenschaft dekodiert, wenn man jemanden wiederholt in bestimmten Situationen antrifft.

Jeder hat eigene bevorzugte bzw. vorrangige Kriterien, mit denen er andere klassifiziert. Wenn die Gesellschaftsschicht oder die Intelligenz für jemanden vorrangig sind, wird er seine Aufmerksamkeit zunächst auf solche Hinweise lenken, die für diese Dimensionen relevant sind; zu Beginn einer Begegnung wird er den anderen kategorisieren und'dann einen Interaktionsstil annehmen, der der Gesellschaftsschicht oder der Intelligenz des anderen angepaßt ist. Die Anzahl solcher Kategorien, die bezüglich einer Dimension angewandt werden, ist unterschiedlich, ob man z.B. zwei oder sechs Gesellschaftsschichten annimmt. Eine alternative Strategie wäre es, andere Leute eher nach gesellschaftlichen Typen einzuteilen als nach den Dimensionen; so wie ,,Männer'' und ,,Schizophrene'', so sind auch ,,Absolventen von höheren Schulen'' und ,,Skinheads'' eher als Typen anzusehen. Die Komplexität der Klassifikationssysteme ist unterschiedlich: manche Leute verwenden acht oder mehr voneinander unabhängige Dimensionen, andere nur sehr wenige. Eine Person mit komplexen kognitiven Fähigkeiten kann erkennen, daß ein anderer intelligent aber faul, nett aber unehrlich, ein Psychologe aber geisteskrank ist. Und jemand wird die Konstrukte, mit denen er andere Leute kategorisiert, auch für seine eigene Selbstdarstellung verwenden.

Häufig wird von Forschern in diesem Bereich angenommen, daß Persönlichkeit verbal kodiert werde. Meiner Meinung nach trifft das nicht zu: wenn jemand aufgefordert wird, einen anderen zu beschreiben, eine Meinung über ihn zu äußern oder eine Empfehlung zu schreiben, dann muß er gründlich nachdenken, um dafür passende Worte zu finden. Wir haben ganz eindeutige Eindrücke voneinander, aber sie in Worte zu fassen, ist eine andere Sache. Die Aufforderung an Versuchspersonen, Leute mittels Sieben-Punkte-Skalen zu beurteilen, zum Beispiel

introvertiert —————— extravertiert

wie es allgemein üblich ist, mag dabei eine unsachgemäße Methode sein.

Eine Möglichkeit, die nonverbalen Eindrücke von Persönlichkeit zu untersuchen, ist die *Matching-Methode*, wobei Versuchspersonen Gesichtsausdrücke einem Tonfall zuordnen sollen, oder die *Rep-Grid-Methode**, wobei jemand entscheiden soll, welche zwei von drei Leuten sich sehr ähneln, und *dann* mit Worten beschreiben soll, inwiefern sich die dritte Person unterscheidet. Leider hat die Forschung, auf die wir in diesem Kapitel zurückgreifen, weithin verbale Methoden verwendet.

Es hängt auch von der Situation ab, wie jemand wahrgenommen wird. Ein Lehrer interessiert sich eher dafür, welche Fähigkeiten ein Schüler hat und wie viel er arbeitet, als für dessen politische oder religiöse Einstellungen; bei einem Sozialforscher wird das Gegenteil der Fall sein. In vielen Situationen (an öffentlichen Orten, in einem Laden) sind nur sehr wenige Informationen übereinander erforderlich. Viele Berufstätige entwickeln spezielle Sachkenntnisse: Friseure achten auf die Haartracht, Schneider auf die Kleidung. Bei rein gesellschaftlichen Kontakten ist es sehr wichtig, welche Dimensionen für einen Beobachter vorrangig sind.

Man bildet sich Eindrücke von anderen Leuten, man sieht sie als konsistent und in sich einheitlich und bezeichnet sie als ,,introvertiert'', ,,glücklich'', ,,nicht intelligent'' und dergleichen. Heute sind viele Psychologen der Ansicht, daß dies eine weitverbreitete Täuschung sei, da jeder viele verschiedene Verhaltensweisen an den Tag legt; manchmal ist man introvertiert, manchmal extravertiert, manchmal dominant, manchmal unterwürfig. Der täuschende Eindruck, andere Leute seien konsistent, kommt dadurch zustande, daß sie gewöhnlich in derselben Rolle und Situation gesehen werden, und sodann dadurch, daß der Beobachter ja selbst gewöhnlich dabei ist und ein sich wiederholendes Interaktionsmuster hervorruft. Der Chef sieht seine Untergebenen nicht, wenn sie

---

* Role-construct-repertory test; siehe *G. A. Kelly*, 1955 (Anm. d. Übers.)

zuhause sich entspannen, und die Frau sieht ihren Ehemann nicht, wenn er mit seinem Chef alleine ist.

Wie weit kann eine täuschende Selbstdarstellung von einem Beobachter richtig dekodiert werden? Es ist weithin bekannt, daß oft versucht wird, sich in vorteilhafter Weise darzustellen (z.B. man gehöre einer höheren Gesellschaftsschicht an, sei intelligenter oder tugendhafter, als man wirklich ist), und daß Eigenschaften wie Homosexualität, Drogenabhängigkeit oder Geistesgestörtheit wahrscheinlich verborgen werden. Personalchefs und Vorsitzende in Organisationen kennen das alles gewöhnlich gut, und sie werden Schmeichelei als das, was sie ist, erkennen. Interviewer werden hartnäckig weitere Fragen stellen, um ein genaueres Bild zu bekommen. Im täglichen Leben legt man ein Bild von sich selbst an den Tag, das dem, was einer gerne wäre, ähnlicher ist als dem, was er wirklich ist. Wenn dieses Bild von anderen Leuten akzeptiert wird, dann wird der Betreffende sein Selbstbild und in manchen Fällen auch sein wirkliches Verhalten ändern. Er wird zum Beispiel vielleicht tatsächlich einen Wechsel der Gesellschaftsschicht erleben, und manche Schwarze mögen als Weiße ,,angesehen'' werden. In manchen Berufen, z.B. bei Leichenbestattern und Ärzten, ist es üblich, die Klienten absichtlich in deren eigenem Interesse zu täuschen, und die letzteren wissen das zum Teil auch, und sie lassen sich gerne täuschen. Bei der Wahrnehmung von irreführender Selbstdarstellung sind zwei getrennte Prozesse beteiligt: erstens die unmittelbare Wahrnehmung der nonverbalen Signale, zweitens die kognitive Überlegung, ob sie echt sind oder durch sonstige Besonderheiten der Situation entstanden sind. Zum Beispiel werden schmeichlerische Untergebene wahrscheinlich eher als schmeichlerische Vorgesetzte als solche angesehen. Andererseits ist es schwer, die Wirkung der nonverbalen Signale zu zerstreuen; wir haben gesehen, daß bei einem Konflikt zwischen verbalen und nonverbalen Hinweisen die nonverbalen sich durchsetzen.

c) Das Mitteilen von Rollen und Gruppenzugehörigkeit

Körpergröße, Figur, Hautfarbe sowie die Beschaffenheit des Haares und der Haut sind weithin auf Alter, Geschlecht und Rasse, auf angeborene Eigenschaften sowie auf den Gesundheitszustand und den Lebensstil zurückzuführen. Kleidung, Stimme und andere Aspekte des Verhaltens sind durch Nationalität, regionalen Hintergrund und die Gesellschaftsschicht beeinflußt. Viele Aspekte des Verhaltens variieren mit beruflichen und anderen Rollen. Sie sind nicht in erster Linie Beispiele von Kommunikation.

Drei sehr wichtige Rollen werden hauptsächlich durch unwillkürliche Körpersignale zum Ausdruck gebracht: Alter, Geschlecht und Rasse. Diese Signale können jedoch in einem gewissen Maße durch Kleidung und Kosmetik modifiziert werden, ja es ist sogar möglich, die Erscheinung von Alter und Geschlecht drastisch zu verändern, wie beispielsweise im Theater.

Manche Rollen müssen deutlich zum Ausdruck gebracht werden, um angemessene Interaktionsmuster zu begründen: in einem Krankenhaus muß man deutlich machen, ob man ein Patient, ein Besucher, eine Krankenschwester oder ein Arzt ist, was hauptsächlich durch die Uniformen geschieht. Informationen über die Rollen werden auch deswegen mitgeteilt, weil sie ein wichtiger Bestandteil des Selbstbildes sind; man gehört zu einer bestimmten Gesellschaftsschicht oder Bevölkerungsgruppe, und dementsprechend will man wahrgenommen und behandelt werden.

Folgende Rollen sind häufig für das Selbstbild von Bedeutung:
Alter, Geschlecht und Rasse
Gesellschaftsschicht, Rangstufe
Beruf
Schul- oder Hochschulabschluß
Nationalität, regionale Herkunft
religiöse bzw. konfessionelle Zugehörigkeit
Familienbindungen.

Zur Mitteilung von Rollen werden mehrere Signale verwendet: (1) Die physische Erscheinung ist wahrscheinlich am wichtigsten: Kleidung, Abzeichen, Haartracht. (2) In manchen Situationen spielen Leute wirklich die Rolle eines Lehrers, eines Arztes oder eines Sekretärs. (3) Ein Verhaltensstil kann eine Rolle andeuten, wie auch den Sozialstatus. (4) Auch verbale Kommunikation kann dazu dienen, etwa ,,reden als Psychologe'', oder ,,als ich in Cambridge war''. (5) Auch der Akzent ist ein wichtiger Hinweis auf die Gesellschaftsschicht, die Nationalität, den Landstrich und auf manche berufliche Rollen.

Alter, Geschlecht und Rasse werden aus verschiedenen nonverbalen Hinweisen auf den ersten Blick wahrgenommen. Nur in seltenen Fällen ist eine genauere Prüfung erforderlich, wenn die wichtigsten Hinweise fehlen. Zum Beispiel mag es schwierig sein, bei Afrikanern das Alter zu erfassen, da die normalen Hinweise durch die Beschaffenheit von Haut und Haar nicht verwendbar sind. Oder bei jungen Leuten mit langen Haaren und Unisex-Kleidung kann man das Geschlecht nur schwer erkennen. - Die nächste Stufe des Dekodierens ist die Anwendung von ,,Stereotypen'' bezüglich der vermutlich typischen Eigenschaften von verschiedenen rassischen oder sonstigen Gruppen. Obwohl die Anwendung von Stereotypen bei den Psychologen gewöhnlich in Verruf steht, so enthalten sie doch häufig nützliche Informationen. Schließlich gibt es zwischen Kindern, Jugendlichen, Erwachsenen und alten Menschen wirkliche Unterschiede, und durch die Erfahrung lernt man, worin sie bestehen. Stereotypen können in zweifacher Hinsicht irreführend sein: sie können falsch sein, wie es nationale Stereotypen oft sind, oder einzelne Individuen stimmen nicht mit ihnen überein, selbst wenn sie statistisch zutreffend sind. - Die letzte Stufe des Dekodierens ist die verhaltensmäßige Antwort in den Kategorien der jeweiligen Rolle. Die soziale Struktur schreibt bestimmte Beziehungsmuster vor, also z.B. bei unterschiedlichem Alter und Geschlecht, und zusätzlich dazu entwickelt jeder Einzelne seine eigenen charakteristischen Verhaltensmuster gegenüber jeder Kategorie von Menschen.

Eine weitere wichtige Rolle ist der Beruf - besonders Männer werden hauptsächlich nach ihren Berufen klassifiziert. Wiederum gibt es genaue Stereotypen über die Charaktereigenschaften von Ärzten, Geistlichen oder Bergarbeitern, und diese Stereotypen enthalten viele zutreffende ebenso wie auch manche unzutreffende Informationen. Die verhaltensmäßige Antwort kann sich direkt auf die Rolle beziehen, wenn der andere in seiner Rolle fungiert, z.B. als Arzt oder als Lehrer.

Die Gesellschaftsschicht ist eine sehr wichtige Rolle, die allerdings zum Teil auf dem beruflichen Status basiert. Mary *Sissons* (1970) stellte fest, daß die Gesellschaftsschicht ziemlich genau wahrgenommen werden kann und daß in England die dafür brauchbarsten Hinweise die äußere Erscheinung, besonders die Kleidung, und der Akzent sind. Das Antwortverhalten gegenüber der Gesellschaftsschicht eines anderen ist von den allgemeinen Beziehungsformen in einer Gesellschaft abhängig sowie davon, wie weit der Einzelne die gesellschaftliche Hierarchie anerkennt. Ein autoritärer, konservativer Mensch ist ehrerbietig gegenüber Leuten von höherer und herablassend gegenüber solchen von niederer Gesellschaftsschicht, während jemand mit einer anders gearteten Persönlichkeit sein Verhalten viel weniger abändert.

d) Persönlichkeitsmerkmale

Persönlichkeitsmerkmale beeinflussen in verschiedener Weise die nonverbale Kommunikation, und man kann sie deshalb auch als eine Informationsquelle ansehen, selbst wenn keine Mitteilungsabsicht besteht.

Körperstrukturen

Körpergröße und Figur, die Struktur des Gesichts und charakteristische Eigenschaften der Stimme sind keine enkodierten Signale. Trotzdem können sie Bedeutungen haben, da manche Größen und Figuren bevorzugt werden oder da man meint, sie seien mit einem bestimmten Verhalten verbunden. Der Körperbau kann in begrenztem Maße das Ergebnis eines Lebensstils sein, wie etwa bei Fettleibigkeit oder einem muskulösen Körperbau, und eben das wird zu der Bedeutung des Körperbaus beitragen. Es gibt auch Korrelationen zwischen Körperbau und Persönlichkeit (vgl. S. 315), und so wird auch das zu dessen Bedeutung gehören, sowohl für einen selbst als auch für andere.

Temperament

Der für einen Menschen typische Grad von Erregung, Ängstlichkeit, Niedergeschlagenheit oder anderen Gefühlszuständen ist in verschiedenen Situationen unterschiedlich, im Unterschied zum Körperbau, obgleich man auch darin eine gewisse Konsistenz an den Tag legt. Gefühle beeinflussen den Gesichtsausdruck, den Tonfall und andere nonverbale Signale, und sie können sogar strukturelle Veränderungen (sorgenvolle Ängstlichkeit beeinflußt die Gesichtszüge) und auch psychosomatische Symptome entstehen lassen.

Persönlichkeitszüge

Bestimmte, in der psychologischen Forschung gut begründete Persönlichkeitszüge beeinflussen das Verhalten in vielen Situationen: Intelligenz und andere Fähigkeiten, Neurosen und Introversion bzw. Extraversion. Jedoch ist die Beziehung zwischen diesen Persönlichkeitszügen und der sozialen Performanz nur gering, mit Korrelationen in der Höhe von 0.2. Andere Forscher haben sich enger begrenzte Persönlichkeitszüge einfallen lassen, die für soziale Situationen gelten, wie z. B. Dominanz, Affiliation oder soziale Ängstlichkeit. *Gough* (1957) hat ziemlich hohe Korrelationen zwischen den Skalen der Persönlichkeitsfragebogen bei dem *California Personality Inventory* und den entsprechenden Formen von offenem Verhalten festgestellt. *Mehrabian* (1972) meint, daß gesellige Menschen eine größere Direktheit (Nähe, Blick usw.) an den Tag legen, während dominante sich mehr und ängstliche Menschen sich weniger entspannt verhalten. Dieses sind Fälle von innerem Kodieren: die nonverbalen Signale sind lediglich Teil eines umfassenderen Verhaltensmuster. Sie vertreten nur andere Signale derselben Art. Jedoch verbleibt noch das Problem der Situationsvariabilität, und es liegt auf der Hand, daß die Menschen miteinander und mit Situationen in komplexen, noch nicht verstandenen Verhaltensweisen umgehen.

Symbolische Repräsentation

Weitere Verfahren zum Erfassen von Persönlichkeit sind psychoanalytische und andere tiefenpsychologische Methoden, klinische Interviews und projektive Tests im Hinblick auf eine Identifikation mit Eltern und anderen, auf grundlegende Einstellungen gegenüber anderen Menschen und auf Konflikte. Psychoanalytiker interpretieren Gesten und Körperhaltungen als symbolische Repräsentation von verborgenen persönlichen Empfindungen, zum Beispiel ein Spielen mit dem Ehering als Unzufriedenheit (vgl. S. 247f). Jedoch lassen sich derartige Interpretationen kaum objektiv verifizieren. Eine andere Art von klinischer Analyse wurde im Hinblick auf die Identitätsstruktur (als entgegengesetzt zu deren Inhalten) durchgeführt. *Erikson* (1956) unterschied mehrere Stadien der Ich-Identität, und *Marcia* und *Donovan* (1974) haben festgestellt, daß diese jeweils charakteristische soziale Stile hervorbringen: Bei einer *Identitätssperre (identity foreclosure)* zum Beispiel übernimmt ein Mensch die Vorstellungen seiner Eltern, er ist froh und optimistisch, freut sich über jedes Lob, zeigt wenig Aggression oder Sexualität, lächelt und lacht viel, ist höflich, herzlich und unterwürfig gegenüber Lehrern. Bei einem *Identitätsmoratorium (identity moratorium)* andererseits hat einer seine Eltern abgelehnt und keine neue Bindung gefunden, er trägt farbenfreudige Kleidung und lange Haare, führt ein aktives Sexualleben und nimmt Drogen, in der Schule ist er gegenüber Kameraden und Lehrern sehr feindselig, ist überall gerne der Anführer und wetteifert mit den Ausbildern. Man kann beobachten, wie eine derartige klinische Analyse verschiedenartige Aspekte von nonverbaler Kommunikation erklären kann.

Über die nonverbalen Signale, die über die Persönlichkeit informieren, kann jedoch in erheblichem Maße eine Kontrolle ausgeübt werden. Wer die Neigung hat, ängstlich zu sein, wird das nicht gerade absichtlich zu erkennen geben, sondern er wird eher versuchen, es zu verbergen. Wer sich aber als intellektuell, abwechslungsreich, weit gereist oder als ein Rebell gegen die Gesellschaft betrachtet, wird dieses Image anderen gegenüber nach Möglichkeit zum Ausdruck bringen. Was er zum Ausdruck bringen wird, ist von dem Selbstbild, das er entwickelt hat, von den Konstrukten, die seine Meinung darüber prägen, und von der Unsicherheit dieses Selbstbildes und dem daraus folgenden Bedürfnis nach einer Bestätigung durch andere abhängig. Jemand mag ein besonderes Interesse haben, einen bestimmten Teil seines Selbstbildes darzustellen, weil es für ihn besonders wichtig ist, weil er meint, andere würden es falsch verstehen, oder weil es für eine bestimmte Gruppe relevant ist: die eine Gruppe soll wissen, daß er ein Psychologe ist, eine andere, daß er nicht neurotisch ist, eine dritte, daß er aus Polen kommt, und dergleichen. Das alles ist sehr wichtig, um ein bestimmtes Selbstbild aufrecht erhalten zu können, dessen Prestige zufriedenstellend ist und das in sich einheitlich und richtig ist; aber es erfordert auch ein gewisses Maß an Bestätigung durch andere.

Es werden etwa folgende persönliche Merkmale zum Ausdruck gebracht: (1) Fähigkeiten, intellektuelle oder sonstige, (2) Glaubenshaltungen, Werte, (3) Temperament und Persönlichkeitszüge, wie Energie oder Stabilität, (4) die vergangene Geschichte. Verhaltensstile gegenüber anderen Leuten wirken sich ganz unterschiedlich aus: Jemand wird seine bevorzugten Beziehungen (z.B. herzlich und dominant) und sein bevorzugtes Tempo (z.B. schnell und heiter) zum Ausdruck bringen, aber da er sich den anderen Anwesenden anpassen muß, wird er sich schließlich ganz anders verhalten.

Wie wir gesehen haben, werden aus körperlichen Hinweisen und aus den Rollen Schlüsse über die Persönlichkeit gezogen. Aber auch aus dem gesamten verbalen und nonverbalen Verhaltensmuster erhält man Informationen über die Persönlichkeit; sie werden dekodiert im Sinne von Persönlichkeitszügen, wie z.B. ,,nett", ,,aufrichtig", ,,dominant", ,,nervös", ,,exzentrisch". Solche Beurteilungen sind teilweise verfehlt: sie beschreiben nicht etwa ein in allen Situationen konsistentes Verhalten des anderen, sondern vielmehr nur dessen Verhalten in bestimmten Situationen, in denen er angetroffen wird, und in der Gegenwart des jeweiligen Beobachters. Häufig beschreiben sie wirklich eine Zweierbeziehung, in welcher der andere gerade ,,nett" oder ,,dominant" ist, obwohl das für ihn untypisch sein mag. Jeder hat seine Lieblingskategorien und benutzt bestimmte Hinweise, um andere Leute diesen zuzuordnen. So könnte jemand hauptsächlich nach der Kleidung und der Haartracht zwischen ,,Hippies", ,,revolutionären Studenten" und ,,gewöhnlichen Studenten" unterscheiden. Unsere Eindrücke von der Persönlichkeit eines anderen basieren besonders auf seinem nonverbalen Verhalten, und gewöhnlich werden diese Eindrücke nicht verbalisiert. *Sanford* (1942) beschreibt die Sprechstile von zwei Studenten: man beachte, wie schwierig es war, sie mit Worten zu beschreiben! Der Sprechstil des einen war „kompliziert, gründlich, nicht koordiniert, behutsam, statisch, sehr endgültig und Stimulus-gebunden ... wir können seinen ganzen Stil als defensiv und nachgiebig ansehen ... er scheint das Bedürfnis widerzuspiegeln, Tadel und Mißbilligung zu vermeiden". Der Sprechstil des anderen war „bunt, abwechslungsreich, nachdrücklich, direkt, aktiv, ständig voranschreitend. Sein Sprecher ist selbstsicher, bestimmt und selbständig, ... um seine Persönlichkeit zum Ausdruck zu bringen und dem Zuhörer einen Eindruck zu machen". Wir erkennen einen Menschen an seiner äußeren Erscheinung, beim Telephonieren an seiner Stimme, oder an seiner Handschrift, so wie Vögel sich gegenseitig an ihrer kennzeichnenden Abänderung des Grundgesangs der Art erkennen. Unser Eindruck von der „Persönlichkeit" eines anderen basiert auf den eigentümlichen Mustern, nicht nur seiner Sprechweise, sondern seiner gesamten sozialen Performanz.

Manche Persönlichkeitszüge können von Psychologen gemessen werden, sei es durch unmittelbare Verhaltensbeobachtung, oder sei es mittels Fragebögen, die am Verhalten validiert wurden. *Cook* und *Smith* (1974) haben festgestellt, daß Beurteiler Introversion bzw. Extraversion nach einer Interaktion in der Gruppe ziemlich genau bestimmen konnten, nicht jedoch neurotische Verhaltensweisen. Intelligenz kann aus nonverbalen Mitteilungen nicht sehr genau eingeschätzt werden, obgleich geübte Interviewer solche Einschätzungen erbringen können. Wahrscheinlich gibt es manche unwillkürliche Hinweise auf Intelligenz, aber diese können simuliert werden, um einen Eindruck von Intelligenz zu erwecken, z.B. indem man sehr schnell redet oder ein reges und kritisches Interesse für die Dinge zeigt.

Weiterführende Literatur

Argyle, M. and *Little, B. R.* (1972) Do personality traits apply to social behaviour? *Journal for the Theory of Social Behaviour* 2: 1-35.
Bannister, D. and *Fransella, F.* (1971) Inquiring Man, Harmondsworth: Penguin Books.
Gergen, K. J. (1971) The Concept of Self, New York: Holt, Rinehart & Winston.
Vernon, P. E. (1964) Personality Assessment, London: Methuen.

Zitierte Literatur

Argyle, M. (1976) Social behaviour and personality, in: *R. Harré* (ed.), Personality, Oxford: Blackwells.

Bower, K. S. (1973) Situationism in psychology: an analysis and a critique, *Psychological Review* 80: 307-36.

Cook, M. and *Smith, J. M. C.* (1974) Group ranking techniques in the study of accuracy of person perception, *British Journal of Psychology* 65: 427-35.

Erikson, E. H. (1956) The problem of ego-identy, *American Journal of Psychoanalysis* 4: 56-121; dt.: Identifikation und Identität, *Psyche* X (1956/57), S. 124-135 und S. 175-76.

Goffman, E. (1956) The Presentation of Self in Everyday Life, Edinburgh: Edinburgh University Press; dt.: Wir alle spielen Theater. Die Selbstdarstellung im Alltag, München 1969.

Gough, H. G. (1957) Manual for the California Personality Inventory, Palo Alto: Consulting Psychologists Press.

Jones, E. (1969) Ingratiation: a Social Psychological Analysis, New York: Appleton-Century-Crofts.

Kelley, H. H. (1967) Attribution theory in social psychology, *Nebraska Symposium on Motivation*, University of Nebraska Press.

Marcia, J. E. (1974) Studies in Ego-Identy, Unpublished, Simon Fraser University.

Mischel, W. (1969) Personality and Assessment, New York: Wiley.

Sanford, F. H. (1942) Speech and personality: a comparative case study, *Character and Personality* 10: 169-98.

Sissons, M. (1970) The psychology of social class, in: *Money, Wealth and Class*, London: Open University Press.

8 Nonverbale Kommunikation beim Reden

a) Einführung

In den letzten drei Kapiteln haben wir die ziemlich langsam ablaufenden nonverbalen Signale erörtert, mit denen soziale Situationen gelenkt werden: Der Ausdruck von Einstellungen gebenüber anderen Leuten, von Gefühlen und Informationen über die eigene Persönlichkeit. Beim Reden jedoch werden andere nonverbale Signale ausgesendet, die rascher ablaufen und eng verbunden sind mit dem, was gerade gesagt wird. Diese Signale beeinflussen die Bedeutung dessen, was gesagt wird, liefern von seiten des Zuhörers einen simultanen Kommentar und lenken die Synchronisierung der Äußerungen. Manche Linguisten erkennen heute an, daß einige dieser Signale wirklich zur Sprache gehören und nicht nur emotionale ,,paralinguistische'' Äußerungen sind. K. *Abercrombie* (1968) sagt: ,,Wir sprechen mit unseren Stimmorganen, aber wir unterhalten uns mit unserem ganzen Körper''. Das ist allerdings kein gewöhnlicher Standpunkt; viele Linguisten bejahen wohl, daß nonverbale Signale über den vokal-auditiven Kanal zur Sprache gehören, jedoch nicht solche über den kinetischen Kanal, und vermutlich wird keiner von ihnen den Bereich von Funktionen akzeptieren, der in diesem Kapitel dokumentiert werden woll.

Die Forschung in diesem Bereich ist mehr als nur von theoretischer Bedeutung. Sie hat wichtige praktische Anwendungsmöglichkeiten beim Unterricht von Fremdsprachen und auch der Muttersprache in den Schulen, und es gibt wichtige Konsequenzen für jede Art der Kommunikation, bei der die Interaktion nicht von Angesicht zu Angesicht stattfindet und einige dieser nonverbalen Hinweise fehlen, wie beim Telephonieren oder Schreiben.

Beginnen wir mit einer Aufzählung der nonverbalen Signale, die sich in dieser Weise auf das Sprechen beziehen:

Vokal-auditiv
Prosodische Signale: zeitliche Abstimmung, Tonhöhe und Betonung der Äußerungen.
,,Rahmen''-Signale: Ausdruckskommentar zu einer einzelnen Äußerung durch den Sprechenden.

Kinetisch

Handbewegungen (und in geringerem Maße auch andere Körperbewegungen) von seiten des Sprechenden und des Zuhörenden, die sich auf die zeitliche Abstimmung oder die Inhalte der Äußerungen beziehen
Kopfnicken
Blickwechsel
Mimik

Zunächst wollen wir uns in diesem Kapitel damit beschäftigen, zu skizzieren, wie diese nonverbalen Signale sich auf das Sprechen beziehen. Wir werden feststellen, daß sie in verschiedener Weise mit den fortschreitenden verbalen Botschaften verbunden sind und daß alle diese Verbindungen für die verbale Kommunikation wichtig sind.

Während allerdings das empirische Material um seiner selbst willen sehr interessant ist, dürften die theoretischen Implikationen noch wichtiger sein. Erstens, wenn alle diese Signale tatsächlich Bestandteil der eigentlichen Sprache sind, sollten dann nicht die Linguisten ihren Horizont erweitern, um diese nonverbalen Signale miteinzubeziehen und nach umfassenderen Prinzipien der Grammatik und der Bedeutungen zu suchen? Zweitens, einige Forscher haben diese Aspekte der nonverbalen Kommunikation so behandelt, als würden sie eine Art Sprache konstituieren. Jedoch gibt es denn einzelne abgrenzbare Signale mit feststehenden Bedeutungen, mit „grammatischen" Regeln ihrer Zusammensetzung? Drittens, werden diese Aspekte der nonverbalen Kommunikation zur selben Zeit wie die Sprache gelernt, sind sie von der Existenz von ähnlichen neurologischen Strukturen abhängig, und welches Licht können sie werfen auf die Ursprünge der Sprache selbst und auf die psychologischen Prozesse, die die Sprache mit sich bringt?

Da viele Forscher in diesem Bereich die nonverbalen Signale als eine Art Sprache betrachten, haben sie eine Forschung durchgeführt, wie sie auch von den Linguisten betrieben wird. Linguisten arbeiten häufig mit „idealisierten Daten", das heißt, sie verwenden gute Sprecher oder bitten Fachleute, grammatische Fehler aus ihren Materialien zu entfernen. Oft arbeiten sie mit einer ziemlich geringen Auswahl von sprachlichem Material, in der Meinung, daß die Regeln, die sie suchen, ganz oder gar nicht bestehen, so daß keine statistischen Untersuchungen erforderlich sind. Dieses Verfahren wurde zuweilen kritisiert, da manche Gesetze eine Sache von Wahrscheinlichkeit und Grammatikalität eine Sache des Grades seien. Wenn ähnliche Methoden auf die nonverbale Kommunikation angewandt wurden, haben die Forscher bezeichnenderweise nur ziemlich kurze Beispiele von Verhalten und diese recht ungenau untersucht und versucht, die Grundelemente (die Äquivalente zu Phonemen oder Wörtern) und die Struktur (das Äquivalent zur Grammatik) festzustellen. Experten der sozialen Performanz oder verbesserte Daten wurden dabei bisher nicht angewandt. Diese Forschung wird von mehr orthodoxen Psychologen kritisiert mit der Begründung, daß die untersuchten Beispiele von Verhalten zu kurz seien (z.B. zwei Minuten), daß zu wenige Personen untersucht worden seien (z.B. zwei), daß keine statistischen Tests verwendet würden und daß keine wirklichen empirischen Regelmäßigkeiten nachgewiesen seien. A. E. *Scheflen* (1966) erwidert darauf: ,,Bei Verhaltensmustern und natürlichen Strukturen ist ein gemeinsames Auftreten nicht probabilistisch. Wir kümmern uns nicht darum, die Wahrscheinlichkeiten zu bestimmen, daß Menschen ein Herz haben oder daß daß Wort 'Herz' ein 'e' in sich hat.'' Es wird auch betont, daß es keinen Zweck habe, ein Studium von empirischen Beziehungen zu versuchen, solange man nicht wisse, welche Einheiten es eigentlich sind, die aufeinander bezogen werden müssen; daß Linguisten die Struktur von Sprachen mit gutem Erfolg ermittelt hätten, indem sie Beispiele von ,,richtiger'' Rede nichtstatistisch untersuchten, und daß die Einheiten in ihrer Bedeutung abhängig seien von ihrer Stellung innerhalb größerer Sequenzen von Elementen, wie etwa Wörter in Sätzen.

Die Methoden und Voraussetzungen sind bei Psychologen und bei Linguisten ziemlich unterschiedlich. Psychologen suchen gewöhnlich Ursache-Wirkung-Beziehungen nach dem Prinzip der Wahrscheinlichkeit. Linguisten untersuchen Regelsysteme, von denen sie annehmen, daß sie von den Individuen unabhängig seien, universale Gültigkeit hätten und entweder ganz oder gar nicht bestünden, also keine Sache des Grades seien. In der Tat kann Sprachverhalten von beiden Standpunkten aus untersucht werden, indem man sich entweder mit den grammatischen Strukturen oder mit der Stärke der Verbindungen zwischen Wörtern beschäftigt. Das menschliche Kommunikationsverhalten scheint nach zwei ganz verschiedenen Prinzipien abzulaufen, von denen jedes spezifische Forschungsmethoden erfordert. Kenneth *Pike* (1967) setzte das voraus, als er die Unterscheidung zwischen ,,etic'' und ,,emic'' traf, ebenso *Chomsky* (1957) bei seiner Unterscheidung zwischen ,,Kompetenz'' und ,,Performanz''; das jeweils erstere bezieht sich auf das System von Regeln, das von einzelnen Personen unabhängig ist, das zweite auf die menschliche Fähigkeit, die Sprache anzuwenden.

In diesem Kapitel wollen wir solche strukturellen Untersuchungen heranziehen, bei denen ziemlich umfangreiche Verhaltensbeispiele verarbeitet wurden. Bei einigen wenigen Untersuchungen wurden auch eher akzeptable Forschungsmethoden verwendet: das Testen von Hypothesen mittels statistischer Methoden oder Untersuchungen, was geschieht, wenn vermutete Regeln systematisch verletzt werden.

Eine ziemlich wichtige Frage besteht darin, wie klein die Elemente sind, die in Betracht gezogen werden müssen. Es ist natürlich offensichtlich, daß ziemlich kleine Elemente etwas mitteilen können; ein Beispiel ist der Augengruß, der nur eine sechstel Sekunde dauert. Andererseits sind auch größere Verhaltenseinheiten wichtig. Manche Interaktionsprozesse finden unterhalb der Ebene des Bewußtseins statt und sind von ganz geringfügigen Signalen wie einem Blickwechsel abhängig. während andere in größeren Einheiten bestehen und als soziale Handlungen Bedeutung haben.

b) Räumliche und visuelle Aspekte des Redens

Die Lautstärke unserer Stimme und die Sensibilität unserer Ohren ermöglicht eine vokal-auditive Kommunikation über Entfernungen zwischen null und, sagen wir, fünfzig Metern. Jedoch findet nahezu alle Konversation bei sehr viel begrenzteren Entfernungen statt, etwa zwischen einem halben und fünf Metern. Der Grund dafür liegt darin, daß gleichzeitig eine gestural-visuelle Kommunikation stattfindet, die das Reden in verschiedener Weise verstärkt. Wenn der Andere einem zu nahe ist, kann man nur einen Teil von ihm sehen; wenn er zu weit entfernt ist, kann man seine Mimik nicht sehen. Auch die Orientierung hat einen Einfluß darauf, wieviel man sehen kann; wenn man allerdings die beste Orientierung annimmt, um den anderen sehen zu können (frontale Gegenüberstellung), ist man selbst der Betrachtung voll ausgesetzt, vielleicht mehr als gewünscht.

Eine Konversation umfaßt Hören und Sehen gleichzeitig. Für die Verbindung dieser beiden Kanäle finden sich mehrere Beispiele: Mimik und Gestik verstärken und modifizieren die gesprochenen Worte; ein Zuhörer bringt ein visuelles Feedback, während der andere auditiv Informationen aussendet; Synchronisierungssignale durch die Gestik kontrollieren die Anwendung des vokalen Kanals.

Der gestural-visuelle Kanal wird vielleicht sogar eine noch fundamentalere Rolle in dem Kommunikationsprozeß spielen. Manche Linguisten meinen, daß Sprache sich aus der Gestik entwickeln würde, indem zum Beispiel zwei Leute zunächst auf denselben Gegenstand hinwiesen. Kommunikation ist von einer „intersubjektiven" Erfahrung abhängig, das heißt davon, daß zwei Leute voneinander wissen, daß sie über denselben Gegenstand nachdenken. Das kann zustande kommen, indem beide auf etwas hinweisen oder auf dieselben Gegenstände blicken und sich dann gegenseitig ansehen.

c) Nonverbale Aspekte der Rede selbst

Bekanntlich reden Leute miteinander nicht wie die ausdruckslosen Computer oder wie Roboter in Science-Fiction-Filmen. Wer so reden würde, würde wahrscheinlich eingesperrt werden. Verschiedenartige Äußerungen haben jeweils eine ihnen angemessene „Sprechmelodie", und Veränderungen von bestimmten nonverbalen Aspekten der Rede beeinflussen die Bedeutung des gesprochenen Satzes. Hier sind drei Aspekte von vokaler nonverbaler Kommunikation zu nennen, die in engem Zusammenhang mit der verbalen Mitteilung stehen: *zeitliche Abstimmung, Tonhöhe und Lautstärke*, die sogenannten „prosodischen" Merkmale. Linguisten akzeptieren die prosodischen Elemente als zur Sprache gehörig; Methoden der Transskription wurden entwickelt, und die Regeln, nach denen sie in den einzelnen Sprachen angewandt werden, wurden ausgearbeitet.

Diese nonverbalen Vokalisierungen werden wir in Kapitel 18 erörtern. Die drei prosodischen Signale der zeitlichen Abstimmung, Tonhöhe und Lautstärke werden im allgemeinen zusammen verwendet. *Crystal* (1969) stellte fest, daß man bei großer Tonhöhe oft auch lauter oder auch mit einem Crescendo, Falsett oder einem Zittern spricht. Eile ist häufig mit großer Tonhöhe verbunden. Prosodische Signale sind auch mit anderen nonverbalen Signalen verbunden, zum Beispiel dem Blick und verschiedenartigen Redepausen. Die Linguisten sind sich über den Status der prosodischen Signale nicht einig, zum Beispiel ob sie von der Sprache ganz getrennt sind oder ob sie die Sprache nur modifizieren. Die Lage läßt sich dadurch klären, daß man die verschiedenen Funktionsweisen in Betracht zieht.

(1) Regelmäßige Verbindungen mit verbalen Strukturen. Es gibt Regeln für die zeitliche Abstimmung und die Interpunktion sowie für die Muster bezüglich Tonhöhe und Betonung bei Fragen und andersartigen Äußerungen. Jedoch werden diese Regeln nur graduell (z.B. in der Länge einer Redepause für ein Komma) oder möglicherweise überhaupt nicht befolgt. Das Minimum von Intonation wurde nicht festgestellt, wobei allerdings in dieser Hinsicht sich beträchtliche kulturelle Abweichungen zeigen.

(2) Vervollständigung der Bedeutung eines Satzes. Viele Sätze sind zweideutig, wenn nicht die prosodischen Signale die intendierte Bedeutung anzeigen. Das kann mit Signalen für Betonung (Tonhöhe oder Lautstärke) oder für eine Verbindung (zeitliche Abstimmung, gemeinsame Tonhöhe oder Lautstärke) geschehen. Linguisten bringen gern Beispiele von Sätzen, deren Oberflächenstruktur zweideutig ist, etwa *„they are hunting dogs"*. Wenn solche Sätze gesprochen werden, erhalten sie eine völlig klare Bedeutung, indem bestimmte Wörter betont werden, also zum Beispiel „they are hunting *dogs"*.

(3) Rahmung oder nähere Bestimmung von Sätzen. Die Einstellung des Sprechenden kann durch die prosodischen Muster kommuniziert werden, die wir für freundliche oder mißtrauische Fragen angeführt haben. *Crystal* hat deutlich unterschiedene prosodische Muster festgestellt, als Versuchspersonen aufgefordert wurden, denselben Satz in einer aufgeregten, arroganten, verwirrten, amüsierten, tatsachenhaften oder pedantischen Weise zu sprechen. Allerdings ist eine solche Rahmung teilweise ebenso auch nur vom Tonfall abhängig. Diese Signale bringen auch Einstellungen gegenüber dem Zuhörer, emotionale Zustände und die Identität des Sprechenden zum Ausdruck; es sind Beispiele für die paralinguistischen und ähnlichen Signale, die in Kapitel 5 erörtert wurden. Wenn die verbalen Inhalte die „Botschaft" sind, dann sind die nonverbalen Rahmensignale eine Botschaft über die Botschaft; aber es ist wirklich die Kombination von beiden, was die vollständige Botschaft ausmacht. Manche Psychologen haben behauptet, die Botschaft und der Rahmen gehörten zu völlig verschiedenen Kommunikationssystemen; aber es ist durchaus möglich, daß die „eigentliche" Botschaft durch die nonverbalen Signale übermittelt wird, wenn etwa zwei Leute sich über die Inhalte, aber nicht über ihre Beziehung einig sind. Es sind in der Tat „Botschaften über die Beziehung". Vom Standpunkt der Botschaft im eigentlichen Sinne ließe sich jedoch argumentieren, daß die beiden Kanäle gemeinsam den gesamten verbalen Kommunikationsakt konstituieren, zum Beispiel eine Frage wird im Stile einer höflichen Erkundigung gestellt, eine Information wird als eine niederschmetternde Widerlegung, oder ein Befehl wird als eine vorsichtige Anregung gegeben.

(4) Individuelle Abweichungen. Individuen haben unterschiedliche „Ausdruckskraft", je nachdem in welchem Maße sie von den prosodischen Signalen (zeitliche Abstimmung, Tonhöhe, Lautstärke) Gebrauch machen. Unterschiede zeigen sich auch in gewissem Maße darin, welche prosodischen Muster verwendet werden. Das

ist teils eine Funktion der Persönlichkeit, teils der beruflichen Rolle, des gesellschaftlichen Hintergrunds und der Art der Situation.

Fonagy (1971) hat untersucht, wie Äußerungen „doppelt kodiert" werden - durch die Grammatik und durch die nonverbale Struktur. Mit beiden Medien können ähnliche Wirkungen erzielt werden: zum Beispiel Emotionen können durch emotionale Wörter oder durch eine emotionale Diktion hervorgerufen werden. Spannung läßt sich dadurch erzeugen, daß man die entscheidenden Wörter erst am Ende sagt, oder durch die Vortragsweise. Durch Akzente oder besondere Intonationen können noch zusätzliche Botschaften hinzugefügt werden, indem man etwa eine Behauptung mit der Intonation einer Frage äußert.

Neuere Studien über den Spracherwerb bei Kleinkindern zeigen, daß die prosodischen Aspekte schon sehr früh erlernt werden. Zum Beispiel können Kinder ungefähr mit achtzehn Monaten Fragen durch einen ansteigenden Ton anzeigen oder in einem Satz mit zwei Wörtern ein Wort betonen.

Prosodische Signale scheinen ein integraler Bestandteil verbaler Äußerungen zu sein, denn offensichtlich ergänzen sie die Bedeutung dessen, was gesagt wird, und es gibt Regeln, wie verschiedene Arten von Äußerungen gesprochen werden sollen. Wenn beim Schreiben die prosodischen Signale ausgeschlossen sind, müssen die Wörter durch Interpunktion und Unterstreichung ergänzt werden, und ein Teil der Botschaft bleibt verloren. Hier sind die nonverbalen Signale eindeutig der verbalen Botschaft untergeordnet und übermitteln keine unabhängige Botschaft. Die nonverbalen Signale haben Regeln, aber diese werden nur mehr oder weniger befolgt, und die Signale sind eher kontinuierlich als diskret. In diesem Bereich sind die nonverbalen Signale in unterschiedlichem Maße der Sprache ähnlich. Das Signalisieren der Grammatik und die Betonung ist der Sprache am ähnlichsten, die Rahmung der Sätze weniger und der paralinguistische Ausdruck von Gefühlen ist es noch weniger.

d) Körperbewegungen beim Reden

Beim Reden bewegt man seine Hände, den Kopf, die Augen, die Füße und den Körper im ganzen. Die Analyse dieser Bewegungen wird „Kinetik" genannt und soll später genauer erörtert werden. Die meisten Linguisten betrachten diese Bewegungen nicht wie die prosodischen Signale als Bestandteil der Sprache, obwohl die Bewegungssignale, wenn überhaupt irgendetwas, noch enger mit den Bedeutungen der Äußerungen verbunden sind. Wir wollen hier nur solche Körperbewegungen betrachten, die mit dem Sprechen selbst verbunden sind; solche, die Emotionen und interpersonale Einstellungen ausdrücken (die Äquivalente der paralinguistischen Signale), wurden in den Kapiteln 5 und 6 erörtert. Folgende Körperbewegungen sind mit dem Sprechen verbunden: (1) Handbewegungen und in geringerem Maße auch Bewegungen des ganzen Körpers und dergungen betraKopfnicken und andere Kopfbewegungen, (3) Blickveränderungen und (4) mimischer Ausdruck.

Unmittelbare Begleiterscheinungen des Redens
Manche Gesichtsbewegungen sind eine unmittelbare Folge des Sprechvorgangs (zum Beispiel den Mund öffnen). Verschiedene Sprachen haben unterschiedliche Laute, welche jeweils besondere Gesichtsbewegungen nach sich ziehen (z. B. ,,schön'', ,,être''), so daß man sagen kann, welche Sprache jemand spricht, ohne ihn zu hören. Lippenleser können natürlich die gesamte Botschaft dekodieren, und außer den Schwerhörigen werden wahrscheinlich auch andere Leute durch ein Beobachten der Lippen in einem gewissen Maße Informationen über die verbalen Inhalte einer Botschaft erlangen. Möglicherweise sind auch Handbewegungen irgendwie mit dem Sprechvorgang verbunden. Angeblich können Neapolitaner nicht sprechen, wenn ihre Hände in Handschellen gebunden sind, wenn ich auch nichts davon weiß, daß ein solches Experiment durchgeführt worden wäre. Engländer gestikulieren häufig beim Telephonieren, oder wenn sie im Rundfunk sprechen. Der letztere Fall kann vielleicht dadurch teilweise erklärt werden, daß Gesten auf eine allgemeine Erregung zurückzuführen sind und diese vielleicht zu vermindern helfen; wie wir gesehen haben (S. 109f), sind Gesten auf den emotionalen Zustand bezogen.
Genaue Untersuchungen von Tonfilmen haben gezeigt, daß zwischen Körperbewegungen und dem Sprechen eine sehr enge Verbindung besteht, und zwar auf der Ebene der einzelnen Silben. *Scheflen* (1965) hat festgestellt, daß verschiedene Teile des Körpers eine Bewegung beginnen und gleichzeitig die Richtung ändern (,,self-synchrony''): diese Richtungsänderungen geschehen am Anfang von Silben und größeren verbalen Einheiten; die größeren und langsameren Körperbewegungen sind auf die größeren Sprecheinheiten bezogen. *Kendon* (1972) hat diese Entdeckungen bestätigt; auch stellt er eine hierarchische Struktur fest, in der kleinere Körperbewegungen mit kleineren verbalen Einheiten verbunden sind; er meint, es gebe ,,sprechvorbereitende Bewegungen'' unmittelbar vor jeder Sprecheinheit, die bei größeren Sprecheinheiten etwas früher erscheinen.

Die Hierarchien sind folgendermaßen aufeinander bezogen:

verbal	*nonverbal*
Absatz, längerer Redeabschnitt	Körperhaltung
Äußerung	Kopf- oder Armhaltung
Wörter, Satzteile	Handbewegungen, mimische Ausdrücke, Blickveränderungen usw..

Dittmann und *Llewellyn* (1969) untersuchten die Verbindungen zwischen den Körperbewegungen und dem Sprechen mit mechanischen Methoden, die Körperbewegungen aufzuzeichnen. Sie stellten fest, daß Hand- und Fußbewegungen mit dem ersten Wort eines fließenden phonemischen Zusammenhangs sowie mit einem Stocken oder Zögern zusammenfielen; es zeigte sich die Tendenz, daß vokal betonte Wörter von Bewegungen begleitet waren; und es gab enorme individuelle Unterschiede: von 40 bis 1943 Bewegungen in 30 Minuten. *Lindenfeld* (1971) hat Unterhaltungen während der Psychotherapie sorgfältig untersucht und dabei festgestellt, daß 30 Prozent der Bewegungseinheiten nicht mit den syntaktischen Einheiten zusammenpaßten. Jedoch waren die meisten dieser „Verletzungen" nur geringfügig: die meisten Bewegungseinheiten fielen innerhalb von Sätzen, wenn sie auch Satzteilgrenzen überschritten; er stellte auch fest, daß die Bewegungsmuster eher mit der Oberflächenstruktur als mit der Tiefenstruktur des Sprechens übereinstimmten. Diese beiden Studien haben mechanische Methoden der Aufzeichnung benutzt, die zwar das Ausmaß von Körperbewegungen, jedoch nicht Veränderungen der Verhaltensmuster oder der Ausrichtung zeigen.

Es stellt sich nun die Frage, was diese Körperbewegungen dem Zuhörer mitteilen.

Verdeutlichen von Interpunktion und Redestruktur

Das geschieht teilweise durch Blickveränderungen: der Redende blickt bei einer grammatischen Pause kurz auf (bei nicht beabsichtigten Pausen allerdings schaut er weg), und das Ende einer Äußerung wird durch einen längeren Blick angedeutet. Eine Frage kann, wie wir gesehen haben, durch ansteigende Tonhöhe signalisiert werden, oder auch durch ein Anheben der Augenbrauen oder eine Aufwärtsbewegung mit dem Kopf. Gewöhnlich werden prosodische und Bewegungssignale zusammen verwendet.

Manchmal numeriert jemand mit dem Finger die Punkte, über die er redet. Das ist selten, aber im allgemeinen zeigt man die Struktur seiner Äußerungen durch sein körperliches Verhalten. Die oben beschriebenen hierarchisch strukturierten Körperbewegungen übermitteln dem Zuhörer wahrscheinlich Informationen über die verbale Struktur.

Betonung

Betonung ist durch Hand- oder Kopfbewegungen ebenso wie durch Veränderungen in Tonhöhe oder Lautstärke möglich. *Mehrabian* stellte fest, daß jemand, der zu überreden versucht, den Zuhörer mehr ansieht, mehr Gestik und Kopfnicken und mehr mimische Aktivität entfaltet sowie schneller, lauter und mit weniger Stocken spricht. Wiederum werden vokale und Gestiksignale normalerweise zusammen angewandt. Bewegungssignale senden eine Botschaft über die Botschaft.

Rahmung der Äußerungen

Man kann mit vokalen Signalen deutlich machen, ob ein Satz spaßig, sarkastisch, als Tatsachenmitteilung, als Verdacht und dergleichen gemeint ist, aber das ist ebenso durch Mimik und andere Körperbewegungen möglich; wiederum werden im allgemeinen beide zusammen verwendet. In einem extremen Fall wird ein Satz durch seinen Rahmen tatsächlich negiert, so daß das genaue Gegenteil mitgeteilt wird, z.B. als sarkastische Äußerung. Das wird durch einen besonderen Tonfall und besondere Mimik signalisiert. Mit Gestiksignalen kann jemand auch deutlich machen, daß er reden will, oder ankündigen, über was für einen Gegenstand er etwa reden will. Mit Bewegungssignalen wird auch unabsichtlich verraten, ob einer die Wahrheit sagt oder nicht. Studien von *Exline* u. a. (1970) und von *Mehrabian* (1972) haben ergeben, daß jemand, der nicht die Wahrheit sagt, den Zuhörer weniger ansieht, weniger Gestik- und Körperbewegungen verwendet, weniger redet und mehr lächelt.

Veranschaulichungen

Körperbewegungen und besonders Handbewegungen können sich in der Kommunikationsweise von der Stimme ziemlich unterscheiden: sie ermöglichen räumliche Veranschaulichungen dessen, worüber gesprochen wird. Mit diesen Veranschaulichungen kann man beispielsweise einen Vorgang oder einen Gegenstand darstellen, über den man redet, oder es gibt Gesten, die innerhalb einer bestimmten Kultur eine allgemein verständliche, aber willkürliche Bedeutung haben, oder Gesten, die den Gedankengang darstellen. Das wird des weiteren auf S. 240f erörtert. Dort wollen wir auch die großen Unterschiede zwischen den Kulturen hinsichtlich ihrer Gestik aufzeigen.

Verbale und nonverbale Kommunikationsmuster sind abhängig von dem äußeren Rahmen sowie davon, was in diesem Rahmen abläuft. Die Kommunikationen, die bei einem Wasserballspiel, bei einer Bergbesteigung, bei der Produktion einer Fernsehsendung oder bei einem Gottesdienst ablaufen, wären völlig unverständlich ohne Bezug auf diesen äußeren Rahmen, auf die Art des jeweiligen sozialen Handelns und auf die Regeln und Konventionen dieses Handelns.

Bewegungssignale scheinen eine sehr ähnliche Rolle zu spielen wie die prosodischen Signale, und zwar beim Mitteilen von Redestrukturen, bei der Rahmung von Äußerungen, z.B. beim Deutlichmachen einer Frage, und bei Betonungen. Veranschaulichungen sind weitere nonverbale Botschaften, die zu den verbalen Inhalten hinzukommen, wenn sie auch individuell sehr unterschiedlich angewandt werden.

e) Vokalisierung und Körperbewegung auf seiten des Zuhörers

Bisher haben wir uns mit den nonverbalen Mitteilungen des Redenden beschäftigt. Jedoch verbale Kommunikation erfordert einen Zuhörer ebenso wie einen Redenden, und die nonverbalen Mitteilungen des Zuhörers sind für den Redenden in verschiedener Weise von Bedeutung. Einige Linguisten haben anerkannt, daß man mehr als einzelne Äußerungen untersuchen und die Struktur von deren Aufeinanderfolge in Betracht ziehen kann. Die nonverbale Kommunikation spielt bei der Gestaltung solcher Folgen in mehrfacher Hinsicht eine wichtige Rolle. Zu Beginn wollen wir überlegen, was ein Zuhörer tut, während ein anderer redet.

Condon und *Ogston* (1966) haben Folgendes festgestellt: wenn der Redende sich bewegt, tut es der Zuhörer ebenso; wenn der Redende die Ausrichtung seiner Körperbewegungen verändert, verändert der Zuhörer sie gleicherweise; es besteht zwischen ihnen also eine „Interaktionsgleichzeitigkeit" (*interaction synchrony*). *Kendon* (1970) hat das weitergeführt und drei Arten von nonverbaler Reaktion durch den Zuhörer unterschieden. Diesen Aufteilungen wollen wir hier folgen.

Der Rede entsprechende Bewegungen und Feedback

Ein Zuhörer kommentiert beständig das, was gesagt wird, besonders durch seine Mimik. Manchmal wird er auch Bewegungen mit dem Mund machen oder dem Redenden helfen, indem er fehlende Wörter sagt oder einen Satz für ihn beendet. Er zeigt auch eigene Reaktionen und Meinungen zu dem Gesagten, z.B. Verständnis, Verwirrung, Vergnügen, Traurigkeit, Freude oder Überraschung, durch die Stellung von Augenbrauen und Mund. Er nickt oder schüttelt den Kopf.

Verbale Interaktion impliziert eine gleichzeitige Anwendung von zwei Kommunikationskanälen: den vokal-auditiven und den gestural-visuellen Kanal. Der visuelle Kanal ist mit dem auditiven verbunden, indem der eine dem anderen in die entgegengesetzte Richtung Feedback gibt, und sie sind zeitlich genau koordiniert. Wie wir bereits sagten, sind die wichtigsten Signale rasche Augenbrauen- und Mundbewegungen. Sie werden von dem Redenden an entscheidenden Punkten seiner Äußerungen aufgenommen; teils zu diesem Zwecke schaut er auf bei grammatischen Pausen und am Ende seiner Äußerungen. Wenn der andere nicht zu sehen ist, wie beim Telephonieren, dann erscheint die Interaktion mit ihm als schwieriger.

Eine Art des Feedback ist bei der sozialen Interaktion besonders wichtig: Verstärkung. Wenn einer jedesmal nickt, wenn der andere spricht, wird der letztere sich bestärkt fühlen und mehr reden. Als Verstärker können mehrere nonverbale Signale fungieren: nicken, lächeln, anschauen, sich vorwärts lehnen und aufmunternde Laute von sich geben; auch verbale Signale können als Verstärker fungieren, indem man z.B. ,,ja'' oder ,,sehr interessant'' sagt und dem gerade Gesagten zustimmt. Es können auch ganz bestimmte Aspekte verstärkt werden: die Länge einer Rede, der Redegegenstand, lange oder kurze Äußerungen, Fragen stellen oder Meinungen äußern und dergleichen. Soweit aus der ausgiebigen Forschung in diesem Bereich zu ersehen ist, ist sich weder der eine noch der andere dessen bewußt, was dabei abläuft.

Das Spiegeln von Bewegung und Imitation

Ein Zuhörer macht oft Körperbewegungen, welche die des Redenden ziemlich genau imitieren. *Kendon* (1970) stellte fest, daß dieses besonders zu Beginn und am Ende von Äußerungen geschieht. Zum Beispiel, wenn A sich B leicht zuwendet, dann wird B sich A leicht zuwenden; wenn A mit dem Kopf nickt, wird B auch nicken; wenn A lächelt, wird auch B lächeln. Dieses gegenseitige Angleichen der Reaktionen ist ein allgemeines Merkmal der menschlichen sozialen Interaktion und betrifft sowohl die verbalen als auch die nonverbalen Komponenten. Wenn zum Beispiel A lange Äußerungen macht, Fragen stellt oder Witze erzählt, dann wird B wahrscheinlich dasselbe tun. Solche Vorgänge sind vermutlich in den meisten Fällen auf gedankenlose Imitation zurückzuführen.

Verhalten beim Zuhören

Während A redet, zeigt B mit mehreren nonverbalen Signalen, daß er A aufmerksam zuhört und weiterhin dafür interessiert ist, was er sagt. Das geschieht teilweise durch eine angemessene Nähe und Ausrichtung (vgl. S. 286f) sowie eine aufmerksame Körperhaltung. Andere Aufmerksamkeitssignale sind Kopfnicken, hauptsächlich am Ende von Satzteilen, periodisch wechselnder Blick, Lächeln und andere mimische Reaktionen sowie Körperbewegungen, die mit denen des Redenden in einem „Gesten-Tanz" koordiniert sind. Zum Ende von Satzteilen gibt der Zuhörer Aufmerksamkeitslaute von sich, vielleicht nur ein Brummen, oder auch Ausdrücke wie „ja", „ach so", „wirklich", „sehr interessant" oder „was Sie nicht sagen".

f) Kontrolle über die Synchronisierung der Äußerungen

Wenn sich zwei oder mehr Leute unterhalten, dann reden sie abwechselnd, und gewöhnlich bringen sie eine einigermaßen reibungslose, „synchronisierte" Abfolge der Äußerungen zustande, ohne viele Unterbrechungen und ohne viel zu schweigen. Wenn sich zwei oder mehr Leute treffen, werden ihre spontanen Redestile wahrscheinlich nicht zusammenpassen, und so wird es eine Zeit dauern, bis sie sich aneinander angepaßt haben: der eine muß weniger reden, ein anderer schneller usw. Untersuchungen der nonverbalen Signale, die Beginn und Abschluß der Rede begleiten, haben gezeigt, daß die Synchronisierung von einer großen Anzahl von nonverbalen Signalen kontrolliert wird. Da einige von ihnen visuelle Signale sind, ist zu folgern, daß die Synchronisierung sich bei Unterhaltungen am Telephon verschlechtert; es wurde festgestellt, daß die Äußerungen kürzer, Redepausen häufiger, Unterbrechungen jedoch seltener sind, wenn der visuelle Kontakt experimentell eingeschränkt wurde (*Argyle* und *Cook*, 1975).

Die folgende Abbildung zeigt ein Beispiel für die zeitliche Abstimmung der Äußerungen:

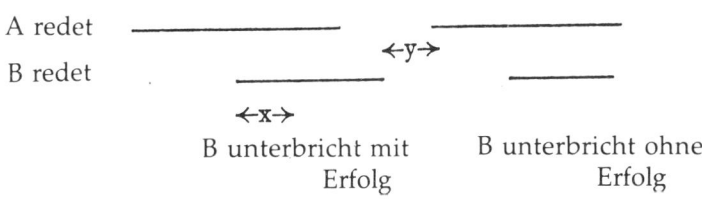

x = Von B benötigte Zeit, um A zum Aufhören zu bringen
y = Die Pause, bevor A antwortet.

In Experimenten von *Kendon* (1970), *Meltzer* (1971) und *Duncan* (1972) wurde entdeckt, mit welchen Signalen die Synchronisierung gelenkt wird:

(1) Signale, wenn ein Zuhörer das Wort ergreifen will:

(a) direkt unterbrechen; er wird sich wahrscheinlich dann am ehesten durchsetzen, wenn er lauter als der andere spricht; die meisten dieser Zweikämpfe dauern kürzer als eine Sekunde, so daß vermutlich die Lautstärke das wichtigste Signal ist.

(b) dreimal mit dem Kopf nicken oder sonstige ungeduldige nonverbale Signale, häufig mit verbalen Signalen verbunden wie „ja", „aber" oder „gut"

(2) Signale, wenn der Redende das Wort behalten will:

(a) die Lautstärke erhöhen, wenn ein anderer unterbricht, und lauter als der andere reden, wenn er die Unterbrechung fortsetzt

(b) an Satzenden die Hand in mittlerer Höhe halten

(3) Signale, wenn der Redende einem anderen das Wort gibt:

(a) zum Ende eines Satzes kommen

(b) am Ende die Stimme sich verlieren lassen, oder verbale Signale wie „nicht wahr"

(c) die letzte Silbe gedehnt sprechen

(d) am Ende die Tonhöhe stärker heben oder senken

(e) mit den Handbewegungen aufhören, die das Reden begleiten

(f) den anderen ansehen

(4) Signale, wenn ein Zuhörer es ablehnt, das Wort zu erhalten:

(a) nicken

(b) brummen oder Laute wie „hm-hm"

(c) den Satz vervollständigen

(d) kurz eine Erläuterung verlangen

(e) kurz mit eigenen Worten wiederholen, was der andere gesagt hat.

Diese Signale spielen in Bezug auf Interpunktion und Grammatik eine ähnliche Rolle wie die prosodischen Signale, abgesehen davon, daß sie zu einem Kommunikationssystem von zwei Personen gehören. Wie auch die anderen in diesem Kapitel betrachteten nonverbalen Signale scheinen sie in ihrer Beziehung zur Sprache durch Regeln bestimmt zu sein, wenn auch die betreffenden Regeln nur graduell befolgt werden.

Wir haben gesehen, daß längere Einheiten der Unterhaltung durch größere Veränderungen z.B. in der Körperhaltung oder der räumlichen Stellung markiert werden. Angela *Steer* (1972) hat diese

„Übergangspunkte" in zwei Experimenten untersucht und dabei drei Phasen festgestellt: Vor-Übergang, Punkt der Veränderung und Anpassung an einen neuen stabilen Zustand; darin sind sie Begrüßung und Abschied ähnlich, was ebenfalls Übergangspunkte sind (vgl. S. 171f). Weiterhin hat sie festgestellt, daß der Blickkontakt zunimmt, und zwar besonders an dem Punkt der Veränderung; sie meint, dadurch solle an einem Punkt von sozialer Spannung die Intimität bestärkt werden; das könnte aber auch darauf zurückzuführen sein, daß man an solchen Punkten ein stärkeres Bedürfnis nach einem Feedback hat.

g) Interaktionsfolgen, die verbale und nonverbale Handlungen umfassen

Wir wenden uns nun einigen komplizierteren Interaktionsfolgen zu, in denen einige Handlungen verbal, andere nonverbal sind. Sehr häufig laufen verbale und nonverbale Vorgänge gleichzeitig ab und bilden damit eine komplizierte soziale Verhaltensfolge.

In bestimmten Situationen (z.B. Einkauf in einem Laden, eine Mahlzeit, ein Spiel) werden die allgemeinen Verhaltensmuster durch soziale Konventionen gesteuert, und zwar im Hinblick auf die verbalen wie auch die nonverbalen Aspekte des Verhaltens. Als eine solche Verhaltensfolge wurden Begrüßungen untersucht, die in ihrer Abfolge eine feste Struktur zu haben scheinen. Im folenden Kapitel wollen wir Begrüßungen als Beispiel eines Rituals erörtern; an dieser Stelle interessieren wir uns für die genauere Struktur. Nach Feldstudien von *Goffman* (1971), *Kendon* und *Farber* (1973) haben Begrüßungen folgende Komponenten: (1) *Zurückhaltende Begrüßung* (nur nonverbal). Zwei Leute sehen sich gegenseitig an, begrüßen sich zurückhaltend mit einem Winken oder Lächeln, einer oder beide kommen näher. (2) *Annäherung und Vorbereitung* (nur nonverbal). Der Blick wird abgewandt, man streicht sich durch das Haar und hält vielleicht einen Arm vor den Leib; schließlich findet ein Blickwechsel statt, man lächelt, hält den Kopf in einer bestimmten Weise und bietet die Handfläche an. (3) *Nahe Phase* (verbal und nonverbal). Stereotype Äußerungen werden ausgetauscht (,,Hallo", ,,freut mich, Sie zu sehen"), gewöhnlich mit körperlichem Kontakt: Händeschütteln, umarmen, küssen. (4) *Anknüpfungsphase* (hauptsächlich verbal). Die Unterhaltung ist weniger stereotyp; wenn notwendig, macht man sich die Identität und den Status des anderen klar, fragt danach, was er zuletzt getan hat, oder nach dem Zweck seines Besuchs und kümmert sich um seine unmittelbaren Bedürfnisse, indem man ihm zum Beispiel einen Platz oder etwas zu trinken anbietet.

In komplizierten, durch Regeln gelenkten und rituellen sozialen Situationen spielen sowohl verbale als auch nonverbale Signale festgelegte Rollen. Bei einer Versteigerung beispielsweise leitet der Versteigerer das Bieten verbal, aber die Gebote werden zumeist nonverbal gemacht; der Verkaufsabschluß wird angekündigt, indem der Versteigerer mit dem Hammer auf den Tisch schlägt. Spiele bestehen zum größten Teil aus nonverbalen körperlichen Handlungen; die Entscheidungen des Schiedsrichters werden dabei mit einem nonverbalen Signal geäußert (z.B. mit einer Trillerpfeife), manchmal auch verbunden mit einem verbalen Signal (z.B. ,,aus''). Der Mannschaftskapitän lenkt seine Mannschaft mit Worten, aber ebenso auch mit nonverbalen Signalen. In Ritualen und Zeremonien werden verbale und nonverbale Signale gemeinsam benutzt. Der verbale Teil besteht dabei häufig aus standardisierten Formeln, so daß irgendwelche Abänderungen auf der nonverbalen Seite stattfinden müssen, d.h. in der Art und Weise, wie das Ritual durchgeführt wird.

Das Sozialverhalten bei diesen Interaktionsfolgen läßt sich nach drei Hauptprinzipien interpretieren:

(1) Alles Sozialverhalten kann als die Ausübung einer motorischen Fertigkeit angesehen werden, bei der jeder, der an einer Interaktion beteiligt ist, bestimmte Ziele verfolgt (gewöhnlich irgendwelche Reaktionen von dem anderen) und im Hinblick auf das Feedback sein Handeln ausgleicht, indem er also die Wirkung seines Verhaltens auf den andern wahrnimmt. Die Reaktionen können dabei verbal oder nonverbal sein. Eine ausführlichere Darstellung des Modells der sozialen Fertigkeiten findet sich bei *Argyle* (1972).

(2) Das Verhalten eines Einzelnen besteht aus einer Folge von sozialen Handlungen, von denen jede verbale und nonverbale Komponenten hat. Eine soziale Handlung hat eine hierarchische Struktur mit einem zentralen Plan oder Vorsatz, der eine bedeutungstragende Folge von Wörtern erzeugt, und einem begleitenden nonverbalen Muster.

(3) Die Kette der Äußerungen bzw. der sozialen Handlungen zwischen zwei oder mehr Leuten entspricht häufig einer standardisierten Abfolge. Begrüßungen und Rituale sind in hohem Maße standardisiert; Interviews und Mahlzeiten sind es weniger. Ebenso wie grammatische Regeln die Aufeinanderfolge der Wörter in einer Äußerung lenken, scheint es auch Regeln zu geben, die die Aufeinanderfolge von sozialen Handlungen lenken.

Auch zwischen verbalen und nonverbalen Handlungen ist in verschiedener Weise eine Interaktion möglich. Erstens können verbale Botschaften das nonverbale Verhalten beeinflussen, wenn z.B. einer den anderen bittet, lauter zu reden oder näher zu kommen. Zweitens kann das nonverbale das verbale Verhalten beeinflussen, etwa als Verstärkung, wie wir gesehen haben. Drittens wird ein verbales Benennen der nonverbalen Signale dazu führen, daß sich jemand seiner nonverbalen Signale bewußt wird, wie es beim Training sozialer Fertigkeiten geschieht. Schließlich kann jemand sein nonverbales Verhalten verbal erklären, zum Beispiel daß er ganz nahe rücken muß, weil er schwerhörig ist. Oder man kann sein Verhalten auch nonverbal erklären, in letzterem Falle etwa, indem man eine hohle Hand hinters Ohr hält.

Weiterführende Literatur

Birdwhistell, R. L. (1970) Kinesics and Context, Philadelphia: University of Pennsylvania Press.

Crystal, D. (1969) Prosodic Systems and Intonation in English, Cambridge: Cambridge University Press.

Ekman, P. and *Friesen, W. V.* (1969) Categories, origins, usage, and coding: the basis for five categories of non-verbal behavior, *Semiotica* I: 49-98.

Kendon, A. (1970) Some relationships between body motion and speech: an analysis of an example, in: *A. Siegman* and *B. Pope* (eds.), Studies in Dyadic Communication, Elmsford, N. Y.: Pergamon.

Zitierte Literatur

Abercrombie, K. (1968) Paralanguage, *British Journal of Communication* 3: 55-9.

Argyle, M. (1972) The Psychology of Interpersonal Behaviour, 2. Aufl., Harmondsworth: Penguin Books.

Argyle, M. and *Cook, M.* (1975) Gaze and Mutual Gaze, Cambridge: Cambridge University Press.

Chomsky, N. (1957) Syntactic Structures, The Hague: Mouton; dt.: Strukturen der Syntax, The Hague 1973.

Condon, W. S. and *Ogston, W. D.* (1966) Sound film analysis of normal and pathological behaviour patterns, *Journal of Nervous and Mental Diseases* 143: 338-47.

Diebold, A. R. (1967) Anthropology and the comparative psychology of communicative behaviour, in: *T. A. Sebeok* (ed.), Animal Communication - Techniques of Study and Results of Research, Bloomington: Indiana University Press.

Dittmann, A. T. and *Llewellyn, L. G.* (1969) Body movement and speech rhythm in social conversation, *Journal of Personality and Social Psychology* 11: 98-106.

Duncan, S. (1972) Some signals and rules for taking speaking turns in conversations, *Journal of Personality and Social Psychology* 23: 283-92.

Exline, R. V. et. al. (1970) Visual interaction in relation to Machiavellianism and an unethical act, in: *R. Christie* and *F. L. Geis,* Studies in Machiavellianism, New York: Academic Press.

Fonagy, I. (1971) Double coding in speech, *Semiotica* 3: 189-222.

Goffman, E. (1971) Relations in Public, London: Allen Lane; dt.: Das Individuum im öffentlichen Austausch, Suhrkamp, Frankfurt 1974.

Kendon, A. (1970) Movement co-ordination in social interaction: some examples considered, *Acta Psychologica* 32: 1-25.

Kendon, A. (1972) Some relationships between body motion and speech, in: *A. Siegman* and *B. Pope* (eds.), Studies in Dyadic Interaction, Elmsford, N. Y.: Pergamon.

Kendon, A. and *Farber, A.* (1973) A description of some human greetings, in: *R. P Michael* and *J. H. Crook* (eds.), Comparative Ecology and Behaviour of Primates, London: Academic Press.

Lindenfeld, J. (1971) Verbal and non-verbal elements in discourse, *Semiotica* 3: 223-33.

Mehrabian, A. (1972) Nonverbal Communication, New York: Aldine Atherton.

Meltzer, L., Morris, W. N. and *Hayes, D. P.* (1971) Interruption outcomes and vocal amplitude: explorations in social psychophysics, *Journal of Personality and Social Psychology* 18: 392-402.

Pike, K. L. (1967) Language in Relation to a Unified Theory of Human Behavior, 2. überarb. Aufl., The Hague: Mouton.

Scheflen, A. E. (1965) Stream and Structure of Communicational Behavior, Commonwealth of Pennsylvania: Eastern Pennsylvania Psychiatric Institute.

Scheflen, A. E. (1966) Natural history method in psychotherapy: communication research, in: *L. A. Gottschalk* and *A. H. Auerbach* (eds.), Methods of Research in Psychotherapy, New York: Appleton-Century-Crofts.

Steer, A. (1972) Transition points in social encounters, Vortrag vor der British Psychological Society.

9 Nonverbale Kommunikation in der Gesellschaft: Riten und Zeremonien

Unter Riten werden standardisierte Muster sozialen Verhaltens verstanden, die eine hauptsächlich symbolische statt einer instrumentellen Bedeutung haben und die sich auf religiöse oder okkulte Vorstellungen beziehen. Beispiele sind Trauungsgottesdienste und religiöse Heilungen: sie verursachen eher Veränderungen von sozialen Beziehungen oder Bewußtseinszuständen als physische Wirkungen. Unter Zeremonien werden standardisierte, symbolische Muster sozialen Verhaltens verstanden, die sich nicht auf religiöse Vorstellungen beziehen. Beispiele sind Begrüßungen oder eine Verleihung der Doktorwürde. In primitiven Gesellschaften ist die Unterscheidung zwischen Riten und Zeremonien schwierig durchzuführen; es ist auch schwer zu entscheiden, ob eine Handlung hauptsächlich symbolisch ist, wenn der Handelnde glaubt, sie werde materielle Konsequenzen haben. Oft wird das Wort ,,Ritus'' auch für beide Arten von Vorgängen benutzt. Körpersprache spielt bei Riten und Zeremonien immer eine wichtige Rolle, wenn auch verbale Kommunikation häufig ebenso verwendet wird. Für beide Kommunikationsarten ist typisch, daß sie von dem Priester, dem Ältesten oder sonst einem Verantwortungsträger ausgehen und sich an Leute richten, die behandelt werden (verheiratet, geheilt oder anerkannt werden), wobei allerdings auch diese verbal und nonverbal reagieren müssen. Hier ist die nonverbale Kommunikation von ziemlich anderer Art als die bisher behandelten Kommunikationsformen, und das läßt eine Reihe von neuen Fragestellungen entstehen.

Wir wollen drei Hauptarten von Riten untersuchen: Erstens Riten, die soziale Beziehungen festigen, verändern oder wiederherstellen (hierfür sind die ,,*Rites de passage*'' am besten bekannt); zweitens Riten, die körperliche und seelische Leiden heilen sollen; und drittens verschiedenartige religiöse, liturgische Veranstaltungen, die einen Glauben oder das Verlangen nach einer Lebensorientierung ausdrücken oder Ereignisse zu beeinflussen suchen. Allerdings ähneln diese Riten manchen eher alltäglichen Vorgängen, die einen standardisierten und symbolischen Charakter und auch ähnliche Bedeutung haben, z.B. soziale Beziehungen zu bestärken oder Überzeugungen auszudrücken. Beispiele dafür sind Begrüßung und Abschied oder feierliche Essen, die zu festgelegten Zeiten Leute zusammenführen.

Wie kann man die Bedeutungen dieser rituellen nonverbalen Signale ermitteln?

(1) *Dekodieren durch die Beteiligten.* Es mag schriftlich verfaßte Texte mit einer offiziellen Interpretation geben, oder mehr oder weniger allgemein geteilte Auffassungen von dem, was in einem Ritus geschieht, oder auch mythische und sonstige theoretische Vorstellungen, die eng mit dem Ritus verbunden sind. Man kann auch nach Assoziationen oder metaphorischen Bedeutungen von Handlungen oder benutzten Gegenständen fragen. In einem ausführlichen afrikanischen Ritus, der unfruchtbaren Frauen helfen soll, Kinder zu bekommen (vgl. S. 173f), wird roter Lehm verwendet, der von Ethnologen als Symbol für Menstruationsblut angesehen wird. Jedoch zeigen sich in den von Beteiligten genannten Bedeutungen häufig große Abweichungen, oder sie sind vielleicht nur den Priestern bekannt.

(2) *Schlußfolgerungen durch Beobachter.* Da also festgestellt wurde, daß das Befragen der Beteiligten keine zufriedenstellenden Erklärungen über die Bedeutungen von rituellen Handlungen und Gegenständen erbringt, haben Anthropologen auf Schlußfolgerungen und Interpretationen zurückgegriffen, die auf Untersuchungen der Riten in ihrem jeweiligen sozialen Hintergrund basieren. Solche Interpretationen ähneln in gewisser Hinsicht denen der Psychoanalytiker, abgesehen davon, daß es sich hier um soziale Institutionen handelt und nicht um ein individuelles Verhalten. Die Schwierigkeit bei diesen Interpretationen liegt darin, daß verschiedene Beobachter unterschiedliche Interpretationen erbringen, manche im Sinne einer Analyse der sozialen Struktur, andere im Sinne einer körperlichen Symbolik. Und es scheint keinen eindeutigen Entscheidungsmodus zu geben, welche Interpretation richtig ist, wenn überhaupt eine.

(3) *Verhaltensmäßige Auswirkungen.* Wie wir gesehen haben, haben manche nonverbale Signale nur geringe oder gar keine Bedeutung als Phänomene, aber sie haben verhaltensmäßige Auswirkungen, wie etwa ein Kopfnicken als ein Signal zur Synchronisierung oder zur Verstärkung benutzt wird. Es wäre eine gänzlich objektive Angelegenheit, die verhaltensmäßigen Auswirkungen eines Ritus zu untersuchen, obwohl das fast nie getan wird. Man könnte dann sagen, daß ein Heilungsritus seine Bedeutung darin habe, daß eine Heilung stattfindet. So könnte man experimentell untersuchen,

welchen Unterschied es ausmachen würde, wenn man sich nicht begrüßt oder verabschiedet - wenn es sich auch als sehr schwierig erweisen dürfte, dieses zu unterlassen.

Wir haben in Kapitel 2 Ritualisierungen bei Tieren erörtert. Kurz gesagt, bestehen diese im wesentlichen in drei Arten: (1) klare soziale Signale oder Äußerungen, die sich aus ursprünglich nichtsozialen Handlungen entwickelt haben (z.B. körperliche Intentionsbewegungen); (2) Verhaltensmuster, die eine Aggression verhindern (z.B. Beschwichtigungssignale oder eine Umlenkung von Aggression); (3) rituelle Handlungen, die soziale Bindungen entstehen lassen, wie z.B. Werbezeremonien. Es gibt einige interessante Entsprechungen zwischen menschlichen und tierischen Ritualen: beide bestehen aus in hohem Maße stereotypen Sequenzen von sozialem Verhalten; beide bestehen eher aus sozialen Signalen als aus instrumentellen Handlungen; beide kontrollieren Aggressionen und lassen sozialen Zusammenhalt entstehen; beide bestehen aus übertriebenen, wiederholten und vereinfachten Signalen. Allerdings werden menschliche und tierische Rituale durch unterschiedliche Mechanismen hervorgebracht: tierische Rituale sind das Ergebnis biologischer Evolution, menschliche sind das Ergebnis kultureller Entwicklungen; die ersteren werden genetisch weitergegeben, die letzteren durch Tradition und Erlernen - wenn auch vielleicht universale Strukturen den menschlichen Riten zugrundeliegen. Diese entwickeln sich viel schneller als tierische Rituale. Unter den Menschen bestehen auch größere individuelle Abweichungen, und Erneuerer und Anführer spielen bei der Veränderung von Tradition eine wichtige Rolle. Menschen sind von Vorstellungen beeinflußt, und Handlungen und Gegenstände erhalten symbolische Bedeutungen.

Manche Neurotiker erntwickeln individuelle Rituale; ständig wiederholtes Händewaschen ist dafür ein bekanntes Beispiel: es wird gewöhnlich als ein symbolisches Reinigen von Schuld interpretiert. Solche Rituale werden in der Meinung vollführt, sie würden die Angst verringern, die sich sonst aufdrängen würde, obwohl der Neurotiker dadurch in anderer Weise behindert wird. Experimente mit Ratten und Katzen haben gezeigt: wenn sie in starke Konflikte zwischen Annäherung und Vermeidung gestellt werden (indem ihnen z.B. beim Essen Elektroschocks versetzt werden) oder wenn sie auf einem Sprungstand vor unmögliche Alternativen gestellt werden, werden sie stereotype Verhaltensmuster annehmen, mit denen sie auf irgendwelche Veränderungen in der Umgebung kaum reagieren. Ritualisiertes Verhalten scheint eine Reaktion auf Angst zu sein und diese Angst verringern zu können. *Malinowski* schloß, daß auf den Tobriand-Inseln die Riten, die mit der Tiefseefischerei verbunden waren, dazu dienten, die Angst zu verringern, die durch diese Tätigkeit entstand. Die Riten, die wir in diesem Kapitel behandeln, sind teilweise vielleicht eine Reaktion auf eine Angst; wenn sie einzelne Personen heilen und den sozialen Zusammenhalt fördern können, werden sie bestimmt die Angst verringern. Jedenfalls sind die Riten, die wir behandeln wollen, soziale Vorgänge, in denen eine Person mit anderen kommuniziert oder mehrere Leute dieselben Vorstellungen und Empfindungen gemeinsam zum Ausdruck bringen; sie werden von einer Gesellschaft getragen und von einer Generation der nächsten überliefert. Zwar können die Riten eines Einzelnen in ähnlicher Weise eine symbolische Bedeutung haben, aber es findet keine Kommunikation statt, weil dabei keine von der Gesellschaft getragenen Signale beteiligt sind.

Während es einerseits wohl sinnvoll ist, ein rituelles Verhalten von tierischem Verhalten und auch von neurotischem Verhalten zu unterscheiden, so können wir andererseits auch menschliche Riten dem ,,rationalen Alltagsverhalten'' entgegensetzen, wo die gewöhnlichen kognitiven Prozesse am Werke sind und wo man sich ohne weiteres erklären kann, was man gerade tut. Wie wir gesehen haben, haben bei vielen menschlichen Riten die Leute keine klare Vorstellung, was sie tun oder warum sie es tun. Riten können als eine Art Sprache angesehen werden, die Dinge zum Ausdruck bringt, welche nicht leicht in Worten wiedergegeben werden können.

a) Riten, die soziale Beziehungen verändern, bekräftigen oder wiederherstellen

Veränderung von sozialen Beziehungen: Rites de passage

Davon gibt es eine große Anzahl: Riten zu Geburt, Namengebung, Geburtstagen, Begrüßung und Abschied, Pubertät, Menstruation, Promotion, Verlobung, Hochzeit, Beförderung, Ordensverleihung, Amtseinführung, Krönung und Sterben. In primitiven Gesellschaften sind diese Riten sehr zahlreich; bei den Todas in Indien muß eine schwangere Frau zwölf verschiedene Riten durchlaufen, bevor sie nach der Geburt ihres Kindes zum normalen Leben zurückkehren kann. Wie *van Gennep* beobachtet hat, gibt es Riten zur Kennzeichnung von allen wichtigen Lebensstufen, und die Übergänge von einer Stufe zur nächsten sind ein wesentlicher Bestandteil des Lebens. *Van Gennep* (1908) hat gezeigt, daß alle ,,*Rites de passage*'' (Riten des Übergangs) eine Drei-Stufen-Struktur haben: Trennung, Übergang, Vereinigung, wobei allerdings in verschiedenen Riten verschiedene Phasen betont werden. Wenn ein Mensch sich von einer Gruppe oder einer Rolle entfernt und sich einer anderen zuwendet, werden die sozialen Beziehungen abgebrochen, und neue müssen begründet werden. Dazu dienen die *Rites de passage*. Der Ritus wird von Priestern oder von den ältesten Gruppenmitgliedern ausgeführt, die durch das Aussprechen bestimmter Worte den ,,Vollzug bewirken"; das heißt, durch das Aussprechen der Worte ,,ich erkläre euch als verheiratet" vollzieht sich die Veränderung in dem sozialen Status. Die emotionale Macht des Ritus ist notwendig, um die Veränderung der Einstellungen, Wahrnehmungen und Verhaltensmuster zustandezubringen, und dieser veränderte Zustand findet eine allgemeine Bestätigung.

Die zweite Stufe bei *van Gennep*, die Stufe des Übergangs, ist von besonderem Interesse. Der Initiand steht dabei außerhalb der Gemeinschaft - er gehört weder zu der bisherigen noch zu der neuen Gruppe, und er besitzt keine Rolle. Zuweilen muß er physisch abgesondert leben, wie z.B. Knaben bei Pubertätsriten oder Frauen in bestimmten Stadien der Schwangerschaft bei manchen Stammesgesellschaften. Da er außerhalb der Gemeinschaft steht, werden ihm besondere Freiheiten gewährt. Die empfangenen Initiationen oder die von ihm gelernten Mythen geben ihm eine weitere Perspektive von der ganzen Gemeinschaft, während er die Möglichkeit hat, sie von außen zu sehen. Ein weiteres interessantes Kennzeichen dieser *Rites de passage* liegt darin, daß sie gewöhnlich mit territorialen Veränderungen verbunden sind, wenn z. B. der Initiand in dem Stadium des Übergangs sich aus dem Dorf entfernt und außerhalb in Hütten wohnt.

Bekräftigung von sozialen Beziehungen

Manche Riten scheinen hauptsächlich den Zweck zu haben, den sozialen Zusammenhalt und Rollenbeziehungen aufrechtzuerhalten. In primitiven Gesellschaften sind diese Riten sehr verbreitet, in modernen Gesellschaften jedoch weniger. Militärparaden, tägliche Schulversammlungen, familiäre Zusammenkünfte zu Weihnachten oder beim Sonntagsessen, Spaziergänge, gesellschaftliche Zusammenkünfte und alljährliche Feiern zu Sylvester, Erntedankfest und andere Erntefeste sind Beispiele solcher Zeremonien in unserer Gesellschaft. Dazu können wir mehrere Aspekte unterscheiden: (a) Das Herstellen von Zusammenhalt und Verringern von Konflikten zwischen Gruppen. In allen Gesellschaften oder größeren Gruppen gibt es mehrere kleine Gruppen, die oft mehr oder weniger miteinander in Konflikt stehen. Zeremonien, bei denen alle Gruppen anwesend oder vertreten sind, unterdrücken oder kontrollieren diese Konflikte und betonen die Einheit und die gemeinsamen Ziele der Gesellschaft. Was alle Gruppen gemeinsam haben, ist ihre Geschichte, und so kann eine Zeremonie die Form annehmen, daß die Geschichte der Gesellschaft vergegenwärtigt oder rekapituliert wird. Die älteren Anführer einer Gesellschaft, manchmal Könige, sind Gegenstand der Verehrung oder der religiösen Ehrfurcht; man hat angenommen, der Grund dafür läge darin, daß sie die Werte der Gesellschaft verkörpern. (b) Ausdruck von Rollendifferenzierungen. *Bernstein* (1966) hat beobachtet, daß schulische Zusammenkünfte verschiedener Art sowohl den Zusammenhalt bestärken als auch Rollen voneinander abgrenzen; so werden Unterscheidungen getroffen zwischen Altersstufen, Geschlechtern, Wohngebäuden (bei Internaten) und in manchen Schulen auch zwischen verschieden begabten Schülern. Alle Arten von Riten sind in primitiven Gesellschaften viel stärker verbreitet; *Gluckman* (1965) meint, das habe darin seinen Grund, daß in einer Volksgemeinschaft sich verschiedene Rollensysteme überschneiden würden, so daß Riten erforderlich seien, um die Rollen abzuklären. (c) Verstärkung von Autoritätsbeziehungen. Auch das ist eine Funktion der Schulversammlungen, wo der Direktor, die Studienräte und die Vertrauensschüler alle verschiedene Rollen spielen. Dasselbe gilt für Militärparaden, bei denen die Beziehungen durch die Aufstellungen der Parade demonstriert und zum Ausdruck gebracht werden.

In primitiven Gesellschaften spielen geheiligte Gegenstände eine große Rolle, wie etwa die Tierfiguren oder „Totems" bei den australischen Ureinwohnern. *Durkheim* und andere haben beobachtet, daß diese Gegenstände für einzelne Teile der Gesellschaft oder auch für die Gesellschaft als ganze stehen und daß sie deswegen als geheiligt angesehen werden, weil sie die moralische Kraft der Gemeinschaft symbolisieren, eine Kraft, die den sozialen Zusammenhalt aufrechterhält. Das erklärt allerdings nicht, auf welche Weise einzelne Gegenstände ausgewählt werden oder warum sie als geheiligt angesehen werden.

Wiederherstellung von sozialen Beziehungen

Dafür gibt es unterschiedliche Formen: Entschuldigung, Entschädigung, Wiederherstellung und dergleichen. *Goffman* (1972) hat eine allgemein übliche rituelle Verhaltensfolge untersucht, mit der dieses bei kleineren Übertretungen geschieht. Wenn jemand in irgendeiner Weise abgewichen ist oder eine Regel verletzt hat und damit die soziale Situation in Unordnung gebracht hat, findet in folgender Weise ein rituelles Verhalten statt: der Missetäter entschuldigt, erklärt oder rechtfertigt sich, die anderen Anwesenden akzeptieren das, der Schuldige dankt ihnen und die anderen reduzieren den Dank („ist schon in Ordnung"). In der Abfolge dieses rituellen Verhaltens geschehen auch Abweichungen, wenn zum Beispiel die anfängliche Entschuldigung nicht akzeptiert wird und der Schuldige sich weiterhin erklären oder entschuldigen muß, bevor ihm vergeben wird und der Status quo wiederhergestellt ist.

Begrüßung und Abschied

Das sind vielleicht die verbreitesten Riten in der modernen Gesellschaft, da jede soziale Begegnung damit beginnt und endet. *Goffman* beschrieb sie als „rituelle Klammern", die die Zeitabschnitte einer erhöhten Zugänglichkeit umschließen. Je länger die Trennung vor einer Begegnung ist, desto ausführlicher, intensiver und überschwenglicher sind die Begrüßungen; bei einer erwarteten längeren Trennung ist der Abschied entsprechend ausführlicher; ein bestimmtes Ausmaß an „ritueller Arbeit" muß vollzogen werden, und wenn es einmal geschehen ist, kann es nicht unmittelbar danach noch einmal geschehen, wenn z.B. ein Gast zurückkommt, weil er etwas vergessen hat. Die rituellen Formen können dabei ganz unterschiedlich sein: Händeschütteln, Küssen oder ein anderer physischer Kontakt, Austausch von Geschenken, höfliche verbale Formeln (die oft wie Fragen klingen, aber keine Antwort erfordern), Erkundigung nach der Gesundheit des anderen und seiner Angehörigen, gemeinsames Essen oder Trinken oder Pfeiferauchen und dergleichen. Dabei wird ungefähr Folgendes kommuniziert: jeder ist nun vorbereitet, sich auf den anderen einzustellen, in einem Geist von Vertrauen und Kooperation für einen Zeitabschnitt von erhöter Zugänglichkeit und Intimität. Auch andere Informationen können ausgetauscht werden, etwa eine Klärung der Identität, des Status und der Absicht eines Besuchers. Begrüßungen können mehrere Stufen umfassen: in einer primitiven Gesellschaft muß ein Besucher vielleicht zunächst außerhalb des Dorfes warten für eine Einleitungsphase des Palavers; in einer zweiten Phase werden vielleicht Geschenke ausgetauscht und dergleichen, und schließlich findet eine Zeremonie der Aufnahme statt mit Händeschütteln oder einer feierlichen Mahlzeit. (Die Begrüßungsformen in der modernen Gesellschaft haben wir oben auf S. 81f erörtert.) In diesen primitiven Begrüßungsformen kann man auch die drei von *van Gennep* genannten Stufen wiederfinden. Jedoch können die meisten Begrüßungsformen in ganz anderer Weise in Phasen aufgeteilt werden: (1) zurückhaltende Begrüßung, (2) Annäherung und Vorbereitung, (3) Körperkontakt und Worte der Begrüßung, (4) zu einer Gruppe oder einer Tätigkeit einladen (vgl. S. 161f). Der wesentliche Punkt in dieser Verhaltensfolge ist eher eine Steigerung als eine Abnahme; und andere Riten zeigen gewöhnlich eine ähnliche Steigerung.

Unter welchen Bedingungen werden solche *Rites de passage* benötigt? Wir würden erwarten, daß sie sich dann ereignen, wenn irgendeine Ungewißheit über den Status eines Menschen besteht oder wenn er eine plötzliche Veränderung seines Status oder seiner Beziehungen zu anderen erlebt hat. *Whiting, Kluckhorn* und *Anthony* (1958) haben angenommen, daß die Initiation von männlichen Jugendlichen in der Pubertät viel häufiger in solchen Gesellschaften auftrete, in denen die Knaben im ersten Lebensjahr bei der Mutter schlafen. *Young* (1965) dagegen meinte, solche Initiation sei von der Existenz von männlichen Organisationen für die Jagd oder den Krieg abhängig. In jedem Falle mag eine Ungewißheit bestehen, ob der Knabe die männliche Geschlechtsrolle annimmt.

Haben *Rites de passage* die Wirkung, daß sie die beabsichtigten Veränderungen tatsächlich hervorbringen? In diesem Punkt gibt es kaum zufriedenstellende Beweise. *Aronson* und *Mills* (1959) meinten, eine unangenehme Initiation würde bei jungen Mädchen ein stärkeres Verlangen wecken, an mythischen Besprechungsgruppen teilzunehmen. Paare, die sich in der Kirche trauen ließen, sind glücklicher verheiratet und werden sich mit geringerer Wahrscheinlichkeit scheiden lassen; aber dafür dürfte es andere Gründe geben (*Argyle* und *Beit-Hallahmi*, 1975).

b) Heilungsriten

Manche Riten beziehen sich hauptsächlich auf die Heilung körperlicher oder geistiger Zustände - gewöhnlich wird zwischen beidem nicht unterschieden. Diese Riten unterscheiden sich von den Tätigkeiten der Ärzte, insofern das Handeln symbolischer Art ist, obwohl das nur ein gradueller Unterschied ist, da ja auch Ärzte mit Placebos und Überredung arbeiten. Man kann die Heilungsriten nicht genau abgrenzen von den eben erörterten, in denen es um die sozialen Beziehungen geht: oft hat ein Mensch seelische oder körperliche Störungen, weil die sozialen Beziehungen gestört sind.

Heilung

In den meisten primitiven Gesellschaften gibt es Riten zur Heilung von Unfruchtbarkeit, Frigidität oder Krankheit überhaupt.

Diese wurden in den modernen Gesellschaften natürlich durch die Medizin ersetzt, aber selbst hier sind Gebete oder andere Riten für die Kranken geläufig. Die Pfingstler und ähnliche Kirchen betonen die spirituelle Heilung; in der anglikanischen Kirche gibt es besondere Liturgien, in einer von ihnen findet eine Salbung mit Öl statt. In Lourdes werden etwa drei Prozent der Besucher geheilt; bei primitiven Heilungsriten wird die Genesungsrate gewiß sehr viel höher sein, da die Riten machtvoller sind und da in Lourdes viele Kranke miteinbezogen sind, die von vornherein unheilbar waren. Ich selbst habe in einer afrikanischen christlichen Kirche in Ghana einen Heilungsritus miterlebt. Mehrere Stunden Singen und Tanzen in einer sehr überfüllten Halle hatten 75 Bekehrungen zur Folge. Die Bekehrten wurden dann behandelt, indem die Teufel ausgetrieben wurden, von denen jeder einen körperlichen Schmerz repräsentierte; die Älteren drückten ihre Hände auf den Kopf des Bekehrten und schrieen die Teufel an, sie sollten herauskommen. Ich nehme an, daß wichtige Faktoren hierbei die emotionale Erregung und Erschöpfung sowie der recht hochgradige soziale Druck waren. *Turner* beschreibt einen sehr viel komplexeren Ritus zur Behandlung von Unfruchtbarkeit aus Sambia. Dieser Ritus ist sehr interessant wegen der miteinbezogenen ausführlichen Symbolik:

,,Bei dem Geschehen ist Folgendes wesentlich: Ein junger Mukula-Baum wird zunächst von einem männlichen religiösen Praktiker oder Medizinmann geweiht und dann gefällt. Dieser Medizinmann und andere zerschneiden ihn darauf in kurze Stücke, die sie zu groben Figurinen zurechtschnitzen, welche kleine Kinder darstellen sollen. Als nächstes schneiden sie kleine runde Kalabassen in Hälften, opfern einen roten Hahn und bereiten mit dessen Blut als Schmiermittel einen leimartigen Brei aus einigen roten Ingredientien, von denen jedes eine symbolische Bedeutung hat. Etwas von diesem Brei füllen sie in ein Loch, das in die Köpfe der Figurinen geschnitzt wird. Der Rest wird jeweils in die eine Hälfte von jeder aufgeschnittenen Kalabasse gedrückt. Die Figurinen oder Puppen werden nun in die leeren Hälften gelegt, die dann mit den anderen Hälften zusammengesetzt werden, um die getrennten Teile wieder zu vereinigen. Vorher wurden Löcher in die sich nun überschneidene Peripherie gebohrt und ein Stück Rindenfaser wurde durch sie hindurchgezogen. Dann werden die Kalabassen in eng geflochtene Körbe gelegt. Währenddessen mußten die durch den Ritus behandelten Personen, die ,,Patienten", junge verheiratete Frauen, etwa fünfzig Meter entfernt sitzen, mit vor sich ausgestreckten Beinen, den Händen im Schoß und

gesenktem Kopf - die herkömmliche Körperhaltung für Bescheidenheit und Scham." (*Turner*, 1967, S. 295f)
Dabei sind einige Symbole beteiligt, zum Beispiel die Kalabasse bedeutet die Gebärmutter, die Tötung des Hahns bedeutet, daß der Patient nicht mehr von einem Geist gestört wird, roter Lehm soll Menstruationsblut darstellen, und in einem anderen Teil des Ritus wird Rizinusöl verwendet - womit auch Brautpaare vor der Hochzeit gesalbt und neugeborene Kinder massiert werden. Jeder dieser Gegenstände hat mächtige emotionale Assoziationen oder metaphorische Bedeutungen.

Der Ritus wird auch kognitiv unterstützt durch religiöse oder mythische Vorstellungen, die die Wirkungen des Ritus glaubwürdig machen - wenn etwa die Teufel angeschrieen werden, sie sollen herauskommen. Zusätzlich jedoch findet eine sehr interessante Form von nonverbaler Kommunikation statt, bei der Handlungen und Gegenstände einen symbolischen Wert haben, entweder durch Assoziationen (Rizinusöl und Säuglinge) oder durch ihre metaphorische Bedeutung (rotes Gummi und Menstruationsblut). Diese Symbole kommunizieren auf einer tieferen, mehr emotionalen und weniger kognitiven, nonverbalen Ebene und können die biologische Verfassung des Patienten beeinflussen.

Psychologisches Heilen

In primitiven Gesellschaften wird zwischen körperlichen und sselischen Schmerzen kaum unterschieden. Allerdings haben manche Priester bei den Primitiven vielleicht ein intuitives Verständnis für seelische Störungen, wenn sie diese zum Beispiel auf Schuld oder beschädigte soziale Beziehungen zurückführen. Katholische Priester haben ein beträchtliches Verständnis für psychische Probleme. Hier ist der Ritus mit einer soliden psychologischen Führung verbunden.

In jeder Gesellschaft gibt es charakteristische Formen von psychischen Störungen. Francis *Huxley* (1966) hat die Riten beschrieben, die in Haiti zur Behandlung der dortigen psychischen Probleme entwickelt wurden. In Haiti ist es allgemein verbreitet, daß Jugendliche Nervenzusammenbrüche erleben, vermutlich infolge der rauhen und strengen Behandlung durch ihre Eltern; die Zusammenbrüche geschehen in Form von Anfällen, und diese werden geheilt durch ein rituelles Waschen des Kopfes in Wasser, in dem ausgepreßte Weinblätter enthalten sind. Wenn Novizen in den Voodoo-Kult eingeweiht werden, durchlaufen sie eine symbolische Krankheit und Heilung: sie werden in den Zustand einer hysterischen Erregung oder Bewußtseinsspaltung versetzt und werden durch heftiges Singen, Tanzen und Trommeln bewußtlos. Sowohl Kranke als auch die Novizen erfahren charakteristische Bilder von dem Gott (von dem sie nach ihrer Vorstellung besessen sind), der ihnen erscheint als ein Feigenbaum mit einer Ziege, die dessen Blätter frißt, und Schlangen, die sich um ihn kümmern. Diese Riten können in verschiedener Weise interpretiert werden: im Sinne einer Katharsis von verdrängten Gefühlen, im Sinne einer freudianischen Betrachtungsweise (z.B. im Hinblick auf die Schlange), oder als ein symbolisches Sterben und Wieder-Geboren-Werden. Interessant sind die einzelnen Symbole, z.B. das Waschen des Kopfes mit Wasser und Feigenblättern. Wasser symbolisiert Reinheit, und die Feigenblätter werden von den Bewohnern von Haiti mit dem heiligen Baum assoziiert, dessen Blätter voll von magischen Kräften sind. Diese symbolischen Riten haben eine heilende Wirkung und erzeugen Bilder, die Francis *Huxley* als unmittelbare Äußerung von körperlichen Zuständen betrachtet.

In unserer Gesellschaft ist die Beichte, verbunden mit symbolischen Mitteln der Wiedergutmachung, ein verbreitetes Mittel von psychologischer Heilung. Bei den Katholiken wird sie häufig angewandt. Die Sündenvergebung spielt auch im Protestantismus eine wichtige Rolle und findet ihren rituellen Ausdruck in dem Abendmahlsgottesdienst, der hier und da mit dem Glauben an eine Buße verbunden ist.

Beerdigungsfeiern

Beerdigungsfeiern haben zwei verschiedene Zwecke. Wir wollen sie in diesem Abschnitt erörtern, weil sie zum Teil die emotionale und soziale Umstellung der Hinterbliebenen betreffen. Jedoch können sie auch als *Rites de passage* für die Verstorbenen angesehen werden. Die Behandlung des Leichnams ist von den jeweiligen Jenseitsvorstellungen abhängig. Der Verstorbene wird von seinem bisherigen Leben und Besitztum getrennt, geht durch ein Übergangsstadium der Vorbereitung und wird dann in die Totenwelt aufgenommen. Zuweilen wird er für diese Reise ausgiebig ausgerüstet, wie bei den alten Ägyptern, oder es werden symbolische Riten veranstaltet, um seine Rückkehr zu verhindern, wenn er etwa so ausgerichtet wird, daß seine Füße von dem Haus fortweisen. Was der Verstorbene für die Gesellschaft geleistet hat, wird in Erinnerung gerufen und gelobt, denn dieses wird nach ihm fortbestehen.

Jedoch sind die Beerdigungsfeiern für die Hinterbliebenen noch wichtiger. Ein Todesfall ist eine der erschütterndsten menschlichen Erfahrungen, da enge soziale Bindungen für die Persönlichkeit überaus wichtig sind. Die Hinterbliebenen können dadurch einen andauernden persönlichen Schaden erleiden. Diese Unfähigkeit, einen Verlust durch den Tod eines Menschen zu bewältigen, kann geradezu als eine ,,biologische Fehlerstelle" in unserer Beschaffenheit angesehen werden - die aber von allen geteilt wird, im Unterschied zu Unfruchtbarkeit oder anderen Schwächen. In der Zeit des Trauerns vollzieht sich in gewissem Maße eine Umstellung: Riten von Familien-Mahlzeiten schaffen eine soziale Unterstützung für die Hinterbliebenen, und ein in der Öffentlichkeit statthaftes Trauern hat eine kathartische Wirkung. Während dieser Zeit kann manche Umstellung sowohl der Gefühle als auch der sozialen Beziehungen stattfinden. Am Ende dieser Zeit von Zurückgezogenheit und des Übergangs können die Hinterbliebenen zum gewöhnlichen Leben zurückkehren.

c) Religiöse Riten

Die bisher erörterten Riten haben häufig eine religiöse Komponente, aber wir werden uns nun anderen Riten zuwenden, die in erster Linie einen religiösen Charakter haben: Riten zur Beeinflussung einer Gottheit sowie zum Ausdruck von religiösen Überzeugungen und Einstellungen. Zwei Bereiche überschneiden sich weitgehend: Vergebung der Sünden und Versicherung von Unsterblichkeit. Wir haben Riten beschrieben, die als Heilungsriten von Schuld befreien, aber diese werden in den wichtigsten religiösen Zeremonien ebenso eine wesentliche Rolle spielen, wie es in der christlichen Kirche der Fall ist. Versicherung von Unsterblichkeit ist ein wesentlicher Motivationskern von Religion überhaupt, und das zeigt sich besonders in Beerdigungsriten, aber auch in anderen Arten von Gottesdiensten.

Beeinflussung der Gottheit

In den meisten Religionen werden Versuche unternommen, den Gott oder die Götter zu beeinflussen, durch Bitten, Darbringungen und Opfer (von Gegenständen, Tieren oder Menschen). Im Kern mag das eine Sache der Gegenseitigkeit sein: man hat das Gefühl, es müsse etwas zum Ausgleich getan werden. Es ist nicht bekannt, warum Opfer häufig zu diesem Zweck benutzt werden - vielleicht waren die Tiere bei den primitiven Völkern der wertvollste Besitz. Wie Edmund *Leach* (1968) darlegt, können den Opfern von denen, die sie darbringen, ganz verschiedene Bedeutungen beigegeben werden: das Opfertier sei ein Geschenk oder eine Bestechung der Götter; das Opfertier sei ein Ersatz für den Opfernden; das Opfertier sei eine symbolische Darstellung der Sünde; oder das Opfertier werde mit dem Gott identifiziert. Überdies aber scheint keine dieser Erklärungen gänzlich befriedigend zu sein, da sie nicht erklären, warum das Töten eines Tieres überhaupt eine religiöse Macht haben soll.

Wenn die Dinge gut stehen (die Ernte ist gut, ein Krieg ist gewonnen, der Regen kommt), dann können Dankfeste veranstaltet werden.

Auch in magischen Praktiken werden nonverbale Symbole angewandt, um Ereignisse zu beeinflussen. Der Unterschied zur Religion liegt darin, daß man sich, statt die Gottheit anzurufen, aus der Entfernung mit einer direkten Suggestion an die Dinge selbst wendet. Wiederum werden dabei die zwei unterschiedlichen Arten von Symbolik verwendet: analoge Symbole bei einer sympathetischen Magie, und willkürliche Symbole bei einer kontagiösen Magie. In einer sympathethischen Magie wird ein Abbild von der Person verfertigt, das an deren Stelle behandelt wird; in einer kontagiösen Magie werden irgendwelche Gegenstände, die mit ihm verbunden sind oder ihm früher gehörten, zur Kraftübertragung verwendet.

Ausdruck von religiösen Überzeugungen und Einstellungen

Religiöse Überzeugungen haben die Funktion, ein kognitives System zu erstellen, das die Lebenserfahrungen in einer befriedigenden Weise interpretiert, und diese Erklärungen mit den Lebenszielen zu verbinden. Der Ausdruck solcher Überzeugungen erfordert mehr als nur Worte, nämlich eine Handlung, und das geschieht durch nonverbale Kommunikationsformen in den religiösen Zeremonien. Ebenso wie Kinder ihre interessantesten Erfahrungen dramatisieren, so finden auch in religiösen Riten dramatische Darstellungen der grundlegendsten und wichtigsten Aspekte der Erfahrung statt: Geburt und Tod, Beziehungen zu den Vorfahren, Essen und Trinken, Liebe und Sexualität, die Sonne, der Mond, die Jahreszeiten und dergleichen. Die Auseinandersetzung mit diesen Dingen wird in nonverbalen Symbolen ausgedrückt, die metaphorisch auf sie bezogen sind und die die Emotionen ihnen gegenüber zum Ausdruck bringen und teilweise auch hervorrufen. Einstellungen wie Demut und Reue können durch Körperhaltungen ausgedrückt werden wie: den Kopf senken, knien oder flach auf dem Boden liegen; Freude kann in Singen und Tanzen ihren

Ausdruck finden und eine Sehnsucht dadurch, daß man nach oben schaut oder die Arme nach oben ausstreckt.

Religiöse Zeremonien finden an einem geweihten Ort statt, der für diesen Zweck gekennzeichnet ist; innerhalb dieses geweihten Ortes erhalten Gegenstände und Handlungen eine besondere symbolische Macht. Hier können die Leute an dem Ritus teilnehmen und empfinden, daß dabei etwas Besonderes stattfindet und vollzogen wird. Warum sind bestimmte Gegenstände (Tiere, Bäume oder Steine) mit einer religiösen Macht ausgestattet? Manche Anthropologen meinen, der Grund dafür läge darin, daß sie mit Faktoren verbunden werden, die für das Überleben der Gesellschaft eine Bedeutung haben, wie z.B. die heiligen Schildkröten auf den Andamanen-Inseln. *Lévi-Strauss* (1962) vermutet, es würden dafür solche Gegenstände ausgewählt, die als begriffliche Modelle der Gesellschaft fungieren können, zum Beispiel für Verwandtschaftssysteme; mit Hilfe dieser Gegenstände können andere Vorstellungen leichter begriffen werden. In manchen Fällen allerdings ist die Bedeutung eines rituellen Gegenstandes auf Assoziationen zurückzuführen, wie bei den Reliquien in der katholischen Kirche, oder auf eine Ähnlichkeit, wie es bei dem Kreuz der Fall ist. In primitiven Religionen wird daran geglaubt, daß diese Gegenstände selbst magische Kräfte der Heilung haben oder auch andere Kräfte gebrauchen. Das würden wir heute als einen Irrtum betrachten; aber diese geheiligten Gegenstände haben tatsächlich Kräfte, allerdings beeinflussen sie den Beschauer nur aufgrund ihrer Eigenschaft, für ihn grundlegende und bedeutsame emotionale Einstellungen ausdrücken zu können.

„Heiligkeit" scheint durch besondere nonverbale Signale mitgeteilt zu werden; in den wichtigsten Weltreligionen sind das folgende: Schweigen, Dunkelheit, Weihrauch, Kerzen, besondere Musik und Glocken, besondere Kleidung, Waschung vor dem Eintritt, einzelne Symbole wie das Kreuz, eine besondere Gebäudeform, z.B. kreuzförmig und zum Himmel hinaufweisend.

d) Die Eigenart ritueller Kommunikation

Riten werden als eine Form der Kommunikation, hauptsächlich der nonverbalen, angesehen, und wir wollen nun nach deren strukturellen Eigenschaften fragen.

In welcher Weise hat ein Ritus eine Bedeutung?

Wie wir bereits gesehen haben, kann die Bedeutung eines Ritus nicht vollständig durch Befragungen der Beteiligten erfaßt werden.

Feldforscher sind nach sorgfältigen Studien von Riten bei den Primitiven zu dem Schluß gekommen, daß die Bedeutung der Riten in zwei unterschiedlichen Weisen zu entstehen scheine. (a) Ähnlichkeit, Metapher oder Analogie. Beispiele sind das Kreuz und Wein für Blut. In Heilungsriten symbolisieren sie Körperteile oder physiologische Prozesse. Andere religiöse Riten symbolisieren grundlegende emotionale Erfahrungen, die sich auf Geburt, Liebe, Tod und dergleichen beziehen. (b) Kontiguität, Gedankenverbindungen und andere willkürliche Assoziationen. Beispiele sind die Reliquien bei den Katholiken und Tiere oder Fahnen, die soziale Gruppen repräsentieren. In Riten, die soziale Beziehungen betreffen, symbolisieren sie soziale Gruppen oder Beziehungen zwischen den Menschen. Wie wir gesehen haben, läßt sich die Bedeutung dieser Riten nicht objektiv bestimmen. Sehr wahrscheinlich kann ein Ritus gleichzeitig mehrere verschiedene Bedeutungen haben: derselbe Vorgang oder Gegenstand kann eine große Anzahl von metaphorischen Verbindungen aufweisen. *Turner* (1966) meint, daß Symbole gleichzeitig verschiedene Bedeutungen zusammenfassen können, und zwar sowohl analoge, leibhaftige Bedeutungen als auch willkürliche Bezüge auf soziale Gruppen. Auf diese Weise werden die Gruppenwerte mit Gefühlen beladen, während die grundlegenden Gefühle veredelt werden, indem sie mit den sozialen Werten verbunden werden. Riten stehen oft in einer engen Beziehung zu einem Mythos, wobei der Mythos eine Erklärung des Ritus anbietet.

Die in Riten verwendeten nonverbalen Signale sind ganz andersgeartet als verbale Mitteilungen. Sie erregen metaphorische Bilder und Gefühle, und ebendadurch erhalten sie ihre Macht. Wir wollen später noch darauf zu sprechen kommen, daß rituelle und künstlerische Mitteilungen sich in ihrer Funktion von der verbalen Kommunikation ziemlich unterscheiden (S. 362f).

Rituelle Signale stehen häufig für soziale Beziehungen, und wie Edmund *Leach* (1968) dargelegt hat, gibt es einige allgemeine Grundformen, diese zu symbolisieren. Sozialer Status wird durch eine Person verkörpert, die beispielsweise auf einer höheren Stufe steht. Abstraktere Vorstellungen und Gefühle bezüglich des Lebens werden in den Formen des alltäglichen sozialen Verhaltens metaphorisch ausgedrückt: Waschen bedeutet Reinigung oder Befreiung von Schuld, durch das Essen eines Tieres meint man, sich dessen Eigenschaften anzueignen, Zustandsveränderungen erinnern an Tod und Wiedergeburt, was wiederum mit der Sonne, dem Mond und den Jahreszeiten in Verbindung gebracht werden kann.

Warum wird nonverbale Kommunikation in Riten angewandt?
Es gibt drei Gründe, warum hier eher eine nonverbale Kommunikation als die Sprache angewandt wird. Zunächst ist die Sprache nicht so gut geeignet, subjektive emotionale Erfahrungen und die Feinheiten der sozialen Beziehungen zu beschreiben, insbesondere bei primitiven Völkern. Sprache ist eher für die Mitteilung von Vorgängen in der äußeren Welt als von solchen in der inneren Welt bestimmt. Zweitens, ein verbaler Ausdruck wird keine so mächtigen emotionalen Empfindungen hervorrufen, körperliche oder psychologische Heilung hervorbringen oder Veränderungen der sozialen Beziehungen verursachen. Was wir ,,rituelle Arbeit" genannt haben, kann durch nonverbale Kommunikation vollbracht werden, jedoch nicht durch die Sprache allein. Die Macht der nonverbalen Signale leitet sich von gefühlsmäßigen Assoziationen ab, die durch sie ausgelöst werden. Manche nonverbale Signale haben wahrscheinlich nur den Zweck, die Wirkung anderer Signale zu verstärken oder eine soziale Beeinflussung auszuüben, zum Beispiel Körperkontakt, sich gegenseitig Ansehen oder das eindrucksvolle Gewand des Priesters. Drittens, manche persönlichen und interpersonalen Probleme können zweifellos besser erledigt werden, wenn sie nicht voll zu Bewußtsein kommen, nämlich wo Widersprüche und Schwierigkeiten störend und verwirrend wären. Wie *Meyer Fortes* (1966) es ausdrückt: ,,Es ist nicht zu verwundern, daß es in den meisten menschlichen Gesellschaften manche Riten gibt, die darauf abzielen, die Ambivalenzen von Liebe und Haß, von Angewiesensein und Anmaßung, die den Beziehungen zwischen Eltern und Kindern zugrundeliegen, aber nicht kausal verstanden werden können und die man nicht als Motive des Handelns zuzulassen wagt, in den Griff zu bekommen, zu binden und den offenen Bräuchen und Gewohnheiten des Lebens einzuordnen." *Turner* (1966) nennt Beispiele, wie unterdrückte Gefühle symbolisch zum Ausdruck kommen, die zu verbalisieren schmerzvoll wäre. In manchen Ndembo-Riten wird die Feindschaft der Töchter gegenüber den Müttern indirekt durch bestimmte Riten und Überzeugungen ausgedrückt, zum Beispiel daß die Mutter sterben würde, wenn die Tochter Teile des Ritus falsch verstehen würde.
Jedoch werden auch Worte in den Riten verwendet, und die Riten erlangen ihre Bedeutungen teilweise durch verbalisierte Vorstellungen, wie etwa die christliche Theologie. Riten können in Worten beschrieben und mit Worten eingeleitet werden, jedoch haben Gesten, wie Raymond *Firth* (1970) sagte, ,,eine Bedeutung, eine Angemessenheit, eine stärkende Wirkung, eine Art kreativer

Kraft, die Worte allein nicht geben können". Worte ergänzen die Bedeutungen der nonverbalen Signale, und für religiöse Riten ist somit eine Verbindung der verbalen und der nonverbalen Bedeutungskomponenten kennzeichnend. Die Genauigkeit der Worte und die emotionale Macht der körperlichen Signale ergänzen sich dabei gegenseitig.

Gibt es strukturelle Beziehungen zwischen den Symbolen?
Lévi-Strauss (1962) und andere Strukturalisten behaupten, daß Riten ebenso wie die Sprache ein Kommunikationssystem bilden. Wenn das stimmt, dann müßte es austauschbare Zeichen geben, die an dem selben Punkt eines Ritus angewandt werden können. Es müßte Regeln geben, mit denen aus einer Auswahl von Zeichen Sequenzen konstruiert werden können. Und die ganze Sequenz müßte wie ein Satz oder wie ein Musikstück eine Botschaft konstituieren. *Leach* (1972) legt dar, daß ein Musikstück durch Noten auf einem Blatt Papier, durch Rillen auf einer Schallplatte, durch Wellen in der Luft oder durch Klänge in dem Kopf repräsentiert werden könne; was sie gemeinsam haben, ist die Melodie oder die Struktur. Ähnlich behauptet *Lévi-Strauss*, daß sexuelles Verhalten, Essen und das Verhalten in anderen Lebensbereichen grundlegende allgemeine Strukturen hätten, so daß es metaphorische Querverweise vom einen zum anderen geben könne, wie *Freud* schon früher bemerkt hat. Riten können zu verschiedenen Lebensbereichen eine metaphorische Beziehung haben: mehrere binäre Paare fungieren in dieser Weise, zum Beispiel rund/gerade bezieht sich auf weiblich/männlich, roh/gekocht auf Natur/Kultur, links/rechts auf böse/gut und dergleichen. *Lévi-Strauss* meint, daß rituelle Mitteilungen durch allgemeine Gegenstände aller Arten ausgedrückt werden können, die schnell zur Hand sind, die aber von der Kultur in einer symbolischen Weise eingeordnet werden. Daß in verschiedenen Lebensbereichen ähnliche Strukturen erscheinen, hat seinen Grund darin, daß sie alle vom menschlichen Gehirn hervorgebracht werden.

Es gibt einen Aspekt bei Riten, der eindeutig in dieser Weise fungiert: die Drei-Stufen-Folge, die von *van Gennep* erkannt wurde. Diese drei Stufen entsprechen Sterben und Wiedergeburt (in einer anderen Rolle) und umfassen eine universale Struktur, die in vielen *Rites de passage* Anwendung findet. Die Abfolge in einer „Klimax", die wir bei Begrüßungen und bei anderen Zeremonien erkannt haben, ist eine weitere solche Struktur.

Haben andere Riten in der gleichen Weise eine zugrundeliegende strukturelle Bedeutung, zum Beispiel Riten, die religiöse Überzeugungen zum Ausdruck bringen? Da die Kommunikation hier hauptsächlich nonverbaler Art ist, können wir nicht erwarten, daß es dafür eine einfache verbale Übersetzung geben könne. Die Elemente sind nonverbale Symbole, so wie die Elemente einer Melodie die Töne sind. Während zwar die Gestaltung religiöser Riten den Fachleuten überlassen wird, so können doch die meisten Leute Geburtstagsfeiern und andere einfache Riten ausführen, und diese haben eine klare Wirkung auf die Beteiligten. Während die Regeln der Gestaltung von Riten nicht allgemein verstanden werden, so scheint die Bedeutung ihrer Botschaft doch klar genug zu sein.

Eine weitere Besonderheit des Strukturalismus ist die Entdeckung der Beziehungen zwischen verschiedenen Gliedern von Signalreihen, besonders von Entgegensetzung und Einschließung. Riten enthalten tatsächlich Symbole, die in einer binären Entgegensetzung aufeinander bezogen sind, besonders Leben und Tod, männlich und weiblich, rechts und links, heilig und profan, höhere und niedere Stellung. Riten können noch in einer anderen brauchbaren Weise als ein Kommunikationssystem betrachtet werden. Um einzelne Riten interpretieren zu können, ist es oft erforderlich, sich auf deren richtige Gestalt zu beziehen, von der man nur eine verkürzte und entstellte Ausprägung sieht. Wie auch bezüglich der Sprache kann die Struktur nur in einem kompetenten Vollzug erkannt werden.

Jedoch können die bisher erörterten anthropologischen Theorien nicht wirklich erklären, warum in Riten nonverbale Signale angewandt werden und wie die „rituelle Arbeit" vollbracht wird. So soll hier die Grundlage einer sozialpsychologischen Erklärung der Riten genannt werden. Man kann annehmen, daß Riten sich dann in Gruppen entwickeln, wenn Situationen auftreten, in denen die Identität von Einzelnen oder die sozialen Beziehungen verstärkt oder verändert werden müssen. Die den Ritus konstituierende Verhaltensfolge entwickelt sich durch Versuch und Irrtum weithin in derselben Weise, wie sich Normen und Regeln entwickeln. Dabei werden nonverbale Signale verwendet, die die Identität (z.B. Kleidung) oder die Beziehungen (z.B. Körperhaltung) genau bestimmen. Ritualisierte Signale, wie der Augengruß, werden in längere Signalserien eingeordnet. Körper- und Blickkontakt dienen dazu, den Einfluß der den Ritus leitenden Person zu verstärken.

Weiterführende Literatur

Gennep, A. van (1908) Rites de passage, Paris; engl.: The Rites of Passage, Chicago: University of Chicago Press 1960.

Huxley, J. S. (ed.) (1966) A Discussion of Ritualization of Behaviour in Animals and Men, Philosophical Transactions of the Royal Society of London, Series B. 251, p. 247-524.

Leach, E. R. (1972) The influence of cultural context on nonverbal communication in man, in: R. Hinde (ed.), Non-Verbal Communication, Cambridge: Royal Society and Cambridge University Press.

Turner, V. W. (1967) The Forest of Symbols, Ithaca and London: Cornell University Press.

Zitierte Literatur

Argyle, M. and Beit-Hallahmi, B. (1975) The Social Psychology of Religion, London: Routledge & Kegan Paul.

Aronson, E. and Mills, J. (1959) The effects of severity of initiation on liking for a group, Journal of Abnormal and Social Psychology 59, 177-81.

Bernstein, B., Elvin, H. L., and Peters, R. S. (1966) Ritual in education, in: J. S. Huxley (ed.), A Discussion of Ritualization of Behaviour in Animals and Men, Philosophical Transactions of the Royal Society of London.

Durkheim, E. (1915) The Elementary Forms of the Religions Life, London: Allen & Unwin.

Firth, R. (1970) Postures and gestures of respect, in: J. Pouillon and P. Marande (eds.), Echanges et Communications, The Hague: Mouton.

Fortes, M. (1966) Religious promises and logical techniques in divinatory ritual, in: J. S. Huxley (ed.), A Discussion of Ritualization of Behaviour in Animals and Men, Philosophical Transactions of the Royal Society of London.

Gluckman, M. (1965) Politics, Law and Ritual in Tribal Society, Oxford: Blackwell.

Goffman, E. (1972) Relations in Public, London: Allen Lane; dt.: Das Individuum im öffentlichen Austausch, Suhrkamp, Frankfurt 1974.

Huxley, F. (1966) The ritual of voodoo and the symbolism of the body, in: J. S. Huxley (ed.), A Discussion of Ritualization of Behaviour in Animals and Men, Philosophical Transactions of the Royal Society of London.

Leach, E. R. (1968) Ritual, International Encyclopaedia of the Social Sciences 13: 520-6.

Lévi-Strauss, C. (1962) The Savage Mind, London: Weidenfeld & Nicolson; dt.: Das wilde Denken (La Pensée Sauvage), Suhrkamp, Frankfurt 1968.

Turner, V. W. (1966) The syntax of symbolism in an African religion, in: J. S. Huxley (ed.) A Discussion of Ritualization of Behaviour in Animals and Men, Philosophical Transactions of the Royal Society of London.

Whiting, J. W. M., Kluckhorn, R. and Anthony, A. (1958) The functions of male initiation ceremonies at puberty, in: E. E. Maccoby et al., Readings in Social Psychology (3rd ed.), New York: Holt, Rinehart and Winston.

Young, F. W. (1965) Initiation Ceremonies: a Cross-Cultural Study of Status Dramatization, New York: Bobbs-Merrill.

10 Nonverbale Kommunikation in der Gesellschaft:
Beeinflussung in Politik und Werbung

In größeren Gruppen von Tieren wird die soziale Ordnung aufrechterhalten und Führerschaft ausgeübt durch nonverbale Begegnungen, und zwar hauptsächlich zwischen älteren und stärkeren Männchen. In primitiven menschlichen Gesellschaften liegen die Dinge ähnlich, abgesehen davon, daß dabei Worte verwendet werden - obwohl Worte nur geringe Wirkung haben, wenn sie nicht durch anscheinende oder tatsächliche Macht verstärkt werden. In modernen Gesellschaften scheinen unsere Angelegenheiten rational, demokratisch und verbal gelenkt zu werden. Tatsächlich aber sind dabei nonverbale Signale außerordentlich wichtig. In den letzten Jahren hat die nonverbale Kommunikation noch zusätzliche Bedeutung erhalten, da viele junge Leute und gesellschaftliche Randgruppen ein Mißtrauen bezüglich der Funktion von Sprache in der Politik entwickelt haben. Sie haben kein Vertrauen auf die glatten Reden der Politiker, die alles so drehen können, daß es vernünftig klingt, und sie meinen, daß sie keinen Einfluß auf das Geschehen haben, wenn sie die gewöhnlichen verbalen Kanäle benutzen. So haben sie auf die verschiedenen nonverbalen politischen Äußerungsmöglichkeiten zurückgegriffen.

a) Symbolisches Handeln in der Politik

Bosmajian (1971) beschreibt eine Stunde in dem Leben eines imaginären amerikanischen Studenten:

„Morgens um 8.00 Uhr macht der College-Student sich fertig für seine vormittäglichen Kurse. Er zieht sich seine Arbeits-Jeans, ein psychedelisches Hemd und ein Paar Schaftstiefel an; er hängt sich ein Friedens-Medaillon um den Hals und steckt sich auf das Hemd einen Anstecker mit einer geballten Faust. Er verläßt seine Wohnung, sieht einen Bekannten auf der anderen Straßenseite und hebt seine Hand mit dem V-Symbol. Auf dem Campus angelangt, geht der Student zu einer Tasse Kaffee in die Studentenvertretung, und dann wird er Zeuge einer Demonstration gegen die Rassendiskriminierung und sieht Leute, die schweigend gegen den Krieg protestieren, indem sie eine schwarze Armbinde tragen. Er geht weiter in die Cafeteria, die von Folk-Rock-Klängen aus dem Musikautomaten beherrscht wird. Unter den zahlreichen Posters an den Wänden bemerkt er ein Bürgerrechts-Plakat, das im wesentlichen darstellt, wie ein Teenager von einem zähnefletschenden Polizeihund attackiert wird, der von einem Justizbeamten auf ihn losgelassen wird. Später, nachdem der Student die Cafeteria wieder verlassen hat, begegnet er wieder den Demonstranten und beobachtet, wie sie nun Seite an Seite stehen, sich die Hände halten und zu dem Rhythmus von ,,We Shall Overcome" schunkeln und singen. (S. VIII)

Darin werden einige Beispiele von nonverbalen Signalen genannt, die für politische Zwecke benutzt werden. Wir können fünf verschiedene Arten von politischer Aktivität unterscheiden, die sich nonverbale Signale zunutze machen.

Direkte politische Aktion

Industriearbeiter können sich durch Streiks bessere Löhne aushandeln, was von nicht gewaltsamen Streikposten unterstützt wird; beides ist heute in den meisten Ländern legal. Es kann aber auch gewaltsam und illegal werden. Revolutionäre Gruppen betreiben oft noch andere Formen von illegalen Aktionen, wie z.B. Menschenraub und Flugzeugentführungen. Während zwar diese Aktionen teilweise, ja hauptsächlich andere Leute zu etwas zwingen wollen, so sind sie dennoch Kommunikationen. Streikposten kommunizieren (mit oder ohne Worte) ihren Standpunkt, daß die Leute der Arbeit fern bleiben sollten, und sie zeigen dener , die doch zur Arbeit gehen, deutlich ihre Mißbilligung. Flugzeugentführer und Kidnapper erhalten eine große Publizität, auch wenn ihre Handlungen für ihre Sache ungünstig sind. In dieser Hinsicht sind politische Entführungen von privaten sehr zu unterscheiden.

Ziviler Ungehorsam

Unter zivilem Ungehorsam versteht man nicht-aggressive Gesetzesverletzungen und passiven Widerstand, was sozial zersetzend wirkt und deutlich zum Ausdruck bringt, was als falsch angesehen wird. In der Neuzeit hatte Gandhi damit begonnen, der in Südafrika einen illegalen Marsch der indischen Arbeiter organisierte als Protest gegen die Besteuerung der Inder und gegen ein Gesetz gegen nichtchristliche Eheschließungen. Darauf folgten Hungerstreiks und verschiedene Formen von zivilem Ungehorsam gegen die britischen Autoritäten in Indien. Gandhi lehrte den gewaltlosen Widerstand und verbreitete unter seinen Anhängern, die dieses Verhalten als richtig empfanden, Gefühle einer hochstehenden Moral. Seitdem haben zahlreiche Kampagnen zivilen Ungehorsams von Seiten rassisch oder sonstwie unterdrückter Gruppen stattgefunden. Die amerikanischen Schwarzen betrieben zwischen 1942 und 1965 eine extensive Protestkampagne, die später von Martin Luther King angeführt wurde.

Angesichts der Brutalität von Polizei und anderen kann ein gewaltloser Widerstand ein sehr mächtigs nonverbales Signal sein. Dem liegt die Theorie zugrunde, daß die Angreifer ihrer Handlungen überdrüssig und schuldbewußt werden und sich geschlagen geben. In der Praxis reagieren die Autoritäten gewöhnlich mit gründlichen, aber gewaltlosen Kontrollen.

Die Rassentrennungsgesetze wurden in den USA gebrochen, indem die Schwarzen in Restaurants speisten und in Bussen fuhren, die den Weißen vorbehalten waren, und dergleichen. (Diese Phase ging 1964 zuende mit einer Serie von Rassenunruhen und mit dem Auftreten von gewaltsameren Anführern.) Unter den amerikanischen Studenten begann eine weitere Welle von zivilem Ungehorsam mit den Demonstrationen gegen den Vietnam-Krieg und mit anderen studentischen Protesten. In den Sechziger Jahren wurden Sit-ins üblich, auch Teach-ins und das Verbrennen von Einberufungsbescheiden. Seit Mitte der Sechziger Jahre finden in der ganzen Welt Überfälle auf Politiker und Botschaften, Störungen von Sportveranstaltungen und Zusammenstöße mit der örtlichen Polizei statt.

Während es zwar als witzlos erscheinen mag, sich mit der örtlichen Polizei wegen Vorgängen in fernen Ländern zu streiten, so kommt damit doch eine Nachricht in die Zeitungen, die deutlich macht, daß viele Leute über irgendetwas entschiedene Meinungen haben. Das aber schafft wiederum für die Polizei Probleme in ihrem nonverbalen Verhalten. Die Polizisten wissen, daß die Demonstranten einen moralischen Sieg erringen würden, wenn die Polizei im Fernsehen mit einem schlechten Verhalten zu sehen wäre, und daß die Demonstranten gewaltsamer werden können, wenn auch die Polizei hart durchgreifen würde. In England hat sich die Strategie entwickelt, berittene Polizei und Wasserwerfer anzuwenden und manche Beschränkungen durchzuführen.

Dieses politische Verhalten ist häufig aggressiv infolge der angestauten Frustrationen, die oft mit dem jeweiligen Problem gar nichts zu tun haben. Zumeist ist ein Verhalten zivilen Ungehorsams jedoch symbolischer Art. Die Besetzung eines Gebäudes verursacht gewöhnlich keinen großen Schaden, macht aber deutlich, wie stark die jeweiligen Gesinnungen sind und wie viele Leute sie teilen. Solche Gesinnungen können auch drastischer zum Ausdruck gebracht werden - indem man das Amtszimmer des Rektors besetzt und über seinem Papierkorb den Darm entleert, oder eine Rinderherde in das Dozentenzimmer treibt. Die dabei Beteiligten zeigen ihre Solidarität weiterhin damit, daß sie ähnliche Kleidung und Abzeichen tragen und Plakate kleben.

Friedliche Demonstrationen

Gruppen von Minderheiten und von niederem Status haben Schwierigkeiten, Zugang zu den Massenmedien zu erhalten. Jedoch haben sie diese Möglichkeit, indem sie durch friedliche oder auch gewaltsame Demonstrationen verschiedener Art von sich reden machen. Ein Einzelner kann durch Hungerstreik oder Selbstverbrennung Aufmerksamkeit für seine Sache erregen.

Schon die Länge einer Demonstration kann eine wichtige Nachricht sein. Die Aldermaston-Märsche gegen die Atombombe waren aufgrund der Länge des Zuges sehr eindrücklich: mehrere Meilen. John *Breaux* hat in Oxford festgestellt, daß die Anführer der Demonstrationen die Zahl der Beteiligten oft stark übertreiben und daß diese astronomischen Zahlen den Anwesenden ein starkes Selbstvertrauen geben; sie können ja nicht selbst sehen, wie viele Leute tatsächlich da sind. Der Protest in Washington gegen den Vietnamkrieg war eindrucksvoll durch die enorme Anzahl der Beteiligten, durch ihre ruhige Würde und durch den symbolischen Wert eines mitgeführten Sargs.

Insbesondere sind folgende nonverbale Signale mit Demonstrationen verbunden:
   (a) die Beteiligung einer großen Anzahl
   (b) das Marschieren in einem Zug, mit eingehakten Armen
   (c) gehobene Fäuste und andere spezifische Grußformen
   (d) Parolen in Sprechchören, Singen von Hymnen und so weiter
   (e) das Mitführen von Fackeln oder Kerzen (bei Treffen nach Einbruch der Dunkelheit).
Unter besonderen sozialen Bedingungen werden auch andere nonverbale Signale verwendet. Zum Beispiel werden in Japan Protestmärsche infolge von Gesetzen über die Länge von Zügen in „Zickzack"-Schlangen veranstaltet; in südamerikanischen Ländern fin-

den ,,ténèbres" statt: man stellt sich um Laternenmasten und schlägt mit Metallstäben dagegen - in der Befürchtung von Repressalien gegen große Demonstrationen. Bei amerikanischen Erweckungsveranstaltungen entsteht ein ,,grüner See", wenn die Leute mit den Dollarscheinen winken, die sie spenden wollen. (Diese Beispiele habe ich John *Breaux* zu verdanken.)

Die Wirkungen dieser nonverbalen Signale liegen wohl darin, (1) daß den Zuschauern die Stärke der Bewegung und das Engagement ihrer Mitglieder, vielleicht auch eine Furcht vor ihnen mitgeteilt wird, und (2) daß unter den Beteiligten ein gemeinsamer Enthusiasmus und militante oder andere Gefühle erzeugt werden.

Demonstrationen der Macht durch die Autoritäten

Wie können die Autoritäten auf die nonverbalen Signale zivilen Ungehorsams und auf die anderen Mitteilungsformen, die wir erörtert haben, reagieren? Gewiß wird eine verbale Antwort nur geringe Wirkungen haben. Jedoch gibt es spezielle Methoden, wie Regierungen ihre Macht zum Ausdruck bringen können; nach Charles *Merriam* (1965) sind das etwa folgende:

Gedenktage und -zeiten
Öffentliche Plätze und Monumente
Musik und Lieder
Künstlerische Gestaltungen in Fahnen, Orden, Statuen, Uniformen
Geschichte und Geschichten
Ausführliche Zeremonien
Massenkundgebungen mit Paraden, Reden und Musik

Paraden mit Soldaten, Polizisten, Musikkorps, Panzern und dergleichen wurden auf dem Roten Platz, in den Straßen von Belfast, im Nazi-Deutschland und anderswo geläufig. Solche Paraden haben in zweifacher Hinsicht ihre Wirkungen: auf die Zuschauer und auf die Beteiligten. Die Zuschauer sind beeindruckt von der großen Anzahl von Menschen und von der militärischen Ausrüstung der Parade. Eine Nazi-Parade konnte 50 000 Mann umfassen und sieben oder acht Stunden dauern. Auch das Verhalten der Leute macht auf sie einen Eindruck: die Eleganz der Uniformen, die genaue Disziplin, der Eifer in ihrer gemeinsamen Zielsetzung, die Befolgung der Befehle des Anführers. Zuschauer werden vielleicht auch eine zur Schau gestellte aggressive Überlegenheit bemerken, wie z.B. den Stechschritt bei den Nazis. Aber auch die Beteiligten werden durch all das beeinflußt; sie entwickeln ein starkes Gefühl von Abhängigkeit und Zusammengehörigkeit, sie teilen eine kollektive Begeisterung für die Ziele der Bewegung, sie entwickeln ein Gefühl von Überlegenheit gegenüber Leuten, die nicht dazugehören. Das wird noch verstärkt durch eine aufregende Militärmusik, durch die Paradenanordnung und das Salutieren, was den Gehorsam gegenüber der Hierarchie intensiviert.

Versuche, die soziale Stellung einer Gruppe zu verändern

Rassische und andere Minderheitsgruppen, Mitglieder von niederen sozialen Schichten und Jugendliche haben in der Gesellschaft eine unterprivilegierte Stellung. Zusätzlich in ihren materiellen Frustrationen werden sie in den täglichen Sozialkontakten als sozial untergeordnet behandelt: der nonverbale Verhaltensstil von Leuten in höherer Stellung ist die Hauptursache der Frustration. Lange Zeit war es üblich, daß Leute von niederem Status ihre soziale Stellung hinnahmen, sich gegenüber Höhergestellten bescheiden verhielten und sich deren Manieren aneigneten. In den letzten Jahren haben die Schwarzen, manche Jugendliche und andere diese Einstellung aufgegeben zugunsten eines aggressiven, anspruchsvollen Verhaltens. Seit 1964 haben die amerikanischen Schwarzen ihr Auftreten geändert, indem sie einen afro-asiatischen Haarschnitt tragen und die Weißen mit Feindseligkeit und Verachtung behandeln. Viele Jugendliche haben es aufgegeben, sich nett zu verhalten und zu versuchen, von den Älteren anerkannt zu werden: durch Kleidung, Haartracht und ihren Verhaltensstil bringen sie zum Ausdruck, daß sie die höfliche Mittelstandsgesellschaft total ablehnen und daß sie eine neue soziale Gruppe bilden mit eigenen Vorstellungen, wie man leben sollte.

Dabei ist interessant, daß Versuche, eine bestehende Beziehung zwischen zwei Gruppen zu verändern, auf beiden Seiten zu Gewalt und zu einem Zusammenbruch der Kommunikation führt. Jüngere Teenager haben oft ein ähnliches Problem: Bevor sie sich daran gewöhnen, mit den Eltern und mit anderen Erwachsenen in einer gleichberechtigten Beziehung zu stehen, machen sie eine Zeit durch, in der sie diese gänzlich ablehnen. Allerdings sollte es einem Einzelnen oder einer Gruppe von niederem Status doch möglich sein, die Beziehung einfach durch eine graduelle Modifizierung der nonverbalen Signale zu verändern, indem ehrerbietige Signale durch Signale der Gleichberechtigung ersetzt werden. Eine gewaltsame Strategie verbessert den niederen Status einer Gruppe in den Augen der anderen nicht und führt außerdem zu einem Spalt in der Gesellschaft.

b) Beeinflussung durch Werbung

In früheren Zeiten haben Führer, Politiker und Propheten bei öffentlichen Zusammenkünften durch das gesprochene Wort ihren Einfluß ausgeübt. In einigen Untersuchungen wurde gezeigt, daß emotionale Mitteilungen eine größere Wirkung haben als rationale; „emotionale" Mitteilungen implizieren eine Verbindung von verbalen und nonverbalen Signalen. Bei solchen Gelegenheiten ist die Darstellungsweise des jeweiligen Führeres überaus wichtig, um das richtige Image aufzubauen. Sein Blick muß stimmen, und seine Stimme muß richtig klingen - linke Anführer kultivieren häufig regionale Akzente. Religiöse Führer entwickeln oft ein sehr intensives und dramatisches Auftreten, mit der Folge, daß sie als besonders heilige, „charismatische" Charaktere angesehen werden. Das erklärt vielleicht, wie etliche schwer geistesgestörte Personen als religiöse Führer zeitweilig Erfolg haben konnten.

Roosevelt hat von dem Rundfunk ausgiebig Gebrauch gemacht, und später haben die Politiker das Fernsehen benutzt. Die Debatten zwischen Kennedy und Nixon haben viele, die sie gesehen haben, dahingehend beeinflußt, daß sie für Kennedy stimmten, teils wegen seiner augenscheinlichen Überzeugungskraft und seines Charms, teils weil Nixons Gesicht einen weniger günstigen Eindruck machte. Neue Medien erfordern neue Formen der Image-Gestaltung. Wir wollen später *McLuhans* Überlegungen über die Wirkungen der Kommunikationsmedien auf die Gesellschaft erörtern (S. 349f).

Beeinflussung und Werbung betrachten wir als eine Veränderung des Image. Wirtschaftliche Erzeugnisse, politische Parteien und bekannte Persönlichkeiten haben alle ein Image, das darauf zurückzuführen ist, wie sie der Öffentlichkeit vorgestellt werden. Die übermittelte Information ist teils verbal, teils nonverbal. Unter einem „Image" versteht man die Vorstellungen, die ein Mensch von einem Gegenstand oder einer Person hat; gewöhnlich sind es sozial vermittelte, stereotype Ansichten, die allgemein üblich sind. Ein „Marken-Image" ist das Image einer einzelnen Auto- oder Seifen-Marke.

Zur Image-Beurteilung wurden verschiedene Methoden, oft nur rein verbale Methoden angewandt. So haben beispielsweise Mark *Abrims* und *Rose* (1959) festgestellt, daß Macmillan und Gaitskell ein unterschiedliches Image haben:

Eigenschaft	Macmillan	Gaitskell
Starker Führer	50	12
Eigenschaften von Bedeutung	40	7
Kontakt mit der gewöhnlichen Bevölkerung	17	38

Später haben Forscher mit Sieben-Punkte-Skalen die Reaktionen auf einige relevante Dimensionen zu bestimmen versucht. Das Problem dabei ist jedoch, wie die relevantesten Dimensionen festzustellen sind, nach denen zwischen verschiedenen Politikern oder Margarine-Marken unterschieden wird. Häufig wird das mit Tiefeninterviews oder Gruppeninterviews getan, um zu sehen, welche verbalen Konzepte auftreten. Marktforscher wollen z.B. bei Seifen wissen, ob die relevanten Komponenten Preis, Hygiene, kosmetische Leistung, Beruhigung statt Reizung der Haut, Duft oder was sonst sind. Die Konzepte, nach denen Marken unterschieden werden, können auch mit der „Rep-Grid-Methode" festgestellt werden, wobei gleichzeitig drei Reize (z.B. Marken) vorgestellt werden und die Versuchsperson aufgefordert wird zu sagen, welcher sich von den anderen beiden unterscheide; damit können die Konzepte (Dimensionen) erfaßt werden, welche in dem jeweiligen Bereich von den Leuten tatsächlich benutzt werden (*Bannister* und *Fransella*, 1971). Wenn die in Frage kommenden verbalen Konzepte identifiziert worden sind, können sie in Sieben-Punkte-Skalen eingestuft werden, mit denen wiederum in Faktorenanalysen die wichtigsten Dimensionen herausgefunden werden können.

In einer alternativen Methode werden indirekte Verfahrensweisen angewandt, die man als halb-verbal ansehen kann. In einer berühmten Untersuchung über das Image von Pulverkaffee hat Mason *Haire* (1950) Hausfrauen aufgefordert, sie sollten sich selbst vorstellen, sie hätten eine von zwei Lebensmittellisten eingekauft, von denen eine Pulverkaffee enthielt: ungefähr 50 Prozent betrachteten die vorgestellte Person als „träge". In anderen Methoden werden Versuchspersonen aufgefordert, Sätze zu vervollständigen, beispielsweise:

„Pulverkaffee ist . . ."

„Sie schämte sich des Kaffees, den sie gerade aufgetischt hatte, denn ..."

Oder Versuchspersonen werden einfach gefragt, welche Art von Leuten ihrer Meinung nach bestimmte Marken benutzen würde.

Bei der Untersuchung von Marken-Images wurden nonverbale Methoden nur selten angewandt. Bei der Untersuchung der Wirkung von Werbeanzeigen haben sich verbale Methoden jedoch als

1 Angst-Grimasse eines Schimpansen (aus: *Reynolds* 1967)

2 Das stumme Gesicht mit bloßen Zähnen bei einem Schimpansen
(aus: *Morris* 1967)

5 Ein großer ausge-
wachsener Schimpanse
vertreibt einen
Pavian von einem
Bananen-Platz
(aus: *Goodall* 1967)

3 Eine Schimpansen-
Mutter kitzelt ihr Kind,
das das typische
Spielgesicht zeigt
(aus: *Morris* 1967)

6 Eine große
Schimpansengruppe
beim Grooming
(aus: *Goodall* 1967)

7 Ein Schimpansen-
Weibchen, das ein neu-
geborenes Kind trägt,
nähert sich drei
Männchen
(aus: *Goodall* 1967)

4 Eine besondere
Drohgebärde, das
Gähnen des Pavian
(aus: *Jolly* 1972)

8 Ein Pavian-Weibchen bietet
sich einem Männchen an,
wobei es den Blick auf das
Männchen richtet
(aus: *Altmann* 1967)

9 Demonstration gegen den
Krieg in Vietnam (aus einem
Rundschreiben, das von
der Internationalen Initiative
Vietnam-Solidarität verbreitet
wurde)

(1)

(2)

(3)

(4)

(5)

(6)

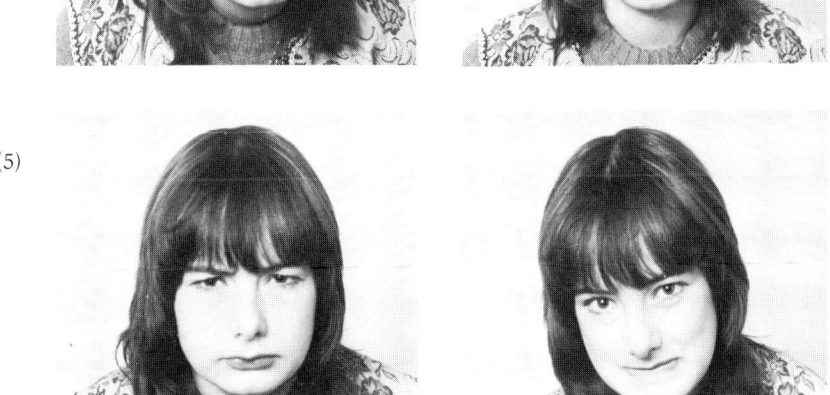

(7)

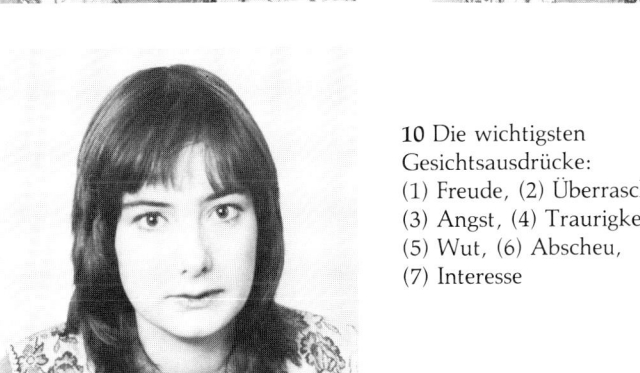

10 Die wichtigsten
Gesichtsausdrücke:
(1) Freude, (2) Überraschung,
(3) Angst, (4) Traurigkeit,
(5) Wut, (6) Abscheu,
(7) Interesse

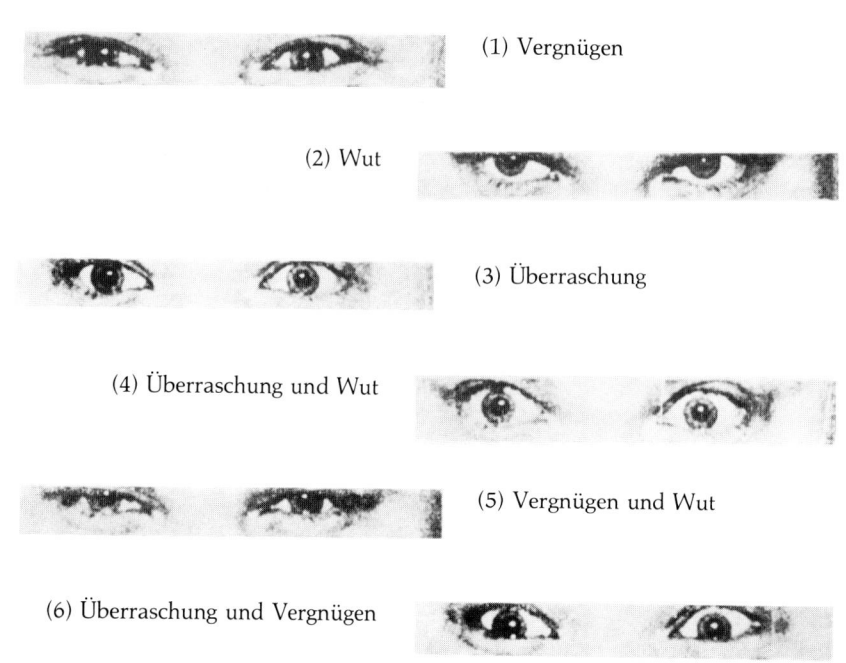

(1) Vergnügen

(2) Wut

(3) Überraschung

(4) Überraschung und Wut

(5) Vergnügen und Wut

(6) Überraschung und Vergnügen

11 Allein aus den Augen wahrgenommene Gefühle (aus: *Nummenmaa* 1964)

12 Zwei außer in der Pupillengröße identische Photographien haben bei männlichen Versuchspersonen ganz verschiedene Reaktionen hervorgerufen (aus: *Hess* 1965)

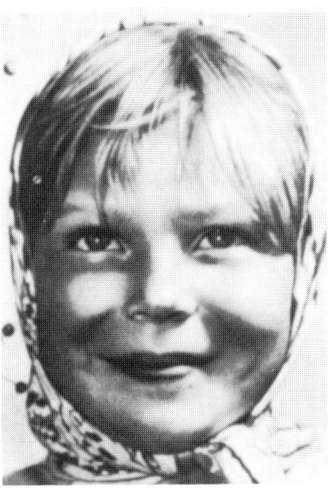

14 Ein verheiratetes Nuer-Mädchen
(Photo B. H. MacDermont)

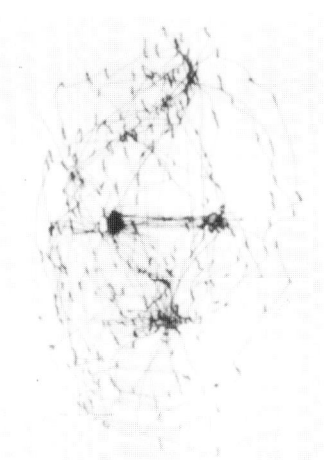

13 Aufzeichnung der Augenbewegungen während einem
drei Minuten dauernden freien
Betrachten einer Photographie
mit beiden Augen (Photo S.
Fridyland, aus: *Yarbus* 1967)

15 Ein Mann aus Guinea, zu
dessen Kostüm der Hauer eines
Wildschweins und Straußen-
federn gehören
(aus: *Severin* 1973)

16 Ein leicht ausgeprägtes Werbeverhalten: aufrechter Kopf, leuchtende Augen mit leicht gesenkten Augenlidern (aus: *Scheflen* und *Scheflen* 1972)

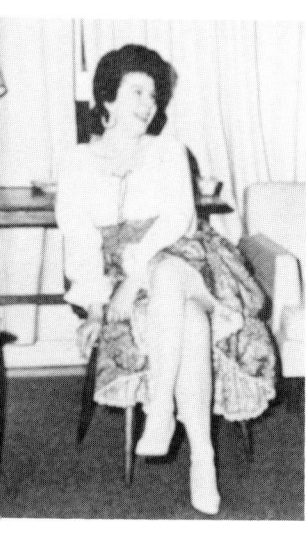

17 Stark ausgeprägtes, deutlich gezeigtes Werbeverhalten, hervorgerufen dadurch, daß die Wade gegen das Knie gedrückt und der Fuß gebeugt wird (aus: *Scheflen* und *Scheflen* 1972)

18 Das Werbeverhalten eines Mannes kann dem Dominanzverhalten ähneln: er richtet sich auf zur vollen Größe, läßt den Kiefer hervortreten, tritt nahe heran und nimmt eine Körperhaltung an, die im allgemeinen als männlich angesehen wird (aus: *Scheflen* und *Scheflen* 1972)

19 & 20 Ein Schauspieler erfuhr in Paddington-Station unterschiedliche Reaktionen auf Informationsfragen, was von seiner jeweiligen scheinbaren Gesellschaftsschicht abhängig war

unangemessen erwiesen. In Untersuchungen mit einer Camera, die die Augenbewegungen markiert, wurde gezeigt, daß Leute nicht immer dorthin sehen, wohin sie zu sehen behaupten, besonders wenn sie einen Teil der Reklame als peinlich oder unangenehm empfinden. Es wurde auch festgestellt, daß Leute behaupten, sie würden Kontrollanzeigen wiedererkennen, die überhaupt nicht gezeigt worden waren, indem sie vielleicht behaupten, das sei die Art von Werbeanzeige, auf die sie aufmerksam geworden wären. In anderen Studien wurde festgestellt, daß manche Leute sich zwar an die Inhalte von Werbeanzeigen erinnern können, ohne daß jedoch irgendeine Veränderung ihrer Einstellung stattfindet, und daß das möglicherweise gar keinen Einfluß auf ihre Kaufgewohnheiten hat. So hat die Werbeforschung in einem gewissen Maße auf die nonverbalen Faktoren der Reaktion zurückgegriffen: Pupillenerweiterung, Veränderungen des Hautwiderstands, oder es werden Knöpfe bedient, um den Grad von Interesse oder Gefallen/Mißfallen bei aufeinanderfolgenden Teilen einer Vorführung anzuzeigen. Das letzte Kriterium für den Erfolg einer Werbung ist natürlich das sich ergebende Kaufen oder der Ausgang einer Wahl; das kann man untersuchen, indem man in einigen verschiedenen, aber sorgfältig ausgewählten Bereichen unterschiedliche Werbesendungen verwendet.

Nachdem Werbefachleute und Propagandisten das Image eines Produkts erfaßt haben, wollen sie es verändern, und zwar so, daß es sich auf das Kaufen oder auf eine Wahl auswirkt. Werbeanzeigen werden nicht nur von Handelsfirmen und politischen Parteien verwendet, sondern auch von Regierungen, um beispielsweise die Leute anzuregen, vorsichtiger zu fahren oder den Schulunterricht zu besuchen. Dazu gibt es mehrere grundlegende Methoden:

Image-Veränderung eines Produkts
Wenn das Image eines Produkts bekannt ist, kann untersucht werden, welche seiner Eigenschaften negativ sind. So hat zum Beispiel Mason *Haire* in seiner Untersuchung von Pulverkaffee festgestellt, daß Kaffee mit Müdigkeit und Anspannung und mit erschöpften Büro-Angestellten assoziiert wird. Daraufhin wurde in Werbeanzeigen versucht, den Kaffee mit einem fröhlichen und angenehmen Leben zu assoziieren, indem darin lebhafte und attraktiv gekleidete junge Frauen dargestellt wurden. Ein weiteres Beispiel war die Wahlkampagne der britischen Konservativen Partei für die Wahlen von 1959 - es war das erste Mal, daß in der britischen Politik eine Werbeagentur herangezogen wurde. Es wurde

festgestellt, daß 27 Prozent die Konservative Partei als die Partei einer privilegierten Minderheit betrachteten. Daraufhin wurden Plakate entworfen mit der verbalen Mitteilung „Die Konservativen sind die Partei des ganzen Landes", andere mit einer hauptsächlich nonverbalen Mitteilung: Photographien von einem Arbeiter mit einer Tuchmütze, der durch ein Loch in einem Boiler schaut und sagt: „Sie sehen hier einen Konservativen" (*Butler*, 1960).

In dieser Werbekampagne wurde die in den Werbeanzeigen gezeigte Person in den verschiedenen Zeitungen gezielt gewechselt: der Arbeiter mit der Tuchmütze wurde in den *News of the World* gezeigt, ein Büroangestellter im *Sunday Express*, ein junger Wissenschaftler im *Observer* und eine Arbeiterin im *Sunday Pictorial*. Am Ende der Kampagne haben nur 17 Prozent der Bevölkerung die Konservative Partei mit Privilegien in Verbindung gebracht.

Die Kampagne der Konservativen wurde natürlich auch im Hinblick auf die Werbung der Gegenpartei genau geplant. Wirtschaftliche Werbekampagnen werden wie kleine Kriege geführt, wobei in jedem Bereich die wichtigsten Hersteller eines Produkts beständig dessen Image und manchmal auch das Produkt selbst verändern, um das Käuferpublikum von den Konkurrenten fortzulocken. Gegenüber verschiedenen gesellschaftlichen Bereichen wird auch ein jeweils unterschiedliches Image angeboten, also gegenüber verschiedenen Gesellschaftsschichten Altersgruppen, Geschlechtern, Regionen und dergleichen.

Die Werbeanzeigen der Konservativen Partei bestanden aus verbalen und aus nonverbalen Mitteilungen. Die Kaffee-Werbung war rein nonverbal. Nichts wurde durch Argumente belegt; es wurde nur in nonverbaler Weise pauschal behauptet, daß Kaffee mit bestimmten Personen oder Stimmungen zu assoziieren sei. Das ist völlig irrational: zweifellos gibt es fröhliche Kaffeetrinker, und zweifellos wird Kaffee auch von Spionen, Wahnsinnigen und Verbrechern getrunken. Der Rezipient fragt sich gar nicht, ob diese Mitteilung stimmt oder nicht; ein Gegenargument wäre vielleicht ein anderes Image, aber das würde einem wahrscheinlich gar nicht bewußt werden.

Verknüpfung eines Produkts mit Bedürfnisbefriedigung

Motivationsforschungen suchen festzustellen, an welche Bedürfnisse sich ein Produkt in den verschiedenen Bevölkerungsbereichen wenden kann; Werbeanzeigen haben den Zweck, die Menschen so zu beeinflussen, daß sie diese Bedürfnisse tatsächlich in sich vorfinden und befriedigen wollen. So hat eine Motivationsforschung für Toilettenseife festgestellt, daß die Seife von Frauen gekauft wird, daß die Bevorzugung einer Marke sich bei jungen Frauen entwickelt und daß junge Frauen sich mehr für den Glanz und die kosmetischen Funktionen interessieren. Infolgedessen konzentriert sich die Seifenwerbung auf die zauberhaft verschönernden Wirkungen einer Seife. Plakate, die junge Männer zur Armee einladen, zeigen Soldaten, die in romantischen und exotischen Teilen der Welt Wasserski laufen. In der Werbung für den Lehrerberuf werden Lehrer hinter einem großen Pult gezeigt, die untergeordnete Lehrer beaufsichtigen, oder von einer bewundernden Schülerschar umgeben sind oder gerade einen Scheck für das neue Auto unterschreiben. In solchen Photoaufnahmen oder Cartoons wird eine klare Ursache-Wirkung-Beziehung behauptet: geh' zur Armee und du kannst reisen und Wasserski laufen. In der Werbung im Fernsehen oder im Kino zeigen kurze Szenen sehr eindrücklich eine Folge von Ursache und Wirkung, zum Beispiel die Wirkung eines Scheuermittels auf einen schmutzigen Spülstein, oder die Wirkung eines Hundefutters auf einen unglücklichen Hund. Hier werden wiederum irrationale Behauptungen aufgestellt, die sich diesmal auf die Kausalität beziehen.

In gewissem Maße wird Sexualität in der Werbung angewandt. In manchen Fällen, wie bei der Kosmetik oder Kleidung, ist das ein einleuchtender motivierender Anreiz. Aber Sexualität wird auch in weniger naheliegenden Fällen benutzt: in Automobilausstellungen sitzen Oben-ohne-Modelle auf den Wagen; teils soll damit die Aufmerksamkeit der Besucher angezogen werden (was auch geschieht), teils soll vielleicht eine grundlegend positive Einstellung zu dem Produkt erzeugt werden. Früher wurden in der Werbung auch freudianische Symbole benutzt; so sollten zum Beispiel in Tankstellen Bilder von phallus-ähnlichen Pfeifen für das Benzin Reklame machen. Allerdings ist nicht erwiesen, ob solche Methoden wirksam sind.

Veränderungen im Selbstbild suggerieren

In einer anderen Art von Werbung wird einem versprochen, daß sich sein Selbstbild irgendwie ändern wird, wenn er das jeweilige Produkt sich aneignet. Die Suggestion eines höheren gesellschaftlichen Status ist eine der ältesten Werbemethoden: ,,Benutzen Sie diese Marke von Auto, Hemd oder Porzellan, und Sie werden genauso vornehm sein wie die Leute, die Sie hier sehen''. In einer Reklame kann der Artikel auch mit anderen Gegenständen in Verbindung gebracht werden: eine Whisky-Sorte wird auf einem antiken

Tisch, mit altem Silber oder mit einer Reiterausrüstung gezeigt. Oder der Artikel wird mit einer mythischen Person in Verbindung gebracht, mit einem Schauspieler, der teure und sehr gepflegte Kleidung trägt und sehr vornehm ausschaut; oder er wird mit einer wirklichen Person verbunden: die Gräfin von X, die immer so und so zu speisen pflegt. Werbefachleute meinen, daß sie aufpassen müssen und diese wirklichen oder imaginären Personen nicht zu weit von dem sozialen Status der Zielgruppe in die Höhe treiben dürfen. Diese Methode wird benutzt, um sich an Leute zu wenden, die an einem höheren Status orientiert sind, und zwar bei nach außen hin sichtbaren Besitztümern, wie Kleidung, Autos und Haushaltsgegenständen, die zur Bewirtung und Unterhaltung von Gästen dienen.

Zusätzlich zu den gesellschaftlichen Schichten können Werbeanzeigen aber auch andere Arten von Selbstbild anbieten. Jungen Leuten wird ein Image von lebhaften, faszinierenden, attraktiven Abenteurern, Müttern ein Image wie „gute Mutter - gemütliches Heim" angeboten. Solcherlei Image wird mit Produkten wie Benzin verbunden, wo die verschiedenen Marken völlig identisch sind - nur das Image ist unterschiedlich. Hier ist die nonverbale Mitteilung wiederum kausaler Art, abgesehen davon, daß die vermeintliche Wirkung sich darauf bezieht, wie die Leute sich selbst sehen und wie sie von anderen angesehen werden. Das geschieht dadurch, daß ein Produkt als ein neues Symbol angeboten wird, z.B. eine Hemdmarke als ein Statussymbol. Mit einer solchen Mitteilung wird versucht, die Bedeutung eines Produkts zu verändern, indem es mit anderen Symbolen in Beziehung gesetzt wird. Dabei findet ein beständiger Wechsel der einzelnen Statussymbole statt, indem Leute von niederem Status sie annehmen und Leute von höherem Status neue finden (vgl. S. 320f). Werbefachleute sagen zur Verteidigung ihrer Tätigkeit, daß man mit einem Produkt tatsächlich sein Selbstbild kaufe, und schließlich sei ja ein Auto mehr als nur ein Fortbewegungsmittel.

Verbesserung der öffentlichen Meinung über einen Politiker

Ob ein Politiker zu einem hohen Amt gewählt wird oder nicht, hängt zum Teil von seinem persönlichen Image in der Öffentlichkeit ab, was mit der Politik, die von ihm und seiner Partei vertreten wird, kaum etwas zu tun hat. Diese öffentliche Meinung ist zum Teil auf wirkliche Ereignisse in seiner Karriere, zum Teil auf den Eindruck zurückzuführen, den er im Fernsehen und persönlich erweckt, und es ist teilweise das Resultat des Managements von Presse- und Werbefachleuten. Von einem frühen Unternehmer in diesem Bereich, Ivy Lee, wird berichtet, er habe das Image von John D. Rockefeller von einem Räuberbaron zu einem philanthropischen alten Gentleman verwandelt, der gerne Golf spielte und Kindern funkelnde Münzen schenkte. Das geschah durch breit publizierte Stiftungen an Wohlfahrtsverbände und durch naiv verfaßte Presseberichte. Die Kunst des Managements der öffentlichen Meinung hat sich, besonders in den USA, soweit entwickelt, daß es nicht mehr möglich ist zu sagen, wie viel davon Wirklichkeit und wieviel Schwindel ist.

Eugene *Burdick* (1964) beschreibt in einem Roman *The 480*, wie wirkliche und erdachte Vorgänge die öffentliche Meinung von einem Politiker beeinflussen. Der Held dieses Romans ist an mehreren wirklichen Ereignissen beteiligt. Eines ist stark symbolisch: er verhindert einen Krieg zwischen Indien und Pakistan, indem er in gefährlicher Weise in dem Hebekran auf einem Träger zwischen den Endstücken einer noch nicht fertiggestellten Brücke zwischen den beiden Ländern hängt und eine Rede hält, in der er beide Seiten an die Zeiten erinnert, als sie gemeinsm zu leiden hatten, mit dem Ergebnis, daß die Brücke vollendet und der Krieg abgewendet wurde. Andere Ereignisse sind jedoch vollständig organisiert: ein Mann wird dafür bezahlt, daß er auf die halbphilippinische Frau des Helden eine Tomate wirft; eine Gruppe von Studenten veranstaltet außerhalb des Versammlungsgebäudes einen scheinbar spontanen Aufruhr zugunsten des Kanditaten.

c) Die Syntax der nonverbalen Beeinflussung

Warum werden in diesen Bereichen nonverbale Mitteilungsformen angewandt? Der Hauptgrund dafür ist einfach, daß sie wirksamer sind. Obwohl der Mensch teilweise rational ist, läßt er sich in diesem Bereich durch nonverbale Mitteilungen stark beeinflussen. Wenn man eine große Menschenmenge sieht, die irgendwelche Parolen schreit, dann hat das eine gewisse Wirkung - man denkt dabei nicht unbedingt an die viel größeren Menschenmassen, die anderer Meinung sind. Wenn zwei Bilder miteinander verbunden werden - zum Beispiel eine fröhliche junge Frau und Kaffee - dann stellt das ein überzeugendes Argument dar, und man denkt dabei nicht notwendig an all die verdrieslichen, älteren, männlichen Kaffeetrinker. Ebenso wie ein Lächeln eine stärkere Wirkung hat als freundliche Worte, so haben auch in der Politik nonverbale Signale eine stärkere Wirkung als Reden. Weiterhin hat das den Vorteil, daß eine Beeinflussung nicht zu offensichtlich wird, nicht nur bei symbolischen und unterschwelligen Werbeanzeigen. So lassen sich Dinge sagen, die mit Worten auszudrücken peinlich oder absurd wäre, wie etwa die vermeintliche Auswirkung auf den gesellschaftlichen Status oder das sexuelle Leben, wenn man sich irgend ein Wirtschaftsprodukt kauft.

Was für eine Struktur liegt diesen beeinflussenden Mitteilungen zugrunde? Die verwendeten Signale werden sehr genau dahingehend entworfen, daß sie bestimmte Images vermitteln: z.B. Gesellschaftsschicht, sexuelle Attraktivität und Persönlichkeitsmerkmale. Auch sollen sie das Vermitteln von bestimmten Images vermeiden, wenn ein verbreitetes Image sich gewandelt hat. Auch Symbole werden oft angewandt - wie der Vietnam-Sarg und ähnliche Symbole, die eine mächtige (und nicht rationale) emotionale Reaktion hervorrufen. Die Mitteilung ist dabei gewöhnlich ganz einfach, daß zwei Images tatsächlich miteinander verbunden seien, oder daß eine Sache eine andere nach sich ziehe. Der Vietnam-Sarg bringt zum Ausdruck, daß in Vietnam viele Menschen getötet wurden; dabei wurde kein Versuch unternommen, sich mit komplizierten politischen, moralischen oder militärischen Argumenten zu diesem Thema auseinanderzusetzen. Eine andere Mitteilung liegt einfach darin zu zeigen, daß viele Leute über irgendetwas entschiedene Meinungen haben.

Weiterführende Literatur

Bosmajian, H. A. (1971) The Rhetoric of Nonverbal Communication, London: Scott Foresman.

Brown, J. M. et al. (1966) Applied Psychology, London: Collier-Macmillan.

Sampson, E. E. (1971) Social Psychology and Contemporary Society, New York: Wiley.

Zitierte Literatur

Abrams, M. and *Rose, R.* (1959) Must Labour Lose? Harmondsworth: Penguin Books.

Bannister, D. and *Fransella, F.* (1971) Inquiring Man, Harmondsworth: Penguin Books.

Burdick, E. (1964) The 480, London: Glencoe.

Butler, D. (1960) The British General Election of 1959, London: Macmillan.

Haire, M. (1950) Projective techniques in marketing research, *Journal of Marketing* 14: 649-56.

Merriam, C. (1965) Political Power and the Governmental Process, London: Collier-Macmillan.

Teil III.

Die verschiedenen Körpersignale

11 Gesichtsausdruck

Das Gesicht ist der wichtigste Bereich des Körpers für nonverbale Signale. Durch seine hohe Ausdruckskraft kann es besonders gut Informationen senden und wird daher am meisten beachtet. Die Augen spielen hier eine besonders wichtige Rolle, sollen jedoch im folgenden Kapitel gesondert erörtert werden.

Wie kommt es, daß das Gesicht für nonverbale Signale so wichtig wurde? In biologischer Hinsicht besteht das Gesicht aus Mund, Augen und Nase, und die frühesten mimischen Ausdrucksweisen, die sich entwickelten, waren Intentionsbewegungen (wie das Zeigen der Zähne) oder Versuche, besser zu sehen (wie das weite Öffnen der Augen und das Hochziehen der Augenbrauen). Diese biologisch nützlichen Ausdrucksweisen wurden im Laufe der Entwicklung als soziale Signale ritualisiert; damit wurden einige standardisierte soziale Signale Bestandteil des angeborenen Repertoires, und das Gesicht selbst entwickelte sich als ein Kommunikationsbereich. Bei höheren Tieren entwickelte sich außerdem die Fähigkeit zur visuellen Unterscheidung, so daß sie einen bestimmten Gesichtsausdruck innerhalb der Entfernung erkennen können, in der soziale Interaktion stattfindet.

Weniger hoch entwickelte Tiere als die Primaten benutzen den Gesichtsausdruck kaum, wenn auch einige von ihnen Beißbewegungen und Blickrichtung als Signale einsetzen. Manche Frösche, Schlangen und Fische produzieren Schwellungen im Gesicht und am Hals als Drohgebärde. Niedere Tiere machen mehr von Körperhaltungen und weniger von Gesichtsausdrücken Gebrauch. Manche Vogelarten richten ihren Schopf oder Kamm auf als Einladung zum Grooming, als Paarungsaufforderung oder als Drohgeste. Viele Arten sind unter diesem Aspekt nicht sehr sorgfältig untersucht worden; man hat aber festgestellt, daß Wölfe über eine recht breite Skala von mimischen Ausdrucksmöglichkeiten verfügen, was sehr wahrscheinlich darauf zurückzuführen ist, daß sie in Rudeln jagen.

Primaten leben in Gruppen mit einer komplexen sozialen Struktur; und wahrscheinlich aus diesem Grunde haben sie differenzierte Gesichtsausdrücke. Sie haben die von niederen Tieren verwendeten Signale nicht insgesamt übernommen, aber wir haben manche von den ihrigen übernommen. Die Anzahl der mimischen Ausdrücke ist bei verschiedenen Arten unterschiedlich; einige Arten haben etwa 13 Ausdrucksmuster, die in jeweils verschiedenen Situationen und verbunden mit anderen Signalen auftreten. Die entwicklungsgeschichtlichen Ursprünge einiger menschlicher Gesichtsausdrücke wie Lächeln und Lachen wurden bis auf unsere Primaten-Vorgänger zurückverfolgt (vgl. S. 48f). Primaten verfügen über Gesichtsausdrücke für alle wichtigen interpersonalen Beziehungen: Dominanz, Submission, Bedrohung, Sexualität, Elternschaft, Spiel und dergleichen. Das Gesicht ist ein sehr wirksames Kommunikationsmittel bei geringen Entfernungen, wo eindeutig sein muß, wer mit wem kommuniziert, und wo die sozialen Beziehungen sehr komplex strukturiert sind. Mitgeteilt werden vor allem interpersonale Einstellungen und Emotionen, verbunden mit Status und Identität.

Beim Menschen findet der Gesichtsaudruck in drei ganz unterschiedlichen Bereichen Anwendung:

(1) *Persönliche Eigenschaften* äußern sich in den Strukturmerkmalen des Gesichts, seinem typischen Ausdruck und möglicherweise auch in einigen schnelleren charakteristischen Reaktionsmustern. Die Kontrolle über den Gesichtsausdruck wird von den Eltern als Teil der kulturellen Sozialisation anerzogen.

Wahrscheinlich bilden sich Eindrücke über die Persönlichkeit deswegen nach dem Gesicht, weil auf das Gesicht am meisten geachtet wird; daher werden Menschen auch am ehesten an ihrem Gesicht erkannt, und ihr mimisches Verhalten repräsentiert ihre Persönlichkeit. Dieses kann in einem gewissen Maße kontrolliert werden, so daß das, was man sieht, zum Teil auch ein Ergebnis der Selbstdarstellung ist.

(2) *Emotionen* zeigen sich durch langsam sich entwickelnde Ausdrucksmuster; interpersonale Einstellungen werden in ähnlicher Weise zum Ausdruck gebracht. Beim Menschen werden die Äußerungen von Emotionen und interpersonalen Einstellungen durch gesellschaftlich bedingte Regeln modifiziert und kontrolliert und teilweise von kognitiven Faktoren gelenkt.

(3) *Interaktionssignale* und mit dem Sprechen verbundene Signale werden durch ziemlich schnelle Bewegungen von Teilen des Gesichts, wie das Hochziehen der Augenbrauen, gesendet. Mit der Entwicklung der Sprache hat die Mimik einen ganz neuen Zweck erhalten, nämlich die Ergänzung und Unterstützung des Sprechens, z. B. durch Feedback und synchronisierende Signale. Diese

unterscheiden sich deutlich von mimischen Gefühlsäußerungen; sie betreffen nur Teile des Gesichts und haben eine komplizierte syntaktische Struktur. Die Entwicklung der Sprache brachte die Entwicklung eines komplexen Kommunikationssystems mit sich, das sich aus dem vokal-auditiven Kanal und dem mimisch/gestisch-visuellen Kanal zusammensetzt.

In diesen Bereichen besteht ein allgemeiner Unterscheid in Bezug auf die Geschwindigkeit, insofern der erste Bereich statisch ist, der zweite sich langsam und der dritte sich schnell manifestiert, abgesehen davon, daß die Persönlichkeit auch in wiederholten, schnellen Reaktionen zum Ausdruck kommen kann, z.b. in einer ständigen Neigung zu lachen, plötzlich Ärger oder Überraschung zu zeigen. Man ist versucht anzunehmen, daß der erste Bereich von physischen Strukturen abhängt, der zweite vom autonomen Nervensystem und der dirtte vom zentralen Nervensystem; jedoch werden Gefühle sowohl von kognitiven als auch von autonomen Faktoren bestimmt, und die Persönlichkeit kommt durch alle drei Ebenen zum Ausdruck.

Das Gesicht besteht aus mehreren verschiedenen Teilen, die unabhängig voneinander agieren können:

Mund: kann nach oben oder unten gezogen und verschieden weit geöffnet sein, wobei Zähne oder Zunge gezeigt werden können

Augenbrauen: können hochgezogen oder gerunzelt werden

Haut: kann blaß oder gerötet, feucht oder trocken sein

Nase: kann gerümpft, Nasenflügel können geweitet werden.

Demgegenüber gibt es auch Konfigurationen des ganzen Gesichts, wie etwa bei den wichtigsten emotionalen Zuständen. Gesichtsbewegungen können unterschieden werden von statischen Zuständen, z.B. Erschrecken, Lachen und mikromomentane Ausrücke.

a) Gesichtsausdrücke für Gefühle und interpersonale Einstellungen

Wie wir gesehen haben, signalisieren die wichtigsten Gesichtsausdrücke bei Tieren ihre Einstellungen anderen Tieren gegenüber, so z.B. die Aufforderung zu spielen, sexuelle Anziehung, Dominanz und dergleichen. Die Forschung über den Menschen konzentrierte sich jedoch auf die Gefühle; man stellte fest, daß das Gesicht Gefühle wie Freude, Überraschung, Angst oder Wut ausdrückt. Einige davon können als inerpersonale Einstellungen angesehen werden, da gewöhnlich klar ist, welcher Mensch Gegenstand der Angst oder der Wut ist. Jedoch gibt es noch weitere interpersonale Einstellungen, insbesondere Zuneigung - Abneigung, Unterlegenheit - Überlegenheit und sexuelle Anziehung. Diese sollen später in diesem Abschnitt erörtert werden.

Welche unterschiedlichen Gesichtsausdrücke für Gefühle können Beobachter unterscheiden? Dazu wurden manche Untersuchungen unternommen, bei denen viele gestellte oder gewöhnliche Photographien im Vergleich mit Listen von vorformulierten Gefühlen zu beurteilen waren. Diese Methode läßt sich aufgrund ihrer Künstlichkeit kritisieren, da sie gestellte Ausdrucksweisen und statische Photographien verwendet, den Kontext außer acht läßt und mit vorgegebenen Kategorien arbeitet. Frühere Untersuchungen von *Woodworth* und *Schlosberg* ließen verschiedene Gruppen von Kategorien vermuten. Bei einer der ausführlichsten, von *Osgood* (1966) durchgeführten Untersuchung dieser Art sollten 40 verschiedene Gesichtsausdrücke von Versuchspersonen identifiziert werden. Clusteranalysen ergaben, daß sieben Hauptgruppen von Ausdrucksweisen klar voneinander unterschieden wurden. Nach dieser und anderen Untersuchungen scheint es im wesentlichen folgende Gesichtsausdrücke für Gefühle zu geben:

Freude	Wut
Überraschung	Ekel, Abscheu
Angst	Interesse
Traurigkeit	

Eine weitere von *Osgood* und anderen angewandte Methode bestand darin, daß Versuchspersonen Photographien anhand einiger verbal klassifizierter Bewertungsskalen beurteilen sollten; diese Beurteilungen wurden anschließend statistisch ausgewertet, um die von den beurteilenden Personen verwendeten Dimensionen zu bestimmen. Nach diesen Experimenten zeigten sich folgende Dimensionen:

angenehm - unangenehm
emotionale Intensität - Kontrolle
Interesse - Desinteresse.

Die sieben Gesichtsausdrücke können gegen diese drei Faktoren abgewogen werden, wie es auch von *Osgood* getan wurde; dabei ist aber nicht eindeutig, welche Art der Analyse die Enkodierung und Dekodierung von Gefühlen am besten darstellt. Dimensionen haben den Vorteil, daß sie aus Gegensatzpaaren bestehen - was der Ansicht *Darwins* entspricht, daß manche emotionale Äußerungen einfach das Gegenteil von anderen sind; es entspricht außerdem der Ansicht von *Lévi-Strauss*, daß nonverbale Signale letztlich auf binären Gegensätzen basieren. Andererseits entsprechen die sieben Kategorien eher bekannten und gewohnten Zuständen.

Alle diese Untersuchungen leiden unter der Beschränkung durch den Gebrauch von Photographien anstelle von sich bewegenden Bildern. Jedoch wurde festgestellt, daß Gefühle zwar gewöhnlich besser nach Filmsequenzen erkannt werden können, daß aber kein großer Unterschied besteht, - was deutlich macht, daß auch das unbewegte Gesicht die Informationen über Gefühle größtenteils zum Ausdruck bringt. Eine weitere Begrenzung liegt darin, daß die Beobachter bei diesen Untersuchungen zumeist in verbalen Kategorien antworten sollten; möglicherweise aber gibt es für manche Gefühle keine adäquaten Bezeichnungen.

Die bisher erörterten Methoden waren jedenfalls gänzlich von verbalen Reaktionen auf nonverbale Stimuli abhängig. *Peter Stringer* (1967) wandte eine Methode an, die dieses Problem ausschließt: er forderte Versuchspersonen auf, Photographien nach Ähnlichkeit in Gruppen einzuteilen, und führte eine statistische Analyse dieser Zuordnungen durch. Er stellte drei Dimensionen fest, die er folgendermaßen bezeichnete:

glücklich - besorgt
nachdenklich - überrascht
nachdenklich - angewidert, leidend.

Diese Diskrepanz ist vielleicht so zu erklären, daß die Versuchspersonen über den Bereich der Gefühle hinausgingen und Ausdrücke benutzten, die in Verbindung mit verbaler Kommunikation benutzt werden, wie z. B. nachdenklich oder verwirrt.

Werden verschiedene Gefühle durch verschiedene mimische Äußerungen mitgeteilt? Zur Enkodierung wurden manche Untersuchungen durchgeführt, in denen festgestellt wurde, daß die Erregung von verschiedenen Gefühlen auch meßbar verschiedene Gesichtsausdrücke hervorruft. Und in Untersuchungen zur Dekodierung wurden meßbar verschiedene Photographien von Versuchspersonen unterschiedlich beurteilt. Früher wurde angenommen, daß verschiedene Gefühle von verschiedenen Bereichen des Gesichts ausgedrückt werden, Freude z.B. durch den Mund oder Überraschung durch die Augenbrauen; aber unter späteren Forschern besteht diesbezüglich kaum Übereinstimmung, und es scheint, daß jedes Gefühl sich durch ein das ganze Gesicht einbeziehendes Ausdrucksmuster äußert. *Frois-Wittman* (1930) stellte z. B. fest, daß Gesichter, die als *wütend* beurteilt wurden, eine gerunzelte Stirn, ein hochgezogenes oberes Augenlid, ein gebogenes unteres Lid, geweitete Nasenflügel, einen offenen Mund, die unteren Zähne entblößt und eine hängende Unterlippe aufwiesen. Gesichter, die als *glücklich* beurteilt wurden, zeigten ein hängendes oberes Lid, ein gebogenes unteres Lid, geweitete Nasenflügel, offene Lippen und gehobene und zurückgezogene Mundwinkel. Nach einer Untersuchung von *Thayer* und *Schiff* (1969) können Gefühle ganz leicht aus schematischen Diagrammen von Gesichtern erkannt werden, bei denen nur Mund und Augenbrauen variiert wurden.

Ekman und *Kollegen* (1972) entwickelten ein Scoring-System für den Gesichtsausdruck, in dem photographische Beispiele von sechs verschiedenen Gefühlen (1) in Augenbrauen und Stirn, (2) in Augen und Lidern und (3) in dem unteren Gesichtsteil gezeigt wurden. Eine einzelne Photographie konnte durch einen Vergleich von jedem Teilbereich mit den Musterphotographien eingeschätzt werden. Auf diese Weise haben sie 51 Photographien eingeschätzt und haben festgestellt, daß in 44 Fällen die Mehrheit von 82 Beobachtern mit diesen Einschätzungen (*scores*) übereinstimmten.

Wie genau können Gefühle aus dem Gesichtsausdruck abgelesen werden? Das hängt von mehreren Faktoren ab.

Erstens, wenn nur eine geringe Anzahl von alternativen Kategorien verwendet wird, ist die Aufgabe für die Versuchspersonen leichter: bei sieben Alternativen werden etwa 66 Prozent richtig beurteilt, bei vierzig Alternativen aber nur 13 Prozent; offensichtlich können die beurteilenden Personen über die sieben wichtigsten Ausdrucksformen nicht wesentlich hinausgehen. Zweitens kann ein Gefühl leichter von solchen Gefühlen unterschieden werden, die in ihrem Ausdruck sehr unterschiedlich sind. *Woodworth* hat Gefühle in einer Reihe angeordnet, in der die Beurteilungen von Gesichtsausdrücken selten mehr als einen Schritt abwichen. Jedoch stellt sich dabei heraus, daß dieses Problem mehr als eindimensional ist, d.h. Gesichter variieren in drei Dimensionen, nicht in einer. Drittens hängt die Beurteilung davon ab, wieviel Information der Beurteiler über die Situation hat (vgl. S. 113).

In den meisten Untersuchungen dieser Art wurden gestellte Ausdrucksweisen verwendet; dagegen kann man einwenden, daß diese sich in mancher Hinsicht von einem natürlichen Ausdruck unterscheiden. *Ekman* weist darauf hin, daß ein gestellter Gesichtsausdruck vermutlich eine extremere und weniger gehemmte Spielart eines natürlichen Ausdrucks darstellt. Während zwar die früheren Untersuchungen ziemlich übertriebene Ausdrucksweisen verwendeten, so trifft dies jedoch bei den späteren nicht zu. In einigen Experimenten wurden wirkliche Emotionen provoziert, indem z.B. hinter der Versuchsperson ein Revolver abgefeuert wurde, ekelhafte Gerüche verbreitet wurden oder die Personen hypnotisiert und ihnen schlechte Nachrichten erzählt wurden. In anderen Untersuchungen wurden neue Photographien mit einem spontanen Verhalten verwendet. Die Genauigkeit der Identifikation lag bei 66 - 70 Prozent, also ungefähr gleich hoch wie bei gestellten Photographien.

Die Schwierigkeiten, Gefühle nach dem Gesichtsausdruck zu erkennen, sind teilweise darauf zurückzuführen, daß negative Affekte verborgen werden. Das Gesicht wird sorgfältiger kontrolliert als jede andere Quelle nonverbaler Signale. Das gilt insbesondere in Japan, aber es ist auch in vielen anderen Kulturen ein wesentlicher Faktor. Bei näherem Hinsehen jedoch können auch verdeckte Gefühle im Gesicht erkannt werden. Angst kann sich durch kleine Schweißperlen an den Schläfen zeigen. Sexuelle Erregung oder ein starkes Interesse äußern sich durch eine Erweiterung der Pupillen. Verborgene Gefühle können sich in „mikromomentanen Ausdrükken" offenbaren, wenn z.B. plötzlich ein ärgerlicher Ausdruck einem durch das Gesicht fährt, der gerade über einen Freund spricht. Solche Ausdrücke dauern etwa eine Fünftel Sekunde und können in Zeitlupen-Aufnahmen und von psychiatrischen Experten wahrgenommen werden, werden aber von vielen anderen meist übersehen.

Offenbar hängt die subjektive Erfahrung von Gefühlen teilweise von der Wahrnehmung des eigenen Gesichtsausdrucks ab. *Kimiko Shimoda* hat in Oxford festgestellt, daß jemand, der während einer Interaktionsphase einen bestimmten Gesichtsausdruck annimmt, seine Stimmung in Richtung auf dieses ausgedrückte Gefühl verändert. Das bestärkt die Ansicht, daß man seinen eigenen emotionalen Zustand entdeckt, indem man sich Hinweise wie den eigenen Gesichtsausdruck zu Hilfe nimmt

Werden Gefühle in verschiedenen Kulturen in ähnlicher Weise zum Ausdruck gebracht? Manche Forscher behaupten, der Ausdruck von Gefühlen sei angeboren und in allen Kulturen weithin ähnlich, andere behaupten, er sei in hohem Maße kulturspezifisch. Einige Untersuchungen zeigen deutlich, daß es sowohl Ähnlichkeiten als auch Unterschiede gibt. Es ist wohl kaum zu bezweifeln, daß manche Gefühle überall in ungefähr der gleichen Weise ausgedrückt werden: die Ausdrucksmuster des Erschreckens, des Ekels und des Kummers sind in biologischer Hinsicht vielleicht primitiver und daher universal. Das Erschreckensmuster, mit dem schnellen Hochziehen der Augenbrauen, ist wahrscheinlich die Basis der langsamer ablaufenden Ausdrucksmuster für Überraschung und Zweifel. *Ekman* (1972) stellte fest, daß Leute aus Borneo und Neu-Giunea aus drei vorgelegten die richtige Photographie auswählen konnten, die die zu einer Geschichte passende Emotion darstellte, und zwar in 80 Prozent der Fälle. Die Versuchspersonen sollten weiterhin die in den Geschichten bezeichneten Emotionen darstellen; Videoaufnahmen mit ihren Ausdrucksweisen wurden dann von amerianischen Versuchspersonen in durchschnittlich 47 Prozent der Fälle richtig beurteilt. *Ekman* schließt daraus, daß die grundlegenden Gesichtsausdrücke für Gefühle angeboren sind, daß es aber ,,Darstellungsregeln'' gibt, die die Ausdrucksstärke kontrollieren oder die ein Gefühl durch einen anderen Gefühlsausdruck kennzeichnen. Der *Autor* und *Kimiko Shimoda* haben festgestellt, daß englische und italienische Versuchspersonen Videoaufnahmen von Gefühlsäußerungen bei fremden Kulturen fast ebenso gut wie bei der eigenen beurteilen können; japanische Ausdrücke jedoch wurden weit weniger genau beurteilt, und hier bestehen offensichtlich Unterschiede (vgl. S. 80). *Ekman* und *Friesen* stellten fest, daß japanische Versuchspersonen Streßreaktionen im Gesicht nur dann zeigten, wenn sie sich allein wähnten, nicht jedoch, wenn sie sich beobachtet fühlten. Der Grund dafür, daß japanische Gesichtsausdrücke schwer zu erkennen sind, liegt wahrscheinlich zum Teil in dieser Kontrolle, aber auch darin, daß manche Gefühle einfach anders ausgedrückt werden.

Während bestimmte interpersonale Einstellungen, wie wir anfangs schon sagten, mit Gefühlen fast identisch sind (z.B. Furcht, Verachtung, Ärger), so fallen andere Einstellungen nicht in den Bereich von den Gefühlen, die gewöhnlich durch das Gesicht ausgedrückt werden. Diese sind Zuneigung, Abneigung, sexuelle Anziehung, Dominanz und Submission/Beschwichtigung. In manchen Untersuchungen über die Gefühle traten Ausdruckskategorien auf, die diesen Einstellungen entsprechen, und zwar dann, wenn passende Photographien und verbale Kategorien oder Dimensionen einbezogen waren. Wahrscheinlich wird Zuneigung/Abneigung ausgedrückt durch die Dimensionen angenehm/unangenehm und Interesse/Ablehnung. Ein Unterschied besteht allenfalls in anderen Hinweisen wie Blickrichtung und Orientierung, die anzeigen, daß das Signal an eine bestimmte Person gerichtet ist. Dominanz/Submission tauchten gelegentlich in Untersuchungen auf, in denen Photographien beurteilt werden sollten. Für diese beiden Einstellungen gibt es vielleicht besondere Gesichtsausdrücke; andere Hinweise sind aber vielleicht wichtiger, z.B. die Neigung des Kopfes, Körperhaltung und Tonfall. Wir würden erwarten, daß sexuelle Anziehung manche universale Merkmale hat. Ein solches Element ist bereits festgestellt worden: der schnelle Augengruß. Ein weiteres ist die Pupillenerweiterung. Im übrigen ist der Gesichtsausdruck weithin derselbe wie bei der Zuneigung.

b) Gesichtssignale während der Interaktion

Während der sozialen Interaktion geschieht im Gesicht eine schnelle und komplexe Abfolge von Äußerungen, die bei der Lenkung der verbalen Kommunikation eine zentrale Rolle spielen und für die Aufrechterhaltung sozialer Beziehungen wesentlich sind. *Izard* (1973) führte ein Experiment durch, in dem die Gesichtsmuskeln eines jungen Affen versteift wurden, was zur Folge hatte, daß es dem Affen nicht gelang, zu seiner Mutter eine Beziehung herzustellen. Während der menschlichen verbalen Interaktion spielen die Gesichtsbewegungen des Sprechenden und des Zuhörenden eine wesentliche Rolle. Diese Gesichtssignale sind nicht mit emotionalen Zuständen oder mit persönlichen Merkmalen verbunden, wenn auch Photographien in diesem Sinne interpretiert werden könnten. Hier handelt es sich um Bewegungen, nicht um statische oder sich langsam bewegende Gesichtsausdrücke, und um Teilbereiche des Gesichts statt um Ausdrucksmuster, die das ganze Gesicht betreffen. *Birdwhistell* (1970) hat ein Schema zur Klassifizierung dieser Bewegungen aufgestellt, das auf der detaillierten Untersuchung einer großen Menge gefilmten Verhaltens basiert. Wir werden das kinetische Vokabular von *Birdwhistell* später erörtern (vgl. S. 237 f.).

Wie wir früher gezeigt haben, werden mimische und andere nonverbale Signale in enger Verbindung mit der Sprache verwendet, um die Bedeutungen von Äußerungen in verschiedener Weise zu vervollständigen, um vonseiten der Zuhörer ein Feedback zu gewährleisten und um die fortwährende Aufmerksamkeit anzuzeigen (s. S. 157 f.). Durch das Gesicht können auch einige andere Signale mit konventionellen Bedeutungen ausgesendet werden, wie z.B. Zwinkern, Grimassen, die Zunge herausstrecken, einen Schrei vortäuschen, einen Gorilla imitieren und dergleichen. Diese Signale unterscheiden sich von emotionalen Gesichtsausdrücken, insofern sie schneller ablaufen, nur einen Teil des Gesichts betreffen, hinweisende Bedeutung haben und syntaktisch strukturiert sind.

Im wesentlichen beziehen sich diese Signale auf andere Signale, die entweder gerade gesendet oder empfangen werden; deshalb gibt es auch eine besondere Art von hinweisender Bedeutung, und zwar mit einem grundsätzlich digitalen Charakter - zustimmend/ nicht zustimmend, verstanden/nicht vestanden -, was jedoch auch eine Frage des Grades sein kann. In der syntaktischen Struktur zeigen sich verschiedene Arten:

(1) Während der Konversation findet eine schnelle Abfolge von mimischen und anderen Signalen statt, die in ihrer Organisation von den verbalen Botschaften abhängig sind. Zwar gibt es ein umfassendes Kommunikationssystem, aber das nonverbale System unterstützt das verbale.

(2) Diese mimischen Signale haben klare Bedeutungen, z.B. Belohnung oder Bestrafung, Zustimmung oder Mißbilligung, und sie haben daher eine unmittelbare Wirkung auf das nachfolgende Verhalten. Wenn eine Handlung von A bei B eine klare Zustimmung findet, dann wird A diese Handlung wiederholen oder z. B. bei einer Liebeswerbung oder einer kaufmännischen Verhandlung einen Schritt weitergehen. Ein Signal der Verwirrung oder des Unverständnisses wird einen Versuch der Klärung zur Folge haben. Dominanzsignale werden zu den komplementären Signalen der Unterordnung/Beschwichtigung oder zu konkurrierenden Dominanzsignalen führen. Sehr häufig rufen bestimmte Signale bei dem anderen ähnliche Signale hervor, entweder einfach durch Imitation oder als ein Austausch von Anerkennung.

(3) Für bestimmte gesellschaftliche Situationen gibt es Regeln, die die dabei verwendeten „Rituale" steuern, wie z.B. bei Begrüßungen, in Gottesdiensten, bei Banketten oder Sportveranstaltungen. Oft bestimmen solche Regeln, welcher Gesichtsausdruck in jedem Stadium des Rituals der richtige ist: beim Begrüßen muß man freundlich aussehen, bei Gottesdiensten, selbst bei Hochzeiten, ernst und bei Beerdigungsfeiern traurig; bei Sportveranstaltungen sollten die Sieger bescheidene Freude zeigen, und dergleichen.

Diese Gesichtsausdrücke werden nicht, wie die Emotionen, durch das autonome Nervensystem kontrolliert. Sie sind eng mit der Sprache verbunden, und so werden sie vermutlich von dem Teil des Gehirns kontrolliert, der die Sprache steuert. Und während zwar die Signale erlernt werden müssen, so ist doch die Fähigkeit zu dieser Art des mimischen Signalisierens angeboren.

c) Gesicht. und Persönlichkeit

Die Menschen werden an ihrem Gesicht erkannt, und Photographien und Gemälde konzentrieren sich zu ihrer Darstellung auf das

Gesicht. Ein Mensch kann von einem anderen durch sein Gesicht klar unterschieden werden, aber welche weiteren Informationen werden durch das Gesicht übermittelt? Tiere kategorisieren sich gegenseitig nach ihrer Spezies, Untergruppe, als Individuen sowie nach Alter, Geschlecht und Status. Das alles tun wir auch, aber außerdem kategorisieren wir uns gegenseitig nach der „Persönlichkeit".

Das Gesicht hat viele verschiedene Merkmale, die den Eindruck der Persönlichkeit beeinflussen. Wir wollen sie in verschiedene Typen unterteilen, je nachdem, wie weit sie von der Versuchsperson kontrolliert werden.

Merkmale	Beurteilung
Strukturelle Aspekte	
dünne Lippen	gewissenhaft
volle Lippen (bei Frauen)	sexy
hohe Stirn	intelligent
hervorstehende Augen	leicht erregbar
matte Augen	träge
Beständige emotionale Ausdrücke und ihre Wirkungen	
Mundkrümmung	freundlich, fröhlich, lässig, nett, liebenswürdig, mit einem Sinn für Humor, intelligent, ausgeglichen
Gesichtsspannung	entschlossen, aggressiv, jähzornig, unausgeglichen, freundlich, sorglos, geduldig
Pflege	
viel Make-up (Frauen)	feminin, sexy, frivol
dunkle oder rauhe Haut (Männer)	feindlich
Brille	intelligent, zuverlässig, fleißig

Diese Ergebnisse wurden bei Befragungen von *Secord* und anderen (1959) erzielt, bei denen Photographien im Hinblick auf Persönlichkeit zu berurteilen waren. *Secord* und seine Kollegen haben bei einer Untersuchung mit Photographien von 24 weißen Männern auch festgestellt, daß diese sich in eine Reihe von Clusters einteilen ließen, wobei den Photos in jedem Cluster ähnliche Persönlichkeitsmerkmale zugeschrieben wurden. Jeder Cluster enthielt auch bestimmte *Kombinationen* von Gesichtsmerkmalen, und zwar in folgender Weise:

Merkmale	Beurteilung
schmale Augenbrauen leuchtende Augen weit geöffnete Augen gepflegtes Aussehen	sorglos, lässig, fröhlich, humorvoll, ehrlich warmherzig
jüngeres Gesicht wenige horizontale Falten glatt gekämmtes Haar	energisch, gewissenhaft, geduldig, ehrlich, warmherzig, freundlich, intelligent, verantwortungsbewußt, nett, verläßlich, lässig
älteres Gesicht mittelmäßige Lippen (durchschnittlich aussehende Leute)	bescheiden, eifrig
dünne Lippen gepflegtes Aussehen	moralisch/gesellschaftlich korrekt
älteres Gesicht dünne Lippen Falten in den Augenwinkeln	vornehm, intelligent, fein
dunkle Hautfarbe fettige, rauhe Haut	feindlich, rüpelhaft, hinterhältig, jähzornig, eingebildet
jüngeres Gesicht tiefstehende Augenbrauen eng stehende Augen	sorglos, reizbar, hinterhältig, eingebildet

Zusätzlich haben Beurteiler eine eindeutige Vorliebe für durchschnittliche, als Gegensatz zu ungewöhnlichen, Merkmalen. *Secord* hat Beschreibungen von sehr sympathischen und von sehr unsympathischen Personen vorgelegt und Versuchspersonen aufgefordert, sich deren Körperbeschaffenheit vorzustellen. Die unsympathische Person stellten sie sich in der folgenden Weise vor: sie habe eng oder weit auseinander stehende Augen, dicke oder dünne Lippen, eine breite oder schmale Nase und dergleichen.

Einige dieser Ergebnisse wurden durch die Betrachtung von Photographien erzielt, und möglicherweise treffen sie daher nicht zu, wenn mehr Informationen verfügbar sind. Der *Autor* und *Robert McHenry* (1970) haben festgestellt, daß beobachtete Personen um 14 IQ-Punkte intelligenter eingeschätzt wurden, wenn sie eine Brille trugen, und zwar nachdem sie 15 Sekunden lang ohne etwas zu tun zu sehen waren. Wenn sie jedoch fünf Minuten lang im Gespräch zu sehen waren, verschwand diese Wirkung der Brille.

212

Besteht irgendeine tatsächliche Beziehung zwischen den oben genannten Signalen und Persönlichkeitsmerkmalen? Es gibt eine klare, wenn auch geringe Korrelation zwischen Körperbau und Temperament. Muskulöse Menschen sind eher außengeleitet und aggressiv, dünne Menschen sind intelligenter und neurotischer, dicke Menschen sind eher entspannt und friedlich (vgl. S. 315). Ein ständiger Gesichtsausdruck zeigt wahrscheinlich die Stimmung an, in der sich ein Mensch sehr oft befindet, und das kann zu dauernden Veränderungen in dem Gesicht, wie etwa zu Falten, führen. Die Pflege ist eine Sache der Selbstdarstellung, d.h. der bewußt überlegten Kommunikation. Brillen haben hauptsächlich den Zweck, besser sehen zu können, aber merkwürdigerweise besteht doch eine geringe Korrelation zwischen Intelligenz und Kurzsichtigkeit. Kann man sich genaue Eindrücke von Menschen bilden, indem man sie nur ansieht? Beurteilungen aufgrund von Photographien haben eine sehr niedrige Validität, gewöhnlich bei etwa 0.1o.

Jedoch können Alter, Geschlecht, Rasse und in einem geringerem Maße auch die Gesellschaftsschicht nach dem Gesicht beurteilt werden. Eine solche Kategorisierung führt zu der Anwendung von sozialen Stereotypen. *Secord* stellte z.B. fest, daß Zielpersonen als ,,Neger'' klassifiziert wurden, wenn sie krauses Haar, dunkle Haut und volle Lippen hatten; daraufhin wurden sie für religiös, abergläubisch, leichtsinnig und starrköpfig gehalten.

Gesichtsmerkmale können auch in anderer Weise zu Eindrücken über die Persönlichkeit führen, wie *Secord* gezeigt hat. Das Gesicht eines Menschen ähnelt dem eines anderen Bekannten und schafft so die Erwartung, daß auch seine Persönlichkeit ähnlich sei. Wenn jemand lächelt oder ängstlich aussieht, wird man vielleicht annehmen, dies sei seine normale Verfassung und nicht nur ein situationsbedingter Zustand. Man kann aus der Funktion bestimmter Gesichtsteile Schlüsse ziehen: hinter einer hohen Stirn vermutet man ein großes Gehirn, volle Lippen stellt man sich gut beim Küssen vor, und eine Brille wird beim Lesen und bei intellektueller Arbeit gebraucht. Ferner können auch metaphorische Assoziationen eine Rolle spielen: Menschen mit einer rauhen Haut und zerzaustem Haar werden für rauh und aggressiv gehalten. Auch Empathie mag dabei beteiligt sein: indem wir uns vorstellen, wie wir uns fühlen würden, wenn wir diesen oder jenen Gesichtsausdruck annehmen, dann stellen wir uns damit vor, wie man sich als der andere Mensch empfinden würde.

Bis zu einem bestimmten Ausmaß können die Gesichtsmerkmale manipuliert werden; es geht dabei um Kommunikation, aber der verwendete Code ist davon abhängig, wie das im allgemeinen beurteilt wird, wie wir oben gezeigt haben. Vermutlich liegt die wichtigste Form der Manipulation seiner Gesichtsmerkmale darin, bestimmte Gesichtsausdrücke anzunehmen: man will glücklich, interessiert, nachdenklich oder überlegen erscheinen. Der Code, sich zu pflegen, variiert mit der Gesellschaftsschicht und der Kultur und verändert sich sehr schnell mit der Zeit, wie die Bedeutung von Bärten, Backenbärten und langen Haaren zeigt. Während Frauen mehr Zeit und Sorgfalt für die Körperpflege verwenden, ist für Männer die Länge der Haare sehr wichtig.

Bei der Wahrnehmung der Persönlichkeit zeigen sich manche Besonderheiten. Erstens hat jeder seine eigenen Kategorien und Dimensionen; darin besteht ein großer Unerschied zu der Wahrnehmung von Gefühlen, wo wir alle dieselben Kategorien und Dimensionen verwenden. Zweitens gebrauchen wir nicht immer verbale Bezeichnungen für andere Menschen, wie es die Psychologen tun. Es handelt sich dabei teils um Erinnerungen an ähnliche Menschen, um funktionale und metaphorische Eindrücke, nicht in Form von Wörtern, sondern als Bilder, als erwartetes Verhalten, als erwartete Reaktion auf sie und als einfühlende Vorstellung, wie man sich an ihrer Stelle empfinden würde.

Weiterführende Literatur

Ekman, P., Friesen, W. V., and Ellsworth, P. (1972) Emotions in the Human Face, Elmsford, N. Y.: Pergamon.

Vine, I. (1970) Communication by facial-visual signals, in: J. H. Crook (ed.) Social Behaviour in Birds and Mammals, London: Academic Press.

Zitierte Literatur

Argyle, M., and McHenry, R. (1970) Do spectacles really affect judgements of intelligence? British Journal of Social and Clinical Psychology 10: 27-9.

Birdwhistell, R. L. (1970) Kinesics and Context, Philadelphia: University of Pennsylvania Press.

Ekman, P. (1972) Universals and cultural differences in facial expressions of emotion, Nebraska Symposium on Motivation, Lincoln, Nebr.: University of Nebraska Press.

Frois-Wittman, (1930) The judgement of facial expression, Journal of Experimental Psychology 13: 113-51.

Izard, E. (1973) Reported in B. B. C. 2 Horizon programme on The Human Face.

Osgood, C. E. (1966) Dimensionality of the semantic space for communication via facial expression, Scandinavian Journal of Psychology 7: 1-30.

Secord, P. F., Dukes, W. F., and *Bevan, W.* (1959) Personalities in faces, I: An experiment in social perceiving, *Genetic Psychology Monographs* 49: 231-79.

Stringer, P. (1967) Cluster analysis of non-verbal judgements of facial expressions, *British Journal of Mathematical and Statistical Psychology* 20: 71-9.

Thayer, S. and *Schiff, W.* (1969) Stimulus factors in observer judgement of social interaction, *American Journal of Psychology* 82: 73-85.

12 Der Blick

Die Menschen sehen sich gegenseitig an, hauptsächlich um Informationen zu sammeln, und weniger, um welche zu senden; die Augen sind Rezeptoren, ein Mittel, die nonverbalen Signale des anderen aufzunehmen. Wenn jedoch jemand einen anderen ansieht, so kann dies trotzdem von dem anderen in verschiedener Weise dekodiert werden, und so wird bereits das Öffnen des Kanals zu einem Signal. Merkwürdigerweise ist dieser so geläufige Aspekt sozialen Verhaltens der Aufmerksamkeit der Forscher bis vor kurzem entgangen. Obwohl der Blick ein vertrautes Phänomen ist, wenn die Aufmerksamkeit darauf gelenkt wird, ist man sich gewöhnlich der eigenen oder fremder Blickmuster nicht oder kaum bewußt.

Einige verschiedene Variablen spielen dabei eine Rolle. Die folgende Aufstellung zeigt die grundlegenden statistischen Daten, wenn zwei Leute sich über ein emotional neutrales Thema bei einem Abstand von etwa 2 Metern unterhalten. Damit sollen zugleich einige dieser Variablen vorgestellt werden:

Individueller Blick	60	Prozent
während des Zuhörens	75	Prozent
während des Sprechens	40	Prozent
Dauer des Blicks	3	Sekunden
Augenkontakt (wechselseitiger Blick)	30	Prozent
Dauer des Augenkontakts	1,5	Sekunden

Diese Zahlen sind Durchschnittswerte, die stark variieren, entsprechend der Persönlichkeit der Beteiligten, ihren Einstellungen zueinander und dem Gesprächsthema, was im Folgenden beschrieben werden soll. In Gruppen von drei Leuten z.B. verteilt jeder seine Blicke auf die beiden anderen, und jeder hat mit jedem anderen nur etwa 5 Prozent von seiner Zeit Augenkontakt. Wenn dabei eine physische Aufgabe auszuführen ist, sehen die Beteiligten die meiste Zeit darauf und viel weniger auf die Gesprächspartner, wie wir bei einer Untersuchung einer Verkaufssituation in einem Kaufhaus festgestellt haben. Die Interagierenden sehen sich vielleicht auch an, um die Blickrichtung des anderen festzustellen und ihm dann dabei zu folgen.

Außer der *Dauer* des Blicks gibt es noch einige weitere eng miteinander verbundene Variablen, die etwas mit der *Qualität* des Blicks zu tun haben; diese sind bisher jedoch weniger ausführlich untersucht worden:

Pupillenerweiterung (von 2 bis 8 mm im Durchmesser)
Blinzelhäufigkeit (gewöhnlich alle 3 bis 10 Sekunden)
Richtung eines ausweichenden Blicks (nach rechts oder links)
Öffnung der Augen, weit oder mit gesenkten Lidern
Gesichtsausdruck im Bereich der Augen, beschrieben als „bohrender Blick", „verliebter Blick" und dergleichen.

Das Blickmuster zwischen zwei oder mehr Leuten kann daraufhin analysiert werden, ob die Dauer eines wechselseitigen Blicks länger oder kürzer ist, als es nach der Blickdauer eines Einzelnen zu erwarten wäre. Wenn jede Person 50 Prozent der Zeit auf den anderen schaut, dann müßte die Dauer des Augenkontakts etwa bei 25 Prozent liegen. Die erwartete Blickdauer ist gleich der prozentualen Blickdauer von A multipliziert mit der von B. Da man jedoch beim Zuhören fast doppelt so lang auf den anderen schaut wie beim Sprechen, alternieren diese Werte bis zu einem bestimmten Grade.

Im Labor wird der Blick so untersucht, daß das Verhalten von zwei oder mehr Versuchspersonen beobachtet wird, oder von einer Versuchsperson im Gespräch mit einer trainierten Person, deren Blickmuster in einer bestimmten Weise standardisiert wurde. Die Interaktion kann entweder von Beobachtern hinter einer Einwegscheibe oder von Videoaufnahmen registriert werden. Die Beobachter drücken dabei auf Knöpfe, die entweder einen automatischen Schreiber oder einen elektronischen Zähler in Gang setzen.

Die Forschung hat festgestellt, daß der Blick einige unterschiedliche Funktionen hat und daß diese verschiedenen Aspekte in komplizierter Weise miteinander verflochten sind. Der Autor und seine Kollegen (1973) haben ein Experiment durchgeführt, durch das die verschiedenen Aspekte des Blickens abgegrenzt werden konnten. Versuchspersonen sprachen in Paaren miteinander mittels Mikrophon und Lautsprecher durch eine Glaswand, die nur in einer Richtung durchsichtig ist, wie die folgende Abbildung zeigt:

Abbildung 12.1 Versuchsanordnung für das Experiment mit einer Einwegglaswand.

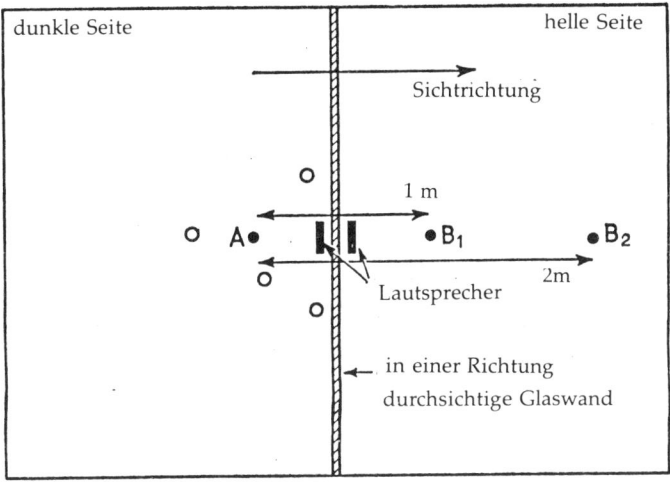

O = Beobachter

Die Blickdauer jeder Versuchsperson wurde unter verschiedenen Bedingungen aufgezeichnet. Einige der Ergebnisse waren folgende:

(1) A (der sehen konnte) schaute zu 65 Prozent der Zeit, während B (der nicht sehen konnte) nur zu 23 Prozent der Zeit schaute. Wahrscheinlich schaute A, um Informationen zu erlangen, und zwar schaute er sowohl beim Reden als auch beim Zuhören.

(2) B (der nichts sehen konnte) schaute dennoch zu 23 Prozent der Zeit; sein Blick war begleitet von den üblichen Gesichtsausdrücken und Kopfbewegungen; wahrscheinlich *sendete* er Informationen, was allerdings teilweise wohl gewohnheitsmäßig geschah.

(3) Wirkliche Gespräche wurden mit Monologen verglichen. Während der Monologe sank bei A die Blickdauer von 65 auf 47 Prozent, wahrscheinlich, weil keine Notwendigkeit bestand, synchronisierende (und mögliche Feedback-) Signale zu senden.

(4) Unter diesen Bedingungen war die Blickdauer höher, als wenn zwischen den Versuchspersonen keine solche Glaswand war - besonders bei großer Nähe. Offensichtlich reduziert sich die Blickdauer dadurch, daß eine andere Person zurückblickt.

Ob die Interagierenden nun durch den Blick etwas mitteilen wollen oder nicht - andere dekodieren dies in unterschiedlicher Weise:

hinsichtlich der Einstellungen des Blickenden zu ihnen, hinsichtlich seiner Persönlichkeit, seines emotionalen Zustands oder als ein synchronisierendes Signal. Einige dieser Bedeutungen sind nicht verbal kodiert, sondern sind als „verhaltensmäßige Bedeutung" oder als „nonverbale Bedeutung" anzusehen.

Wenn zwei Personen miteinander sprechen, dann schauen sie (a) sich gegenseitig an, (b) auf relevante Gegenstände oder (c) auf den allgemeinen Hintergrund, z.B. aus dem Fenster. *Argyle* und *Graham* (1977) wechselten die vorgelegten Gegenstände und den Hintergrund. Wenn Versuchspersonen über die Sommerferien sprachen und eine Karte von Mitteleuropa zwischen ihnen lag, dann schauten sie sich nur zu 6,4 Prozent der Zeit gegenseitig an, verglichen mit 76,6 Prozent, wenn keine Karte dalag und die Vorhänge zugezogen waren. Selbst mit einer sehr ungenauen Umrißkarte von Europa schauten sie sich nur zu 27 Prozent an. Es ist interessant und überraschend, daß Leute unter diesen Bedingungen sich lieber nur sehr wenig gegenseitig ansehen.

a) Interpersonale Einstellungen

Das Blickverhalten spielt bei dem Herstellen von Beziehungen zwischen den Menschen eine wichtige Rolle. Der Blick fungiert dabei als ein wirkungsvolles Signal, insofern dabei Enkodierung und Dekodierung zusammenspielen: man interpretiert die Muster des Blickverhaltens richtig.

Leute, die man gern hat, schaut man mehr an. *Exline* und *Winters* (1966) führten ein Experiment durch, bei dem eine Versuchsperson mit zwei Mitarbeitern zu sprechen hatte; wie erwartet bevorzugte jede Versuchsperson einen der beiden Gesprächspartner; sie wurden aufgefordert zu sagen, welchen sie bevorzugen würden, um damit die Vorliebe deutlicher zu machen. Dabei zeigte sich, daß die Versuchspersonen den einen Partner 2,7 mal so lang ansahen als den anderen. Männer verhielten sich in diesen Experimenten etwas anders und schauten *beim Zuhören* auf den nicht bevorzugten Gesprächspartner weniger. Bei anderen Experimenten zeigten sich ähnliche Ergebnisse: *Rubin* (1970) erstellte einen Fragebogen, um zu messen, wie sehr Paare ineinander verliebt seien. Er stellte fest, daß bei Paaren, die sehr stark ineinander verliebt waren, sich die Blicke zu einem höheren Prozentsatz trafen. Der Blick wird fast sicher als Werbesignal benutzt, besonders von Frauen, die mit großer Sorgfalt ihre Augen schminken und neuerdings auch Schmuckbrillen mit dunklen Gläsern tragen.

Es wurden mehrere Dekodierungs-Experimente durchgeführt, welche zeigen, daß der Blick als ein Signal der Zuneigung verstanden wird. *Mehrabian* (1972) stellte fest, daß bei einem Experiment, in dem sich der Experimentator mit zwei weiblichen Versuchspersonen unterhielt, diejenige Person, die am meisten angesehen wurde, daraus den Schluß zog, daß sie bevorzugt würde. Nach diesem Experiment war die Blickrichtung ein wirksameres Signal als die körperliche Ausrichtung. Andere Experimente haben gezeigt, daß, wenn einer den anderen ansieht, dieser nicht nur meint, der andere hätte ihn gern, sondern auch seinerseits den anderen lieber mag.

Auch die Pupillengröße fungiert als ein Signal der interpersonalen Attraktivität. Früher haben Frauen ihre Pupillen mit Belladonna vergrößert, um sich attraktiver zu machen, und es wird berichtet, daß arabische Händler auf die Pupillen ihrer Kunden achten, um festzustellen, an welchen Waren diese am meisten interessiert sind. *Ekhard Hess* (1972) hat eine Reihe von Laborexperimenten durchgeführt, bei denen er herausfand, daß sich bei Männern die Pupillen erweiterten, wenn ihnen Photographien von attraktiven Frauen gezeigt wurden, daß sich bei Frauen die Pupillen erweiterten, wenn sie Photos von Männern und von Säuglingen ansahen, bei Homosexuellen mit Photos von nackten Männern, aber nicht von nackten Frauen. Das ist jedoch nicht nur eine sexuelle Reaktion: die Pupillen erweitern sich auch beim Ansehen von Kunstwerken oder von Silberwaren, und zwar nicht immer in Übereinstimmung mit den verbalisierten Ansichten der Versuchspersonen; z.B. zeigte nicht jeder, der behauptete, an moderner Kunst interessiert zu sein, Pupillenreaktionen darauf. *Hess* zeigte männlichen Studenten zwei Photographien von einem Mädchen, von denen eine zur Vergrößerung der Pupillen retuschiert worden war: die Studenten bevorzugten das Mädchen mit den größeren Pupillen, und ihre eigenen Pupillen erweiterten sich, obwohl sie sich nicht bewußt waren, auf welches Signal sie dabei reagierten (Bildtafel 12). Aber reagiert man unter normalen Interaktionsbedingungen auf die Pupillen? *Stass* und *Willis* (1967) haben sowohl die Blickdauer als auch die Pupillengröße (mittels einer Droge) experimentell manipuliert und dabei festgestellt, daß die Versuchspersonen denjenigen als Partner wählten, der sie mehr ansah, daß aber auch die Pupillenerweiterung eine gewisse Wirkung hatte. Die Pupillenerweiterung ist schwierig als Signal zu verwenden: es kann nur bei geringer Entfernung und bei ausreichender Helligkeit erkannt werden; zudem reagieren die Pupillen in jedem Falle auf Veränderungen der Helligkeit, indem sie sich erweitern, wenn es dunkler wird. Zusammenfassend ist soweit festzuhalten, daß interpersonale Attraktivität durch die Blickdauer, durch die Dauer des Augenkontakts und durch die Pupillengröße sowohl enkodiert als auch dekodiert wird.

Warum sieht man diejenigen mehr an, die man gern hat? Es wurde festgestellt, daß Versuchspersonen diejenigen mehr ansehen, von denen sie in irgendeiner Weise belohnt werden, zum Beispiel durch zustimmende Bemerkungen. Da Zustimmung teilweise durch das Gesicht ausgedrückt wird, wurde wahrscheinlich der Blick selbst belohnt; die Augen haben belohnende Signale wahrgenommen.

Jedoch ist die Blickdauer begrenzt und liegt gewöhnlich weit unter 100 Prozent. *Argyle* und *Dean* (1965) haben angenommen, daß beim Blickverhalten ein Gleichgewicht eine Rolle spielt, das sich ergibt aus einem Konflikt zwischen Tendenzen zu sehen und Tendenzen, das Sehen zu vermeiden; wenn jemand einen anderen gern mag, verschiebt sich die Balance, und man sieht mehr auf den anderen. Wir haben auch angenommen, daß es einige verschiedene Signale für Intimität gibt, die sich gegenseitig ersetzen können. Wir stellten fest, daß bei größerem Abstand der Blickkontakt größer ist (vgl. S. 285f), und *Exline* (1965) stellte fest, daß der Blickkontakt bei intimeren Gesprächsthemen geringer und bei weniger intimen Themen größer ist. Experimente mit Täuschungsversuchen haben gezeigt, daß jemand, der einen anderen täuscht (bei einer weniger intimen Beziehung), diesen gewöhnlich weniger ansieht (S. 232).

Es sind manche Untersuchungen durchgeführt worden, um verschiedene Voraussagen eines Modells zu testen; im allgemeinen hatten sie positive Ergebnisse (*Patterson* 1973): das funktioniert am besten, wenn eine Beziehung entwickelt wurde, die dann durch die Veränderung einer Variable, z.B. der Distanz, gestört wurde.

Unterschiede in der Dominanz oder dem Status beeinflussen das Blickverhalten ebenso. *Michael Chance* (1967) hat bei Tiergruppen eine „Aufmerksamkeitsstruktur" festgestellt, indem die dominanten Tiere das Zentrum der Aufmkersamkeit für die untergeordneten Tiere sind; die dominanten Tiere beeinflussen die anderen, die ihnen Platz machen, ihre Tätigkeit unterbrechen, sobald das dominante Tier sich nähert, oder seiner Verhaltensweise folgen. Auch bei den Menschen betrachten sich diejenigen, die am meisten angesehen werden, als die mächtigsten Mitglieder der Gruppe, und sie werden auch von anderen in dieser Weise eingestuft. *Exline* und *Long* (1971) verursachten zwischen zwei Personen Unterschiede, indem sie die eine Person die Bezahlung zu den eigenen Gunsten aufteilen ließen. Wenn dies gerechtfertigt war, z. B. wenn Offiziere verschiedenen Ranges herangezogen wurden, schaute die Person niederen Ranges zu 25 Prozent mehr auf den anderen als dieser auf jenen. Dies mag teilweise auf eine grundlegende und angeborene Aufmerksamkeitsstruktur zurückzuführen sein. Teilweise hat es auch darin seinen Grund, daß dominante Personen gewöhnlich mehr reden und daher weniger schauen, da man ja beim Sprechen etwa halb so viel auf den anderen schaut als beim Zuhören.

Strongman und *Champness* (1968) stellten fest, daß eine Gruppe von Menschen eine konsistente Dominanzhierarchie ausbildete, und zwar im Hinblick darauf, wer in jeder Zweiergruppe zuerst mit den Blicken häufiger auswich; das Verhaltensmuster des Ausweichens wurde bereits beim allerersten Augenkontakt festgelegt. Somit schaut die dominantere Person weniger, obwohl sie als letzte mit den Blicken ausweicht. In ähnlicher Weise stellte *Thayer* (1969) fest, daß jemand, der lange Blicke aussendet, als dominanter angesehen wird als jemand, der kurze Blicke sendet. Sehr wahrscheinlich also dient eine ausgiebige Verwendung des Blicks dazu, eine dominante Beziehung aufzubauen, dann aber reduziert die dominante Person ihre Blickhäufigkeit.

Wie der Blick bezüglich Sympathie und Dominanz dekodiert wird, wird in einem Experiment von *Argyle, Lefebvre* und *Cook* (1974) aufgezeigt. Jeder Mitarbeiter verwendete bei mehreren Versuchspersonen fünf verschiedene Blickmuster. Die statistische Analyse der siebenstelligen Rating-Skalen, die von den Versuchspersonen ausgefüllt worden waren, ergab zwei Hauptfaktoren: (1) Zuneigung *versus* Abneigung, (2) aktiv, dominant, selbstbewußt, freundlich und schnell *versus* passiv, unterwürfig, ängstlich, zurückhaltend und langsam - was also auch mit ,,Aktivität'' oder ,,Stärke'' bezeichnet werden kann. Wie die fünf Blickmuster wahrgenommen wurden, wird in Abbildung 12.2 dargestellt.

Abbildung 12.2. Die Bedeutungen der fünf Blickmuster

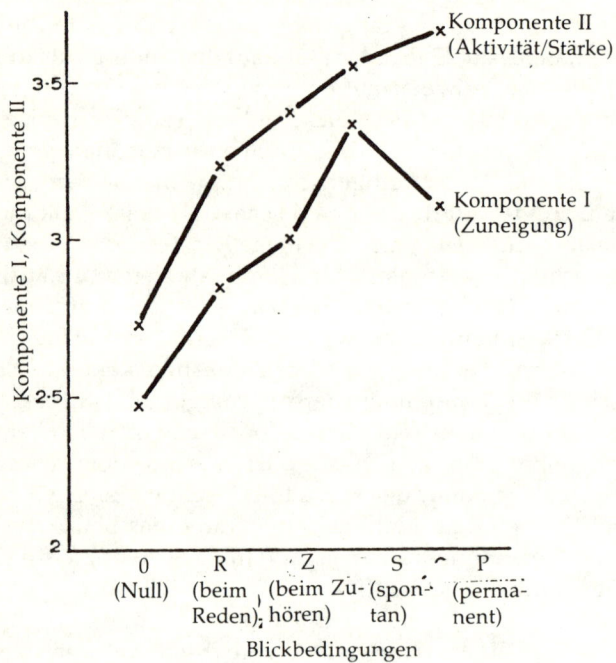

Komponente II
(Aktivität/Stärke)

Komponente I
(Zuneigung)

Komponente I, Komponente II

0	R	Z	S	P
(Null)	(beim Reden)	(beim Zu-hören)	(spon-tan)	(perma-nent)

Blickbedingungen

Man kann erkennen, daß, je mehr jemand schaut, er desto eher als aktiv (d.h. als aktiv, dominant, selbstbewußt usw.) angesehen wird. Und je mehr jemand schaut, desto mehr Zuneigung wird ihm entgegengebracht - bis zu einem normalen Niveau, über das hinaus er weniger gern gemocht wird. Dieses letztere Ergebnis kann mit dem Modell des affiliativen Gleichgewichts erklärt werden: zu viel Blickkontakt schafft zu viel Intimität, was unangenehm ist, und so mag man den anderen weniger gern.

Außer Zuneigung und Dominanz wird noch eine dritte Dimension von interpersonalen Einstellungen durch den Blick signalisiert, nämlich Drohung. Bei Tieren signalisiert ein direkter Blick sehr häufig eine Drohung, und sein Gegenteil, ein „Abbrechen" oder Abwenden des Blicks, signalisiert Beschwichtigung. *Exline* (1971) stellte fest, daß Menschen in dieser Weise mit Affen kommunizieren können. Wenn der Experimentator die Augen niederschlug, unterwürfig schaute oder den Blick abwandte, reagierte der Affe nicht aggressiv.

Das Abwenden des Blicks hatte wahrscheinlich die Funktion, Erregung oder Angst zu reduzieren. Jedoch wurde diese Handlung bei den Tieren im Laufe der Evolution ritualisiert, so daß er als Beschwichtigung dekodiert wird. Einige Experimente lassen vermuten, daß ein starrer Blick auch bei Menschen als ein Drohsignal fungieren kann. *Phoebe Ellsworth* et al. (1972) haben festgestellt, daß Autofahrer oder Fußgänger, die an einer Ampel auf grünes Licht warteten, sich bei Grün unmittelbarer weiterbewegten, wenn sie von einem Experimentator angestarrt wurden. Jedoch können Experimente dieser Art auch als ein Eindringen in die Privatsphäre oder als störende Regelverletzung interpretiert werden; oder der bedeutungslose Charakter dieses Anstarrens könnte die angestarrten Personen dazu bringen, daß sie sich aus dieser Situation zu entfernen wünschen.

Kooperation und Konkurrenz werden ebenfalls durch den Blick signalisiert; jedoch variieren die gesendeten Signale mit dem jeweiligen Sender. *Exline* (1963) stellte bei weiblichen Versuchspersonen mit einer starken affiliativen Motivation fest, daß sie in einer kooperativen Situation viel schauten; Frauen mit einer geringen affiliativen Motivation schauten viel in einer Konkurrenzsituation; Männer zeigten ein ähnliches Muster, jedoch in viel schwächerem Maße. Der Blick spielt in hohem Maße bei verschiedenen interpersonalen Beziehungen eine Rolle; im allgemeinen hat der Blick die Bedeutung, daß man an einer anderen Person interessiert ist und auf sie achtet, und in dieser Weise wird der Blick auch wahrgenommen. Die genaue interpersonale Einstellung, die dadurch ausgedrückt wird, wird mit Hilfe des Gesichtsausdrucks und anderer Hinweise dekodiert.

Die Blicksignale, die der Kommunikation von interpersonalen Einstellungen dienen, umfassen wahrscheinlich mehr als nur den Blick selbst. Affiliative Blicke werden gewöhnlich von einem Lächeln begleitet, Drohsignale dagegen nicht; Beschwichtigungssignale sind mit einem Wegsehen, gewöhnlich nach unten, verbunden. Sexuelle Anziehung impliziert, wie wir gesehen haben, weitere Signale der Erregung, wie etwa die Pupillenerweiterung.
Wenn man von einem anderen angesehen wird, kann man das auch als ein Beobachtetwerden verstehen. Der *Autor* und *Marylin Williams* (1969) haben festgestellt, daß Leute sich in bestimmten Rollenbeziehungen beobachtet fühlten, wie etwa, wenn man interviewt wird, jünger ist oder wenn eine junge Frau mit einem jungen Mann zusammen ist. Das führt zu einer Befangenheit und dazu,

daß man sich mit seiner Selbstdarstellung beschäftigt. Manche psychisch Kranke finden das außerordentlich störend.

b) Persönlichkeit
Wir wissen, daß es von der jeweiligen Situation abhängt, in welchem Maße ein Mensch blickt, z.B. ob er die Person, mit der er zusammen ist, gern hat oder nicht. Jedoch ist das Blickverhalten auch ein ziemlich konsistentes Charaktermerkmal eines Menschen, unabhängig von der jeweiligen Situation, d.h. von den jeweiligen Gesprächspartnern.

Einige Dimensionen der Persönlichkeit beziehen sich auf den Blick. Sie ergeben sich nicht aus der Selbstdarstellung, sondern aus anderen Persönlichkeitsstrukturen.

Extraversion

Die diesbezüglichen Ergebnisse sind nicht sehr konsistent, aber alle Untersuchungen haben eine gewisse Beziehung zwischen Extraversion und dem Blick festgestellt; das deutlichste Ergebnis liegt darin, daß Extravertierte häufiger schauen, besonders wenn sie reden. Damit ist auch augenscheinlich, daß sie zu einem höheren Prozentsatz blicken und daß ihre Blicke länger sind. Eine Erklärung dafür ist, daß Extravertierte ein niedrigeres Erregungsniveau haben und deshalb auch durch die jeweilige Art zu blicken oder die Länge einer Erregung weniger erregt werden und mehr ertragen können, bevor sie mit dem Blick ausweichen. Jedoch ist auch festgestellt worden, daß Menschen mit hoher affiliativer Motivation in kooperativen und geselligen Situationen mehr blicken. Das ließe sich so erklären, daß der Blick oder Augenkontakt eines der Ziele ist, die der affiliativen Befriedigung dienen. Das könnte auch das Ergebnis bei der Extraversion erklären. Gelegentlich wurden auch Ergebnisse erzielt, wonach Dominanz und Aggression ebenfalls mit einem hohen Blickniveau verbunden sind; das geschieht aber wahrscheinlich nur in besonderen Situationen, z.B. in einer Konkurrenzsituation oder wenn man jemanden anstarrt.

Schizophrenie und Depression

Es wurde oft berichtet, daß psychotische Patienten in ihrem Blickverhalten Besonderheiten zeigen, insbesondere eine Aversion zu schauen. *Rutter* und *Stephenson* (1972) haben eine sorgfältig kontrollierte Untersuchung von zwanzig akut Schizophrenen, zwanzig Depressiven und einer Kontrollgruppe von vierzig Personen aus einem nicht-psychiatrischen Krankenhaus durchgeführt; sie stellten fest, daß im Vergleich mit gesunden Personen (=100%) die Schizophrenen durchschnittlich nur 65 Prozent, die Depressiven 73 Prozent Blickkontakt hatten und daß bei den Schizophrenen die Blicke kürzer waren: 2,1 Sekunden, im Vergleich zu 3,4 Sekunden bei den Depressiven und 3,9 Sekunden bei den Kontrollpersonen. Aber warum schauen Schizophrene weniger? um andere Menschen zu vermeiden oder um eine Stimulierung überhaupt zu vermeiden? *Ederyn Williams* (1974) hat unter Verwendung einer Wartezimmer-Situation festgestellt, daß Schizophrene längere Zeit auf einen Fernseher, in dem ein Programm mit Fischen lief, als auf eine andere Person schauten, insbesondere wenn diese Person sie in ein Gespräch zu ziehen versuchte. Die Patienten haben eindeutig den sozialen Kontakt und nicht die Stimulierung vermieden. Weniger genau kontrollierte Beobachtungen von chronischen Schizophrenen, die bereits einige Jahre lang im Krankenhaus waren, zeigen, daß sie eine fast vollständige Aversion gegen einen Blickkontakt haben.

Autistische Kinder
Bei autistischen Kindern ist die Aversion gegen Blickkontakt so groß, daß sie zu den Definitionskriterien gehört: nach einer Untersuchung von *Coss* (1972) schauen sie zu 4 Prozent der Zeit (65 Prozent bei der normalen Kontrollgruppe), und ihre Blicke dauern 0,5 Sekunden (3,5 Sekunden bei den Normalen); einen wechselseitigen Blickkontakt vermeiden sie aktiv, indem sie etwa einen Hut über die Augen ziehen oder durch die Finger sehen. Andererseits wird ein sozialer Kontakt anderer Art von ihnen nicht vermieden; autistische Kinder werden auf den Knien eines Erwachsenen sitzen oder sich von ihm an der Hand führen lassen - und dabei in eine andere Richtung schauen. Eindeutig autistische Kinder haben eine starke und spezifische Aversion gegen Augen und Gesichter; im allgemeinen wird angenommen, daß diese Stimuli für sie sehr erregend sind, aber man weiß nicht warum.

Unterschiede zwischen Männern und Frauen
In vielen Untersuchungen sind Unterschiede zwischen Männern und Frauen aufgetaucht. Frauen schauen mehr, zwei Frauen zusammen haben einen ausgiebigen gegenseitigen Augenkontakt, und in Experimenten, in denen die Sicht reduziert wurde, sind sie durch das Fehlen visueller Anhaltspunkte stärker verunsichert. Das Blickverhalten von Frauen wird von anderen auch stärker beachtet als das von Männern; und natürlich bemühen sich die Frauen in vielen Kulturen mehr darum, ihre Augen durch Schminken hervor-

zuheben. Nach *Exline* schauen Frauen mehr in kooperativen Situationen und wenn sie eine hohe affiliative Motivation haben.

Unterschiede in der Persönlichkeit

Persönliche Unterschiede zeigen sich darin, in welche Richtung jemand den Blick abwendet, wenn ihm eine Frage gestellt wird. Die meisten Männer weichen konsistent entweder nach links oder nach rechts aus, ihre Blicke gehen gewöhnlich zu 75-85 Prozent in dieselbe Richtung; Frauen sind darin weniger konsistent. Experimente von *Bakan* (1971) und von anderen haben gezeigt, daß Menschen, die den Blick nach links abwenden, eher gesellig, musikalisch, religiös sind, eher klassische und humanwissenschaftliche Fächer studieren, leichter zu hypnotisieren sind und starke Alpha-Rhythmen haben. Eine elektrische Stimulierung des rechten vorderen Cortex verursacht eine Blickveränderung nach links. Man nimmt an, daß Menschen, die nach links ausweichen, eine dominante rechte Hemisphäre haben, und umgekehrt. Diese Forschungsergebnisse stimmen mit klinischen Untersuchungen von Patienten mit gespaltenem Hirn in der Annahme überein, daß die linke Hemisphäre verbal, rational und sachorientiert ist, während die rechte Hemisphäre nonverbal, analogisch, subjektiv und emotional ist. Neuere Experimente haben diese Ergebnisse im allgemeinen bestätigt, zumindest für rechtshändige Männer. *Kinsbourne* (1972) stellte fest, daß rechtshändige Männer nach rechts sahen, wenn ihnen ein verbales Problem gestellt wurde, und nach links bei einem räumlichen Problem. Nach neueren Untersuchungen wird angenommen, daß diese Wirkung in sozialen Situationen schwach sei und nur dann stärker sei, wenn die Versuchsperson eine Wand vor sich habe. Man hat auch festgestellt, daß Fragen über Wörter Blickveränderungen nach unten ebenso wie nach rechts verursachen, während räumliche Fragen eine Blickveränderung nach oben ebenso wie nach links verursachen (*Galin* und *Ornstein* 1974). Diese Forschungsweise ist außerordentlich interessant, insofern sie eine neurologische Grundlage für verbale und nonverbale Denkstile, für Verstand und Intuition vermuten läßt; das soll später noch erörtert werden (S. 362f).

Mit einigen Experimenten wurde untersucht, wie verschiedene Blickmuster dekodiert werden. *Kleck* und *Nuessle* (1968) drehten Filme, in denen die interagierenden Personen entweder zu 15 Prozent oder zu 80 Prozent der Zeit schauten; Versuchspersonen, die die Filme sahen, beurteilten sie in der folgenden Weise:

15 Prozent	80 Prozent
kalt	freundlich
pessimistisch	selbstbewußt
vorsichtig	natürlich
defensiv	reif
unreif	ernsthaft
ausweichend	
unterwürfig	
gleichgültig	
empfindlich	

Jedoch erhält man diese Ergebnisse auch in normalen Interaktionssituationen? In einer Untersuchung, in der Versuchspersonen mit Mitarbeitern zusammentrafen, die ein festes Programm durchführten, haben *Cook* und *Smith* (1975) eine nur sehr geringe Wirkung des Blicks auf die Eindrücke von der Persönlichkeit festgestellt. Auf den Beurteilungsskalen zeigte sich keine Auswirkung, aber bei den Versuchspersonen, die das Blickverhalten der Zielpersonen bemerkten, machten freie Bechreibungen deutlich, daß die Zielpersonen mit geringem Blickkontakt als nervös und mißtrauisch angesehen wurden. Man kann feststellen, daß ein Mensch als desto aktiver (d.h. aktiver, dominanter, selbstbewußt usw.) angesehen wird, je mehr er auf den anderen schaut. Und je mehr er schaut, desto mehr Sympathie begegnet ihm, bis zu einem normalen Maße, über das hinaus die Sympathie nachläßt. Dieses letzte Ergebnis kann durch das Modell der affiliativen Balance erklärt werden: zu viel Blickkontakt schafft eine zu starke Intimität, was einem unangenehm ist.

c) Der Blick beim Sprechen

Zu Beginn einer Interaktion spielt der Blickkontakt eine Rolle, und zwar nach den Beobachtungen von *Kendon* in zwei Abschnitten: zunächst, bevor zwei Leute aufeinander zugehen; das macht die beiderseitige Absicht deutlich, eine Kommunikation zu beginnen. Andere Signale, wie Lächeln oder Nicken, werden dazu wahrscheinlich ebenso benötigt. Wenn zwei Leute aufeinander zugehen, wenden sie fast immer den Blick ab, und dann in der „nahen Phase" der Begrüßung sehen sie sich wieder gegenseitig an. *Angela Steer* (1972) stellte einen zunehmenden Blickkontakt an „Übergangspunkten" fest, wenn also in der jeweiligen Tätigkeit eine Veränderung stattfindet. Auch am Ende einer Begegnung findet ein Blickkontakt statt. *Angela Steer* stellte fest, daß bei jemandem, der während eines Experiments aufgefordert wird, eine andere Person zu verlassen, die Abschlußphase durchschnittlich 36 Sekunden dauerte, mit einem Blickkontakt von 5,7 Sekunden, der bei Freunden länger war (8,5 Sekunden) als bei Fremden (3 Sekunden). *Mary Sissons* (1970) stellte im Gebrauch des abschließenden Blickkontakts einen starken schichtenspezifischen Unterschied fest. Leute aus der Arbeiterschicht, die nach dem Weg gefragt wurden, hörten am Ende der Begegnung einfach auf zu sprechen, wendeten sich um und gingen weg; Leute aus der Mittelschicht schauten zum Schluß noch einmal mit einem Lächeln und einer Abschiedsgeste.

Wie auch in anderen Situationen finden während der sozialen Interaktion beständig Augenbewegungen statt. *Yarbus* (1967) untersuchte die Augenbewegungen beim Betrachten von Photographien mit Hilfe eines Gerätes, das die Augenbewegungen aufzeichnet. Er stellte fest, daß die Augen in einem wiederholten Kreislauf bestimmte Punkte, die von Interesse sind, wie die Augen und den Mund, fixieren. Diese Fixierungen dauern etwa eine Drittelsekunde und werden durch Sakkaden miteinander verbunden, d.h. durch sehr schnelle Drehbewegungen der Augen. In Bildtafel 13 wird ein Beispiel dieses Blickmusters gezeigt. Aufnahmen bei Untersuchungen des Blickverhaltens in der sozialen Interaktion zeigen Fixierungen, die viel länger sind als eine Drittelsekunde. In einer anderen Untersuchung haben *Yarbus* und andere gezeigt, daß das subjektive Gesichtsfeld leer wird, wenn das Auge zwischen einer und drei Sekunden lang genau auf dasselbe Feld schaut, denn der Sehnerv registriert Veränderungen in der Lichtintensität. Sehr wahrscheinlich finden also in demselben Bereich mehrere Fixierungen statt, zum Beispiel im Bereich der Augen; die Interaktionsforschung, die mit einem Aufzeichnungsgerät für Augenbewegungen arbeitet, muß dieses weiterhin im Detail untersuchen.

Während einer Unterhaltung besteht eine regelmäßige Verbindung zwischen Reden und Schauen. Das Schauen dient dazu, an wichtigen Punkten ein Feedback aufzunehmen; es dient als synchronisierendes Signal und als ein Signal, das das Sprechen begleitet und kommentiert. Wie wir gesehen haben, schaut man beim Zuhören doppelt so viel wie beim Sprechen; der Grund dafür ist wahrscheinlich, daß der Sprechende nicht ständig abgelenkt werden will und daher nur an bestimmten wichtigen Punkten seiner Äußerungen nach Feedbacksignalen schaut. *Kendon* (1967) hat diese Beziehungen detailliert untersucht. Er stellte fest, daß man am Ende seiner Äußerungen aufsieht; damit erhält man ein Feedback und zeigt dem anderen zugleich, daß man aufhören will zu sprechen. Nach *Kendon* schauen die Interagierenden zu Beginn ihrer Äußerungen weg. Während dieses zwar nicht in allen Untersuchungen festgestellt worden ist, so gilt es doch bei der Beantwortung von Fragen. Bei grammatischen Zäsuren schaut man kurz auf; an solchen Punkten gibt der andere begleitende Signale, um seine Bereitschaft anzuzeigen, weiter zuzuhören. Man sieht weg, wenn man zögert oder stockend redet, wahrscheinlich, um den Einfluß einer ablenkenden Information zu vermeiden. Man schaut auf, wenn man kurze Fragen stellt, Aufmerksamkeitssignale sendet oder lacht. Bei versuchten Unterbrechungen besteht ein gegenseitiger Augenkontakt.

Das mit dem Sprechen verbundene Blickmuster bildet ein eng integriertes System. Der abschließende Blick zum Beispiel fungiert als ein Schlußsignal für den anderen und ermöglicht zugleich ein Aufnehmen des Feedbacks.Der Blick spielt in der sozialen Performanz eine zentrale Rolle: er öffnet den Kanal, um visuelle, nonverbale Signale von anderen zu empfangen, die während der Interaktion die wichtigste Quelle des Feedback sind. Der Blick ist zwar einerseits ein Kanal, gehört andererseits aber auch zu einem Verhalten, das durch Verstärkung und andere Faktoren gelenkt wird, so daß der Kanal unter bestimmten Bedingungen fast geschlossen sein kann, weniger nonverbale Signale empfangen werden und die soziale Performanz erschwert wird.

Während eines Gesprächs hat der Blick auch noch weitere Funktionen:

Signal	Wirkungen
Blicke am Ende der Äußerung eines anderen	Verstärkung; er will zum selben Thema weiterreden
Blicke während Teilen der eigenen Äußerung	gibt Betonung
häufige Blicke beim Sprechen	ist stärker überzeugend
häufige Blicke, während man über den anderen Fragen stellt	der andere spricht mehr über sich selbst.

Während diese Varianten zwar möglich sind und eine Bedeutung haben, so gibt es doch für das Blickmuster während der Interaktion genaue Regeln. Es wäre zum Beispiel völlig unannehmbar, alle halbe Sekunde hin- und wiederwegzusehen oder auf die Genitalien des anderen zu starren oder aber ihn überhaupt nicht anzusehen. Wird zum Ende der Äußerungen kein abschließender Blick gegeben, versäumt der andere die Antwort, und das Synchronisationssystem bricht zusammen. Die Abfolge der Blicke ist zwar von Regeln gelenkt und kompliziert, aber sie vermittelt keine sehr komplexe Information. Vielleicht liegt die wichtigste Mitteilung darin, daß der Betreffende aufmerksam ist, daß der Kanal offen ist. Bei einem wechselseitigen Augenkontakt wissen beide Beteiligten, daß der Kanal für eine wechselseitige Kommunikation offen ist. *Simmel* (1921) beschrieb das als „eine völlig neue und einzigartige Verbindung zwischen zwei Menschen ... es stellt die vollkommenste Wechselseitigkeit in dem ganzen Feld menschlicher Beziehungen dar."

d) Emotionaler Zustand

Eine Vermeidung des Blicks begleitet negative Gefühle wie Angst, Scham und Verlegenheit; das Gegenteil gilt wahrscheinlich für andere Gefühle. *Exline* und seine Kollegen (1970) stellten fest, daß Versuchspersonen, die in einem Experiment einen unmoralischen Täuschungsversuch zu unternehmen hatten, weniger blickten, außer wenn sie „machiavellistische Persönlichkeiten" waren, die beim Lügen einen freien und offenen Blick hatten. Gefühle beeinflussen auch andere Aspekte des Augenverhaltens; bei Furcht zum Beispiel sind die Augen starr geöffnet, bei Ärger zusammengekniffen, und bei Freude zeigen sich Lachfalten um die Augen. Eine Pupillenerweiterung kann auf Veränderungen in der emotionalen Erregung hinweisen, sie wird aber auch durch andere Variablen verursacht, wie z.B. die Lichtintensität. Die Blinzelhäufigkeit variiert ebenfalls mit der Erregung; sie nimmt zu bei Angst oder Anspannung und verringert sich bei konzentriertem Denken und bei visueller Aufmerksamkeit. Ob dieses Signal irgendwie von anderen dekodiert wird, ist nicht bekannt. *Nummenmaa* (1964) zeigte Versuchspersonen Ausschnitte von Photographien mit Gesichtern von Zielpersonen, die verschiedene Gefühle darstellten. Am genauesten wurden Gefühle im Bereich der Augen erkannt; das galt insbesondere für komplexe Gefühle wie „Freude und Ärger" (vgl. Bildtafel 11).

e) Biologische und kulturelle Basis des Blicks

Der Blick dient den Tieren weithin als ein Drohsignal und als ein Mittel, in sozialen Situationen visuelle Informationen zu sammeln. Nachtfalter und Fische haben nachgeahmte „Augenflecken", Vögel haben „Augenringe", welche sich offensichtlich als soziale Signale entwickelt haben, um Raubtiere abzustoßen. Man hat festgestellt, daß Schmetterlinge von Vögeln gefressen werden, wenn man ihre Augenflecken entfernt hat, während sich die Vögel zurückziehen, wenn die Augenflecken vorhanden sind. Während einerseits die Ansicht geäußert wurde, daß die Augenflecken auf eine evolutionäre Nachahmung („Mimikry") der Augen von Raubtieren zurückzuführen seien, hält *Scaife* (1974) dem entgegen, daß sie sich häufig z.B. von den Augen der Eulen sehr stark unterscheiden, und er meint, ihre Macht beruhe einfach darauf, daß sie starke Stimuli mit einem ausgeprägten schwarz-weiß-Kontrast seien.

Bei Tieren dient der Blick auch als ein affiliatives Signal, wie etwa innerhalb der Hierarchien der Primaten, wie oben beschrieben; demgegenüber besteht beim Menschen eine deutliche Verschiebung, insofern der Blick häufiger ein affiliatives als ein Drohsignal ist. Schon in den ersten Stunden ihres Lebens folgen Säuglinge mit ihren Augen einem sich bewegenden Gegenstand; mit drei oder vier Wochen reagieren sie insbesondere auf ein Augenpaar oder auf Masken mit Augen. Es ist nicht bekannt, ob dieses frühe Interesse an den Augen angeboren ist, oder, wie *Fantz* (1971) annimmt, ob eine angeborene Vorliebe für solche Stimuli vorhanden ist, die ein bestimmtes Maß an Komplexität, Klarheit und Bewegungsintensität aufweisen. Danach würden die Augen der Mutter den Blick am stärksten fesseln, und der Säugling würde früh Augen und Gesicht der Mutter kennenlernen und sich darauf fixieren. Der Blick, wechselseitiger Blickkontakt und das Abwenden des Blicks spielen eine zentrale Rolle beim ,,Guck-Guck-Spiel'' und ähnlichen Spielen (*Bruner*, Vorlesung in Oxford). In der Entwicklung von Bindungen und Soziabilität spielen der Blick und der wechselseitige Blickkontakt eine zentrale Rolle. Langfristige Untersuchungen zeigen, daß das Anschauen von anderen früh im Leben einsetzt, in der frühen Jugend abnimmt, wenn Kinder befangen sind, und im frühen Erwachsenenalter wieder einen höheren Grad erreicht (vgl. *Argyle* und *Book* 1975).

Nach *Coss* (1970) bewirkt das Augenmuster bei Erwachsenen eine stärkere Pupillenerweiterung als einige ähnliche Muster, aber das beweist in keiner Hinsicht, daß es angeboren sei (Abb. 12.3). Man hat auch vermutet, daß dieser frühe visuelle Kontakt mit dem Anderen biolgoisch nützlich sei, die Mutter zu bestärken.

Während zwar die wichtigsten Blickphänomene in allen menschlichen Kulturen weithin die gleichen zu sein scheinen, so bestehen doch auch manche Unterschiede. Der auffälligste bisher festgestellte Unterschied ist, daß Araber mehr Blickkontakt haben als Amerikaner oder Europäer, abgesehen davon, daß sie auch näher beieinander stehen. Die Japaner sehen eher auf den Hals als auf die Augen, wobei diese allerdings noch im peripheren Gesichtsfeld liegen müssen, außer bei sehr geringen Entfernungen. Die Griechen schauen mehr als Briten oder Amerikaner, sowohl bei Gesprächen als auch in der Öffentlichkeit, wenn sie fremde Personen ansehen.

Abbildung 12.3. Pupillenreaktionen auf Augenmuster (aus *Coss* 1970)

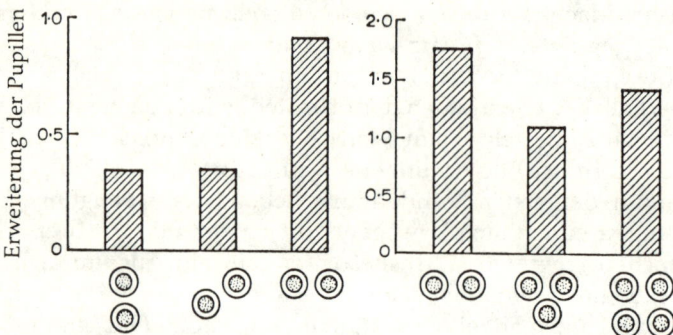

Andererseits schauen manche amerikanische und südamerikanische Inidianer viel weniger als wir. Seit den Zeiten der Römer hat man geglaubt, daß Hexen und andere einen „bösen Blick" hätten. In Neapel glaubt man heute noch daran, wo der böse Blick manchen Priestern und Mönchen, nicht wie früher alten Frauen, zugeschrieben wird, wenn sie schielen oder tiefliegende Augen haben. Man glaubt, diejenigen seien verflucht, die der böse Blick trifft.

Der Blick ist nicht in derselben Weise ein Signal wie der Gesichtsausdruck oder die Gesten. Man schaut in erster Linie, um etwas zu sehen, und nicht, um Botschaften zu senden. Jedoch sendet man unabsichtlich zwei Signale: erstens, daß der Kommunikationskanal offen ist und daß visuelle Signale empfangen werden können; zweitens, daß man an der angeschauten Person irgendein Interesse hat. Die Bedeutung des Blicks für andere leitet sich zweifellos davon ab. Ein Abwenden des Blicks wird von Tieren verwendet, um eine Erregung zu mindern, aber es wird im Laufe der Evolution zu einem ritualisierten Signal für Beschwichtigung. Der Blick zum Ende einer Äußerung wird vom Menschen dazu verwendet, um ein Feedback aufzunehmen, aber durch Lernen erhält er als Abschlußsignal eigene Bedeutung. Wie ein Blick interpretiert wird, hängt von dem Gesichtsausdruck und von der jeweiligen Situation ab, was der angeschauten Person ermöglicht, z.B. zwischen Liebe und Drohung zu unterscheiden. Bei einigen der nonverbalen Signale, die wir erörtert haben, geht die Dekodierung über das hinaus, was enkodiert wurde; bei dem Blick jedoch geht sie nicht weit genug. Wenn jemand seinen Blick abwendet, werden andere vielleicht nicht entscheiden können, ob er das tut, weil er zu nahe steht, weil er über ein sehr intimes oder schwieriges Thema redet, andere interessante Dinge zu betrachten hat, seinen Gesprächspartner nicht mag, einen höheren Status hat, introvertiert, schizophren oder depressiv ist, verlegen oder traurig ist oder weil er zu einem bestimmten amerikanischen Indianerstamm gehört, um nur einige der wichtigsten Möglichkeiten anzuführen.

Weiterführende Literatur

Argyle, and *Cook, M.* (1976), Gaze and Mutual Gaze, Cambridge: Cambridge University Press.
Exline, R. V. (1971), Visual interaction: the glances of power and preferences, *Nebraska Symposium on Motivation* 163-206.

Zitierte Literatur

Argyle, M. and *Dean, J.* (1965) Eye contact, distance, and affiliation, *Sociometry* 28: 289-304
Argyle, M. and *Graham, J. A.* (1977) The Central Europe experiment - looking at persons and looking at objects, *Environmental Psychology and Nonverbal Behavior*, 1, 6-16.
Argyle, M. and *Ingham, R.* (1972) Gaze, mutual gaze, and distance, *Semiotica* I: 32-49.
Argyle, M., Ingham, R., Alkema, F. and *McCallin, M.* (1973) The different functions of gaze, *Semiotica*, 7, 19-32.
Argyle, M., Lefebvre, L. and *Cook, M.* (1974) The meaning of five patterns of gaze, *European Journal of Social Psychology* 4: 125-36.
Argyle, M. and *Williams, M.* (1969) Observer or observed? A reversible perspective in person perception, *Sociometry* 32: 396-412.
Bakan, P. (1971) The eyes have it, *Psychology Today* 4: 64-7.
Chance, M. R. A. (1967) Attention structure as the basis of primate rank orders, *Man* 2: 503-18.
Cook, M. and *Smith, J. M. C.* (1975) The role of gaze in impression formation, *British Journal of Social and Clinical Psychology* 14: 19-25.
Coss, R. G. (1970) The perceptual aspects of eye-spot patterns and their relevance to gaze behaviour, in: *C. Hutt* and *S. J. Hutt* Behaoviour Studies in Psychiatry, Oxford: Pergamon.
Coss, R. G. (1972) Eye-like schemata: their effect on behaviour, Ph.D. thesis, University of Reading.
Ellsworth, P. C., Carlsmith, J. M. and *Henson, A.* (1972) The stare as a stimulus to flight in human subjects, *Journal of Personality and Social Psychology* 21: 203-11.
Elworthy, F. T. (1895) The Evil Eye: an Account of this Ancient and Widespread Superstition, London: John Murray.
Exline, R. V. (1963) Explorations in the process of person perception: visual interaction in relation to competition, sex and need for affiliation, *Journal of Personality* 31: 1-20.
Exline, R. V., Gray, D. and *Schuette, D.* (1965) Visual behavior in a dyad as affected by interview content and sex of respondent, *Journal of Personality and Social Psychology* 1: 201-9.
Exline, R. V. and *Long, B.* (1971) unpublished study reported in *R. V. Exline* (1971).
Exline, R. V., Thibaut, J., Hickey, C. B. and *Gumpert, P.* (1970) Visual interaction in relation to Machiavellianism and an unethical act, in: *R. Christie* and *F. L. Geis* (eds.) Studies in Machiavellianism, New York: Academic Press.

Exline, R. V. and *Winters, L. C.* (1965) Affective relations and mutual gaze in dyads, in: *S. Tomkins* and *C. Izzard* (eds.) Affect, Cognition and Personality, New York: Springer.

Fantz, R. L. (1961) The origin of form perception, *Scientific American* 204: 66-72.

Galin, D. and *Ornstein, R.* (1974) Individual differences in cognitive style. I. Reflective eye movements, *Neuropsychologia* 12: 367-76.

Hess, E. H. (1972) Pupilometrics, in: *N. S. Greenfield* and *R. A. Sternback* (eds.) Handbook of Psychophysiology, New York: Holt, Rinehard & Winston.

Kendon, A. (1967) Some functions of gaze-direction in social interaction, *Acta Psychologica* 26: 22-47.

Kinsbourne, M. (1972) Eye and head turning indicates cerebral thought processes, *Science* 176: 539-41.

Kleck, R. E. and *Nuessle, W.* (1968) Congruence between the indicative and communicative functions of eye contact in interpersonal relations, *British Journal of Social and Clinical Psychology* 7: 241-6.

Mehrabian, A. (1972) Nonverbal Communication, Chicago: Aldine-Atherton.

Nummenmaa, T. (1964) The Language of the Face, University of Jyvaskyla, Studies in Education, Psychology and Social Research, 9.

Patterson, M. L. (1973) Compensation in non-verbal immediacy behaviors: a review, *Sociometry* 36: 237-52.

Rubin, Z. (1970) Measurement of romantic love, *Journal of Personal and Social Psychology* 16: 265-73.

Rutter, D. R. and *Stephenson, G. W.* (1972) Visual interaction in a group of schizophrenic and depressive patients, *British Journal of Social and Clinical Psychology* 11: 57-65.

Scaife, M. (1974) The responses of animals to eyes and eye-like patterns. Oxford D.Phil. thesis.

Simmel, G. (1921) Sociology of the senses: visual interaction, in: *R. E. Park* and *E. W. Burgess* (eds.) Introduction to the Science of Sociology, University of Chicago Press.

Sissons, M. (1970) The psychology of social class, in: *Money, Wealth and Class*, London: Oxford University Press.

Stass, J. W. and *Willis, F. N. Jnr.* (1967) Eye contact, pupil dilation and personal preference, *Psychon. Sci.* 7: 375-6.

Steer, A. (1972) Nonverbal cues in the termination of encounters. Paper to British Psychological Society.

Strongman, K. T. and *Champness, B. G.* (1968) Dominance hierarchies and conflict in eye contact, *Acta Psychologica* 28: 376-86.

Thayer, S. (1969) The effect of interpersonal looking duration on dominance judgements, *Journal of Social Psychology* 79: 285-6.

Williams, E. (1974) An analysis of gaze in schizophrenics, *British Journal of Social and Clinical Psychology* 13: 1-8.

Yarbus, A. L. (1967) Eye Movement and Vision, translated by Basil Haigh, New York: Plenum Press.

13 Gesten und Körperbewegungen

Die Hände und in einem geringeren Maß auch Kopf und Füße können viele verschiedene Gesten ausführen, die einigen verschiedenen Zwecken dienen. In biologischer Hinsicht haben sich die Hände zum Ergreifen und Manipulieren von Gegenständen, einschließlich anderer Tiere, entwickelt. Die Hände können jedoch auch kommunizieren, insbesondere durch das Veranschaulichen von Gegenständen und von Bewegungen. Bei höheren Säugetieren und beim Menschen ist ein großer Teil des Gehirns mit den Händen verbunden. Wir haben gesehen, daß Primaten Gesten benutzen, (1) um ihre Einstellungen gegenüber anderen zum Ausdruck zu bringen, z.B. durch Schlagen oder Stampfen (verkürzte Intentionsbewegungen), (2) als „Ersatzhandlungen", wie z.B. Kratzen, bei inneren Konflikten oder Frustrationen, und (3) zum Hinweisen, zum Anzeigen der Aufmerksamkeitsrichtung. Primaten können auch Zeichensprachen beigebracht werden, aber offensichtlich benutzen sie diese nicht spontan.

In menschlichen Gesellschaften ist die Gestensprache ziemlich unterschiedlich; sie basiert auf der Entwicklung von Zeichen mit jeweils vereinbarten Bedeutungen. Einige Körperbewegungen ähneln denen der Tiere, andere entwickeln sich aus der natürlichen Ähnlichkeit der Gesten mit Bewegungen und Gegenständen; wieder andere erhalten komplexe willkürliche Bedeutungen.

Einer der bedeutendsten Forscher, die sich mit der Untersuchung der Körperbewegungen befaßt haben, ist *Ray Birdwhistell* (1970; vgl. auch die Kritik von *Kendon* 1973). Er arbeitete über den gesamten Kommunikationsprozeß, den verbalen wie den nonverbalen, und er nahm an, daß Körperbewegungen als eine Art Sprache fungieren, indem dabei ein begrenztes Vokabular von in der jeweiligen Kultur allgemein üblichen Zeichen verwendet wird. Entsprechend hat er eher mit linguistischen als mit experimentellen Methoden gearbeitet. Seine Methode besteht darin, kurze Filmsequenzen sehr ausführlich zu untersuchen, um die Einheiten des Verhaltens und ihre Funktion herauszufinden. Einmal verbrachte er 100 Stunden mit der Untersuchung jeweils einer Sekunde eines

Films, der mit 48 Bildern pro Sekunde aufgenommen war. Allerdings stehen uns heute systematische Forschungsmethoden zur Verfügung, um diese Probleme in Angriff zu nehmen: Standardelemente können durch Cluster-Analysen festgestellt werden, wie es für den Gesichtsausdruck gemacht wurde (vgl. S. 203f), und Regeln der Kombination und Abfolge können durch Experimente der Regelverletzung herausgefunden werden (vgl. S. 70f). *Birdwhistell* suchte nach Elementen des Verhaltens, auf die in der gleichen Weise reagiert wird, auch wenn sie sich im Detail sehr unterscheiden. Diese Elemente nannte er „Kineme", als Analogie zu den Phonemen, und er erstellte ein Vokabular von 60 Kinemen, die er bei amerikanischen Versuchspersonen beobachtet hatte. Andere haben sich gegen dieses Schema gewandt mit der Begründung, daß manche Körperbewegungen als kontinuierliche Variablen und nicht als eine Abfolge von einzelnen, diskreten Kategorien fungieren. *Birdwhistell* meint, daß diese Kineme sich zu größeren Einheiten (Kinemorphe) verbinden, in Analogie zu den Morphemen (oder Wörtern). Ein Beispiel dafür wäre das Schütteln der Faust verbunden mit einem Lächeln oder mit einem ärgerlichen Gesicht. In ähnlicher Weise bestehen Gesichtsausdrücke aus verschiedenen Kombinationen von Augenbrauenhaltung, Mundkrümmung und dergleichen (vgl. S. 205).

Birdwhistell betont auch, daß sich die Bedeutung von Körperbewegungen mit dem sozialen Milieu verändert: ein Lächeln kann einige verschiedene Bedeutungen haben; wie wir gesehen haben, erhalten manche Gesten beim Kricket-Spiel oder bei Versteigerungen besondere Bedeutungen. *Birdwhistell* geht jedoch noch weiter und meint, daß Körpersignale nicht von sich aus Standardbedeutungen haben (wie Wörter), sondern sie erst in den einzelnen Situationen erhalten; jedoch scheinen Gesichtsausdrücke für Gefühle und gestische Veranschaulichungen dabei Ausnahmen zu sein. Im Gefolge von *Birdwhistell* haben noch einige andere Forscher eine linguistische Struktur in dem nonverbalen Verhalten zu entdecken versucht; das wollen wir später erörtern (S. 352).

Eine weitere Kritik an diesem Ansatz liegt darin, daß nicht klar sei, wie weit diese Kombinationen von Kinemen untereinander sowie Kombinationen von Kinemen und Situationen allgemeine soziale Bedeutungen haben. Für die wichtigsten Gesichtsausdrücke wurde gezeigt, daß sie allgemeine Bedeutungen haben, nicht jedoch für die feineren Kombinationen der kleinen mimischen und gestischen Bewegungen, die *Birdwhistell* beschreibt.

Es sollte betont werden, daß einer der wichtigsten Beiträge von *Birdwhistell* darin besteht, die Aufmerksamkeit auf mikroskopisch kleine Körperbewegungen gelenkt zu haben. Er hat mehrere detaillierte Beschreibungen von kurzen Verhaltenssequenzen erstellt. Dafür ein Beispiel:

„Westlich von Albuquerque standen zwei Soldaten am Highway 66 neben ihren Kleidersäcken, um per Anhalter mitgenommen zu werden. Ein großer Wagen näherte sich ihnen, und der Fahrer warf seinen Kopf zurück, um seine Ablehnung zu signalisieren. Die beiden Soldaten wendeten sich um, einer von ihnen zeigte ihm den Vogel und der andere machte eine lange Nase hinter dem davonfahrenden Wagen."

Zu diesem Vorgang wurde eine vollständige kinetische Analyse gemacht; ein Teil davon wurde folgendermaßen übersetzt:

„Der Fahrer des Wagens faßte die beiden Jungen kurz ins Auge, zog beide Augenbrauen hoch, blähte seine Nasenflügel, hob seine Oberlippe an, entblößte die oberen Zähne und nickte mit erhobenem Kopf umgekehrt von vorne nach hinten, wobei die Rückwärtsbewegung etwa doppelt so schnell ablief wie die Bewegung, durch die er Kopf und Gesicht wieder in eine mittlere Stellung brachte, um sich auf die Weiterfahrt zu konzentrieren."

Jedoch wurden kinetische Phänomene sowohl experimentell als auch strukturell untersucht. *Rosenfeld* z.B. stellte fest, daß Versuchspersonen, die die Anerkennung einer anderen Person suchten, häufiger mit dem Kopf nickten, lächelten und gestikulierten. Andere Experimente haben ergeben, daß häufig eine Reaktionsentsprechung erfolgt; d.h. wenn eine Person nickt oder eine andere Körperbewegung macht, wird die andere Person wahrscheinlich in einer Art Nachahmung dasselbe tun. Eine weitere Schwierigkeit besteht darin, daß Kopfnicken und Lächeln auf das Verhalten einer anderen Person auch als Verstärker wirken.

Obwohl *Birdwhistell* sich mit dem gesamten Kommunikationsprozeß befaßt hat, so hat er sich jedoch nicht mit gestischen Veranschaulichungen oder mit konventionellen Zeichen beschäftigt. Unseres Erachtens kann die Kommunikation durch Körperbewegungen besser verstanden werden, wenn ihre verschiedenen Funktionsweisen getrennt betrachtet werden. Es scheint sich hier nämlich um einige ganz verschiedene Arten von Signalen zu handeln:

Veranschaulichungen und andere mit dem Sprechen verbundene
  Signale
Konventionelle Zeichen und Zeichensprachen

Bewegungen, die emotionale Zustände ausdrücken
Bewegungen, die die Persönlichkeit zum Ausdruck bringen
Bewegungen bei Ritualen (vgl. Kapitel 9).
Gesten sind sehr schwer zu verstehen, da alle diese Kommunikationsarten zwar in völlig unterschiedlicher Weise funktionieren und dabei jedoch gleichzeitig ihre Wirkung haben - und zwar alle durch die Hände.

a) Mit dem Sprechen verbundene Gesten und Körperbewegungen

In Kapitel 8 haben wir die verschiedenen Weisen erörtert, in denen Körperbewegungen die verbale Kommunikation unterstützen:
Interpunktion und Verdeutlichung der Redestruktur
Betonung
Rahmung, d.h. eine Übermittlung von weiteren Informationen über die Äußerungen
Veranschaulichung
Feedback vonseiten des Zuhörenden
Signalisieren der fortdauernden Aufmerksamkeit
Kontrolle der Synchronisierung.
Körperbewegungen bieten über den vokalen Kanal hinaus einen zweiten Kanal, der z.B. für Synchronisierung und Feedback sehr nützlich ist. Gesten sind auch sehr nützlich, um Gegenstände oder Handlungen zu veranschaulichen, die schwer verbal darzustellen sind.
Wir haben Experimente mit Begegnungen durchgeführt, bei denen zwei Leute sich gegenseitig nicht sehen konnten. Diese Situation finden sie schwierig, weil sie ohne visuelle Signale die Reaktionen des Anderen nicht erkennen können. Auch bei der Synchronisierung gibt es Schwierigkeiten. Das Telephon erfordert spezielle soziale Fertigkeiten, da dieses alles über den auditiven Kanal ablaufen muß. Zum Beispiel findet dabei ein ausgiebigeres Zuhörerverhalten statt, etwa der Art: ,,ach so'', ,,gut'' oder ,,weiter!''. Wie *Ekman* und *Friesen* (1969) gezeigt haben, können die Hände das Sprechen in verschiedener Weise veranschaulichen: (a) indem man auf Personen (auch auf sich selbst) zeigt, oder auch auf Gegenstände, sie umdreht oder zu sich herwendet; (b) indem man eine räumliche Beziehung anzeigt (unter, innerhalb); (c) indem man räumliche Bewegungen anzeigt (durch, um herum); (d) indem man Tempo oder Rhythmus angibt, den Takt schlägt, langsame Bewegungen macht (,,Taktstock''); (e) indem man eine körperliche Handlung anzeigt (,,Kinematograph''); (f) indem man ein Bild, z.B. von einer Wendeltreppe, nachzeichnet (,,Piktograph''). Solche Veranschau-

lichungen sind insofern bildhaft (*iconic*), als sie die Gegenstände, auf die sie sich beziehen, versinnbildlichen oder physisch repräsentieren. Obwohl die meisten Menschen beim Sprechen irgendwelche körperlichen Bewegungen machen, bestehen große Unterschiede darin, wie sie es tun, und es scheint, daß die Regeln, die hier möglicherweise gelten, sehr flexibel sind. Eine der am meisten standardisierten Veranschaulichungen ist im Englischen vielleicht das Zeichen für „ich" und „du"; Bewegungen mit der Hand in Richtung auf sich selbst oder auf andere; die Zeichen für „wir" und „ihr" sind kurze schwunghafte Handbewegungen. Andere allgemein übliche Signale sind die Zeichen für „ja" und „nein", „hinauf" und „hinunter" und dergleichen. In einigen Ländern gibt es eine reichhaltigere Gestensprache, und bei gewöhnlichen Gesprächen werden manche Wörter durch symbolische Handsignale ersetzt.

In den Gesten, die beim Sprechen verwendet werden, bestehen kulturelle Unterschiede. *Efron* (1941) hat bei italienischen und jüdischen Immigranten in Amerika eine unterschiedliche Verwendung von veranschaulichenden Gesten beobachtet; im Folgenden werden einige der wichtigsten Unterschiede, die er festgestellt hat, aufgeführt:

	Ostjuden	Süditaliener
Bereich der Gesten	eingeschränkt	weiter Radius
Form	eckig, zackig, gewunden	rund, elliptisch
Achse	von der Taille zum Ellenbogen	aus der Schulter heraus
Ebene	auf die andere Person zu	neben den Körper
Körperteile	eine Hand, Kopf	beide Hände
Tempo	ruckartige Übergänge	fließende Bewegungen
Berühren	den anderen stoßen oder greifen, enge Körpernähe	keine Berührung
Typ der Gesten	Ideograph (Zeigen der Gedankenrichtung), Taktschlagen (Zeigen des Tempos), Hinzeigen	Embleme (d. h. mit einer festen willkürlichen Bedeutung), Veranschaulichungen

Beispiele dieser Gesten werden in Abbildung 13.1 gezeigt. Diese Untersuchung ist historisch bedeutsam, insofern sie zur Unterscheidung zwischen Veranschaulichungen, Emblemen und andersartigen Gesten führte.

Abbildung 13.1. *Ghetto-Juden*: (a) Gesten mit dem Kopf, (b) Gestikulieren mit dem Rockaufschlag des Gesprächspartners, (c) Gestiku-

lieren mit einem Gegenstand, (d) bohrende Daumenbewegung,
Herausfinden einer Idee, (e) Handfläche an der Wange oder hinter
dem Ohr, Erstaunen, Bestürzung, Ablehnung, (f) den Bart zupfen
oder über das Kinn streichen in Nachdenklichkeit, vorsichtiger
Überlegung oder Zweifel (aus *Efron* 1941).

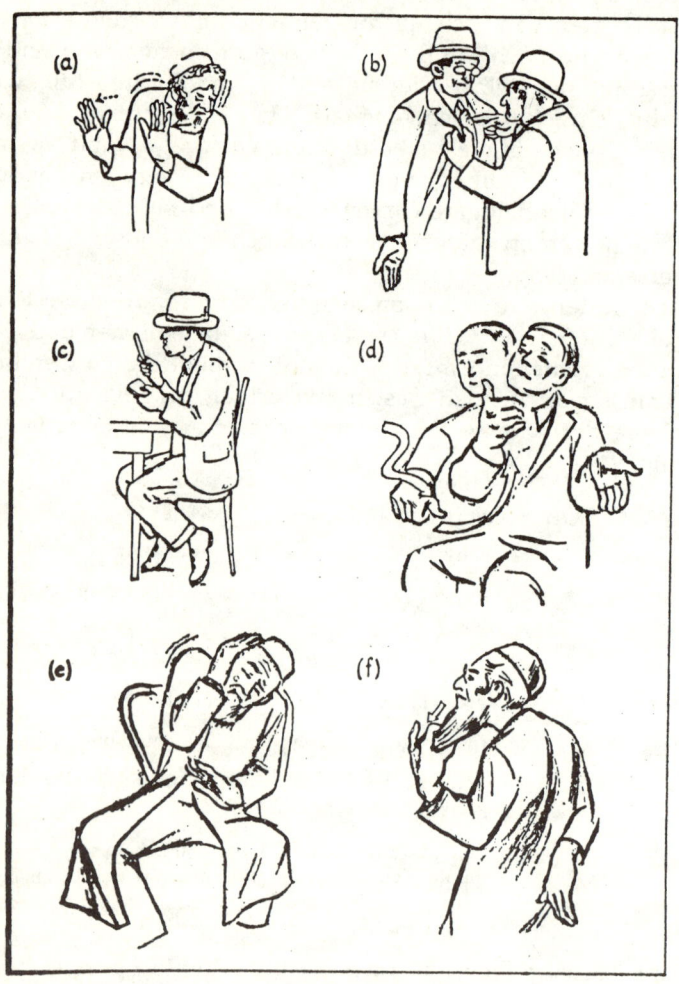

Abbildung 13.1 (Fortsetzung). *Süditaliener*: (g) ,,Paß auf'', ,,du wirst
mich nicht zum Narren halten'', spöttische Aufmerksamkeit, (h)
spöttische Aufmerksamkeit, ,,ich kann nichts hören'', (i) gut, köst-
lich, schön, (j) Gefängnis, Sträflingstrupp, Sklave, (k) Ruhe halten,

„ich werde dir die Lippen zunähen", (l) Prahlerei, Arroganz, (m) schlechter Geruch, nicht gut, (n) erledigt, fertig, (o) Gefängnis, (p) „du kannst mich nicht z m Narren halten", „das werde ich nicht für bare Münze halten", „der spinnt ja".

Schließlich müssen wir noch eine sehr interessante Theorie über die das Sprechen begleitenden Gesten erwähnen. Neben anderen hat *Hewes* (1973) angenommen, daß die Sprache in der Gesten-Kommunikation der ersten Menschen ihren Ursprung habe. Demzufolge sei diese Gesten-Kommunikation irgendwie in Vokalisierungen übertragen worden, aber wir hätten die Reste einer bildhaften Gestensprache, die unser Sprechen begleitet, noch beibehalten. Primaten verwenden manche Gesten und können eine Gestensprache erlernen (vgl. S. 35); im Stadium des Werkzeuggebrauchs könnten sich weitere Gesten entwickelt haten, indem die Handlungen, ein Werkzeug herzustellen oder zu benutzen, das Werkzeug selbst darstellte, ebenso wie die Imitation eines anderen Tieres dieses Tier darstellt. Eine Theorie, wie die Kommunikation von den Händen zum Mund übertragen sein könnte, liegt darin, daß solche Mundbewegungen verwendet worden seien, die die Handbewegungen nachbildeten.

Es ist nicht völlig klar, warum und wann Menschen Veranschaulichungen durch Gesten verwenden. Wahrscheinlich werden sie dann verwendet, wenn die Geste leichter hervorzubringen ist als die entsprechenden Wörter, zum Beispiel bei der Beschreibung von Formen oder beim Einkaufen in einem fremden Land. Demgegenüber haben *Baxter, Winter* und *Hammer* (1968) festgestellt, daß Leute mit größeren verbalen Fähigkeiten *mehr* Gesten verwenden, was die Annahme nahelegt, daß Gesten eher eine Ergänzung als ein Ersatz sind. Veranschaulichungen sind ein einfaches Beispiel einer analogischen Kodierung, und die Hände sind für Signale dieser Art sehr gut geeignet. *Jean Graham* und der *Autor* (1975) haben ein Experiment durchgeführt über die Kommunikation von Formen mit und ohne Handbewegungen. Wir haben zwei Reihen von Formen entworfen, von denen die eine leicht in Wörtern kodierbar war (z. B. Dreieck oder Kreis) und die andere schwerer. Es zeigte sich, daß Handbewegungen die Kommunikation der Formen in beiden Reihen verbesserten, besonders jedoch bei denen, die in Wörtern schwer zu beschreiben waren. Dieser Effekt war bei italienischen Versuchspersonen stärker.

Vokales und gestisches Handeln kann in verschiedener Weise aufeinander bezogen sein: Die Gesten können das verbale Handeln unterstützen und verstärken, wie oben beschrieben; die Gesten können ihm aber auch widersprechen, wenn man z.B. versucht, seine wahren Gefühle zu verbergen (vgl. S. 125f); oder die Mitteilung der Gesten mag von der verbalen Mitteilung ganz unabhängig sein, wenn z.B. zwei Verliebte über Mathematik diskutieren.

b) Konventionelle Gesten

Viele Gesten haben innerhalb einer Kultur eine allgemein akzeptierte Bedeutung. *Ekman* und *Friesen* (1969) definieren „Embleme" als „solche nonverbale Handlungen, die eine direkte verbale Übersetzung haben"; es gibt jedoch viele Gesten, die innerhalb einer Kultur überall verwendet und verstanden werden, die zwar eine Bedeutung, aber keine verbale Bedeutung haben: zum Beispiel Händeschütteln und andere Begrüßungsformen, Formen des Segnens und Fluchens, symbolische Gesten, die in Riten und in bestimmten Arten des Tanzens angewandt werden. Konventionelle Gesten sind gewöhnlich mit einer Kommunikationsabsicht verbunden und werden normalerweise bewußt gesendet und empfangen; sie sind entweder bildlich oder willkürlich kodiert.

Saitz und *Cervenka* (1972) untersuchten die in Kolumbien und in den USA gebräuchlichen Gesten; manche Gesten wurden in beiden Kulturen mit denselben Bedeutungen verwendet, während andere unterschiedlich waren. Einige mit gemeinsamen Bedeutungen sind folgende:

Geste	Bedeutung
Kopfnicken	Zustimmung
mit der Faust schütteln	Ärger
die Handflächen reiben	Erwartung
Klatschen	Beifall
die Hand heben	Achtung!
Gähnen	Langeweile
die Hände reiben	Kälte
heranwinken	komm her
die Hand ausstrecken	Aufforderung zu tanzen
mit dem Finger zeigen	die Richtung angeben
den Daumen nach unten	Mißbilligung
die Achseln zucken	Desinteresse
Schulterklopfen	Ermutigung
Bewegung wie auf sich selbst schießen	Faux pas
weiblichen Körper nachzeichnen	attraktive Frau
den Magen reiben	Hunger
mit der Hand winken	Abschied
Händeschütteln	Begrüßung.

Die Botschaft, die durch eine dieser Gesten übermittelt wird, kann durch die Art der Ausführung modifiziert werden. Bei einer Begrüßung zum Beispiel wird die Intimität durch die „Wärme", durch die Dauer des Kontakts, die Nachdrücklichkeit und die Nähe ausgedrückt, der Status dadurch, wer als erster grüßt oder sich als erster oder am tiefsten verbeugt. Diese Gesten sind in sich selbst vollständige Botschaften und werden nicht kombiniert, um komplexe Sequenzen zu bilden, so wie in Zeichensprachen. Während konventionelle Gesten zwischen den Kulturen zwar variieren, so beteht doch darin eine gewisse Ähnlichkeit, in welcher Weise z.B. Begrüßungen ausgeführt werden. Ekman und Friesen vermuten, es gebe möglicherweise kulturell universale Zeichen für körperliche Funktionen wie Essen, Geschlechtsverkehr, Gehen, Schlafen und dergleichen. Auch Gesten zum Fluchen, Segnen und zum Schutz vor bösen Geistern sind allgemein üblich. In dieser Weise sind bestimmte Gesten weit verbreitet: eine gehobene Hand zum Segnen, zusammengelegte Handflächen zum Beten, ausgestreckte Finger zum Fluchen oder zum Schutz, zum Beispiel die „Hörner" (ausgestreckter kleiner und Zeigefinger). Während diese Zeichen zwar alle in Wörter übersetzt werden können, so übermitteln die Wörter jedoch nicht die emotionale Intensität, die diese Gesten im allgemeinen haben. Religiöse Riten verwenden solche und andere Gesten, z.B. das Zeichen des Kreuzes, die ihre Bedeutung durch Assoziation oder durch Analogie erhalten. Konventionelle Gesten werden in bestimmten Arten des Tanzens und im Theater verwendet, wo es etwa 60 verschiedene willkürliche Gesten geben mag. Diese werden ebenso verwendet wie bildliche Gesten, wie etwa eine Umarmung, und solche, die Emotionen ausdrücken.

Taubstummensprachen gehören nicht eigentlich zur nonverbalen Kommunikation. Sie sind jedoch auch nicht wirklich verbal, da sie nicht auf Buchstaben und Lauten beruhen, wohl aber eine deutliche syntaktische Struktur aufweisen. Schwierige Wörter können mit den Fingern buchstabiert werden - es werden Zeichen für die Buchstaben des Alphabets verwendet. Die meisten dieser Zeichen sind willkürlich und werden in Sequenzen miteinander verbunden, um komplexe Botschaften zu bilden. Das Vokabular ist umfangreich und die Kommunikation ist schnell: Helen Keller konnte achtzig Wörter in der Minute signalisieren. Die Taubstummensprachen sind in verschiedenen Ländern ebenso unterschiedlich wie die Sprachen dieser Länder (*Stokoe* 1972). Auch amerikanische Indianer, australische Ureinwohner und andere haben Zeichensprachen. Obwohl es bei den amerikanischen Indianern 65 Sprachgruppen gibt, haben diese doch alle ähnliche Eigenschaften, und die verschiedenen Gruppen können sich gegenseitig verstehen. Eine interkulturelle Gestenkommunikation erfolgt allerdings leichter durch bildliche Zeichen und durch allgemein übliche Gesten zum Begrüßen, Hinweisen und dergleichen, wie bereits beschrieben, die auch von tauben Menschen als eine Art manuelle Kurzschrift verwendet werden.

Konventionelle Zeichen werden häufig innerhalb von Arbeitsgruppen entwickelt, weil die verbale Kommunikation aus irgendeinem Grund ungeeignet ist. Bei Rundfunkaufnahmen zum Beispiel kann nicht gesprochen werden, und so gibt es dort Gesten für ,,Anfang'', ,,noch zwei Minuten'', ,,mach Schluß, er redet Unsinn'' und dergleichen. Auf Rennbahnen können manche Leute Wettinformationen von weitem signalisieren. In manchen Berufen werden numerische Informationen aus dem Abstand mit Fingersignalen übermittelt. Prostituierte, Homosexuelle, Freimaurer und andere können ihre Identität durch konventionelle Gesten signalisieren, zum Beispiel durch eine besondere Art, sich die Hand zu geben.

c) Gesten und Gefühle

Die Hände sind nicht so wie das Gesicht zur Kommunikation von Gefühlen geeignet; trotzdem können in einem gewissen Maße Gefühle sich auch in den Händen und in anderen Körperteilen zeigen. Der allgemeine Erregungsgrad wird in allen Körperteilen widergespiegelt, in Gestalt von zerstreuten, im allgemeinen bedeutungslosen Bewegungen. Eine der wichtigsten Mitteilungen durch die Hände ist wahrscheinlich der Grad der Aufregung des Sprechenden. Es ist nicht bekannt, wie weit spezifischere emotionale Zustände übermittelt werden. Angst zum Beispiel kann zum Ausdruck kommen durch angespannte, verkrampfte Hände, die sich aneinander festhalten oder an der Stuhllehne anklammern. In diesen Fällen hat der allgemeine emotionale Zustand Gesten zur Folge, die nicht mit einer Kommunikationsabsicht verbunden sind und die man oft zu verbergen versucht.

Wie kann die enkodierte Bedeutung einer Geste erkannt werden? Psychoanalytiker wie *Felix Deutsch* und *George Mahl* interpretieren die Gesten ihrer Patienten während der Analyse; zum Beispiel daß eine Patientin beide Beine auf die Couch legte, wurde von *Mahl* so interpretiert, daß sie sich der Analyse anvertrauen wollte. Als wichtigster Hinweis ist die Verbalisierung zu berücksichtigen, die eine Geste in typischer Weise begleitet, zusammen mit den Situationen, in denen man eine Geste benutzt, und der Art von Menschen, die sie benutzen. Da jedoch häufig durch die nonverbale Kommunikation Informationen gesendet werden, die die verbale Mitteilung modifizieren oder ihr widersprechen, muß die verbale Begleitung mit Vorsicht behandelt werden.

Ekman und *Friesen* (1968) untersuchten die Gesten einer Patientin vor und nach der Behandlung. Vor der Behandlung benutzte sie 20 wiederholte Handbewegungen und 34 unterschiedliche Handbewegungen nach der Behandlung; nach der Behandlung waren ihre Gesten stärker variiert, aber weniger häufig. Filmaufnahmen von diesen Gesten wurden Versuchspersonen gezeigt, und dabei zeigte sich bezüglich der Bedeutung von manchen, aber nicht von allen Gesten eine Übereinstimmung von 70 Prozent. So wurde zum Beispiel ,,die Stuhllehne reiben'' als emotional und ruhelos, ,,den Kopf zurückwerfen'' als rechthaberisch interpretiert. Diese Tatsache zeigt, daß für Gefühle charakteristische Gesten anderen Leuten oft übereinstimmende Bedeutungen übermitteln, wobei allerdings manche allgemeine Komponenten oder Qualitäten zugrundeliegen müssen, die ihnen diese Bedeutung geben. Wir haben oben die Behauptung erörtert, daß solche Gesten Gefühle kommunizieren können, die sich nicht im Gesicht zeigen (vgl. S. 110f).

Freedman und *Hoffman* (1967) trafen eine nützliche Unterscheidung zwischen solchen Gesten, die mit dem Sprechen verbunden sind und sich auf Gegenstände richten, und solchen, die sich auf das Selbst beziehen. Sie meinen, daß die ersteren mit einer Kommuniktionsabsicht verbunden sind, während die letzteren lediglich eine Spannung lösen. Tiere bringen „Ersatzhandlungen" hervor, indem sie sich z.B. kratzen, wenn sie in einem Konflikt stehen oder frustriert sind; und wie wir gesehen haben, können diese Handlungen ritualisiert werden und als soziale Signale fungieren. Das Gleiche gilt in einem gewissen Maße für menschliche emotionale Ausdrucksformen. *Krout* (1954) hat ein sehr interessantes Experiment über „autistische Gesten" durchgeführt. Das sind Gesten, die nicht mit einer Kommunikationsabsicht verbunden zu sein scheinen, da sie zumeist dann auftreten, wenn sonst niemand zugegen ist; sie bestehen hauptsächlich darin, daß man mit den Händen irgendeinen Teil des Körpers berührt.

Er stellte 24 Gesten fest, die mit betimmten Gefühlen verbunden zu sein scheinen, bei denen Sprechen oder Handeln blockiert war. Diese blockierten Gefühle hat er in 15 experimentellen Situationen hervorgerufen. Dafür ein Beispiel:

Experiment 8
(1)   Man hält starke Gefühle für einen Menschen *gleichen* Geschlechts für absonderlich, nicht wahr? (Pause für die Antwort)
(2)   Aber haben *Sie* nicht manchmal mehr als freundschaftliche Gefühle für ihren besten Freund (Ihre beste Freundin)? (Nach vorne beugen, mit dem Finger zeigen) - ich meine *mehr* als freundschaftliche Gefühle. Denken Sie darüber nach.

Rational für Experiment 8
(1)   Hypothetische emotionale Einstellung: *positiv* (Zuneigung, Liebe)
(2)   Hypothetische konfliktschaffende Einstellung: *negativ* (Abscheu)
(3)   Hypothetische verbale Reaktion: *negativ* („Nein, habe ich nicht").

Die Versuchspersonen wurden aufgefordert, in jedem einzelnen Fall ihre Antwort erst nach der zweiten Frage zu geben, bis der Versuchsleiter ein Zeichen gab, das er nämlich erst dann gab, nachdem eine Geste erfolgt war. Später sollten sie dann entscheiden, welche Äußerung am ehesten ihre Gefühle widergeben würde. Einige Gesten wurden regelmäßig mit Gefühlen in Zusammenhang gebracht, und bei fast allen war eine Berührung seiner selbst beteiligt. Beispiele sind: die Hand zur Nase (Angst), die Finger an die Lippen (Scham), oder eine Faust machen (Ärger - Männer).

Andere Gesten der Selbstberührung sind: die Augen, das Ohr oder den Mund verdecken, Bewegungen, die mit dem Essen oder der Ausscheidung verbunden sind, autoerotische Bewegungen, sich putzen, in der Nase oder in den Ohren bohren, in den Zähnen stochern. Solche Gesten werden hauptsächlich in privaten und intimen Beziehungen angewandt und in der Öffentlichkeit zurückgehalten; andere anwesende Personen ignorieren sie gewöhnlich. Davon sind einige vollständig idiosynkratisch und übermitteln anderen keine Bedeutung, manche können von Freunden oder Verwandten dekodiert werden, während wieder andere leichter zu verstehen sind. Nach *Ekman* und *Friesen* (1969, 1972) erscheinen Gesten der Gesichtsberührung („Selbst-Adapter") dann, wenn jemand Scham oder andere negative Einstellungen sich selbst gegenüber empfindet. Sie haben zum Beispiel festgestellt, daß das Bedecken der Augen als Scham enkodiert und dekodiert wird. Wenn es auch hierfür kaum gesicherte Daten gibt, so kann man doch annehmen, daß Bewegungen der Eigenpflege sich auf eine Beschäftigung mit der Selbstdarstellung beziehen, ein Bohren oder Kratzen im Gesicht mit Scham oder Selbstkritik und Reiben mit Selbstsicherheit. Ob nun diese Gesten als ein Überfließen von emotionalen Spannungen oder als ein Ausdruck von Selbsteinstellungen (eine Art Kommunikation mit sich selbst) zu interpretieren sind - ihnen liegt nicht in erster Linie eine Kommunikationsabsicht für andere zugrunde. Vielleicht ist eine Selbstberührung eine Art emotionales Äquivalent für ein Selbstgespräch. Gesten der Selbstpflege liegt in sich selbst keine Kommunikationsabsicht zugrunde, wohl aber deren Ergebnissen. Sie sind ziemlich unterschiedlich, da sie in spezifischen sozialen Situationen stattfinden: bei Begrüßungen, in der Liebeswerbung oder wenn man in der Öffentlichkeit auftreten oder etwas darstellen will. Der Grund dafür ist wahrscheinlich, daß bei solchen Gelegenheiten die Aufmerksamkeit auf das dargestellte Selbstbild, auch auf die körperliche Erscheinung, gelenkt wird. *Scheflen* und *Scheflen* (1972) weisen darauf hin, daß diese Handlungen für den Kontext, in dem sie auftreten, irrelevant zu sein scheinen; allerdings repräsentieren sie private Reaktionen auf das, was geschieht.

Andere Gesten bringen Einstellungen zu anderen Menschen zum Ausdruck. *Ekman* und *Friesen* meinen, diese Gesten seien verkürzte interpersonale Handlungen in Bezug auf Andere, von denen viele ursprünglich aus irgendeiner Art Körperkontakt bestanden hätten. Während emotionale Gesten großenteils in einer Selbstberührung bestehen, richten sich Gesten, die Einstellungen zu anderen zum Ausdruck bringen, auf den Körper des anderen. So bedeutet ein Verschränken der Arme Abwehr, ein Ausstrecken der Arme bedeutet einen Schritt in Richtung Intimität, unruhige Bewegungen der Hände oder Beine repräsentieren eine Flucht vor dem anderen, eine Entblößung von Körperteilen kann eine sexuelle Aufforderung bedeuten und dergleichen. Hier ist die Körperhaltung ein wichtiges Signal, und es gibt verschiedene konventionelle Gesten und Körperhaltungen, die Ehrerbietung oder Intimität bedeuten (vgl. S. 258f).

Die Füße bewegen sich ebenso wie die Hände, wenn auch das Repertoire viel geringer ist und diese Bewegungen nicht so sehr beachtet werden. *Ekman* und *Friesen* (1968) untersuchten die Fußbewegungen von einzelnen Patienten; ein Patient ist vorwiegend mit dem Fuß auf dem Boden vor und/oder zurück gerutscht; eine Filmaufnahme von diesen Fußbewegungen wurde als „ängstlich, vorsichtig" beurteilt, während der gesamte Film anders beurteilt wurde. Jedoch bei anderen Patienten wurden der Film mit den Fußbewegungen und der ganze Film gleich beurteilt. Es ist nicht klar, ob die von den Füßen erhaltene Information in diesem Fall einfach falsch war oder ob sie den Teil einer komplexen nonverbalen Mitteilung darstellt, die eine Information über einen inneren Konflikt enthielt.

d) Gesten und Persönlichkeit

Haben einzelne Menschen charakteristische Gesten oder gestische Stile? Es ist eine allgemeine Erfahrung, daß wir Leute von ferne oder von hinten aus ihren Körperbewegungen erkennen können, ebenso wie wir sie am Gesicht oder an der Stimme erkennen können. Man hat festgestellt, daß das Ausdrucksverhalten mit der Stimmung variiert, zum Beispiel sagt und tut man mehr, wenn man freudig als wenn man niedergeschlagen ist, aber die zugrundeliegenden Muster z.B. der Handschrift und wahrscheinlich auch der Gesten bleiben gleich.

Allport und *Vernon* (1933) haben eine umfassende Untersuchung mit 25 jungen Männern durchgeführt. Sie haben die Bewegungen verschiedener Körperteile in dreizig verschiedenen Situationen gemessen. Sie haben nicht bestimmte emotionale Ausdrücke untersucht, sondern Stile von körperlichen Bewegungen, wie etwa Händeschütteln, Kreise zeichnen und aus der Tür gehen. Dabei zeigte sich, daß die Versuchspersonen in derselben Situation von Mal zu Mal sehr konsistent waren. Außerdem bestand zwischen den verschiedenen Körperteilen in hohem Maße eine allgemeine Gleichheit. Die Ähnlichkeit zwischen Bewegungen von verschiedenen Muskelgruppen war ebenso groß wie die Ähnlichkeit zwischen verschiedenen Handlungen derselben Muskelgruppen. Leute mit großen Schritten zogen auch große Kreise und machten größere Bewegungen, wenn sie untätig waren - was damit einen Faktor des „Expansiven" bildet. Es gab auch einen Faktor der „Betonung", der auf der Lautstärke der Stimme, dem Schreibdruck und dergleichen basierte.

In dieser Untersuchung ging es nicht in erster Linie um Validität, sondern es zeigte sich bei vier untersuchten Versuchspersonen eine „Kongruenz" zwischen dem Ausdrucksverhalten und klinischen Feststellungen. Eine Versuchsperson zum Beispiel hatte Körperbewegungen, die „vorwiegend sicher, stark, kraftvoll, emphatisch, expansiv, gewandt" waren, und die Persönlichkeit war „sicher, entschlossen, expansiv, mit der Fähigkeit, besonnen und vorsichtig zu zögern". Eine oder zwei andere Untersuchungen wurden durchgeführt, in denen Beurteiler aufgefordert wurden, das Ausdrucksverhalten und Fallbeschreibungen von einigen Leuten einander zuzuordnen. *Estes* (1937) stellte z.B. fest, daß Künstlern und Literaten das ganz gut gelang, während Universitätslehrer und Berufspsychologen es gar nicht gut konnten.

Vermutlich besteht zwischen der Persönlichkeit und den emotionalen Aspekten der Gesten ein engerer Zusammenhang. Von einem aggressiven Menschen z.B. wäre zu erwarten, daß er eine Faust macht und Gesten des Schlagens ausführt. *Charlotte Wolff* (1945) hat bei psychisch Kranken einige Muster von derartigen Gesten festgestellt:

(1) *Extreme Hemmung*. Rückzugsbewegungen, stereotype Bewegungen, Haar-Gesten, allgemeine motorische Unruhe, unnötige Bewegungen.

(2) *Depression*: Bewegungen sind langsam, nicht zahlreich, zögernd, nicht betont, verbergende Gesten.

(3) *Stolz*: Bewegungen sind schnell, expansiv, rhythmisch, spontan, betont, anmaßend, affektiert.

(4) *Angst*: Gesten, die die Haare miteinbeziehen, das Gesicht verbergen, Hände ringen und verklammern, die Fäuste öffnen und schließen, an den Augenbrauen zupfen, das Gesicht kratzen, an den Haaren ziehen, ziellose Nervosität.

Eine Geste ist auch die Folge von gehemmten Emotionen, wie wir gesehen haben, und man hat oft gewohnheitsmäßige autistische Gesten, die für einen selbst eine symbolische Bedeutung haben. Solche Gesten können von Anderen interpretiert werden, je nachdem wie offensichtlich die Symbolik ist und wie sensibel sie für eine derartige Kommunikation sind. *Mahl* (1968) interpretiert die gewohnheitsmäßigen Gesten von Patienten in der oben beschriebenen Weise. Dafür ein paar Beispiele:

Gesten	*Interpretationen*
Sehr häufiges Streichen und Glätten der Haare; an einer Stelle steht sie sogar auf, um sich das Haar vor dem Wandspiegel herzurichten	Narzistisch, beklagt sich darüber, daß man ihr nicht genug Aufmerksamkeit schenke
Häufiges Spielen mit dem Ring	Eheprobleme; frustriert vom häuslichen Leben
Krampfhaftes Festhalten der Taille	Angst vor körperlicher Verstümmelung, Krankheit und Tod
Häufiges Abnehmen der Brille	Ablehnung als Verteidigung.

In mehreren Untersuchungen wurden psychiatrische Patienten vor und nach der Behandlung oder auch mit normalen Kontrollgruppen verglichen. Es wurde festgestellt, daß die Patienten viel häufiger gestische Bewegungen machten, aber diese waren von einer stereotypen Art. Bei verschiedenen Persönlichkeitstypen wurden Zeichnungen und Kritzeleien verglichen. Dabei ist durchweg offensichtlich, daß extravertierte, aggressive und impulsive Persönlichkeiten große Zeichnungen machen, während introvertierte kleinere machen. Neurotiker machen kleinere Zeichnungen als Normale; *Wallach* und *Gahm* (1960) meinen, daß ängstliche Introvertierte ihre wahre Persönlichkeit kompensieren und verbergen, indem sie einen anscheinend extravertierten Stil eines expansiven Zeichnens annehmen.

Über die Beziehung zwischen Handschrift und Persönlichkeit hat es so manche Kontroversen gegeben. Bei Verwendung der Matching-Methode können Leute etwas besser als zufällig eine Handschrift Persönlichkeitsdarstellungen zuordnen, und manche Graphologen können es etwas besser. Man hat jedoch noch keinen Zusammenhang zwischen meßbaren Aspekten der Handschrift und Aspekten der Persönlichkeit festgestellt; welcherlei Information von Beurteilern verwendet wird, ist den Forschern bisher nicht bekannt.

Der Zusammenhang zwischen Gesten und anderen Aspekten der Persönlichkeit ist von mehreren unterschiedlichen Prozessen abhängig. Erstens, manche Gesten spiegeln den vorherrschenden emotionalen Zustand wider, wie etwa Angst, oder einen allgemeinen Verhaltensstil, wie etwa Aggression. Solche Gesten werden als Teil des Ganzen richtig erkannt. Zweitens, Leute kontrollieren und manipulieren ihr Verhalten und können sogar eine ihrem wahren Zustand widersprechende Geste hervorbringen, wenn z.b. ein nervöser Mensch eine laute Stimme oder einen festen Händedruck hat. Drittens, der gestische Stil eines Menschen ist teilweise die Folge seines gesellschaftlichen und beruflichen Hintergrundes, von Alter und Geschlecht, von Gesundheit und Müdigkeit und dergleichen.

Weiterführende Literatur

Critchley, M. (1939) The Language of Gesture, London: Arnold.
Ekman, P. and *Friesen, W. V.* (1969) The repertoire of nonverbal behavior: categories, origins, usage and coding, *Semiotica* I: 49-98.

Zitierte Literatur

Allport, G. W., and *Vernon, P. E.* (1933) Studies in Expressive Movement, Boston: Houghton Mifflin.
Baxter, J. C., Winter, E. P., and *Hammer, R. E.* (1968) Gestural behavior during a brief interview as a function of cognitive variables, *Journal of Personality and Social Psychology* 8: 303-7.
Birdwhistell, R. L. (1970) Kinesics and Context, Philadelphia: University of Pennsylvania Press.
Efron, D. (1941) Gesture and Environment, New York: King's Crown Press.
Ekman, P., and *Friesen W. V.* (1968) Nonverbal behavior in psychotherapy research, *Research in Psychotherapy* 3: 179-216.
Ekman, P., and *Friesen W. V.* (1972) Hand movements, *Journal of Communication* 22: 353-74.
Estes, S. G. (1937) The judgement of personality on the brief basis of behavior, Cambridge, Mass.: Harvard Library.
Freedman, N. and *Hoffman, S. P.* (1967) Kinetic behavior in altered clinical states: approach to objective analysis of motor behavior during clinical interviews, *Percep tual and Motor Skills* 24: 527-39.
Graham, J. A. and *Argyle, M.* (1975) A cross-cultural study of the communication of extra-verbal meaning by gestures, *International Journal of Psychology* 10: 56-67.
Hewes, G. (1973) Primate communication and the gestural origin of language, *Current Anthropology* 14: no. 1-2, 5-12.
Kendon, A. (1973) Review of Birdwhistell: Kinesics and Context, *American Journal of Psychology* 85: 441-55.
Krout, M. H. (1954) An experimental attempt to determine the significance of unconscious manual symbolic movements, *Journal of General Psychology* 51: 121-52.
Mahl, G. F. (1968) Gestures and body movements in interviews, *Research in Psychotherapy* 3: 295-346.
Saitz, R. L. and *Cervenka, E. J.* (1972) Handbook of Gestures: Colombia and the United States, in: *T. A. Sebeok* (ed.) Approaches to Semiotics, The Hague: Mouton.
Scheflen, A. E. and *Scheflen, A.* (1972) Body Language and the Social Order, Englewood Cliffs, N. J.: Prentice-Hall.
Stokoe, W. C. (1972) Semiotics and Human Sign Languages, in: *T. A. Sebeok* (ed.) Approaches to Semiotics, The Hague: Mouton.
Wallach, M. A. and *Gahm, R. C.* (1960) Personality functions of graphic constriction and expansiveness, *Journal of Personality* 28: 73-88.
Wolff, C. (1945) A Psychology of Gesture, London: Methuen.

14 Körperhaltung

a) Das Repertoire von Körperhaltungen

Hunde, Pferde, Affen und sonstige Tiere haben jeweils einige charakteristische Körperhaltungen. Rhesusaffen zum Beispiel haben fünf Sitzhaltungen: aufrecht, entspannt, bucklig, katzenartig und zusammengekauert. Beim Drohen, beim Geschlechtsakt, beim Lausen, beim Ausscheiden, beim Schlafen und dergleichen haben sie jeweils andere Körperhaltungen.

Beim Menschen gibt es drei Haupthaltungen:

Stehen

Sitzen, Hocken und Knieen

Liegen.

Davon hat jede weitere Variationen, entsprechend den verschiedenen Haltungen der Arme und Beine und den unterschiedlichen Beugewinkeln des Körpers. Manche sind nur in bestimmten Kulturen üblich.

Man kann genaue Klassifikationen für die Komponenten der Körperhaltung entwerfen, wie *Birdwhistell* (1970) es getan hat, und zwar hinsichtlich der Haltungen der Wirbelsäule, der Schultern, des Rückens, des Bauches, der Arme, der Beine und des Kopfes. Allerdings wird die Körperhaltung in mehreren unterschiedlichen Kommunikationssystemen verwendet, und so meine ich, es sei besser, das Repertoire jeweils getrennt zu erörtern.

An erster Stelle wird die Körperhaltung mit der jeweils verfolgten Tätigkeit in Zusammenhang gebracht. Im Folgenden sind Beispiele aufgeführt, wie in einem Experiment von *Sarbin* und *Hardyck* (1953) einige Strichfiguren interpretiert wurden. Jedoch werden solche Körperhaltungen normalerweise nicht für die Kommunikation verwendet, wenn sie auch Bestandteil einer Interaktionsfolge sein können.

Abbildung 14.1. Interpretierte Strichfiguren: (a) neugierig, (b) verwirrt, (c) gleichgültig, (d) ablehnend, (e) beobachtend, (f) selbstzufrieden, (g) willkommen heißend, (h) entschlossen, (i) verstohlen, (j) suchend, (k) beobachtend, (l) aufmerksam, (m) heftiger Ärger, (n) aufgeregt, (o) sich streckend, (p) überrascht, dominant, miß-

trauisch, (q) schleichend, (r) schüchtern, (s) nachdenklich, (t) affektiert (aus *Sarbin* und *Hardyck* 1953).

(a)

(b)

(c)

(d)

(e)

(f)

(g)

(h)

(i)

(j)

(k)

(l)

(m)

(n)

(o)

(p)

Die Körperhaltung ist ein wichtiges Mittel, um interpersonale Einstellungen zu vermitteln, und es gibt bei der Körperhaltung zwei Dimensionen, die mit den wichtigsten Einstellungen verbunden sind. Körperhaltungen stehen auch mit Gefühlszuständen in Zusammenhang, entweder durch unmittelbare physiologische Auswirkungen der Gefühle oder aus Gründen einer symbolischen Ausdrucksweise. Auch das Sprechen wird von Körperhaltungen begleitet, ähnlich wie von Gesten, nur langsamer. Für die Körperhaltung gibt es mächtige soziale Konventionen, etwa welche Körperhaltung in einer Kultur und in besonderen Situationen angemessen ist. In Verbindung mit Ritualen können sie auch symbolische Bedeutungen haben.

b) Interpersonale Einstellungen

Mehrabian untersuchte das Enkodieren von interpersonalen Einstellungen, indem er Versuchspersonen aufforderte, auf einen Hutständer zuzugehen und sich vorzustellen, er sei eine Person mit bestimmten Eigenschaften. Ihre Körperhaltung und andere Aspekte ihres Verhaltens wurden anschließend beurteilt. Das Dekodieren untersuchte er, indem er eine Reihe von Photographien mit sitzen-

258

den Personen vorlegte, die sich in einigen Dimensionen unterschieden, und die Versuchspersonen aufforderte, sie sollten sich vorstellen, sie würden zu den Leuten auf den Photographien reden. Dann sollten sie angeben, wie sehr ihrer Meinung nach die Zielperson sie wohl möge oder nicht möge. *Scheflen* (1965) verwendete eine weniger systematische, aber eher realistische Methode, indem er das Verhalten während einer Psychotherapie und einer Gruppentherapie analysierte, bei der einiges über die Einstellungen der Anwesenden zueinander bekannt war.

Mehrabians Untersuchungen des Enkodierens und Dekodierens erbrachten für die Körperhaltung zwei wichtige Dimensionen (vgl. S. 120):

(1) *Unmittelbarkeit* bestand aus:

sich nach vorne lehnen
berühren
Nähe ⎫
Blickkontakt ⎬ entsprechende nicht durch die Körperhaltung bedingte Variablen
direkte Orientierung ⎭

Diesen Verhaltensstil verwendet man gegenüber Leuten, die man gern hat, und zwar Frauen mehr als Männer. Die verschiedenen Komponenten der Unmittelbarkeit haben alle die Wirkung, den Abstand zu verringern oder den Sichtkontakt zwischen zwei Leuten zu verbessern. Es gibt noch eine weitere Komponente der Unmittelbarkeit: die Öffnung der Arme und der Beine, von der oft angenommen wird, daß sie eine positive Einstellung anzeigt, insbesondere bei Begegnungen zwischen Mann und Frau. *Mehrabian* hat einige Anhaltspunkte dafür gefunden, daß nur für Frauen beim Sitzen eine offene Körperhaltung als freundlicher angesehen würde.

(2) *Entspannung* bestand aus:
asymmetrische Armhaltungen
zur Seite lehnen
asymmetrische Beinhaltungen
entspannte Hände
rückwärts lehnen

Der Stil einer entspannten Körperhaltung wird angewandt gegenüber Menschen von niedrigerem Status, mehr gegenüber Frauen als gegenüber Männern, gegenüber einem Menschen des anderen Geschlechts mehr als gegenüber einem gleichen Geschlechts. Eine weniger entspannte Körperhaltung wird von Männern gegenüber anderen Männern, die sie nicht mögen, angenommen. Einige von diesen Ergebnissen wurden von *Mehrabian* erzielt in seinen genau kontrollierten, aber ziemlich unrealistischen Experimentalsituationen, und ähnliche Ergebnisse wurden von anderen Forschern in Alltagssituationen erzielt. *Goffman* (1961) zum Beispiel beobachtete, daß die wichtigsten Personen bei Zusammenkünften in einem psychiatrischen Krankenhaus in einer am meisten entspannten Körperhaltung saßen, ebenso auch die besten Sitzplätze hatten, und zwar vorne in dem Raum.

Vermutlich gibt es außer der Dimension der Entspannung noch weitere Komponenten der Körperhaltung für Dominanz und Submission. Der *Autor* und seine *Kollegen* in Oxford (1970) entwickelten dominante und submissive nonverbale Stile durch eine Kombination von Körperhaltung, Gesichtsausdruck und Tonfall. Die dominante Körperhaltung war aufrecht mit zurückgeworfenem Kopf; die submissive Körperhaltung war weniger aufrecht und mit einem geneigten Kopf. *Mehrabian* jedoch, der in Los Angeles arbeitete, stellte fest, daß gegenüber einer Person von höherem Status die Köpfe hochgerichtet waren. Möglicherweise besteht zwischen Engländern und Amerikanern ein Unterschied in der Bedeutung der Kopfhaltung.

Scheflen und *Scheflen* (1972) haben Therapiegruppen und andere Situationen sorgfältig beobachtet, und sie haben Photographien vorgelegt mit verschiedenen interpersonalen Einstellungen, die dabei zum Ausdruck kommen. Sie nehmen an, daß zwei Personen verschiedenen Geschlechts häufig eine Abfolge von Veränderungen in der Körperhaltung durchlaufen, ähnlich denen bei einer Liebeswerbung, wenn die Intimität zunimmt, und sie betrachten diese Abfolge als eine universale Struktur. Diese Stufen sind folgende:

(1) Bereitschaft zur Werbung: hoher Erregungszustand, körperliche Wachsamkeit, sich zurechtmachen

(2) Stellung einnehmen für die Werbung: gegenüber oder Seite an Seite

(3) Handlungen der Aufforderung oder der Einladung: den Blick halten, die Brüste herausstrecken, das Becken rollen, die Hände auf den Hüften usw.

(4) Das Werbeverhalten qualifizieren, um die Abfolge aufrechtzuerhalten: verbale Ablehnung oder Bemerkungen, der Rahmen sei unpassend, unvollständige und bizarre Veränderungen in der Körperhaltung. (Unter den Bildtafeln sind ein paar von ihren Photographien, die zeigen, wie jemand sich zurechtmacht, sodann einen hohen Tonus, was ein weibliches Werbesignal ist, und eine männliche Haltung; vgl. Bild 16 - 18.)

Wir haben bereits auf eine mögliche symbolische Bedeutung von Körperhaltungen hingewiesen; *Mahl* interpretierte die Haltung einer Patientin auf der Couch in dem Sinne, daß sie sich der Therapie anvertraute und eine sexuelle Einstellung zu dem Therapeuten entwickelte. Es ist sicherlich möglich, daß Körperhaltungen in dieser Weise Gefühle und Einstellungen dartstellen können, ebenso wie Gesten Intentionsbewegungen sein können, die umfassendere soziale Handlungen darstellen. Körperhaltungen können Schlafen, Weglaufen, Geschlechtsverkehr und dergleichen repräsentieren. Wenn sich solche Handlungen ereignen, ist damit vermutlich nicht beabsichtigt, etwas zu kommunizieren; und bisher haben wir noch nicht viele experimentelle Anhaltspunkte, daß sie in dieser Weise stattfinden. *Mehrabians* Feststellung, daß Frauen gegenüber Menschen, die sie gern mögen, eine Haltung mit offenen Armen annehmen, ist eines der wenigen Resultate in diesem Bereich.

c) Gefühle

Ekman und *Friesen* (1967) zeigten Filme, auf denen die Köpfe nicht zu sehen waren, und forderten Versuchspersonen auf, die Gefühle zu beurteilen, die die gefilmten Patienten hätten. *Sarbin* und *Hardyck* (1965) verwendeten die bereits beschriebene Methode mit den Strichfiguren. *Ekman* und *Friesen* stellten fest, daß der Gesichtsausdruck mehr Information über bestimmte Gefühle übermittelte, daß demgegenüber die Körperhaltung die Intensität des Gefühls zeigte. Wiederum scheint bei der Körperhaltung die Dimension Spannung/Entspannung wichtig zu sein. Dabei ist aber nicht gänzlich kar, wie weit die Körperhaltung auch spezifischere Gefühlszustände kommuniziert. In der Untersuchung von *Sarbin* und *Hardyck* wurde bei einigen Strichfiguren im allgemeinen angenommen, daß sie Gefühle anzeigen: gleichgültig, schüchtern, selbstzufrieden, aufgeregt, affektiert, gewaltsam, wütend.

Rosenberg und *Langer* (1965) haben diese Strichfiguren Versuchspersonen vorgelegt und sie gefragt, was die Figuren hinsichtlich der Farbe und der Ausrichtung darstellen würden. Sie stellten fest, daß die verschiedenen Körperhaltungen übereinstimmende nonverbale Bedeutungen hatten; mit anderen Worten: die Körperhaltungen vermittelten Informationen über Gefühlszustände, die ebenso auch in anderer Weise nonverbal ausgedrückt werden konnten, z.B. durch Farben. Bei zweien dieser Strichfiguren ergaben sich folgende Resultate (vgl. Abb. 14.2):

Abbildung 14.2. Weitere nonverbale Informationen, die durch die Körperhaltung ausgedrückt werden.

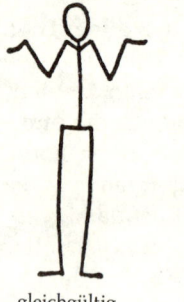

gleichgültig   extrem wütend

Wahrgenommenes Gefühl	gleichgültig	extrem wütend
chromatische Farbe	gelb (51%)	rot (75%)
achromatische Farbe	grau (85%)	schwarz (90%)
Stimmung	± (56%)	− (89%)
Stabilität	fahrig (76%)	fahrig (66%)
vertikale Richtung	−	nach unten (70%)
horizontale Richtung	rückwärts (66%)	vorwärts (78%)

Extreme Gefühle können an der Körperhaltung von bestimmten psychisch Kranken erkannt werden. Depressive haben eine schlaffe, lustlose Körperhaltung, beim Sitzen brüten sie vor sich hin und schauen auf den Boden. Manisch Kranke sind munter und aufrecht, ihr Körper ist in hohem Maße erregt. Diese Unterscheidung entspricht teilweise der Dimension Spannung/Entspannung, aber es sind dabei ebenso auch andere Komponenten einbezogen. Auch Patienten in Angstzuständen sind hochgradig erregt, aber hier ist das spezifische Gefühl Angst statt Euphorie, und das zeigt sich in ihrer Muskelspannung.

d) Persönlichkeit

Die Beziehung zwischen Körperhaltung und Persönlichkeit ist bisher kaum experimentell erforscht worden. Jedoch ist kaum zu bezweifeln, daß manche Leute durch die Körperhaltung Eindrücke von ihrer Persönlichkeit erzeugen: z.B. die steife militärische Haltung oder die affektierte überlegene Haltung.

Einige Psychoanalytiker haben Interpretationen von Körperhaltungen vorgestellt, die Patienten in der Therapie annehmen, wenn sie entweder auf der Couch liegen oder auf einem Stuhl sitzen. Diese Interpretationen basieren auf der Persönlichkeit von einzelnen Patienten. Eine andere Methode besteht darin, die in Frage stehende Körperhaltung selbst anzunehmen und sich dann selbst zu beobachten. Einige der in der folgenden Liste aufgeführten Körperhaltungen wurden von mehreren Analytikern in der gleichen Weise interpretiert - es scheint hier eine Tradition in der Interpretation zu geben.

Tabelle 14.1. Psychoanalytische Interpretationen von Körperhaltungen (nach Aufsätzen von *Mahl* (1968), *Scheflen* und *Scheflen* (1972) und anderen)

	Körperhaltung	*Interpretation*
Arme	1) verschränkte Arme, sich selbst umfassen	Selbstschutz, besonders für die Brust, Rückzug
	2) die Taille festhalten	Angst vor körperlicher Schädigung
	3) Achselzucken, die Handflächen nach außen	passive Hilflosigkeit
Beine	1) hoch übergeschlagen (Frauen)	Selbstschutz, Rückzug
	2) nicht übergeschlagen	Flirt
	3) die Beine exhibitionistisch kreuzen (Frauen) überschlagen (Frauen)	Flirt
	4) Keine Bewegung im Becken	sexuelle Hemmung
Rumpf	1) steife, militärische Haltung (Männer), geziert und aufrecht (Frauen)	Unterdrückung von Angst
	2) eitles, affektiertes Auftreten	Konflikt zwischen Flirt und Schüchternheit
	3) schlaff, lustlos, unbeweglich	Hilflosigkeit, Wunsch nach Hilfe
	4) sich in den Stuhl schmiegen, träge, erotische Art	Ausdruck von sexuellen Impulsen

Die Körperhaltung kann auch in einer stärker intentionalen Selbstdarstellung eine Rolle spielen. Ein Mann wird eine steife, militärische Haltung annehmen, um zu zeigen, daß er ein Soldat ist, und nicht, um seine Angst zu verbergen. Er kann eine ruhige und bescheidene Art annehmen, weil er ein Mönch ist, oder eine exzentrische und entspannte Körperhaltung, um zu zeigen, daß er ein Intellektueller ist und dergleichen. Die Haltung wird wahrscheinlich durch das Körper-Image beeinflußt. Junge Mädchen, die auf ihre Brüste stolz sind oder sich ihrer schämen, werden ganz unterschiedliche Körperhaltungen annehmen. Man kann seine Größe, seine Beine oder andere körperliche Eigenschaften hervorheben oder verbergen. Wie die psychoanalytischen Interpretationen nahelegen, kann man auch versuchen, verschiedene Teile des Körpers zu schützen oder auch entspannter zu erscheinen, als man wirklich ist.

e) Körperhaltung beim Sprechen

Veränderungen in der Körperhaltung können als eine Art Verlängerung der Gesten angesehen werden, die aus größeren und langsameren körperlichen Bewegungen bestehen. *Scheflen* berichtet, daß ein Patient während einer therapeutischen Sitzung zwischen zwei und vier verschiedene Körperhaltungen einnimmt. Ein Mensch wiederholt seine Körperhaltung, wenn dasselbe Gefühl oder dasselbe Thema auftaucht; aber der Code ist individuell und kann ohne eine Kenntnis des jeweiligen Individuum nicht dekodiert werden.

Die Körperhaltung liegt in ihrem Gewicht und in ihren Funktionen zwischen den Gesten und dem räumlichen Verhalten. Die Körperhaltung rahmt und definiert einen Interaktionsabschnitt, der länger ist als bei einer Geste und kürzer als bei einer räumlichen Stellung. Diese ist nicht so sehr eine Kommunikation wie die Einnahme einer für einen Interaktionsabschnitt angemessenen Körperhaltung hinsichtlich der Beziehungen zu den anderen; jedenfalls werden bestimmte Körperhaltungen mit einzelnen Beziehungen in Verbindung gebracht.

Gesten begleiten und unterstützen das Sprechen in anderer Weise und können gelegentlich zu Veränderungen der Körperhaltung führen - indem sie Veranschaulichungen geben, synchronisieren, getane Äußerungen kommentieren und ein Feedback zu den Äußerungen anderer geben.

f) Kulturelle Unterschiede

Der Bereich der feststehenden menschlichen Körperhaltungen ist sehr groß: es sind ungefähr 1000 nach dem Anthropologen *Gordon Hewes* (1957), der die Körperhaltungen in den verschiedenen menschlichen Kulturen untersucht hat. In primitiven Gesellschaften gibt es etwa 100 allgemein übliche Körperhaltungen, von denen die meisten in fortgeschritteneren Gesellschaften überhaupt nicht verwendet werden, wie z.B. auf einem Bein stehen, hocken, mit gekreuzten Beinen sitzen oder knien auf einem Knie. Welche Körperhaltungen in einer bestimmten Gesellschaft üblich sind, ist auch von solchen Faktoren wie der Natur der jeweiligen Gegend, ob es kalt oder feucht ist, und von der getragenen Kleidung abhängig. In westlichen Ländern empfinden wir es als unbefriedigend, auf dem Boden zu sitzen oder zu liegen, und wir sind daran gewöhnt, Möbel zu benutzen.

Wie einzelne Einstellungen und Gefühle zum Ausdruck gebracht werden, variiert in den verschiedenen Kulturen, aber manche Merkmale sind ihnen auch gemeinsam. Zum Beispiel kann ,,Demut" in folgender Weise ausgedrückt werden (nach *Krout* 1942):

Verhaltensmuster	*Kulturelle Gruppe*
sich auf den Rücken werfen, von einer Seite auf die andere rollen, sich außen auf die Schenkel schlagen (Bedeutung: du brauchst mich nicht zu unterwerfen; ich bin bereits unterworfen)	Batokas
sich verbeugen, den rechten Arm ausstrecken, den Arm aus der horizontalen Haltung nach unten bewegen, ihn bis zur Höhe seines Kopfes heben und wieder senken (Bedeutung: ich nehme Erde vom Boden und lege sie auf meinen Kopf als Zeichen der Unterwerfung dir gegenüber)	Türken und Perser
mit gebundenen Händen und einem Strick um den Hals herumlaufen	die alten Peruaner
die Hände über dem Kopf falten und sich verbeugen (altes Zeichen des Gehorsams, das anzeigt: ich unterwerfe mich mit ruhenden Händen)	Chinesen
die Arme hängen lassen, seufzen	Europäer
die Hände zu dem anderen ausstrecken und sie zusammenschlagen	Eingeborene des Kongo
ausstrecken der Arme, die Knie beugen, Prostration	Präliteraten, europäische Bauern
sich niederducken	Neukaledonier, Bewohner von Fidschi und Tahiti
kriechen und vorwärtsschlurfen, auf allen vieren gehen	Dahomen
den Körper nach unten beugen	Samoaner
einem anderen erlauben, daß er ihm den Fuß auf den Kopf stellt	Fundah und Tonga, Tabu-Völker
Prostration, Gesicht nach unten	Polynesier
die Handflächen zusammenlegen, damit der andere sie freundlich drückt	Unyanyembaner
sich verbeugen und dabei die gefalteten Hände in die Hände des anderen legen und sie an seine Stirn heben	Sumatraner

Fast alle diese Körperhaltungen implizieren ein Beugen, Niederducken oder Senken des Körpers.

Für jede Situation gibt es innerhalb einer Kultur anerkannte Körperhaltungen. Es gibt korrekte Haltungen beim Essen, bei einem Vortrag, einem Interview, beim Sonnenbaden oder beim Reiten. Wer es unterläßt, die korrekte Haltung anzunehmen, kann zum Objekt einer wütenden Mißbilligung werden: er wird als haltlos, unmoralisch, unzivilisiert oder als exzentrisch angesehen.

Für Riten gibt es spezielle Körperhaltungen. Bei Gottesdiensten müssen die Teilnehmer eine Reihe verschiedener Körperhaltungen annehmen. Der Priester steht bei einer Zeremonie häufig, und er hebt einen oder beide Arme; die anderen Beteiligten knien oder stehen mit geneigtem Haupt. Mönche und Nonnen liegen bei ihrem Gelübde mit dem Gesicht nach unten auf dem Boden.

Weiterführende Literatur

Mehrabian, A. (1972) Nonverbal Communication, Chicago: Aldine-Atherton.

Zitierte Literatur

Argyle, M., Salter, V., Nicholson, H., Williams, M. and *Burgess, P.* (1970) The communication of inferior and superior attitudes by verbal and non-verbal signals, *British Journal of Social and Clinical Psychology* 9: 221-31.

Birdwhistell, R. (1970) Kinesics and Context, Philadelphia: University of Pennsylvania Press.

Christiansen, B. (1963) Thus Speaks the Body, Oslo: Institute for Social Research.

Goffman, E. (1961) Asylums, Garden City, New York: Anchor Books; dt.: Asyle. Über die soziale Situation psychiatrischer Patienten und anderer Insassen, Suhrkamp, Frankfurt 1974.

Hewes, G. (1957) The anthropology of posture, *Scientific American* 196: 123-32.

Krout, M. H. (1942) Introduction to Social Psychology, New York: Harper & Row.

Mahl, G. F. (1968) Gestures and body movements in interviews, *Research in Psychotherapy* 3: 295-346.

Rosenberg, G. B. and *Langer, J.* (1965) A study of postural-gestural communication, *Journal of Personality and Social Psychology* 2: 593-7.

Sarbin, T. R. and *Hardyck, C. D.* (1953) Contributions to role-taking theory: role perception on the basis of postural cues. Unpublished.

Scheflen, A. E. (1965) Stream and Structure of Communicational Behavior, Commonwealth of Pennsylvania: Eastern Pennsylvania Psychiatric Institute.

Scheflen, A. E. and *Scheflen, A.* (1972) Body Language and the Social Order, Englewood Cliffs, N. J.: Prentice-Hall.

15 Körperkontakt

Körperkontakt ist die ursprünglichste Form der sozialen Kommunikation; er findet bei sehr einfachen Organismen statt und ebenso bei kleinen Kindern. Die anderen Formen der nonverbalen Kommunikation sind eine spätere Entwicklung, sowohl in der Evolution als auch in dem individuellen Wachstum. Beicial Primaten sind einige unterschiedliche Formen von Körperkontakt üblich: die Jungen klammern sich an ihre Mütter und betreiben rohe und wirre Spiele miteinander; die Ausgewachsenen lausen sich gegenseitig; zwischen Sexualpartnern ist ein Anbieten, Aufreiten, Umarmen üblich, und in Dominanzhierarchien werden rivalisierende Männchen sich gegenseitig beißen, schlagen und am Fell ziehen; Begrüßungen bestehen aus einem Schnuppern an den Genitalien oder am Bauch, aus Küssen, Umarmen und Lausen.

Beim Menschen dient ein großer Teil des Gehirns dazu, Botschaften von der Körperoberfläche aufzunehmen, welche dann die Körperbewegungen lenken. Körperkontakt stimuliert verschiedenartige Rezeptoren, die auf Berührung, Druck, Wärme bzw. Kälte und Schmerz reagieren. Die Haut sendet verschiedenartige Signale über ihren Zustand durch ihre Farbe, ihren Geschmack, Geruch (z.B. durch Schwitzen) und ihre Temperatur.

Durch Berührungen können die grundlegendsten Formen interpersonaler Einstellungen kommuniziert werden. In einem geringeren Maße können auch Gefühlszustände vermittelt werden. Aktive Berührung ist etwas ganz anderes als passive Berührung. Eine aktive Berührung wird durch motorische Aktivität hervorgerufen und ist eine Art erforschendes Prüfen; eine passive Berührung ist die Aufnahme von Signalen durch äußere Einwirkungen. Das Berühren eines anderen Menschen wird somit eine Art doppelte aktive Berührung, bei der jeder auf den anderen reagiert.

Es sind viele Arten von Körperkontakt möglich. Er wird gewöhnlich *mit* der Hand, dem Arm oder dem Mund ausgeführt und richtet sich gewöhnlich *an* die Hand, den Arm, Kopf, Schulter, Knie oder den Oberkörper. Und der Kontakt kann in verschiedener Weise stattfinden: klapsen, schlagen, kneifen, streicheln, schütteln, küssen, lecken, festhalten, führen, umarmen, einhaken, auflegen, treten, kratzen oder kitzeln. Von allen den vielen Möglichkeiten sind in einer einzelnen Kultur relativ wenige gebräuchlich. In der westlichen Kultur sind folgende am meisten üblich:

Klapsen: Kopf, Schulter
schlagen: Gesicht, Hand, Hintern
boxen: Gesicht, Brust
kneifen: Backe
streicheln: Haar, Gesicht, Oberkörper, Knie
schütteln: Hände
küssen: Mund, Wange, Brüste, Hand, Fuß

lecken: Gesicht
festhalten: Hand, Arm, Knie
führen: Hand, Arm
umarmen: Schulter, Körper
einhaken: Arme
auflegen: Hände
treten: Hintern
kratzen: Haare, Gesicht
kitzeln: überall.

Man kann sich auch selbst in verschiedener Weise berühren, aber das haben wir als eine Art von Gesten erörtert (vgl. S. 248f).

Das Berühren scheint eine ursprüngliche Bedeutung von erhöhter Intimität zu haben, und es bewirkt eine verstärkte emotionale Erregung. Die genaue Bedeutung einer einzelnen Berührungsform ist jedoch von der jeweiligen Kultur abhängig und ist erlernt. Berührungen haben oft eine sexuelle Bedeutung, und bestimmte Arten der Berührung bei bestimmten Kombinationen von Menschen werden in erster Linie als sexuelle Signale angesehen. Andererseits wird der Körperkontakt bei Begrüßungen, in Riten, von seiten der Ärzte und Friseure und in einer dichten Menschenmenge nicht als sexuell angesehen.

Der Körperkontakt zwischen zwei Menschen kann nach dem implizierten Grad der Intimität (z.B. eine Umarmung rangiert über einem Händedruck) sowie nach seiner Häufigkeit und Dauer eingestuft werden. Der Grad der Intimität ist auch davon abhängig, wieviel Kleidung dabei im Wege ist.

In anderen Kulturen gibt es noch weitere Arten des Körperkontakts. Innerhalb dieser Formen des Körperkontakts gibt es weitere Unterteilungen, z.B. Händeschütteln mit einer oder mit zwei Händen, oder das Händeschütteln impliziert ein Freimaurer-Zeichen. Stärker verbreitet sind graduelle Unterschiede, z.B. die Festigkeit des Händedrucks oder die Dauer des Händeschüttelns.

a) Körperkontakt bei verschiedenen Beziehungen

Das Ausmaß und der Typ des Körperkontakts ist weithin von Alter, Geschlecht und von den sozialen Beziehungen der Beteiligten abhängig. Er hat bei verschiedenen Altersgruppen und in verschiedenen Beziehungen auch unterschiedliche Bedeutungen. Es gibt zwar für den Körperkontakt eine klare biologische Grundlage, aber er wird auch durch starke soziale Regeln gesteuert, die vorschreiben, wer was und mit wem machen kann. Diese Regeln sind in anderen Kulturen etwas unterschiedlich.

Für Säuglinge ist Berührung das wichtigste Kommunikationsmittel. Bis zu dem Alter von 10 bis 12 Jahren ist der Berührungskontakt zwischen Kindern und ihren Eltern weiterhin üblich, auch zwischen Kindern desselben Geschlechts bei vielen Spielen, Rauferein und dergleihen. Die Berührung der Eltern bringt ein enges und abhängiges Verhältnis zum Ausdruck, während die Berührung mit anderen Kindern affiliativ oder aggressiv ist.

Bei Jugendlichen ist der Kontakt mit den Eltern stark reduziert. *Jourard* (1963) stellte fest, daß nur wenige Jugendliche von ihren Eltern außer an den Händen und Armen berührt wurden. Dagegen nimmt der Kontakt mit Freunden des anderen Geschlechts zu. In der Umfrage von *Jourard* wurden über 75 Prozent der männlichen Befragten von ihren Freundinnen an dem Kopf, den Armen und am Rumpf berührt; über 75 Prozent der weiblichen Befragten wurden von ihren Freunden an dem Kopf, dem Hals, an den Armen und Knien und über 50 Prozent an den Beinen und dem Rumpf berührt. In diesem Altersabschnitt findet eine Rückkehr zum Körperkontakt statt als einem Mittel, soziale Beziehungen, jetzt sexueller Art und nicht mehr im Kind-Eltern-Verhältnis, herzustellen, aufrechtzuerhalten und zu genießen.

Im Erwachsenenalter ist der Körperkontakt stark eingeschränkt und nur unter bestimmten sozial definierten Umständen erlaubt; diese sind im wesentlichen folgende: (1) Mit seinem Ehepartner, beim Geschlechtsverkehr ebenso wie gelegentlich im täglichen häuslichen Leben, ist die Berührung erlaubt und geschieht viel häufiger als mit anderen Leuten. (2) Mit Kindern bis zum Alter von etwa 12 Jahren; danach findet fast gar kein Kontakt mit ihnen statt. (3) Mit anderen Verwandten und Freunden sind verschiedene Formen der Begrüßung und des Abschieds erlaubt, etwa Händeschütteln, Umarmen und Küsse auf die Wange bei Leuten anderen Geschlechts, besonders nach einer langen Trennung; Glückwünsche erfolgen in Form von Händeschütteln und Schulterklopfen; beim Flirten zwischen nicht miteinander verheirateten Leuten finden in gewissem Maße auch leichte Berührungen statt; Tanzen ist eine Gelegenheit für einen nahen Körperkontakt zwischen nicht verheirateten Leuten. (4) Zwischen relativ fremden Personen und in der Öffentlichkeit ist Körperkontakt selten. Im Gedränge und in öffentlichen Verkehrsmitteln geschieht viel Körperkontakt, aber solcher

Kontakt ist nicht als soziale Berührung definiert. In einigen Berufen finden bei der Arbeit Berührugnen statt: bei Ärzten, Schneidern, Krankenschwestern, Gynäkologen, Dentisten, Masseuren, Sportlehrern, Friseuren, Kosmetikerinnen und Schuhverkäufern. Jedoch sind derartige Berührungen neutralisiert und nicht als sozial definiert, obwohl manche, die die Berühung geben oder empfangen, sie als sozial angenehm empfinden können. Manche Spiele implizieren Berührungen, z.B. Rugby oder Ringen. In bestimmten Zeremonien und Riten sind besondere Berührungen üblich, etwa bei Taufen, Trauungen und Promotionen. (5) Encounter-Gruppen verfolgen teilweise die Absicht, das Bedürfnis nach mehr Körperkontakt zu erfüllen, und so werden dazu manche Übungen angeboten.

In dem Ausmaß und in der Art der Berührung bestehen große kulturelle Unterschiede. Manche Anthropologen unterscheiden zwischen kontaktreichen und kontaktarmen Kulturen. Kontaktreiche Kulturen sind die Araber, Lateinamerikaner, Südeuropäer (Griechen, Türken) und einige afrikanische Kulturen. Kontaktarme Kulturen sind die Nordeuropäer, Amerikaner, Asiaten, z.B. Inder und Pakistanis. *Watson* (1972) stellte fest, daß man in den kontaktreichen Kulturen sich zugleich auch direkter gegenübersteht und sich bei der Interaktion gegenseitig mehr ansieht; in manchen kontaktreichen Kulturen steht man dicht beieinander (Araber), aber das ist auch in einigen kontaktarmen Kulturen üblich (Inder, Pakistanis). Das wird veranschaulicht durch die Untersuchung von *Jourard* über die Häufigkeit, mit der Paare in Cafés sich gegenseitig berühren: in San Juan (Puerto Rico) 180 Mal, in Paris 110 Mal pro Stunde und in London kein Mal.

In einigen afrikanischen Kulturen ist es normal, sich während der Unterhaltung die Hände zu halten oder die Beine miteinander zu verschränken. In einigen Ländern wurden schichtenspezifische Unterschiede hinsichtlich des Berührens festgestellt: in den angelsächsischen Ländern findet in der Arbeiterschicht mehr Körperkontakt statt als in der Mittel- oder der Oberschicht. Das kann wiederum auf die unterschiedlichen Muster bei der Kindererziehung zurückzuführen sein: *Hore* (1970) hat in Australien festgestellt, daß Mütter aus der Arbeiterschicht ihre Kinder mehr berührten als Mütter aus der Mittelschicht; das gehört zu einem allgemeinen Muster, daß zwischen Leuten der Arbeiterschicht mehr nonverbale und weniger verbale Kommunikation stattfindet.

b) Körperkontakt und interpersonale Beziehungen

Die wichtigste Funktion des Berührens liegt in der Kommunikation und in der Freude an interpersonalen Beziehungen.

Sexualität

Das letzte Ziel der sexuellen Motivation ist der Geschlechtsverkehr und das Zeugen von Kindern. Die dabei auftretenden Formen des Körperkontakts sind äußerst erregend und befriedigend, und sie führen zu einer sehr starken Bindung an den Partner; das hat den biologischen Vorteil, für die gezeugten Kinder ein stabiles Heim zu schaffen. Die Körperkontakte, die sich auf die Sexualität beziehen, sind in allen Kulturen ähnlich und haben eine biologische Basis. Es gibt jedoch auch Unterschiede, und es gibt kulturelle Regeln darüber, was man tun darf, wenn man unverheiratet, verlobt oder verheiratet ist. Bei fortschreitender Intimität gibt es einige unterschiedliche Formen des Körperkontakts. Nach *Desmond Morris* (1971) durchlaufen Paare im westlichen Kulturbereich folgende zwölf Stadien der Intimität, immer in derselben Reihenfolge, wobei allerdings eines oder mehrere ausgelassen werden mögen: (1) Auge zum Körper, (2) Auge zu Auge, (3) Stimme zu Stimme, (4) Hand zu Hand, (5) Arm zur Schulter, (6) Arm zur Taille, (7) Mund zu Mund, (8) Hand zum Kopf, (9) Hand zum Körper, z. B. den Brüsten der Frau, (10) Mund zur Brust, (11) Hand zu den Genitalien, (12) Genitalien zu den Genitalien. Manche gehen zu einem weiteren Stadium: Mund zu den Genitalien. Die einzelnen Stufen werden gewöhnlich vom Mann begonnen, aber er muß auf eine positive Reaktion der Frau warten, bevor er zur nächsten Stufe weitergeht. Diese Hierarchie ist ein sehr interessantes Beispiel einer Bedeutungsstruktur (vgl. S. 65 f.), und sie ist klarer strukturiert als alle anderen Gruppen von nonverbalen Signalen. Wenn eine Form des Körperkontakts sozial formalisiert ist, wie z.B. das Händereichen zur Begrüßung (4) oder Gutenachtküsse (7), dann können zwei Menschen, wie *Morris* annimmt, zu einer Stufe von größerer Intimität weitergehen, als es für sie normal wäre. Er weist auch darauf hin, daß Tanzen eine Art verschleierte sexuelle Intimität ist, wobei einander völlig fremde Personen sofort einen hohen Grad von körperlicher Intimität erreichen können. Vor der Erfindung des Walzers, der als empörend angesehen wurde, gab es eine derartige Intimität nicht, und heute, seit der Erfindung der verschiedenen Jazz-Tänze, bei denen kein Körperkontakt stattfindet, hat sie weithin aufgehört.

Mary Henley (1973) hat in einer beobachtenden Felduntersuchung festgestellt, daß Männer Frauen viel häufiger berührten, als Frauen Männer berühren, und auch viel häufiger, als man Personen gleichen Gechlechts berührt. Sie interpretierte das nicht als eine Demonstration von Intimität, sondern als eine Versicherung der männlichen Macht; sie weist darauf hin, daß in manchen anderen Beziehungen die Person mit hohem Status eine andere mit niederem Status berührt, wie z.B. Ärzte die Patienten berühren. Männer werden Frauen allerdings auch berühren, um ihre Zuneigung auszudrücken. *Jourard* (1963) hat festgestellt, daß Personen beiderlei Geschlecht Frauen gegenüber mehr als Männern gegenüber Dinge über sich selbst eröffnen; Berührung und Selbstöffnung sind beides Intimitätssignale. Vielleicht bringt die Berührung von Frauen durch Männer Macht und Zuneigung gleichzeitig zum Ausdruck, und das ist in der sozialen Konvention verkörpert, daß gewöhnlich die Männer in solchen Dingen die Initiative ergreifen.

Säuglingserziehung

Das Berühren ist vor allem für Säuglinge der wichtigste Kommunikationskanal. In manchen Untersuchungen wurde gezeigt, daß Säuglinge, die nicht genug Körperkontakt haben, ängstlich und unruhig werden. Wahrscheinlich haben sie ein angeborenes Bedürfnis danach, in der richtigen Weise berührt zu werden (ebenso wie auch Affen), und wahrscheinlich ist der Kontakt mit der Mutter eine Ursache für die Mutterbindung. Die meisten Kinder suchen durch Schreien, die Aufmerksamkeit auf sich zu lenken, und sie hören auf, wenn sie auf den Arm genommen werden. Später heben sie die Arme, um zu signalisieren, daß sie auf den Arm genommen werden wollen. *Schaffer* und Emerson (1964) haben jedoch festgestellt, daß manche Kinder (,,*non-cuddlers*'') sich aktiv gegen einen physischen Kontakt wehren und getröstet sind, wenn sie die Mutter sehen oder sich an ihrem Rock festhalten können. Gefüttert zu werden, ist eines der Ziele, wenn der Kontakt mit der Mutter gesucht wird; jedoch haben die Experimente von *Harlow* (1965) mit Affen gezeigt, daß Affensäuglinge eine stärkere Bindung an einen künstlichen Affen mit der richtigen Haut als an einen, der Milch gab, entwickelten. Mütter reagieren auf Säuglinge mit Wiegen, Streicheln, Liebkosen, Tragen, Schaukeln und Kitzeln, und die meisten Säuglinge reagieren ihrerseits darauf. In geringerem Maße behandeln auch Väter und Geschwister die Säuglinge in ähnlicher Weise. Während des ersten Lebensjahres sind Spiele mit Kitzeln und andere Formen des Körperkontakts die wichtigsten Beziehungsformen zu den Säuglingen. Es wurde in verschiedenen Untersuchungen festgestellt, daß Eltern ihre Kinder im Alter von ein bis zwei Jahren, wenn sie zu laufen anfangen, mehr berühren und daß das Berühren nach diesem Alter abnimmt; Mädchen werden mehr berührt als Jungen.

Affiliation

Vieles tierische und menschliche Verhalten kann als „affiliativ" bezeichnet werden, d.h. als darauf ausgerichtet, mit Ebenbürtigen freundschaftliche Beziehungen herzustellen. Zwischen Affiliation und Sexualität besteht ein ziemlich feiner Unterschied, wobei allerdings die Affiliation unmittelbar vor den späteren Stadien einer sexuellen Intimität endet. Der biologische Zweck dieser Motivationsform ist vermutlich, Aggressionen zu unterdrücken und ein kooperatives Verhalten in Gruppen entstehen zu lassen. Bei den Affen und Menschenaffen hat das affilitive Verhalten seine Ursprünge in dem Körperkontakt mit der Mutter und mit den Geschwistern, entwickelt sich weiter zu den rauhen und wirren Spielen mit anderen jungen Tieren und kommt bei den Ausgewachsenen durch ein lang währendes Lausen, ebenso auch durch Kooperation und gegenseitige Hilfe zum Ausdruck. Bei den Menschen sind die Ursprünge ähnlich, aber bei Erwachsenen findet viel weniger Körperkontakt statt: die Ziele der Affiliation scheinen eher Konversation, kooperative Arbeit und Spielen zu sein als das „Lausen" (*grooming*). In einem beschränkten Maße findet ein sozial definierter Körperkontakt statt: Begrüßung, Schulterklopfen und Berührungen. Zuneigung wird durch das Ausmaß und die Intensität dieser Signale zum Ausdruck gebracht.

Aggression

Wie in der Sexualität wird auch Aggression hauptsächlich durch Körperkontakt zum Ausdruck gebracht. Aggression ist die angeborene Reaktion auf Angriff, Frustration und den Wettkampf um Besitztümer. Tiere benutzen Hörner, Zähne oder andere Teile ihres Körpers, die für aggressive Zwecke bestimmt sind. Jedoch sind Drohbekundungen weiter verbreitet als wirkliche Kämpfe: durch einen angeborenen Beschwichtigungsmechanismus wird verhindert, daß Mitglieder einer Gruppe sich gegenseitig übermäßig schädigen. Menschliche Säuglinge schreien, strampeln und schlagen mit ihren Fäusten; während der Kindheit können aggressive Tendenzen verstärkt werden, aber ebenso wird auch eine Unterdrückung der Aggression erworben. Jungen bis zum Alter von etwa zehn Jahren betreiben viele freundschaftliche Raufereien. Mädchen kämpfen weniger, aber vielleicht werden sie sich gegenseitig an den Haaren ziehen, und sie sind verbal aggressiver. Eltern verhauen ihre Kinder, junge Erwachsene betreiben rauhe Spiele wie Boxen, Judo oder Rugby, und im Krieg wird eine institutionalisierte Aggression ausgetragen, obwohl dabei heutzutage kaum ein Körperkontakt stattfindet. In manchen gesellschaftlichen Gruppen werden zwischen erwachsenen Männern Aggressionen ausgetragen: z.B. in einigen kriminellen Gruppen oder früher im Wilden Westen. In allen diesen Fällen wird die Form der Aggression, und wie weit es erlaubt ist zu gehen, von gesellschaftlichen Regeln kontrolliert.

In biologischer Hinsicht ist Körperkontakt die grundlegende Weise, interpersonale Einstellungen zum Ausdruck zu bringen. Bei Tieren und Kindern finden viele derartige Formen von Körperkontakt statt. Bei Erwachsenen jedoch werden sie zu einem sehr großen Teil druch andere Kommunikationsformen von mehr symbolischer Art ersetzt, wobei die Distanz-Rezeptoren Sehen und Hören und auch die Sprache verwendet werden. Diese Signale allerdings leiten ihre emotionale Macht von ihren Ursprüngen und Verbindungen mit dem Körperkontakt ab, und sie symbolisieren Körperkontakt: z.B. die Fäuste zusammenballen steht für boxen, und die Arme ausstrecken steht für umarmen.

c) Berührung als Interaktionssignal

Manche Formen des Körperkontakts fungieren als Interaktionssignale, die nicht in erster Linie interpersonale Einstellungen kommunizieren.

Begrüßung und Abschied

Begrüßung und Abschied sind in den meisten Kulturen mit einem Körperkontakt verbunden. Dasselbe ist auch bei Affen und Menschenaffen der Fall: sie schmatzen mit den Lippen und berühren sich gegenseitig; der eine kann sich zur Kopulation anbieten und der andere aufreiten, ungeachtet ihres Geschlechts; ein Schimpanse kann seine Hand ausstrecken und den Kopf, die Schulter oder die Genitalien berühren; oder zwei Affen können sich gegenseitig begeistert umarmen. Damit wird deutlich, daß der Körperkontakt beim Begrüßen eine biologische Grundlage hat; *Lorenz* (1952) nimmt an, daß ritualisierte Begrüßungszeremonien den Zweck haben, Aggression zu verhindern; das Lippenschmatzen zum Beispiel ist eine Einladung zum Lausen und fungiert als ein

Beschwichtigungssignal. In der Durchführungsweise von Begrüßungen bestehen zwischen den verschiedenen Kulturen große Abweichungen (vgl. S. 81), aber die verschiedenen Formen haben eine gemeinsame Struktur und gemeinsame Elemente, wobei irgendeine Form von Körperkontakt einbezogen ist. In Indien allerdings fehlt der gewöhnlichsten Begrüßungsform ein Körperkontakt, ebenso den täglichen Begrüßungen in England. Die üblichsten Begrüßungsformen sind: (1) Hand zur Hand, (2) Mund zur Wange, (3) eine Umarmung, (4) Mund zu Mund und eine Umarmung bei einem höheren Intimitätsgrad. Wie oben erwähnt, wird bei wolchen Gelegenheiten ein höherer Grad an körperlicher Intimität erreicht als normalerweise. Ein Abschied ist einer Begrüßung ähnlich und wird nach einer Begegnung in ähnlicher Weise vollzogen.

Glückwünsche

Glückwünsche sind oft mit einem Körperkontakt verbunden - wenn jemand beim Sport oder in seiner beruflichen Laufbahn einen Erfolg errungen hat. Die dabei verwendeten Signale sind genau dieselben wie bei Begrüßungen. Eine interessante Glückwunschform ist die Umarmung der Fußballspieler, nachdem ein Tor geschossen wurde, oder bei entsprechenden Situationen in anderen Spielen. Das ist eigenartig, da Umarmungen zwischen Männern normlerweise nicht üblich sind und in England mit Homosexualität in Zusammenhang gebracht werden.

Aufmerksamkeitssignale

Eine Berührung, gewöhnlich am Arm oder an der Schulter, dient oft dazu, jemandes Aufmerksamkeit auf sich zu lenken, zu zeigen, daß man ein Gespräch beginnen will.

Führen

Wenn man mit jemandem geht und ihm den Weg weisen will, ohne das Gespräch zu unterbrechen, so kann das geschehen durch kleine Veränderungen der körperlichen Ausrichtung, oder indem man den Arm oder den Ellbogen ergreift.

d) Zeremonien

Bei Zeremonien ist gewöhnlich ein Körperkontakt beteiligt. Wie wir oben beschrieben haben (vgl. S. 168f). haben Zeremonien die drei Stadien: Trennung, Übergang, Vereinigung. Auf dem Höhepunkt der Zeremonie, gewöhnlich während der Phase des Übergangs, wird von dem Priester oder sonst jemandem, der von der Gemeinschaft dazu ermächtigt ist, solche rituellen Funktionen auszuüben, ein symbolischer Akt des Körperkontakts vollzogen. Es wird angenommen, daß diese Person durch die Ausführung solcher symbolischer Handlungen die Macht hat, in dem Zustand des Initiierten bestimmte Veränderungen hervorzubringen. Die verbreitetste Form ist, eine Hand oder beide Hände auf den Kopf des Initiierten zu legen. Warum das getan wird, ist nicht klar: vielleicht soll es die ununterbrochene Kette vom Apostel Petrus her oder eine andere geistige Quelle symbolisieren. Bei einer Heilung oder einer Ordination legen mehrere Priester oder Kirchenälteste ihre Hände gleichzeitig auf, vielleicht, um die aktivierten geistigen Kräfte zu verstärken.

Zeremonie	Körperkontakt	symbolische Bedeutung
Promotion, Konfirmation, Ordination, Heilung	Handauflegen auf den Kopf des Initianden	die fortdauernde Kette der Autorität weitergeben
Heilungszeremonien	Salbung mit Öl oder anderen Substanzen	Anwendung von Medizin
Trauung	Ring auf den Finger der Braut stecken	Ring symbolisiert das Band der Ehe
Mönchsgelübde	Einkleidung mit neuen Gewändern	Gewänder symbolisieren seinen neuen Status
Preisverleihung	Überreichen des Cup oder eines anderen Preises, Händeschütteln	Preis ist Zeichen für die Anerkennung der Gruppe für den Erfolg
Initiation von Jugendlichen	Zufügen eines physischen Schadens	Prüfung der Männlichkeit.

Bei Freunden und Verwandten findet vor und nach solchen Zeremonien ein weiterer Körperkontakt statt. Vorher kann ein Händeschütteln oder Umarmen stattfinden; das würde von Anthropologen als ,,Trennung'', d.h. als Abschiedssignal angesehen, aber es kann von den Beteiligten wohl auch als Vorbereitung oder als gute Wünsche für die Zeremonie betrachtet werden. Nachher finden Begrüßungen statt: für die Person in ihrem neuen Status als Erwachsener, Promovierter oder Verheirateter und dergleichen. Es sind aber mehr als nur Begrüßungen, denn sie dienen dazu, mit der Person in ihrer neuen sozialen Stellung eine etwas veränderte Beziehung herzustellen.

Es ist interessant, daß Fans von Popstars oder anderen Helden deren Körper oder sogar die Kleider berühren wollen. (Das geschah bei Jesus auch.) Diese Tatsache läßt vermuten, daß daran geglaubt wird, Körperkontakt übertrage auf irgendeine Weise eine geistige Kraft; und das mag der wirkliche Grund dafür sein, daß bei Zeremonien Berührungen üblich sind.

e) Encounter-Gruppen

Diese Gruppen wurden zuerst im Esalen Institut in Big Sur, Kalifornien betrieben und haben sich anschließend über andere Teile der Welt hin ausgebreitet. Dabei wurden einige unterschiedliche Versionen entwickelt. Das Hauptziel der Gruppen ist Therapie oder Training mittels verschiedener individueller und interpersonaler Übungen, von denen viele einen Körperkontakt und enge Beziehungen zu anderen Mitgliedern der Gruppe mit einbeziehen. Für manche Leute haben die Gruppen ihren Sinn in sich selbst, da sie den Körperkontakt und die Intimität der Gruppe als angenehm empfinden und meinen, daß sie in ihrem gewöhnlichen Leben in dieser Hinsicht zu sehr behindert und unterdrückt sind.

Im Folgenden ein paar Beispiele für die Übungen mit Körperkontakt, die in Esalen durchgeführt werden, wie sie *Schutz* (1967) beschrieben hat:

(1) Hilfe für Menschen, die zurückgezogen sind und Schwierigkeiten haben, mit anderen Kontakt aufzunehmen.

(a) ,,Blind herumlaufen'': Jeder in dem Raum steht auf und geht mit geschlossenen Augen durch den Raum; wenn sich zwei treffen, erkunden sie sich gegenseitig in irgendeiner Weise, wie sie es gern haben.

(b) ,,Einbrechen'': einige Gruppenmitglieder bilden einen fest geschlossenen Kreis, indem sie die Arme verschränken. Die ausgeschlossene Person versucht in jeder ihr möglichen Weise, in den Kreis einzubrechen.

(2) Hilfe für Menschen, die unfähig sind, Feindschaft oder Konkurrenz zum Ausdruck zu bringen.

(a) ,,Die Presse'': zwei Personen stehen sich gegenüber, legen die Hände auf die Schultern des anderen und versuchen, den anderen zu Boden zu drücken.

(b) ,,Schieben'': zwei Personen stehen sich gegenüber, fassen sich gegenseitig fest an den Händen und versuchen, den anderen zurückzudrängen.

(3) Hilfe für Menschen, die Schwierigkeiten haben, Zuneigung zu geben oder anzunehmen, und die emotionale Nähe vermeiden.

(a) ,,Gib und nimm Zuneigung'': eine Person steht mit geschlossenen Augen in der Mitte eines Kreises; die anderen nähern sich ihr und bringen ihre Gefühle ihr gegenüber in irgendeiner nonverbalen Weise zum Ausdruck, gewöhnlich durch Umarmen, Streicheln, Massieren, Hochheben und dergleichen.

(b) „Drehen und Wiegen": ein Teilnehmer steht entspannt und mit geschlossenen Augen in der Mitte eines Kreises; die Gruppe reicht ihn von einem zum anderen durch die Runde weiter und hält dabei sein Gewicht aus. Dann hebt die ganze Gruppe ihn hoch und wiegt ihn sanft hin und her, ganz ruhig.

Worin liegt die Wirkung solcher Übungen in den Encounter-Gruppen? Es wurde eine gründliche auswertende Untersuchung durchgeführt mit 206 Stanford-Studenten, die an Encounter-Gruppen, T-Gruppen und dergleichen teilgenommen hatten, sowie mit einer Kontrollgruppe von 69 Personen. Ein Erfolg wurde durch kombinierte Kriterien (Selbsteinschätzung, Einschätzung durch Freunde) beurteilt. Es ergaben sich folgende Resultate:

	Gruppenmitglieder (in %)		Kontrollgruppe (in %)	
Abbrecher	13		-	
Geschädigte	8		-	
negative Veränderung	8		23	
keine Veränderung	38		60	
mäßige positive Veränderung	20	} 34	13	} 17
stark positive Veränderung	14		4	

Bei etwa einem Drittel der Gruppenmitglieder und bei 17 Prozent der Kontrollgruppe zeigte sich eine positive Veränderung, während bei 8 Prozent der Gruppenmitglieder sich die Erfahrung zum Nachteil auswirkte (indem sie z.B. nachher psychiatrische Hilfe brauchten), zusätzlich zu den Abbrechern und denen, die negative Veränderungen zeigten. Zwischen Encounter-Gruppen und Gruppen ohne Berührung bestanden keine konsistenten Unterschiede; die Unterschiede zwischen den einzelnen Gruppenleitern waren wichtiger (*Lieberman, Yalom* und *Miles* 1973). Nach der wachsenden Verbreitung und Popularität der Bewegung zu urteilen, werden diese Erfahrungen von vielen Menschen als eindeutig positiv empfunden - wobei es allerdings eine andere Frage ist, ob sie überhaupt irgendeine therapeutische Wirkung auf sie haben. Ziemlich viele Leute brechen ab, weil sie die Übungen als zu verwirrend empfinden. Manche fühlen sich am Ende einer Gruppe zu einem anderen Partner hingezogen als dem, mit dem sie die Gruppe begonnen haben: Körperkontakt ist eine sehr machtvolle Quelle sozialer Bindung. Manche verlieren das Interesse am gewöhnlichen Leben und an der gewöhnlichen Gesellschaft und wollen ihre ganze Zeit nur noch mit ,,bedeutungsvollen Erfahrungen in Gruppen''. verbringen.

Weiterführende Literatur

Frank, L. K. (1957) Tactile communication, *Genetic Psychology Monographs* 56: 209-25.

Montagu, A. (1971) Touching : The Human Significance of the Skin, New York: Colombia University Press.

Morris, D. (1971) Intimate Behaviour, London: Cape.

Zitierte Literatur

Harlow, H. F. and *Harlow, M. K.* (1965) The Affectional Systems, in: *A. M. Schrier* et al. (eds.) Behavior of Nonhuman Primates, New York and London: Academic Press.

Henley M. (1973) Status and sex: some touching observations, *Bulletin Psychonomic Society* 2: 91-3.

Hore, T. (1970) Social class differences: some aspects of the non-verbal communication between mother and pre-school child, *Australian Journal of Psychologie* 22: 21-7.

Jourard, S.M. (1963) An exploratory study of body-accessibility, *British Journal of Social and Clinical Psychology* 5: 221-31.

Lieberman, M. A., Yalom, I. D. and *Miles, M. B.* (1973) Encounter Groups: First Facts, New York: Basic Books.

Lorenz, K. (1952) King Solomon's Ring, London. Methuen, dt.. Er redete mit dem Vieh, den Vögeln und den Fischen, Borotha-Schoeler, Wien 1949; dtv 173, München 1964.

Rubin, Z. (1973) Liking and Loving, New York: Holt, Rinehart & Winston.

Schaffer, H. R. and *Emerson, P. E.* (1964) Patterns of response to physical contact in early human development, *Journal of Child Psychology and Psychiatry* 5: 1-13.

Schutz, W. C. (1967) Joy, New York: Grove Press.

Watson, O. M. (1972) Proxemic Behaviour: A Cross-Cultural Study, The Hague and Paris: Mouton.

16 Räumliches Verhalten

Das räumliche Verhalten besteht in Folgendem: Nähe, Orientierung, Territorialverhalten und Bewegungen innerhalb einer räumlichen Anordnung. Wie wir bereits gesehen haben, gibt es physische Grenzen für die Nähe und die Orientierung, was auf die Eigenschaften unserer Organe zum Senden und Empfangen von Signalen zurückzuführen ist. Jedoch sind innerhalb eines bestimmten Umfangs Varianten möglich, und diese Varianten signalisieren interpersonale Einstellungen. Veränderungen in der räumlichen Stellung dienen auch als Interaktionssignale, und ziemlich viele Varianten sind auf die jeweilige Kultur oder auf die Persönlichkeit zurückzuführen. Das räumliche Verhalten ist für uns von besonderem Interesse, da es sich nach einigen einfachen quantitativen Gesetzen richtet, wie Vorgänge in der physischen Welt, so daß das räumliche Verhalten eine klare zugrundeliegende Struktur aufweist.

a) Typen des räumlichen Verhaltens

Nähe
Mit Nähe ist der Abstand zwischen zwei Menschen gemeint. Das kann man als nonverbale Kommunikation von einem von ihnen unter bestimmten Bedingungen ansehen, oder es kann als ein gemeinsames Verhalten von beiden genommen werden, zum Beispiel zum Zwecke von interkulturellen Vergleichen. Dazu wurden verschiedene Forschungsmethoden mit unterschiedlichem Realismus angewandt. So können etwa Interaktionspaare als Beispiel genommen und in freien sozialen Situationen beobachtet werden, wie z.B. eine Gruppe von spielenden Kindern, und die Nähe zwischen ihnen kann gemessen werden. Oder man kann eine Versuchsperson in einem Wartezimmer mit einer anderen Person zusammen allein lassen, die eine weitere Versuchsperson zu sein scheint, in Wirklichkeit aber ein Mitarbeiter ist, der sich nicht bewegt, wohl aber im Gespräch antwortet; nach wenigen Minuten wird der Abstand zwischen ihnen gemessen. Oder man läßt eine Zielperson in einer Abfolge von kleinen Schritten auf die Versuchsperson zugehen, bis diese es als unangenehm empfindet. *Mehrabian* forderte

Versuchspersonen auf, zu einem Hutständer zu gehen, so als wäre dieser ein Mensch mit bestimmtem Alter, Geschlecht oder Sozialstatus. Eine weitere Methode besteht darin, Versuchspersonen aufzufordern, daß sie ausgeschnittene Figuren so hinstellen, die sie erwartungsgemäß unter bestimmten Umständen einnehmen würden. Das hat den Vorteil, daß damit die Nähe bei einer großen Anzahl von alternativen Bedingungen schnell überblickt werden kann, aber es deutet kaum etwas darauf hin, daß diese Methode gültige Ergebnisse erbringt. *Sommer* (1969) ließ anhand von Diagrammen mit Tischen und Stühlen Versuchspersonen sagen, welchen Stuhl sie an Tischen einnehmen würden, an denen bereits andere sitzen. Abstände können mit einem Meterband gemessen werden, oder weniger auffällig durch das Zählen von Fußbodenfliesen oder mithilfe eines Fußbodens, der auf Druck reagiert. *E. T. Hall* (1959) hat angenommen, daß es in Nordamerika vier Zonen gebe:

intim	50 cm: bei intimen Beziehungen; Körperkontakt ist leicht; man kann den anderen riechen und seine Wärme fühlen; man kann ihn sehen, aber nicht sehr gut; man kann flüsternd reden
persönlich	50 cm bis 120 cm: bei nahen Beziehungen; man kann den anderen berühren; man kann ihn besser sehen, aber nicht seinen Atem riechen
sozial-beratend	2,5 m bis 3,5 m: bei eher unpersönlichen Beziehungen, z. B. von hinter einem Tisch aus und bei unabhängigerer Arbeit; eine lautere Stimme erforderlich
öffentlich	3,5 m und mehr: bei Persönlichkeiten des öffentlichen Lebens und bei öffentlichen Anlässen.

Bisher haben wir die Nähe als einen feststehenden Zustand erörtert. Jedoch als soziale Bewegungen bei einer Interaktion können auch Veränderungen in der Nähe stattfinden. Das kann schnell oder langsam, in verschiedenen Stilen und unter Begleitung von verschiedenen verbalen und nonverbalen Äußerungen erfolgen.

Orientierung

Damit ist der Winkel gemeint, in dem jemand einem anderen gegenübersteht, gewöhnlich der Winkel zwischen der direkten Linie zwischen ihm und dem anderen und einer Linie im rechten Winkel zu seinen Schultern; ein direktes Gegenüberstehen heißt also: 0 Grad. Es bezieht sich auf die Orientierung des Körpers, nicht des Kopfes oder der Augen. Wenn eine individuelle Wahlmöglichkeit besteht, kann die Orientierung wiederum als nonverbale Kommunikation angesehen werden. Das Wartezimmer und die anderen für die Nähe beschriebenen Techniken können sämtlich auch für die Orientierung verwendet werden. Eine weitere Methode besteht darin, eine Auswahl von Stühlen anzubieten, entweder in der Realität oder in einem Diagramm. Zum Beispiel wird eine Versuchsperson aufgefordert, zu einer Person X hinzugehen und mit ihr zu reden, die an einem Tisch sitzt, wie in der folgenden Abbildung gezeigt:

Abbildung 16.1.

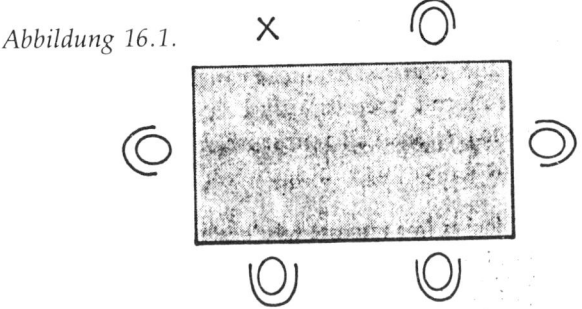

Seine Wahl des Sitzplatzes zeigt seine Vorliebe für eine bestimmte Orientierung; die gleichen Informationen kann man durch Beobachtungen von Alltagssituationen in Bars und Restaurants erhalten, wie es *Mark Cook* (1970) getan hat. In mehreren Experimenten wurde festgestellt, daß zwischen Orientierung und Nähe ein umgekehrtes Verhältnis besteht, d.h. eine frontale Orientierung ist mit einem größeren Abstand verbunden. Nähe und Orientierung sind alternative Zeichen für Intimität, und bei verschiedenen Gelegenheiten werden verschiedene Kombinationen von beiden gewählt.

Höhe

Die Höhe ist die dritte Dimension des räumlichen Verhaltens, von der allerdings nur wenig Gebrauch gemacht wird. Die Höhe kann man verändern, indem man steht oder sitzt, ein Podium benutzt, auf dem Boden sitzt, auf dem Boden liegt, auf einem Stuhl steht, Schuhe mit hohen Absätzen trägt oder seine Körperhaltung verändert. Veränderungen in der Höhe sind vertraute soziale Handlungen, besonders aufstehen und sich hinsetzen.

Bewegung in einer Raumeinrichtung

Die Bedeutung von räumlichen Stellungen und Bewegungen ist in verschiedener Weise von der jeweiligen Raumeinrichtung abhängig: (a) Bestimmte Bereiche haben darin ihre Bedeutung, daß

283

sie das Territorium einer Person oder einer Gruppe sind, z.B. hinter einer Theke oder einem Tisch. In das Territorium einer anderen Person einzutreten, ist eine besondere Art von sozialer Handlung. Ein anderes Beispiel wäre, sein eigenes Territorium zu verlassen, etwa um jemanden darin willkommen zu heißen. (b) Bestimmte Bereiche haben darin ihre Bedeutung, daß sie einen hohen oder niedrigen Status haben; zum Beispiel das Podium, das Pult, die vorderen Plätze in einem Vortrags- oder Konzertsaal haben einen hohen Status. In solche Bereiche hineinzugehen oder sie zu verlassen, ist eine eindeutige soziale Handlung. (c) Bestimmte Bereiche oder Sitzplätze sind mit besonderen sozialen Rollen verbunden: z.B. in einem Gerichtssaal der Platz des Richters, die Anklagebank, die Geschworenenbänke; oder bei einer Prüfung der Platz des Kandidaten, der Platz des Vorsitzenden und die Plätze der anderen Prüfer. (d) Die Teile eines Hauses haben unterschiedliche symbolische Bedeutung: oberes Stockwerk - unteres Stockwerk, Wohnzimmer - Schlafzimmer, Vorderseite - Rückseite. Dazu gibt es Regeln und Tabus, wer in die verschiedenen Räume eintreten darf. (e) Die Größe und die Form des Raumes und die Anordnung der Möbel können einen Einfluß darauf haben, wie nahe und in welchem Winkel zueinander die Leute sitzen. Vielleicht müssen sie dichter oder in einem anderen Winkel sitzen, als sie es eigentlich möchten. (f) Durch irgendwelche äußeren Hinderungsgründe kann es Leuten möglich werden, daß sie viel näher zusammen sitzen, als sie es sonst täten, z.B. an einem schmalen Tisch.

Gestaltung einer Raumeinrichtung

Wir können das mit dem Raum verbundene Sozialverhalten weiter ausdehnen und die Gestaltung des Raumes durch die Stellung von Gegenständen und Möbeln und durch das architektonische Design miteinbeziehen. Ein Territorium wird errichtet, indem man Markierungen hinterläßt, z.B. einen Mantel auf einem Stuhl, oder indem man die Möbel, z.B. die Schreibtische in einem Büro, entsprechend zusammenstellt. Die soziale Interaktion in einem Raum kann durch die Umstellung der Möbel verändert werden. *Sommer* erreichte eine Erhöhung der sozialen Interaktion in einem Altersheim durch eine Umstellung der Stühle; statt sie in langen Reihen an den Wänden der Räume aufzustellen, wurden sie in Gruppen um Tische herum angeordnet. Die Einrichtung der Möbel in Ämtern kann Statusunterschiede schaffen (indem Besuchern kleinere Stühle oder Plätze am Ende eines langen Tisches zugewiesen werden), oder Barrieren (durch Tische oder Schreibtische bei Prüfungsgesprächen); sie kann zu Kooperation oder Konkurrenz einladen (durch die Winkelausrichtung der Stühle) und Formalität oder Informalität hervorrufen (durch die Ausrichtung von Abstand und Winkel der Stühle). Die Anordnung von Gegenständen bestimmt auch, ob Arbeitskollegen oder Nachbarn sich gegenseitig sehen können oder nicht oder ob die Sicht nur in einer Richtung möglich ist; Räume oder Häuser verschiedener Größe oder Pracht schaffen Statusunterschiede. *Mehrabian* stellte fest, daß das Vorhandensein einer Skulptur (eines „Konversationsstücks", das allgemein die Aufmerksamkeit auf sich zieht) die Wirkung hatte, daß Leute mit starker Angst vor Ablehnung häufiger darauf schauten und daß dadurch die Interaktion für sie leichter wurde. *Goffman* (1956) hat seine Aufmerksamkeit auf ein Merkmal von vielen Gebäuden gelenkt, nämlich den Unterschied zwischen der Fassadenfront und der Rückseite, z.B. in Hotels, Restaurants und anderen Gebäuden, in denen das Personal und die Gäste ganz verschiedenartige Räume bewohnen; auch das kann durch die Gestaltung des Raumes verstärkt oder vermindert werden.

b) Kommunikation von interpersonalen Einstellungen

Affiliation

Wenn A einen anderen B gern hat, dann wird er irgendwie näher bei ihm sitzen oder stehen. In einem Experiment von *Rosenfeld* (1965) zeigte sich dieser Effekt ziemlich deutlich: er forderte Studenten auf, einer sitzenden Person zu zeigen, daß sie einen freundschaftlichen Kontakt mit ihr wünschen; sie näherten sich ihr auf 1,5 m, im Vergleich zu 2,5 m bei gegenteiligen Instruktionen. In einem ähnlichen Experiment hat *Mehrabian* festgestellt, daß der Abstand im Sitzen deutlich in fünf Stufen variierte, und zwar von 1,75 m bei einer als sympathisch empfundenen Person bis zu 2,80 m bei einer als unsympathisch empfundenen Person. Mehrere Untersuchungen haben gezeigt, daß eine größere Nähe als Sympathie dekodiert wird. In Alltagssituationen sitzen und stehen Freunde näher beieinander, und Freunde dürfen in das persönliche Territorium eintreten, wie etwa in die Küche oder das Schlafzimmer.

Argyle und *Dean* (1965) haben festgestellt, daß Leute in einer vorgegebenen Situation einen bestimmten Grad von Nähe suchen, daß sie sich vorwärts- oder zurücklehnen, um diesen zu erreichen, und daß sie es als unangenehm empfinden, wenn sie es nicht können. Sie meinen, das könne auf einen Ausgleich der Kräfte zwischen Annäherung und Rückzug zurückzuführen sein: man fühlt sich zu anderen hingezogen (als Folge von früheren Belohnungen) und ebenso zurückgestoßen (als Folge von früherer Bestrafung). Andere Experimente haben gezeigt, daß solche Kräfte mit dem Abstand nachlassen, daß aber die Kräfte der Vermeidung schneller abnehmen, so daß also an dem Punkt, wo sich beide Linien kreuzen, ein Gleichgewicht besteht.

Abbildung 16.2

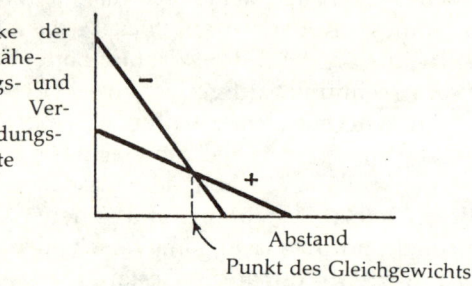

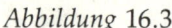

Punkt des Gleichgewichts

Wenn jemand einen anderen gern hat, dann sind die Annäherungskräfte stärker und die Vermeidungskräfte schwächer, was eine größere Nähe zur Folge hat (Abb. 16.3).

Abbildung 16.3.

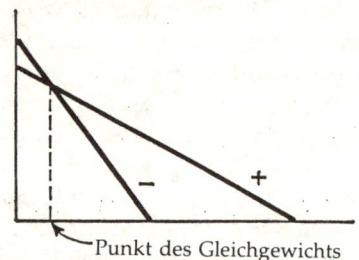

Punkt des Gleichgewichts

Aus diesem Modell folgt außerdem, daß im Falle, daß jemand zu nahe kommt, die Vermeidungskräfte stärker erregt werden als die Annäherungskräfte, so daß der andere peinlich berührt sein und zurückweichen wird. *Argyle* und *Dean* nehmen weiterhin an, daß ein gestörtes Gleichgewicht durch andere Signale für Intimität kompensiert werden kann; sie stellten fest, daß ein größerer Abstand zu mehr Blickkontakt führte (vgl. S. 222 f.).

Andere Experimente haben jedoch gezeigt, daß ein zweiter Faktor auftreten kann, der zu der Aufrechterhaltung des Gleichgewichts hinzukommt. Wenn A lächelt, blickt oder sich vorwärts lehnt, dann wird B oft dasselbe tun, um die Belohnungen von A zu erwidern oder zurückzugeben. Wenn also A sich nach vorne lehnt, müßte B nach der Theorie des Gleichgewichts sich zurückbewegen, nach der Theorie der Erwiderung jedoch müßte B noch näher kommen. Um zu sehen, was nun richtig ist, wurden mehrere Experimente durchgeführt. Es scheint, daß das Gleichgewicht aufrechterhalten wird, wenn ein ziemlich hoher Grad von Nähe zustandegekommen ist, während bei einem größeren Abstand zwischen den Leuten eine Erwiderung geschieht. *Breed* (1972) stellte fest, daß männliche Versuchspersonen mit einem weiblichen Partner das Gleichgewicht wiederherstellten, mit einem männlichen aber eine Erwiderung zeigten. Andere Untersuchungen lassen vermuten, daß man auf Leute, die man gern mag, mit Erwiderung reagiert (wenn also einem eine zunehmende Intimität willkommen ist), jedoch bei Leuten, die man nicht gern mag, das Gleichgewicht aufrechterhält. Eine Aufrechterhaltung des Gleichgewichts ist bei solchen Interaktionen zu beobachten, in denen eine Person allmählich zurückweicht, gefolgt von der anderen, die ohne Erfolg versucht, einen höheren Intimitätsgrad herzustellen.

Auch die Orientierung signalisiert Affiliation, allerdings ist das ein schwächeres Signal als die Nähe, und die Wirkung ist komplizierter. *Robert Sommer* (1969) und *Mark Cook* (1970) fragten Versuchspersonen, wie sie bei verschiedenartigen sozialen Beziehungen an Tischen sitzen würden. Sie erzielten folgende Ergebnisse (in Prozenten):

Abbildung 16.4.

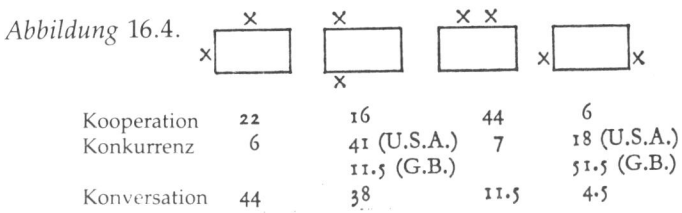

Kooperation	22	16	44	6
Konkurrenz	6	41 (U.S.A.)	7	18 (U.S.A.)
		11.5 (G.B.)		51.5 (G.B.)
Konversation	44	38	11.5	4.5

Die Stellung Seite-an-Seite wird eindeutig als kooperativ angesehen, ein direktes Gegenübersitzen als konkurrierend; Konversation findet oft bei 90 Grad statt. Zwischen Nähe und Orientierung besteht eine Art umgekehrte Beziehung: ein geringer Abstand ist mit einer Seite-an-Seite-Orientierung verbunden. Gleichzeitig wird die Hervorhebung von Sehen und Hören durch die Möglichkeit der Berührung ersetzt. *Mark Cook* (1970) hat in Untersuchungen festgestellt, daß die Orientierung von der Natur der Situation und der Beziehung abhängt. Zum Beispiel wird in einer intimen Situation mit einem Freund des anderen Geschlechts ein Platz nahe beieinander und Seite an Seite bevorzugt. Die Ergebnisse von *Mark Cook* sind in Abbildung 16.5 zu sehen.

Mehrabian (1972) hat auch festgestellt, daß männliche Versuchspersonen in einer feindlichen Situation mit einem anderen Mann die Orientierung einer direkten Gegenüberstellung angenommen haben, verbunden mit viel Blickkontakt, was auf eine Wachsamkeit in Bezug auf eine physische Bedrohung schließen läßt. Wenn Tiere vor anderen Tieren Angst haben, dann halten sie Abstand von ihnen, aber lassen sie nicht aus dem Auge. Während zwar die Möglichkeiten des Sehens und des Berührens der ursprüngliche Grund für die jeweilige Wahl einer räumlichen Stellung sind, so erhalten diese Stellungen doch Standard-Bedeutungen: Seite an Seite als kooperativ, direkt gegenüber als feindlich und dergleichen. Orientierung als ein Affiliationssignal kann als Ersatz für Nähe fungieren: wenn die Orientierung mehr Seite-an-Seite ist, kann der Abstand größer sein, und eben diese Kombination signalisiert die größte Intimität. Bei Beziehungen zwischen Menschen verschiedenen Geschlechts ist die Nähe und die Möglichkeit des Körperkontakts wichtig; in feindlichen Beziehungen ist es einem wichtig, den anderen sehen zu können und sich in einem Abstand zu halten, in dem kein Körperkontakt möglich ist.

Abbildung 16.5.

Geringe Motivation					
(+) Sie sitzen mit einem Freund gleichen Geschlechts und lernen für verschiedene Examina	13	8	10	31	47
(−) Sie sitzen bei jemandem, den Sie nicht besonders mögen und mit dem Sie nicht sprechen möchten	5	13	11	9	67
Mittlere Motivation					
(+) Sie sitzen plaudernd mit einem Freund kurz bevor eine Seminarstunde beginnt	51	29	16	1	12
(−) Sie sitzen mit einem Freund und wetteifern, wer als erster eine Serie von Rätseln gelöst hat	8	11	8	55	28
Hohe Motivation					
(+) Sie sitzen mit Ihrer Freundin/Ihrem Freund	32	8	65	4	0
(−) Sie sitzen mit jemandem gleichen Geschlechts, mit dem Sie eine Auseinandersetzung erwarten	22	41	5	11	22

Dominanz

Die einzige direkte Verbindung zwischen Dominanz oder Status und dem räumlichen Verhalten besteht darin, daß gegenüber Leuten mit hohem Status Respekt gezeigt wird, indem man einen Abstand von ihnen hält. Einige Soziologen sind der Meinung, daß man vor „bedeutenden Menschen" einen Abstand von etwa 7,5 m hält, bis diese einen auffordern näherzutreten. In einigen Experimenten wurde festgestellt, daß zwischen Leuten mit gleichem Status der Abstand am geringsten ist.

Vermutlich besteht zwischen Status und Höhe ein Zusammenhang: es ist sehr verbreitet, daß führende Personen oder Personen mit höherem Status auf einer räumlich höheren Ebene plaziert werden, wie z.B. auf einer Tribüne. Das mag darin seinen Grund haben, daß Höhe eine Art natürliches Symbol für Status ist, oder auch, daß möglichst viele Menschen die führende Person sehen können.

Die wichtigste Art, Dominanz zu signalisieren, besteht jedoch darin, einen Platz oder Raum mit symbolischem Wert einzunehmen. Jemand kommuniziert Dominanz oder einen hohen Status, indem er sich auf einen der wichtigsten Plätze setzt, z.B. in die erste Reihe oder an den Dozententisch, oder indem er Plätze einnimmt, die mit Rollen von einem hohen Status verbunden sind, z.B. der Kopf des Tisches, die Kanzel; oder auch, indem er hinter seinem Tisch sitzen bleibt, statt um ihn herum nach vorne zu gehen und einem entgegenzukommen; indem er ein größeres Territorium, einen großen Schreibtisch innehat und ähnliches. *Lott* und *Sommer* (1967) fragten Leute, wo sie bei verschiedenartigen Begegnungen sitzen würden. Gewöhnlich wurde die Person mit höherem Status an den Kopf des Tisches gesetzt in einem Winkel von 90 Grad zu der Person mit niederem Status. Bei Status-Unterschieden wurden die Leute nicht Seite an Seite und in einem größeren Abstand voneinander plaziert. Dominanz wird auch durch die Art und Weise signalisiert, wie jemand ein Zimmer betritt, wie mehrere Experimente gezeigt haben: indem man ohne anzuklopfen eintritt oder laut anklopft; indem man unmittelbar nach dem Anklopfen eintritt, oder indem man hineingeht und sich hinsetzt, ohne dazu aufgefordert zu werden. Wenn man sich verabschiedet, insbesondere von einer bedeutenden Person, dann ist es üblich, sich rückwärts zu bewegen, so als würde es nicht genügend Ehrerbietung ausdrücken, wenn man ihr den Rücken zukehren würde. Dieser Brauch ist in Königshäusern noch erweitert worden, wo Besucher die Kunst, rückwärts zu gehen, erlernen müssen.

c) Interaktionssignale

Bewegungen im Raum dienen als Bewegungen der sozialen Interaktion. Sie unterscheiden sich von anderen nonverbalen Signalen insofern, als sie hauptsächlich Anfang und Ende von Interaktionsfolgen anzeigen, zum Beispiel Anfang und Ende einer Rede. Innerhalb von Interaktionsabschnitten geschehen räumliche Bewegungen normalerweise nicht. Um mit jemandem interagieren zu können, muß man zum Reden nahe genug kommen, damit man gehört und das Gesicht gesehen werden kann. So wird die Bewegung auf einen anderen zu einem Signal, das den Wunsch zur Interaktion anzeigt. Diese Intention wird durch den Blick, den Gesichtsausdruck und das Reden deutlich gemacht, was die räumliche Bewegung begleitet. Zuweilen benötigt man die Zustimmung des anderen, über eine bestimmte Grenze hinaus nähertreten zu dürfen, wie etwa die Tür zu seinem Zimmer oder seinem Haus. An solchen Barrieren findet eine Art rituelle Interaktionssequenz statt, während er in eine andere Zone eintritt. In einer größeren sozialen Situation, wie z.B. bei einer Party oder einer Ausschußsitzung, kann die Begegnung mit einer einzelnen Person durch eine Veränderung der Orientierung beginnen, verbunden mit anderen nonverbalen Signalen, wie etwa einer Berührung des Armes. So kann einer, der an einem Essenstisch sitzt, eine langweilige Unterhaltung mit seinem linken Nachbarn beenden und ein Gespräch mit dem rechten Nachbarn anfangen, indem er nur die Orientierung seines Oberkörpers verändert. Das ist besser, als seinen Wunsch mit Worten auszudrücken: ,,Bitte hören sie auf, mit mir zu reden, ich möchte mit X reden.'' In ähnlicher Weise werden Begegnungen beendet, indem man weggeht oder sich abwendet, begleitet von geeigneten nonverbalen und verbalen Signalen.

Besondere Phasen einer Begegnung werden gewöhnlich von räumlichen Bewegungen eingeleitet. Wenn jemand eine Rede halten will, dann steht er auf, und die anderen stellen sich dort hin, wo sie ihn gut hören und sehen können. Bei einer Zeremonie nimmt der Priester (oder eine entsprechende Person) einen herausragenden, vielleicht erhöhten Platz ein; die Initianden stehen vor ihm und ihre Begleiter an ihrer Seite oder hinter ihnen, und andere schauen aus dem Abstand zu. Wenn zwei oder mehr Leute ein Spiel machen wollen, nehmen sie entsprechend gegenüberliegende räumliche Stellungen ein.

Räumliches Verhalten kann auch die Bestimmung einer besonderen Situation signalisieren. Ebenso wie die Orientierung Beziehungen von Kooperation oder Konkurrenz zum Ausdruck bringt, so zeigt ein größerer Abstand den Wunsch nach größerer Formalität. Das geschieht gewöhnlich unter Begleitung von anderen Signalen wie Körperhaltung und Gesichtsausdruck. In einigen Untersuchungen wurde eine Beziehung zwischen Nähe und einem freundlichen Gesichtsausdruck festgestellt: das ist insofern interessant, als es zeigt, daß diese beiden Variablen in Kombination auftreten und nicht als Alternativen, wie es bei der Orientierung und dem Blick im Verhältnis zur Nähe der Fall ist.

Beim räumlichen Verhalten geht es darum, die Bedingungen für verschiedene Formen der Kommunikation zu schaffen: z.B. für ein Gespräch oder für einen physischen Kontakt nahe genug zu sein. Eine indirekte Orientierung ermöglicht eine größere Nähe, jedoch auf Kosten dessen, daß man den anderen nicht so gut sehen kann. Veränderungen der Stellung dienen dazu, Anfang und Ende sowie die wichtigsten Phasen einer Begegnung zu markieren. Der Grad der Zuneigung, den man einem anderen gegenüber empfindet, kommt durch physische Nähe (und durch andere nonverbale Signale) zum Ausdruck; hierbei handelt es sich vielleicht um eine einfache bildliche Kodierung, da physische Nähe einen Körperkontakt symbolisiert und ermöglicht. Ähnlich werden Ehrerbietung und soziale Distanz durch einen größeren Abstand kommuniziert. Dominanz und Status können auch in ganz anderer Weise kommuniziert werden, nämlich durch Stellungen im Raum, die mit dominanten Rollen in Zusammenhang stehen, wie das Kopfende eines Tisches. Ein Territorium wird in ähnlicher Weise durch Markierungen gekennzeichnet, die mit der betreffenden Person in Zusammenhang stehen.

Räumliches Verhalten gehört zu den sozialen Fertigkeiten. Abgesehen davon, daß man in Beziehung zu einer anderen Person die richtige räumliche Stellung einnimmt, mag es zu den sozialen Fertigkeiten gehören, den Raum für eine Gruppe von Leuten anzuordnen. Ein Lehrer zum Beispiel kann in einem Klassenzimmer die Tische in unterschiedlicher Weise anordnen, was jeweils ganz unterschiedliche Interaktionsmuster hervorruft.

(1) Traditionelle reihenweise Anordnung, für lehrerzentrierten Unterricht mit wenig Diskussion oder für Prüfungen
(2) Gruppen von vier einander gegenüberstehenden Tischen, oder ein langer Bibliothekstisch
(3) Einige Schüler in einer Reihe hinter dem Tisch des Lehrers, die anderen in einem Halbkreis gegenüber, für das Lesen eines Schauspiels

(4) Ein hohles Quadrat, für Arbeitsgruppen

(5) An zwei Seiten des Raumes gegenüberliegende Tischreihen, der Lehrer in der Mitte mit Dias, Tonband usw., z.B. für Sprachunterricht.

(6) Ein Halbkreis von Tischen, für Diskussionen (*Richardson* 1967).

Da räumliches Verhalten im Sinne von interpersonalen Einstellungen und in anderer Weise enkodiert und dekodiert wird, kann es durchaus als eine Art nonverbale Kommunikation angesehen werden, obgleich es überhaupt nicht mit einer Kommunikationsabsicht verbunden sein mag. Außerdem läuft es nach einfachen mathematischen Gesetzen ab: zum Beispiel Zuneigung steht in direktem Zusammenhang mit Nähe, und Nähe steht in Wechselbeziehung mit einem freundlichen Gesichtsausdruck.

d) Territorialverhalten

Mit die wichtigsten Akspekte des räumlichen Verhaltens beziehen sich auf das Territorium: es errichten, erobern und verteidigen. Das paßt nicht ganz zu den Kategorien der Kommunikation, die wir in diesem Buch angewandt haben; vielleicht kommt es der Selbstdarstellung am nächsten. Bei vielen Tierarten zeigt sich ein Territorialverhalten; eine Gruppe von Tieren kann einen bestimmten Bereich als ausschließlich sein eigenes Reservat ansehen und es heftig gegen Rivalen verteidigen. Während es eine angeborene Grundlage für dieses Verhalten geben mag, so hat es jedenfalls den biologischen Zweck, den Zugang zum Futter, zum Wasser und zu dem Unterschlupf zu kontrollieren. Bei Menschen scheint sich bezüglich verschiedener Bereiche und Besitztümer ein ähnliches Verhaltensmuster zu zeigen. Man kann drei Arten von Territorien nach ihrer Größe unterscheiden.

Der persönliche Raum

Damit ist der Bereich unmittelbar um den Körper herum gemeint. Er kann für einen Einzelnen gemessen werden, indem man einen anderen auffordert, sich ihm aus verschiedenen Richtungen zu nähern, also von vorne, von der Seite usw. Die Punkte, an denen er den anderen anhält, können als eine Hülle ausgewertet werden: das ist sein persönlicher Raum. Vor einer Person ist der Raum größer als in anderen Richtungen, und zwischen verschiedenen Menschen bestehen erhebliche Unterschiede. Abbildung 16.6 zeigt den in dieser Weise gemessenen persönlichen Raum bei Schizophrenen und bei Gesunden. Es wurde festgestellt, daß die emotionale Erregung wie etwa der Hautwiderstand steigt, wenn man sich der jeweiligen Person aus verschiedenen Richtungen nähert; und in dieser Weise können persönliche Räume in derselben Gestalt bestätigt werden.

Abbildung 16.6. Der persönliche Raum bei Schizophrenen und bei Nicht-Schizophrenen (aus *Horowitz* et al., 1969).

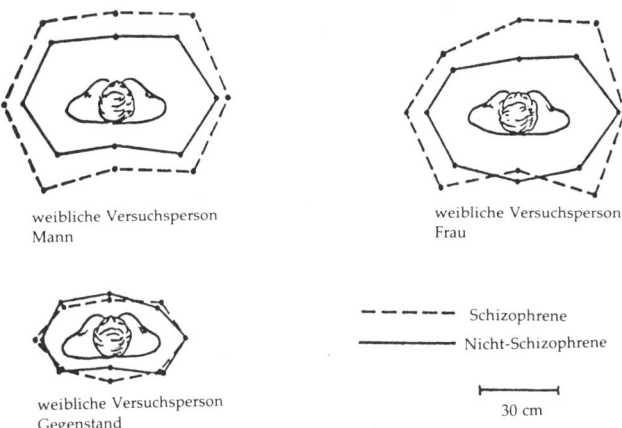

weibliche Versuchsperson
Mann

weibliche Versuchsperson
Frau

weibliche Versuchsperson
Gegenstand

- - - - - Schizophrene

———— Nicht-Schizophrene

├——————┤
30 cm

Auch bei gewalttätigen Häftlingen wurde festgestellt, daß sie größere Pufferzonen um ihren Körper haben. *Kinzel* (1970) stellte fest, daß die Zonen bei gewalttätigen Häftlingen 2,1 qm groß waren, verglichen mit 0,65 qm bei anderen Häftlingen. Ihre Zonen waren hinter ihnen größer als vor ihnen, und es war offensichtlich, daß sie sich vor einem physischen oder homosexuellen Angriff von hinten fürchteten.

Die Theorie von *Argyle* und *Dean* besagt, daß ein Einbrechen in den persönlichen Raum als störend empfunden wird. Die Messungen des Hautwiderstandes zeigen, daß dieses in der Tat der Fall ist, und in anderen Untersuchungen wurde herausgefunden, daß die Anzahl der Gesten zunimmt, was auf Streß schließen läßt. Wenn der persönliche Raum von A durch B verletzt wird, dann wird A seinen Kopf oder seinen Körper abwenden, den Körper zusammenkrümmen und weggehen. *Nancy Russo* (in: *Sommer* 1969) untersuchte in Bibliotheken das Eindringen in den persönlichen Raum, indem sie sich nahe zu allein sitzenden weiblichen Lesern setzte. Die meisten waren dadurch sichtlich gestört und rückten weiter weg, besonders wenn der Experimentator sich auf den nächsten Stuhl setzte und diesen näher rückte. Jedoch sollten diese und ähnliche Ergebnisse vielleicht dahingehend interpretiert werden, welche Bedeutung die verletzende Handlung hat. Es wurde eine Regel gebrochen, und das schien ohne weitere nonverbale Signale oder eine verbale Erklärung zu einer näheren Beziehung aufzufordern. Es wäre nützlich zu wissen, wie eine Verletzung des persönlichen Raumes unter verschiedenen Umständen dekodiert wird. Vielleicht würde die Verletzung ganz verschieden interpretiert, wenn sich ein Mann einer Frau oder einem Mann nähern würde und wenn das in einem Raum mit vielen oder nur wenigen Menschen geschehen würde.

Natürlich wird in vollen Bussen, Untergrundbahnen, Fußballstadien und sonstwo der persönliche Raum schwer beeinträchtigt. Unter diesen Bedingungen funktioniert der persönliche Raum offensichtlich nicht in der üblichen Weise (siehe unten).

Das persönliche Territorium

Damit ist der etwas größere Bereich gemeint, der einem Einzelnen gehört, von ihm ausschließlich genutzt oder kontrolliert wird. Dieser Raum verschafft ihm oft eine Privatheit oder soziale Intimität. Sein Haus, Garten, Auto oder Büro sind eine Art von persönlichem Territorium. Zeitlich stärker begrenzte Territorien sind ein Hotelzimmer, ein Tisch und ein Stuhl in Restaurants, ein Sitzplatz in Filmtheatern, ein Tennisplatz, ein Tisch in einer Bibliothek. Ein Territorium kann man sich einfach dadurch erwerben, daß man wiederholt einen bestimmten Tisch oder Stuhl besetzt. In den meisten Häusern hat jedes Mitglied der Familie ein Bett, einen Stuhl und einen Bereich, der als seine Domäne betrachtet wird. Manche Tiere markieren ihr Territorium, indem sie Duftstoffe hinterlassen; Menschen markieren ihre Territorien, indem sie Mäntel auf Stühlen, Bücher auf Bibliothekstischen hinterlassen oder ihre Namen an den Zimmertüren befestigen. *Sommer* forderte Studenten auf, sie sollten zeigen, wie sie an einem Tisch sitzen würden, um ihn gegen andere Benutzer zu verteidigen; sie wählten einen Platz in der Mitte einer Längsseite des Tisches, und zwar zur Zimmertür gewandt; sie meinten, es sei leichter, einen kleinen Tisch zu verteidigen, der an der Wand und hinten im Raum steht. *Sommer* und *Bekker* (1969) stellten fest, daß Plätze an Bibliothekstischen am wirksamsten verteidigt wurden, wenn ein Mantel oder offene Notizbücher hinterlassen wurden. Diese Techniken werden natürlich auch von Leuten benutzt, die ein Eisenbahnabteil oder einen Tisch in einem Restaurant für sich reservieren wollen. *Altman* und *Haythorn* (1967) untersuchten die Errichtung von Territorien mit jeweils zwei Matrosen, die sich mehrere Tage isoliert in einem Experimentalraum aufhielten. Es lief darauf hinaus, daß jeder ein bestimmtes Bett, einen Stuhl und einen Bereich des Raumes benutzte. Das war am deutlichsten, wenn die beiden sich nicht vertrugen, da das zu einem sozialen Rückzug des einen vom anderen führte. Wenn Paare zu Beginn der Isolationszeit wenig territoriales Verhalten entwickelten, dann war die Wahrscheinlichkeit größer, daß sie die zwanzig Tage des Experiments nicht zuende führten, was darauf schließen läßt, daß das territoriale Verhalten der Anpassung an diese Situation diente. Bei Untersuchungen in psychiatrischen Krankenhausabteilungen wurde festgestellt, daß Schizophrene und Patienten mit einem niedrigen Rang in der Hackordnung abgelegene Plätze als Territorien suchten. Ein Territorium kann durch die Anordnung der Möbel errichtet werden. Die Leute in Ämtern stellen ihre Möbel so, daß sie ihre Beziehungen zu den Besuchern kontrollieren können. *Duncan Joiner* (1970) stellte fest, daß höhere Beamte in der britischen Regierung und höhere Angestellte in Handelskontors ihre Schreibtische so hinstellten, um eine soziale Barriere und einen Statusunterschied zwischen sich und ihren Besuchern zu schaffen;in Universitäten jedoch haben weder höher- noch niederrangige Dozenten und Mitareiter ihre Tische in dieser Weise angeordnet.

Verschiedenes Sozialverhalten wird als Eingriff in das Territorium empfunden. Solches Verhalten kann rein räumlicher Art sein (sich in einer Bibliothek auf den Platz eines andern setzen) oder auch in Geräuschen, Sprechen oder Hinschauen bestehen, wenn der Inhaber des Territoriums ungestört sein will. Einrichtungsgegenstände können ohne Erlaubnis benutzt werden, oder Teile des Territoriums können beschädigt, verschmutzt oder sonstwie verunreinigt sein. Ob etwas als ein Eingriff in das Territorium empfunden wird oder nicht, hängt von den Umständen ab. In einer sehr dicht besetzten Bibliothek würde es nicht als Eingriff empfunden werden, wenn jemand sich auf den nächsten Stuhl setzt, wohl aber in einer sonst leeren Bibliothk. Wenn zuvor um Erlaubnis gefragt wird, wird ein Eingriff oft gestattet und weiterhin nicht mehr als solcher empfunden.

Heimatterritorien

Damit sind sonst öffentliche Bereiche gemeint, die von den Mitgliedern einer einzelnen Gruppe gewöhnlich in Anspruch genommen werden. Beispiele sind Bars und andere Orte, an denen sich Jugendbanden treffen. ,,Dieser Platz gehört uns'', sagte einer aus einer Motorrad-Bande. ,,Dieser und das Aloha, das ist unser Revier; wenn du ein Surfer bist, dann komm rein, und du bist gestorben" *(Sommer* 1969, S. 39). Andere Beispiele sind Ecken in Gasthäusern, Klubs oder Hotels, die von bestimmten Gruppen von Stammgästen benutzt werden. Zumindest von diesen Banden werden die Heimatterritorien mit Gewalt verteidigt. Diese Art von Territorialverhalten ist ähnlich wie bei Tieren.

Zwei oder drei Leute können ein zeitweiliges Heimatterritorium errichten, indem sie im Gespräch beieinander sitzen oder stehen. *Knowles* stellte fest, daß in einem Flur, in dem zwei Abfalleimer standen, 75 Prozent der Leute, die den Flur entlanggingen, zwischen den Abfalleimern hindurchgingen; wenn jedoch an denselben Stellen zwei Leute standen, die sich unterhielten, gingen nur 30 Prozent zwischen ihnen hindurch. Ich selbst habe in Leuven, Belgien, auf einem breiten Bürgersteig ein ähnliches Experiment durchgeführt: jeweils zwei Leute standen dort in einem Abstand von 1,30 m voneinander, ohne aufeinander zu achten; dann begannen sie eine Unterhaltung, ohne sich von der Stelle zu bewegen; in beiden Situationen wurden die Leute gezählt, die pro Minute zwischen ihnen hindurchgingen: durch die Unterhaltung reduzierte sich die Zahl auf ein Zehntel. *Knowles* und *Efran* (1973) stellten fest, daß die Wirkung am stärksten ist, wenn die sich unterhaltenden Leute weniger als 1,20 m voneinander entfernt sind, verschiedenen Geschlechts sind, einen hohen Status haben und wenn es vier statt zwei Leute sind. Zwei oder mehr Leute, die in einer größeren Versammlung oder an einem öffentlichen Platz beieinander stehen, können deutlich machen, daß sie gegenwärtig eine geschlossene Gruppe darstellen, und zwar durch ihre räumliche Stellung, auch durch ihre Armhaltung, durch leises Sprechen und dergleichen. Wenn sie offener sind für neue Mitglieder, werden sie Seite an Seite stehen, mit einem größeren Abstand zwischen ihnen, und sich nach anderen Anwesenden umschauen. Wenn jemand durch eine Gruppe, besonders durch eine geschlossene Gruppe hindurchgeht, dann tut er es schnell, mit geneigtem Kopf, vemeidet einen Augenkontakt und ist dabei etwas verlegen.

e) Kultureller Hintergrund und räumliches Verhalten

Wir wir gesehen haben, sind Varianten des räumlichen Verhaltens dadurch begrenzt, wie gut wir uns gegenseitig sehen und hören können. Trotzdem gibt es erhebliche kulturelle Unterschiede, sowohl darin, welche räumlichen Verhältnisse bei Interaktionen bevorzugt werden, als auch bezüglich dem, was geduldet wird. *E. T. Hall* (1959) beobachtete, daß Araber und Lateinamerikaner eine größere Nähe bevorzugen als Europäer oder Nordamerikaner. *Watson* und *Graves* (1966) haben das für Araber bestätigt; sie verglichen den Abstand zwischen Paaren von Arabern aus verschiedenen Ländern und Paaren von Amerikanern. Sie stellten fest, daß zwei Araber näher beieinander standen als zwei Amerikaner und daß sie auch direkter einander zugewandt waren. Ihre Ergebnisse sind in der folgenden Abbildung dargestellt.

Abbildung 16.7. Die räumliche Stellung von zwei Amerikanern und zwei Arabern.

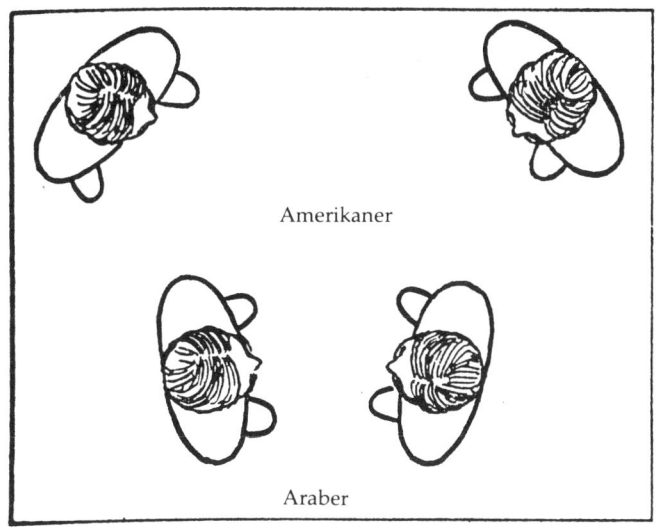

In späteren Untersuchungen hat *Watson* (1972) festgestellt, daß Lateinamerikaner, Asiaten und Inder diesbezüglich zwischen Arbern und Nordeuropäern stehen. *Baxter* (1970) hat in einer natürlichen Umgebung (in einem Zoo in New York) eine Beobachtungsstudie über die räumliche Beziehung von 859 Paaren von Leuten durchgeführt. Dabei ergaben sich folgende durchschnittliche Abstände, gemessen von Nase zu Nase (die Leute standen gewöhnlich nebeneinander, um die Tiere zu betrachten):

Abbildung 16.8. Räumliche Stellungen im Zoo.

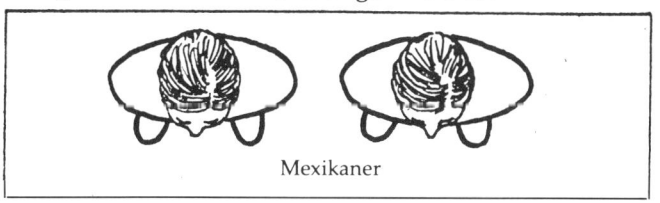

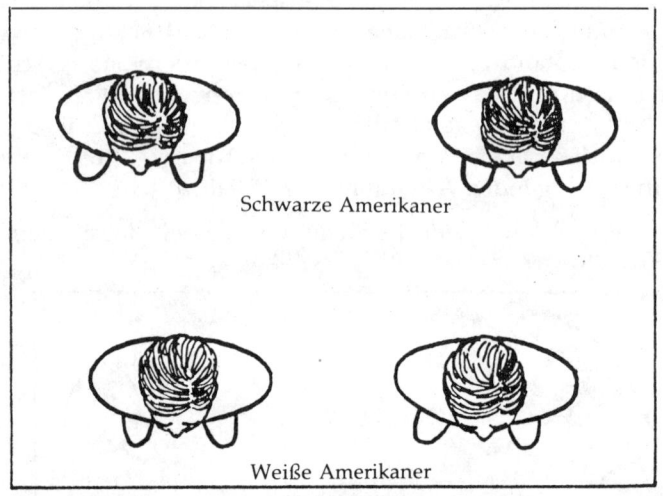

Schwarze Amerikaner

Weiße Amerikaner

Araber stehen sich lieber direkter gegenüber; *Roger Ingham* hat in Oxford (1973) festgestellt, daß Schweden ungern an einem Tisch im Winkel von 90 Grad saßen - was ja von Engländern und Amerikanern für die Unterhaltung mit Freunden bevorzugt wird. Die Schweden hatten eine direkte Gegenüberstellung lieber, vielleicht wegen eines starken Bedürfnisses nach einem Feedback, wie der andere reagiert.

Eine besonders bemerkenswerte kulturelle Regel für räumliches Verhalten bestimmt, wie nahe die Mitglieder jeder einzelnen indischen Kaste aufeinander zugehen dürfen. Diese Regeln werden in ländlichen Gebieten Südindiens noch heute eingehalten.

Brahmanen
⎫
⎬ 2 m
Nayaren
⎫
⎬ 7 m
Iravanen
⎫
⎬ 10 m
Cherumenen
⎫
⎬ 20 m
Nayadis
⎭

Diese Abstände werden jeweils addiert, so daß ein Nayadi zu einem Brahmanen nicht näher als 39 m kommen darf.

In jeder Kultur gibt es Regeln, die das räumliche Verhalten für verschiedene Situationen steuern. Die folgenden Beispiele zeigen in England und in den U.S.A. geltende Konventionen. *Mark Cook* (1970) stellte fest, daß zwei Leute in einer Bar lieber Seite an Seite mit dem Rücken zur Wand sitzen. In einem Restaurant oder in einer Cafeteria dagegen sitzen sie sich gegenüber. Im Sitzen halten sie einen weit größeren Abstand als im Stehen: nämlich 1,5 bis 2,5 m statt 0,5 bis 1 m.

Es gibt Regeln für die Sitzordnung bei Dinner-Parties. Parties haben im allgemeinen den Sinn, daß man am interpersonalen Verhalten Freude hat, und so ist dabei eine größere Nähe als normalerweise erlaubt. In Zügen, Bibliotheken und an anderen Orten, an denen die Menschen unabhängig voneinander ihren eigenen Angelegenheiten nachgehen, schließen sie sich gegenseitig so weit wie möglich voneinander ab. In Aufzügen, in der Untergrundbahn und in überfüllten Bussen ist ein sehr geringer Abstand üblich; dabei aber ist die Orientierung sehr indirekt, und man vermeidet einen Augenkontakt, Unterhaltungen oder einen sonstigen Austausch von Signalen.

Vine (1973) vermutet, daß Menschen in einer dichten Menge sich gegenseitig eher als physische Objekte statt als Personen betrachten und daß die üblichen nonverbalen Begegnungsweisen auf ein Minimum reduziert sind. Das könnte auch das hohe Maß antisozialen Verhaltens in Großstädten erklären. In Gefängnissen und an anderen überfüllten Orten zieht man sich von der sozialen Interaktion zurück, geht nicht viel herum und vermeidet Streitigkeiten mit anderen. Wenn zwischen zwei Gruppen eine soziale Distanz besteht, spiegelt sich diese auch in räumlicher Distanz wider.

Für bestimmte Situationen und Beziehungen scheint es eindeutige soziale Konventionen hinsichtlich der angemessenen räumlichen Stellung zu geben. Der *Autor* und *Margaret McCallin* forderten Versuchspersonen auf, die Angemessenheit verschieden gestellter Gespräche zu beurteilen, bei denen Abstand und Orientierung variiert wurden. Die als am ehesten angemessen beurteilten räumlichen Stellungen waren folgende:

Abbildung 16.9. Räumliche Stellungen bei verschiedenen Beziehungen

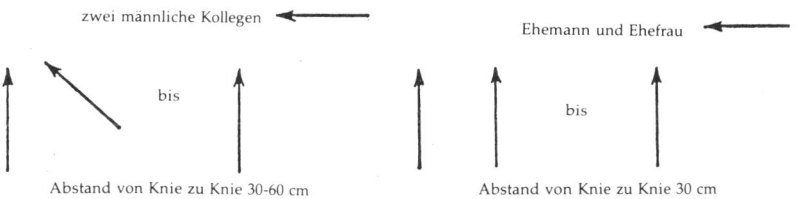

f) Persönlichkeit

Zwischen Persönlichkeitsvariablen und räumlichem Verhalten bestehen manche Beziehungen. Einige davon können als der Wunsch interpretiert werden, soziale Beziehungen zu suchen oder zu vermeiden oder soziale Beziehungen einer bestimmten Art zu suchen. Andererseits sind das keine Beispiele von Selbstdarstellung, insofern räumliches Verhalten nicht als ein Zeichen für andere persönliche Eigenschaften verwendet wird.

Psychisch Kranke brauchen einen größeren persönlichen Raum als andere Menschen. Resultate bei Schizophrenen werden in Abbildung 16.6 gezeigt; es ist häufig beobachtet worden, daß Schizophrene andere Menschen meiden, daß sie sich im Krankenhaus in ihren Ecken aufhalten und sich voneinander weitgehend absondern. Auch Häftlinge brauchen einen großen persönlichen Raum, und Streitigkeiten zwischen ihnen werden möglicherweise durch Eingriffe in diesen Raum ausgelöst, die andere Menschen nicht stören würden. Neurotiker und auch alle anderen untersuchten Patienten haben ähnliche Bedürfnisse. Man hat festgestellt, daß dominante Personen sich zentrale Plätze suchen; zum Beispiel wählt sich ein Geschworenenobmann häufig selbst, indem er sich an einen Platz setzt, auf dem ein Obmann erwartungsgemäß sitzen könnte.

Es ist durchgehend festgestellt worden, daß Frauen eine größere Nähe bevorzugen als Männer und lieber über eine Ecke oder Seite an Seite sitzen. Ferner wurde festgestellt, daß man an Frauen näher herangeht als an Männer.

Weiterführende Literatur

Hall, E. T. (1959) The Silent Language, Garden City, N. Y.: Doubleday.
Mehrabian, A. (1969) Significance of posture and position in the communication of attitude and status relationships, *Psychol. Bull.* 71: 359-72.
Sommer, R. (1969) Personal Space, Englewood Cliffs, N. J.: Prentice-Hall.

Zitierte Literatur

Altman, I. and *Haythorn, W. W.* (1967) The ecology of isolated groups, *Behavioural Science* 12: 169-82.
Argyle, M. and *Dean, J.* (1965) Eye-contact, distance and affiliation, *Sociometry* 28: 289-304.
Baxter, J. C. (1970) Interpersonal spacing in natural settings, *Sociometry* 33: 444-56.
Breed, G. (1972) The effect of intimacy: reciprocity or retreat? *British Journal of Social and Clinical Psychology* 11: 135-42.

Cook, M. (1970) Experiments on orientation and proxemics, *Human Relations* 23: 61-76.

Efran, M. G. and *Cheyne, J. A.* (1973) Shared space: the cooperative control of spatial areas by two co-operating individuals, *Canadian Journal of Behavioural Science* 5: 201-10.

Horowitz, M. J., Duff, D. F. and *Stratton, L. O.* (1969) Body-buffer zone, *Archives of General Psychiatry* 11: 651-6.

Goffman, E. (1956) The Presentation of Self in Everyday Life, Edinburgh University Press; dt.: Wir alle spielen Theater. Die Selbstdarstellung im Alltag, Piper, München 1969.

Ingham, R. J. (1973) Cross-cultural differences in social behaviour, D.Phil. thesis, University of Oxford.

Joiner, D. (1970) Social ritual and architectural space, Bartlett School of Architects, unpublished.

Lott, D. F., and *Sommer, R.* (1967) Seating arrangements and status, *Journal of Personality and Social Psychology* 7: 90-5.

Kinzel, A. F. (1970) Body-buffer zones in violent prisoners, *American Journal of Psychiatry* 127: 59-64.

Knowles, E. S. (1973) Boundaries around group interaction, *Journal of Personality and Psychology* 26: 327-31.

Richardson, E. (1967) The Environment of Learning, London: Nelson.

Rosenfeld, H. M. (1965) Effects of an approval-seeking induction on interpersonal proximity, *Psychological Reports* 17: 120-2.

Sommer, P. and *Becker, F. D.* (1969) Territorial defense and the good neighbour, *Journal of Personality and Social Psychology* 11: 85-92.

Vine, I. (1973) Social spacing in animals and man, *Social Science Information* 12: (5) 7-50.

Watson, O. M. (1972) Proxemic Behaviour: A Cross-Cultural Study, The Hague: Mouton.

Watson, O. M. and *Graves, T. D.* (1966) Quantitative research in proxemic behavior, *American Anthropology* 68: 971-85.

17 Kleidung, Körperbau und andere Aspekte der äußeren Erscheinung

Kleidung, Abzeichen und Schmuck stehen gänzlich unter der Kontrolle dessen, der sie trägt, Körperbau, Haar und Haut nur teilweise. Die äußere Erscheinung wird mit mehr oder weniger Sorgfalt gepflegt, und das hat auf die Vorstellungen und Reaktionen von anderen (und teilweise auch auf den Betreffenden selbst) eine mächtige Wirkung. Insofern kann die äußere Erscheinung auch als ein Teilbereich der nonverbalen Kommunikation angesehen werden. *Knapp* (1972) veranschaulicht die Manipulation der äußeren Erscheinung in der folgenden Weise:

„Man stelle sich die folgende Szene vor: Herr und Frau Amerika wachen auf und bereiten sich für den Tag vor. Frau Amerika legt ihren Nacht-Büstenhalter ab und ersetzt ihn durch einen leicht gepolsterten Stütz-Büstenhalter. Sie entfernt ihren Kinnriemen und bringt sich dann mit einem Hüfthalter in Form. Sodann beginnt sie, „sich das Gesicht aufzusetzen": Augenbrauenstift, Wimperntusche, Lippenstift, Rouge, Lidstrich und falsche Augenwimpern. Darauf beseitigt sie die Haare unter den Armen und auf den Beinen und setzt sich ein Haarteil auf den Kopf. Falsche Fingernägel, Nagelpolitur, getönte Kontaktlinsen - und dann folgen Deodorant, Parfüm und endlose Überlegungen, welche Kleidung sie anziehen soll. Herr Amerika rasiert sich die Barthaare, setzt sich ein Toupet auf den Kopf und heftet sich sorgfältig seine neu erworbenen Koteletten an. Er nimmt seine falschen Zähne aus einer Lösung, mit der sie gebleicht werden, gurgelt mit einem Mundwasser, um den Atem angenehmer zu machen, nimmt sich sein After-Shave, holt sich die Schuhe mit hohen Absätzen und beginnt, sich seine Kleidung auszusuchen" (S. 63 f.).

Solche Manipulationen des Körperimage werden durch die Ideale geleitet, welche körperliche Erscheinungsweise als attraktiv gilt, oder (in anderen Gesellschaften) als bedrohend, heilig oder sonstwie erstrebenswert. In der westlichen Gesellschaft ist Attraktivität eines der wichtigsten Kriterien für die äußere Erscheinung, und wir werden sehen, daß das auf das Verhalten von anderen, Männern wie Frauen, eine große Wirkung hat. In einer Umfrage, welche Typen von Frauen als attraktiv angesehen werden, stellte *Iliffe* (1960) fest, daß bei den 4 355 befragten Engländern mit verschiedenem Alter, Geschlecht, Gesellschaftsschicht und Herkunft in einem bemerkenswerten Maße eine Übereinstimmung bestand. Andererseits ist es eine bekannte Tatsache, daß zu verschiedenen Zeiten und in verschiedenen Ländern bei den Frauen unterschiedliche Körperfiguren und Gesichtstypen in Mode sind.

Der Körper eines Menschen, oder vielleicht das Körperimage, das er darstellen kann, hat eine deutliche Wirkung darauf, wie er sich selbst empfindet und sich anderen gegenüber verhält. *Secord* (1955) hat festgestellt, daß Männer mit ihrem Körper eher zufrieden sind, wenn sie größer sind, und daß Frauen eher zufrieden sind, wenn sie kleiner als der Durchschnitt sind und wenn ihr Busen größer als der Durchschnitt ist. *Singer* (1964) stellte fest, daß attraktive Studentinnen sich ihre physischen Vorzüge zunutze machen, indem sie sich in den Vorlesungen vorne hinsetzen und häufiger zu dem Dozenten gehen, um mit ihm zu sprechen. Andererseits haben *Stroebe* und Kollegen festgestellt, daß nur eine ziemlich geringe Korrelation besteht zwischen den Beurteilungen von einem selbst und von anderen hinsichtlich der Attraktivität: das heißt, daß viele Leute im allgemeinen als attraktiver angesehen werden, als ihnen bewußt ist, und andere als weniger attraktiv.

a) Verschiedene Aspekte der äußeren Erscheinung

Kleidung

Kleidung hat hauptsächlich den Zweck, den Menschen vor Kälte, Hitze und Regen zu schützen und bestimmte Körperteile zu verbergen. In allen Gesellschaften jedoch dient die Kleidung auch dazu, über die Persönlichkeit, den Status und Gruppenzugehörigkeit zu informieren, auch über sexuelle Bereitschaft, Aggressivität und andere interpersonale Einstellungen. Die Kleidung nimmt in den verschiedenen Teilen der Welt und in den Geschichtsepochen sehr unterschiedliche Formen an. Kleider können zum Schutz gegen die Elemente dienen; sie können minimal sein wie im Sudan oder auch den Träger vollständig bedecken, wie bis vor kurzem bei den arabischen Frauen. Sie können für alle Mitglieder desselben Standes oder einer Gruppe uniformiert sein oder aber zu einer weitgehenden Individualität anreizen. Während westliche Länder das Tragen von Kleidern verlangen, so tun viele primitive Gesellschaften das nicht, und hier ist Nacktheit nichts Anstößiges. Im Westen sind verschiedene Grade von Nacktheit nur unter bestimmten Bedingungen statthaft: zuhause, am Strand, in künstlerischen Kursen und nun auch in der Sauna.

Persönlichkeitsmerkmale werden durch den Stil der Kleidung signalisiert; dabei wurden verschiedene Faktoren festgestellt: konformistische oder rebellische Kleidung, die Menge an Schmuck, Verwendung von satten Farben und weiten Größen. Bestimmte, beschränkte Aspekte der Persönlichkeit können in dieser Weise in der Kleidung enkodiert werden. Status und Gruppenzugehörigkeit werden ganz unterschiedlich durch willkürliche Kleidungsstile enkodiert, die mit verschiedenen sozialen Gruppen in Verbindung gebracht werden. So kann derselbe Gegenstand in doppelter Weise etwas mitteilen: eine Krawatte kann rot, blau, schwarz sein oder ein College oder einen Club repräsentieren, womit sie also willkürlicmit sie also willkürliche Bedeutungen zum Ausdruck bringt; und sie kann sauber gebunden oder lose verknotet sein oder ein Ende hängt über die Schulter, womit in analogischer Weise persönliche Eigenschaften zum Ausdruck gebracht werden. Kleider können auch durch jede dieser beiden symbolischen Äußerungsformen interpersonale Einstellungen ausdrücken, zum Beispiel der Sexualität, Aggressivität oder der Bescheidenheit.

Wir wollen unten Experimente erörtern, die zeigen, wie die Kleidung und andere Signale einen Eindruck beispielsweise von Attraktivität oder von einem hohen Sozialstatus erwecken. Die Kleidung hat auf den, der sie trägt, ebenso wie auf andere eine Wirkung. Die Wirkungen der Kleidung auf den Betreffenden selbst sind bekannt, insofern die Kleidung ihm einen höheren Sozialstatus oder eine größere Schönheit suggeriert. In mehreren Experimenten wurde festgestellt, daß das Tragen einer Uniform zumindest anfangs die Wirkung einer „De-Individuation" hat, d.h. die Leute werden ihrerselbst als Individuen weniger bewußt und sozial weniger verantwortlich.

Abzeichen und Schmuck

Die Kleidung kann wohl eine Gruppenzugehörigkeit oder den Beruf deutlich machen; Abzeichen sind besondere Zusätze nur für diesen Zweck. In England ist ein bekanntes Beispiel die Krawatte, die anzeigt, zu welcher Schule, welchem College oder Club ihr Besitzer gehört, jedenfalls für einen begrenzten Kreis von Leuten, die dieses Signal dekodieren können. Ehe- und Verlobungsringe zeigen eine eheliche Verbindung an. Kleine Kreuze (gewöhnlich ein Zeichen für Katholizismus), Gewerkschaftsabzeichen, Schottenröcke und andere nationale und regionale Zeichen sind weitere

Beispiele. Frauen in der westlichen Gesellschaft, in primitiveren Gesellschaften beide Geschlechter, tragen Perlen, Kopfputz und anderen Schmuck, was hauptsächlich die Schönheit des Betreffenden vergrößeren soll - es kann aber auch Reichtum oder sexuelle Anziehungskraft oder Bereitschaft signalisieren. In primitiven Gesellschaften werden der Skalp, Zähne, Knochen oder Hörner der Opfer als Trophäen getragen.

Haartracht

Das Haar läßt man selten frei wachsen, sondern es wird geschnitten und zu Frisuren gestaltet. Das Haar kann in vielen verschiedenen Formen getragen werden, und in jeder kulturellen Gruppe werden einige dieser Formen akzeptiert. Jede Haartracht hat ihre soziale Bedeutung, wobei allerdings in verschiedenen Zeiten diese Bedeutungen unterschiedlich sind: zum Beispiel langes Haar bei Männern wurde in manchen Zeiten als männlich und in anderen als weibisch angesehen. Gegenwärtig ist langes Haar für junge Männer sehr wichtig - manche messen dem einen großen Wert bei, langes Haar zu haben, während viele Ältere langes Haar als empörend empfinden. Manche junge Männer meinen, langes Haar zu brauchen, um Freundinnen zu finden, und kurzes Haar, um einen Job zu bekommen, und so tragen sie eine Perücke. Ein Anthropologe, *Hallpike* (1969), hat behauptet, langes Haar habe in vielen Gesellschaften eine verbreitete symbolische Bedeutung: es bringt eine Stellung außerhalb der Gesellschaft, außerhalb sozialer Kontrolle zum Ausdruck und wird von Außenseitern, wilden Tieren, Intellektuellen, Hippies und Asketen getragen. Das Haar zu schneiden, bedeutet, wieder in die Gesellschaft zurückzukehren oder unter einer disziplinierten Herrschaft zu leben (wie Mönche oder Soldaten). Andererseits den Kopf zu rasieren oder extrem kurz zu tragen, wurde bei Rockern und anderen rebellischen Gruppen üblich. Man hat angenommen, daß eine mangelnde Kontrolle über das Haar einen gesellschaftlichen Zustand symbolisiere und zum Ausdruck bringe, in dem eine mangelnde Kontrolle über die Mitglieder der Gesellschaft herrsche. Aber dabei bleibt das Problem, warum so starke Empfindungen sich auf die Länge der Haare beziehen. Eine freudianische Interpretation würde besagen, daß das Schneiden der Haare eine Kastration symbolisiere und langes Haar Sexualität. In einer amerikanischen Untersuchung von *Freedman* (1969) wurde festgestellt, daß viele Frauen bärtige Männer als männlich und reif betrachten und sich ihnen gegenüber als besonders weiblich fühlen; und bärtige Männer waren anderen bärtigen Männern gegenüber stärker spannungsgeladen. Diese Ergebnisse legen die Vermutung nahe, daß es trotz der eindeutig vorhandenen Modeerscheinungen in der Bedeutung des Haars auch tiefere Bedeutungen gibt im Sinne von Rebellion und Sexualität.

Gesicht und Haut

· In primitiven Gesellschaften, wie z.B. manchen australischen Stämmen wird das Gesicht oft durch tiefe Vernarbungen geschmückt. Bis vor sehr kurzer Zeit waren unter deutschen schlagenden Studenten Fechtnarben im Gesicht (Schmisse) in Mode. Das Gesicht kann auch durch Tätowieren und Bemalen geschmückt werden. Es kann auch verstümmelt werden, indem Löcher für Ohrringe oder Nasenringe gemacht werden, die Nase abgeflacht wird oder runde Scheiben in die Lippen gesetzt werden. In modernen Gesellschaften haben Männer verschiedenartige Haartrachten, während Frauen Kosmetika für ihre Lippen, Augen und Wangen benutzen und Ohrringe tragen. Plastische Chirurgen führen oft ,,kosmetische Operationen" an Nasen und herabhängender Haut durch. Vor kurzem wurden Experimente durchgeführt, daß Kriminelle mit entstellten Gesichtern plastischen Operationen unterzogen wurden; dabei wurde festgestellt, daß die Entfernung von Narben, Tätowierungen und anderen Entstellungen eine beträchtliche Wirkung auf die Rückfälligkeitrate hatte (*Kurtzberg* et al., 1968). Die Persönlichkeit wird insbesondere mit dem Gesicht assoziiert, und so wird die Erscheinung des Gesichtes manipuliert, um etwas über die Person zu vermitteln. In primitiven Gesellschaften werden oft Masken getragen, die die Identität und den emotionalen Zustand des Trägers verbergen. Das kann die Wirkung haben, daß man sich ungehemmt verhält, wie bei Maskenbällen, oder daß der Träger der Maske eine Rolle spielt, die durch die Maske suggeriert wird. In modernen Gesellschaften verbergen Frauen oft ihr Gesicht teilweise mit langen Haaren oder Hüten.

Auf die Augen schaut man mehr als auf andere Teile des Gesichts. So werden die Augen von Frauen sorgfältig kosmetisch behandelt; sie werden mit Brillen eingerahmt oder hinter dunklen Gläsern verborgen, und die Pupillen können mit Belladonna geweitet werden.

In den meisten Gesellschaften ist die Haut zum größten Teil, außer Gesicht und Händen, durch die Kleidung verborgen. Hals, Arme, Füße und die Unterschenkel bleiben bei Frauen oft sichtbar, bei warmem Wetter und beim Sport auch noch mehr. Der Körper kann durch Narben, Tätowierung, Bemalung oder mit Schlamm geschmückt werden. In den USA sind über 10 Prozent der Männer tä-towiert, meistens auf den Händen und gewöhnlich selbstgemacht. J. H. Burma (in Roach and Eicher 1965) hat festgestellt, daß ein gro-ßer Prozentsatz der Straftäter tätowiert sei und daß die meisten von ihnen das wieder entfernen wollten. Jedenfalls fungierte es für sie als ein Signal der Gruppenzugehörigkeit, gab ihnen in der Gruppe einen Status und vermittelte ihnen ein Gefühl von Hartnäckigkeit. Sonst wird die Haut in der modernen Gesellschaft oft sonnenge-bräunt und manchmal bemalt, oder die Haare werden von ihr ent-fernt. Besondere Sorgfalt wird den mehr sichtbaren Körperteilen, Händen und Füßen geschenkt, und die Nägel werden sorgfältig ge-schnitten und bemalt. Die Farbe ist ein besonders wichtiger Aspekt der Haut. In den meisten Gesellschaften ist eine dunkle Haut auf einen niederen Sozialstatus zurückzuführen, außer innerhalb von dunkelhäutigen Gruppen selbst. Trotzdem versuchen viele Leute, ihre Haut durch Sonnenbaden dunkler zu machen, da gebräunte Haut als gesünder und attraktiver angesehen wird.

Körperbau

Der Körperbau kann in verschiedener Weise beschrieben wer-den, aber bei drei Dimensionen wurde festgestellt, daß sie mit ver-schiedenen Aspekten der Persönlichkeit assoziiert werden:

> Ektomorph - dünn und knochig
> Endomorph - fettleibig
> Mesomorph - muskulös.

Wie wir unten zeigen werden, bestehen Korrelationen zwischen diesen Dimensionen und der Persönlichkeit, und Dekoder inter-pretieren den Körperbau in der gleichen Weise: Ektomorphe als still und angespannt, Endomorphe als warmherzig, angenehm und unselbständig und Mesomorphe als kühn und selbstsicher. Jedoch auch für den Körperbau variieren die Moden in verschiedenen Zei-ten und in verschiedenen Gegenden; verschiedene Körperteile werden für schöner gehalten, wenn sie größer, kleiner oder in einer besonderen Form sind.

In bestimmten Grenzen kann der Körperbau manipuliert wer-den. In manchen primitiven Gesellschaften werden die Körper aus-giebig deformiert, indem die Füße eingebunden werden, um sie kleiner zu machen, wie in China, oder indem der Kopf eingebun-den wird, um ihn ovaler zu machen, wie in Teilen von Afrika. Während zwar in modernen Gesellschaften sich die Tendenz zeigt, den Körper weniger zu deformieren, so werden doch noch häufig die Taillen mit Korsetts eingeschnürt, hauptsächlich von Frauen, und die Brüste werden vielfach gestützt und gepolstert. Fettleibigkeit wird mit Schlankheitskuren kontrolliert, ein muskulöser Körperbau wird durch Training entwickelt, und die allgemeine Erscheinung des Körpers wird durch die angenommene Haltung manipuliert - die Schultern zurück, und dergleichen.

Wie wir unten zeigen werden, haben hochgewachsene Männer eindeutig bessere Chancen, eine Stellung zu bekommen und in unserer Gesellschaft befördert zu werden; Frauen dagegen sind lieber kleiner. Die Körpergröße kann in geringem Maße manipuliert werden, indem man höhere oder niedrigere Absätze trägt, aufrecht oder gebeugt geht, das Haar in verschiedener Weise anordnet oder Hüte trägt. Den Anschein der Körpergröße kann man verändern, indem man mehr oder weniger bauschige Kleidung trägt.

b) Information über das Selbst durch die äußere Erscheinung

Die Manipulation der äußeren Erscheinung hat hauptsächlich den Zweck, Botschaften über das Selbst auszusenden. Man wählt sich die Kleidung aus, die man kauft, und entscheidet, welche Kleidung man bei den verschiedenen Gelegenheiten trägt. Wie wir sehen werden, hat man im allgemeinen eine klare Vorstellung, welche soziale Bedeutung die verschiedenen Kleidungsstücke haben, und so wird man wenigstens teilweise die Kleidung wegen ihrer sozialen Bedeutung aussuchen, d.h. wegen der Signale, die sie über den Träger aussenden kann. Diese Information ist nicht unbedingt zutreffend, aber sie zeigt, was der Betreffende wünscht, daß andere über ihn denken. Natürlich wirken solche Mitteilungen nur bis zu einem bestimmten Punkt, und die äußere Erscheinung wird dabei nicht ausreichen. Es wird notwendig sein, das Prestige auf substantiellere Weise als nur durch das Aussehen zu begründen.

Individuelle Identität
Wir haben gesehen, daß Vögel die Rufe ihrer Gefährten unter mehreren Tausenden sehr ähnlicher Rufe identifizieren können (vgl. S. 32f). Menschen können Stimmen wiedererkennen, aber sie können sich gegenseitig noch leichter durch die äußere Erscheinung identifizieren - von der so manches bewußt manipuliert wird. Man präsentiert eine konsistente äußere Erscheinung; *G. P. Stone* (1970) hat festgestellt, daß viele Leute sich bewußt in einer konsistenten und charakteristischen Weise kleiden, um erkannt zu werden.

Gruppenzugehörigkeit

Eine Gruppenzugehörigkeit wird zum Ausdruck gebracht, indem man in der Kleidung einen gemeinsamen Stil, Abzeichen und dergleichen trägt. Die verwendeten Signale zeigen möglicherweise die Vorstellungen einer Gruppe, deren soziale Stellung, z. B. ihren sozialen Status, den Grad der Verwestlichung oder der Aufsässigkeit. Manche dieser Signale - Abzeichen, Uniformen und besondere Haarschnitte - haben willkürliche Bedeutungen. In England wurde im Laufe der letzten Jahre die Zugehörigkeit zu verschiedenen Bewegungen unter den Jugendlichen - Teddy-Boys, Mods, Rockers, Skinheads und Hippies - durch die äußere Erscheinung deutlich zum Ausdruck gebracht. Die Mods haben eher einen weiblichen, Mittelschicht-Stil angenommen, während die Rocker in ihrer Erscheinung aggressiv männlich und in einem Arbeiterklassen-Stil auftreten.

Alter und Geschlecht

Alter und Geschlecht eines Menschen muß anderen bekannt sein, da es einen Einfluß darauf hat, wie diese ihn behandeln. Während beides zwar unwillentlich mitgeteilt wird, so können die betreffenden Hinweise doch auch manipuliert werden. In den meisten Gesellschaften gibt es sehr klare Konventionen über die Kleidung, Haartracht und deren Pflege bei Männern und Frauen. Zwar ist es möglich, sich als vom entgegengesetzten Geschlecht auszugeben, aber das wird schwer bestraft. In ähnlicher Weise gibt es Konventionen über die richtige äußere Erscheinung von Leuten verschiedenen Alters. Auch hier kann man ein größeres oder geringeres Alter als das tatsächliche suggerieren, aber die nicht kontrollierbaren Merkmale von Gesicht, Haar und Haut werden diese manipulierten Signale wahrscheinlich nicht bestätigen und lassen den Betreffenden als lächerlich erscheinen.

Status

Der Status ist eine der wichtigsten Quellen der Abweichung. Rang und Dienstgrad werden in der Armee durch Uniformen gezeigt und in vielen beruflichen Hierarchien durch eine kennzeichnende Kleidung. Die Gesellschaftsschicht ist weniger eindeutig - sie entspricht der Stellung eines Menschen in der Gesellschaft und seinem damit verbundenen Lebensstil. *Mary Sissons* (1970) hat in Oxford festgestellt, daß die Gesellschaftsschicht eines Menschen entweder nur anhand einer Photographie mit seiner Kleidung, oder anhand einer Tonbandaufnahme mit seiner Stimme oder anhand einer Photographie mit seinem Gesicht ziemlich genau beurteilt werden konnte. Wie die Gesellschaftsschicht symbolisiert wird, wandelt sich; und welche Kleidung einen Status zum Ausdruck bringt, wandelt sich ziemlich schnell: ein Beispiel für den „Kreislauf der Symbole" (*circulation of symbols*, vgl. S. 320). *Veblen* (1899) meinte, die Kleidung porträtiere den sozialen Status dadurch, ein wie hoher Aufwand dabei ins Auge falle und wie weit sie für körperliche Arbeit ungeeignet sei. *Goffman* (1956) hat beobachtet, daß manche Menschen in großer Versuchung sind, ihre Gesellschaftsschicht falsch darzustellen, daß dieses jedoch verhindert wird durch die Verwendung von Symbolen, die schwer vorzutäuschen sind: das Tragen von sehr teuren Kleidern oder Juwelen oder von Dingen, die sehr selten sind, eine Beschaffenheit der Hände oder des Körpers, die zu erhalten viel Zeit, Geld und die Vermeidung von Arbeit erfordert.

Bei orthodoxen Juden gilt eine Statushierarchie, die darauf beruht, mit welcher Häufigkeit und mit welcher Intensität des religiösen Gefühls die religiösen Vorschriften befolgt werden. In dieser Hierarchie gibt es sechs verschiedene Stufen, die an der äußeren Erscheinung der Juden zu erkennen sind: an dem Zustand des Bartes und der Löckchen, der Art des Hutes und des Mantels (*S. Poll*, in *Roach* and *Eicher* 1965).

Beruf und soziale Rollen

Polizisten, Postbeamte und Mönche tragen besondere Uniformen. Auch andere Berufe sind teilweise zu erkennen, zumindest in allgemeinen sozialen und beruflichen Kategorien. Wenn zwei Gruppen unterschiedliche Kleidung tragen, so ist das oft ein Hinweis auf verschiedene Rollen; wenn eine Gruppe den Anzug wechselt, so zeigt das oft einen Rollenwechsel, und wenn alle Mitglieder einer Gruppe sich in der gleichen Weise kleiden, dann ist die Rolle genau definiert (*S. Bush* und *P. London*, in *Roach* and *Eicher* 1965)

Ein Filmstar kann wohl mit einem Modell oder einem Mitglied der königlichen Familie verwechselt werden, nicht aber mit einem Freistil-Ringer oder einem Landarbeiter. Auch andere gesellschaftliche Gruppen sind durch ihre charakteristische äußere Erscheinung zu erkennen: Landstreicher, Hippies, Revolutionäre und Mitglieder von manchen politischen und religiösen Gruppen. Für Mitglieder dieser Gruppen ist es wichtig, sich gegenseitig erkennen zu können. In einer Organisation gibt es gewöhnlich Uniformen oder Halbuniformen. Diese sind teilweise eher Rollen als Berufe, insofern eine Krankenschwester auch eine Patientin oder eine

Besucherin sein könnte. In einer wissenschaftlichen Universitäts-abteilung kann man ziemlich leicht zwischen dem akademischen Lehrkörper, den Studenten, den Sekretären und dem technischen Hilfspersonal unterscheiden. Mitglieder von betrieblichen Organisationen zeigen durch ihre äußere Erscheinung, wie sie ihren Job definieren: so kann z.b. ein Vorarbeiter vielleicht eher wie ein Manager oder wie ein Verkäufer in einer Kaufhausetage aussehen. Jemand kann seine Rolle in einer besonderen Situation durch seine äußere Erscheinung kundtun: ein Barrister (Rechtsanwalt) setzt sich eine Perücke auf, ein Universitätsdozent zieht sich einen Talar an, um seine Rolle, die er gerade ausübt, deutlich zu machen. Bei zeremoniellen Anlässen ist es üblich, daß der König, der Priester, der Vizekanzler, oder wer sonst beteiligt sein mag, sich ein besonderes Gewand anlegen. Das bringt zum Ausdruck, daß er nicht im Namen seiner selbst handelt, sondern die Autorität ausübt, die ihm übertragen worden ist und die durch seine zeremonielle Ausstattung symbolisiert wird.

Die anderen Beteiligten werden vielleicht empfinden, daß derjenige, der die Rolle ausübt, einen besonderen Status, besondere Mächte oder eine besondere Heiligkeit innehat, wenn er in dieser Weise bekleidet ist. Priester tragen gewöhnlich Gewänder, die nicht nur sehr eindrücklich sind, sondern auch einen starken Gegensatz zu den Laien darstellen (*E. Crawley*, in *Roach* and *Eicher* 1965).

Im extremen Fall wird der Medizinmann unter seiner Maske unsichtbar und übernimmt die Rolle des Geistes, der durch die Maske repräsentiert wird. Weiße Labormäntel, ein Smoking, Hemdsärmel oder ein Professoren-Talar werden vielleicht ebenso als Signale in dieser Weise getragen.

Persönlichkeitsmerkmale

Auch diese werden durch die äußere Erscheinung zum Ausdruck gebracht. Das liegt daran, daß bestimmte Persönlichkeitstypen auch bestimmte Farben oder andere Besonderheiten bevorzugen, was aber auch auf eine eher bewußte Selbstdarstellung zurückzuführen ist. Gesellige und extravertierte Leute bevorzugen helle und stärker gesättigte Farben. Konformisten verhalten sich auch darin konform, welche Kleidung sie tragen. Kleidung trägt man aus verschiedenen Gründen, die nichts mit Kommunikation zu tun haben, die aber von manchen Beobachtern dekodiert werden können. *Flugel* (1930) meint, daß manche Leute sich in Kompensation für einen Mangel an Liebe warm anziehen. Er berichtet, daß 24 von 50

Studenten sagten, sie würden wärmere Kleider tragen, wenn sie Heimweh haben.

Man manipuliert die äußere Erscheinung auch mit einer mehr oder weniger klaren Vorstellung von dem, was für eine Information dadurch gesendet wird, oder mit einer stärker bewußten Selbstdarstellung. *Gibbins* (1969) machte eine Untersuchung mit 15- bis 16-jährigen Gymnasiastinnen im Norden von England, die er aufforderte, Photographien von sechs verschiedenen Bekleidungsausstattungen, die aus Illustrierten genommen waren, auf Sieben-Punkte-Skalen zu beurteilen. Dabei zeigte sich in hohem Maße eine Übereinstimmung darin, welche Personen hinsichtlich der folgenden Variablen die Kleidung tragen würden:

snobistisch
spaßig
rebellisch
schüchtern
lustig

und hinsichtlich folgender Verhaltensmuster:
wie viele Freunde sie hat
welche Sexualmoral
ob sie raucht
ob sie trinkt
welche Hobbies (sportlich versus künstlerisch).

Die Mädchen wurden auch gefragt, welche Kleidung sie am liebsten hätten: die Mädchen hatten die Kleidung am liebsten, die ihrem jeweiligen Selbstbild entsprach. Die statistische Analyse der Beurteilungen ergab als Hauptfaktor die Mode zusammen mit einer günstigen Bewertung. Eine Kleidung zu tragen, die die richtige Botschaft sendet, muß in der Sozialisation gelernt werden. *Stone* meint, daß Kinder dabei drei Stadien durchlaufen:

(1) Vor-Spiel (*pre-play*), Kleidung tragen, die von der Mutter ausgewählt wird
(2) phantasievolles Spiel (*play*), sich in Phantasie-Kostümen kleiden
(3) Spiel nach Regeln (*game*), Uniformen tragen, die von den Gruppen der Gleichaltrigen anerkannt werden und die die Identität als Gruppenmitglied und als Individuum zum Ausdruck bringen.

Wir haben bereits einige andere Hinweise der äußeren Erscheinung erörtert, die Informationen über die soziale Stellung, das Alter und dergleichen übermitteln. Wenn jemand darauf aus ist, einen Teil seiner Identität zu betonen, dann wird er die entsprechenden Signale hervorheben. Oft wollen Leute deutlich machen, daß sie sich mit einer Rolle nicht völlig identifizieren, oder daß sie noch mehr vermögen, als nur diese Rolle auszuüben. Sie werden vielleicht eine „Rollendistanz" zum Ausdruck bringen, indem sie eine Erscheinungsweise annehmen, die für die Rolle etwas unpassend ist und die zusätzliche Informationen über andere Rollen, die sie innehaben, und über ihre Persönlichkeit aussenden.

Die äußere Erscheinungsweise enthält viele verschiedene Hinweise und Botschaften, die zusammen vielleicht ein ziemlich vollständiges Bild von der Persönlichkeit übermitteln können. So könnte jemand zum Beispiel einen Eindruck vermitteln von einem hohen Sozialstatus, Exzentrizität, schottischer Herkunft und schlechter Laune - oder von Fröhlichkeit, sexueller Attraktivität und Religiosität. In dieser Weise kommuniziert die Erscheinungsweise die Persönlichkeit, einschließlich ihrer Konflikte und Schwierigkeiten.

Die Erscheinungsweise spielt eine wichtige Rolle dabei, wenn man ein Selbstbild entwickeln oder aufrechterhalten will. Die Erscheinungsweise spiegelt das Selbstbild und erzeugt entsprechende Reaktionen vonseiten anderer, womit dieses bestärkt wird. T. K. *Miller* und andere (in *Roach* and *Eicher* 1965) berichten ein interessantes Experiment, in dem 26 Psychiatrie-Patientinnen geholfen wurde, einige attraktive Kleider zu entwerfen und zu verfertigen. Dann wurde ihnen gezeigt, wie sie diese vorführen können, und das taten sie vor einer großen Anzahl von anderen Patienten. Die Patientinnen empfanden, sie sähen nun besser aus, und sie fühlten sich besser als vorher.

In welchem Ausmaß man sich mit der äußeren Erscheinung beschäftigt, ist bei verschiedenen Menschen unterschiedlich. Jugendliche und andere, die persönlich unsicher sind (d.h. kein geformtes und stabiles Selbstbild haben), beschäftigen sich viel damit. Der Grund dafür liegt darin, daß ihr Selbstbild noch davon abhängig ist, wie andere auf sie reagieren, was wiederum von ihrer Erscheinungsweise abhängt. Ähnlich sind Leute, die sich sozial verändern oder sonstwie in Gruppen neu hinzukommen, darum bemüht, gesellschaftlich akzeptiert zu werden, und kümmern sich deshalb um ihre Erscheinungsweise. Andererseits kümmern sich viele alte Menschen, manche Männer und die meisten Schizophrenen sehr wenig um ihre äußere Erscheinung; ja, Schizophrene sind sogar oft daran zu erkennen, wie sie ihre Kleidung tragen.

Zwischen den Geschlechtern bestehen auch darin sehr interessante Unterschiede, in welcher Weise sie sich mit ihrer Erscheinungsweise beschäftigen. Bei den Tieren sind gewöhnlich die Männchen prächtiger; und in primitiven Gesellschaften sind es oft die Männer, die sich dekorativer kleiden. Seit dem Ende des 18. Jahrhunderts jedoch ist eingetreten, was *Flugel* den „großen Verzicht der Männer" genannt hat; und seitdem kleiden sich die Männer in einer eintönigen und uniformen Weise, wenn auch gegen Ende der Sechziger Jahre dieses Jahrhunderts ein gewisser Umschwung stattgefunden hat. Die Frauen kleiden sich farbenfreudiger und mit größerer Abwechslung, die Mode wandelt sich schnell, und ihre Kleider sind heller und weniger einengend. Die Kleidung der Frauen betont zwar ihre sexuellen Reize, aber sie beruht zugleich auch stärker als bei den Männern auf Überlegungen der Schicklichkeit, was einen Konflikt zwischen Verschönerung und Schicklichkeit entstehen läßt, wie unten beschrieben wird.

c) Interpretation von Körpberbau-Signalen

Es gibt vier Stufen, Signale des Körperbaus zu dekodieren: Erstens kann man über die wahre Größe oder den Körperbau usw. eines Menschen Schlüsse ziehen, wenn man den Eindruck hat, daß die Körperbau-Signale übermäßig manipuliert worden seien. Zweitens kann man Signale des Körperbaus im Sinne von allgemeineren körperlichen Dimensionen verstehen, wie etwa „attraktiv", „sexy" oder „athletisch". Es gibt kulturelle Konventionen darüber, wie ein Körper in dieser Hinsicht beurteilt wird, und wie wir gesehen haben, besteht innerhalb der Kulturen eine weitgehende Übereinstimmung darüber, welche Menschen attraktiv seien.

Drittens kann man von Signalen des Körperbaus auf persönliche Eigenschaften schließen. Vielleicht werden Leute, die andere als „muskulös" oder selbst als „groß" klassifizieren, gar nicht lediglich an diese physischen Dimensionen denken, sondern damit verbundene Persönlichkeitszüge im Sinne haben. *Wells* und *Siegel* (1961) zeigten Scherenschnitte von drei Körperbau-Typen und erhielten Beurteilungen über die Persönlichkeiten der Zielpersonen. Die dicke Person wurde u. a. als eher warmherzig, einfühlsam, gutmütig, liebenswürdig und von anderen abhängig beurteilt; die muskulöse Person wurde als stärker und kühner angesehen; die schmächtige Person wurde als eher angespannt und nervös, pessimistisch und ruhig angesehen. Andere Untersuchugnen über die tatsächliche Korrelation zwischen Körperbau und Persönlichkeit zeigen, daß die Versuchspersonen bei diesem Experiment mit ihrer Beurteilung weithin richtig waren, daß es aber nur eine ziemlich schwache statistische Beziehung gibt, die etwa einer Korrelation von 0.30 entspricht.

In anderen Untersuchungen hat sich gezeigt, daß schmächtige Menschen als intelligent, daß Brillenträger als intelligent und daß Mädchen mit vollen Lippen als frivol angesehen werden. In diesen Fällen besteht entweder überhaupt keine Beziehung zwischen körperlichen Merkmalen und der Persönlichkeit, oder sie ist nur sehr gering: z.B. die Korrelation zwischen der Körpergröße und dem IQ liegt etwa bei 0.15.

Hamid (1968) zeigte Dekodern Farbphotographien von Mädchen, die unterschiedliche Kleider trugen. In ihrer Beurteilung zeigte sich eine hohe Übereinstimmung, aber nur eine geringe Übereinstimmung, wenn nur das Gesicht gezeigt wurde. Mädchen mit kurzen Röcken, heller Kleidung und mit Make-up wurden als aufgeschlossen, unmoralisch und attraktiv angesehen; Mädchen, die eine Brille trugen, wurden als konventionell, schüchtern, religiös und weniger attraktiv und aufgeschlossen angesehen.

Dion und *Kollegen* (1974) haben festgestellt, daß man bei Menschen, die man als körperlich attraktiv ansieht, zugleich meint, sie würden einige günstige persönliche Eigenschaften besitzen: sie seien sexuell wärmer und leichter zugänglich, feinfühlig, freundlich, interessant, stark, ausgeglichen, bescheiden, gesellig, hervorragend und dergleichen; man meint, sie seien leistungsfähiger, sie hätten bessere Berufe und glücklichere Ehen - aber sie seien schlechtere Eltern.

Viertens, die letzte Stufe, Signale des Körperbaus zu dekodieren, liegt in sozialen Reaktionen. So erzeugen manche Körpersignale solche Reaktionen: größere Menschen werden bevorzugt, z.B. als Präsident der U.S.A. (fast immer wird der größere Kandidat gewählt) oder als ein Bischof in der Anglikanischen Kirche oder bei imaginären Berufen in experimentellen Untersuchungen. Attraktivere Menschen rufen viele vorteilhafte Reaktionen hervor: als Kinder sind sie beliebter, und von ihren Lehrern werden sie für intelligenter gehalten. In der Untersuchung von *Singer* bestand eine Korrelation in Höhe von 0.40 zwischen der Attraktivität von erstgeborenen Schülerinnen und den Zensuren, die ihnen gegeben wurden, bei einem konstant gehaltenen IQ. Wie wir gesehen haben, wird das teilweise dadurch vermittelt, daß die Mädchen die Aufmerksamkeit auf ihre Reize lenken. Bei der Partner-Wahl ist körperliche Attraktivität natürlich außerordentlich wichtig; dazu werden im nächsten Abschnitt einige Experimente beschrieben.

In mehreren Experimenten wurden die verhaltensmäßigen Reaktionen auf einen Mitarbeiter, der jeweils unterschiedliche Kleidung trug, untersucht: Einem eleganter gekleideten Menschen folgen andere Leute mit größerer Wahrscheinlichkeit, wenn er bei Rot über die Straße geht; ihm wird mit größerer Wahrscheinlichkeit geholfen, wenn er nach dem Weg fragt oder wenn er für eine soziale Umfrage die Leute anspricht und Fragen stellt (vgl. z.B. *Lambert* 1972); eine attraktiv gekleidete Dame konnte an einer Bar einen Kaffee bekommen, ohne zu bezahlen, oder von einer Bank Geld erhalten, bei der sie kein Konto hatte (*B. R. Little*, uvneröffentlichte Studie).

Beunruhigender ist vielleicht ein simuliertes Experiment mit Geschworenen von *Efran* (1974), der Folgendes feststellte: wenn Photographien von dem Angeklagten vorgestellt wurden, dann wurden attraktivere Frauen mit einer viel geringeren Wahrscheinlichkeit für schuldig befunden, und die empfohlene Strafe war weniger hart, wenn das Urteil von männlichen Geschworenen gesprochen wurde; ohne Photographien lagen die Urteile zwischen denen, die für die attraktiven, und denen, die für die unattraktiven Angeklagten gefällt wurden.

d) Erscheinungsweise und interpersonale Einstellungen

Die Erscheinungsweise dient auch dazu, um Einstellungen zu anderen Menschen zu signalisieren: insbesondere sexuelle Verfügbarkeit, Aggression, Aufsässigkeit und Formalität.

Sexualität

Es wird weithin angenommen, daß die Kleidung eine sexuelle Rolle spielt, und zwar sowohl um die Sexualorgane zu verbergen, als auch um die Aufmerksamkeit auf sie zu lenken, und allgemein um den Betreffenden sexuell attraktiver zu machen. Der Konflikt zwischen Schicklichkeit und Verschönerung führt zu allen möglichen erfinderischen Kompromissen in der Frauenkleidung, besonders im Bereich der Brüste. Früher wurden die männlichen Sexualorgane in ähnlicher Weise zugleich verborgen und vergrößert durch den Hosenbeutel. Zumindest für Frauen ist sexuelle Attraktivität einer der wichtigsten Aspekte ihrer äußeren Erscheinung - sowohl in den eigenen Augen als auch in denen der anderen. Viele Frauen signalisieren ihre Attraktivität, obwohl sie eindeutig nicht sexuell verfügbar sind. Warum tun sie das? Vielleicht, um vorteilhafte, aber nicht sexuelle Reaktionen vonseiten der Männer hervorzurufen, vielleicht um ihr Selbstbild zu stützen.

Bei der Partner-Wahl ist die körperliche Attraktivität für Männer wie für Frauen sehr wichtig. *Elaine Walster* und Kollegen (1966) haben 752 Studienanfänger zu einem Tanzabend eingeladen und jeden durch Zufall einem Partner zugeteilt; die Attraktivität wurde von einer Gruppe von jungen Experimentatoren auf einer Sieben-Punkte-Skala eingeschätzt. Es stellte sich heraus, daß körperliche Attraktivität der wichtigste Aspekt einer Vorhersage war, wie weit jede Person von ihrem Partner Zuneigung erfuhr (das galt für Männer ebenso wie für Frauen), und zwar mit einer Korrelation von etwa 0.40. In dieser und in anderen Untersuchungen wurde festgestellt, daß körperliche Attraktivität für Frauen wichtiger ist, und zwar nicht nur, um die Reaktionen Anderer, sondern auch um die eigenen Gefühle zu sich selbst zu beeinflussen. Es wurde aber nicht festgestellt, daß die Studenten ihre Partner dann am meisten gern hatten, wenn sie im selben Maße attraktiv waren wie sie selbst: weniger attraktive Leute hatten attraktive Partner gern.

Sexuelle Attraktivität hängt zum Teil von der Kleidung, zum Teil von dem Haar, der Gepflegtheit, der Haut und dem Körperbau ab. Die meisten Aspekte der äußeren Erscheinung, von denen die Attraktivität abhängt, können in der bereits beschriebenen Weise kontrolliert werden, einschließlich der plastischen Chirurgie an der Nase und den Brüsten. Die Attraktivität kann, wie auch andere Aspekte der äußeren Erscheinung, weitgehend als ein Bereich der nonverbalen Kommunikation, der einer willentlichen Kontrolle unterliegt, angesehen werden.

Aggression

Tiere zeigen oft Drohbekundungen, um andere Tiere einzuschüchtern und ihre Submission hervorzurufen. Das geschieht normalerweise bei Männchen gegenüber anderen Männchen. In primitiven Gesellschaften ist es üblich, daß Männer sich in imposanten und furchterregenden Kriegskostümen kleiden, sich von Kopf bis Fuß mit Farbe oder mit Schlamm bemalen und einen Kopfputz oder eine Maske tragen. Bis vor kurzem gingen die Männer in stattlichen Uniformen in den Krieg, und die Schwerter und Sporen wurden auch bei anderen Gelegenheiten getragen. Heute ist es in den zivilisierten Ländern selten, daß man sich in einer bedrohlichen Weise kleidet; ein Beispiel dafür wären die Mitglieder von Motorrad-Banden, die schwarze Lederkleidung mit Nägeln, Hakenkreuzen und Messern tragen.

Aufsässigkeit

Da es in jeder sozialen Gruppe klare gesellschaftliche Konventionen für die äußere Erscheinungsweise gibt, ist Konformität eine Dimension der Erscheinungsweise. Manche Menschen tragen genau das, was man bei ihnen erwarten würde; andere zeigen ein gewisses Maß an Unabhängigkeit und Originalität; wieder andere kleiden sich absichtlich in einer empörenden Weise. Der Hippy-Stil ist dafür ein geläufiges Beispiel (langes und schmutziges Haar, sonderliche und abgerissene Kleidung), obwohl auch hier in hohem Maße eine Konformität an die Anti-Mode besteht. Auch Revolutionäre zeigen ihre Opposition gegenüber der konventionellen Gesellschaft mittels ihrer Erscheinungsweise. Das hat mehrere Bedeutungselemente: (1) ein symbolischer Ausdruck für ein Fehlen der Kontrolle, (2) Ablehnung konventioneller Normen, (3) eine asketische Ablehnung der Werte der Mittelschicht von materiellem Erfolg und entsprechender Selbstdarstellung, und (4) Kommunikation einer aggressiven Einstellung.

In den U.S.A. haben die Schwarzen in der Mitte der Sechziger Jahre die Änderung ihrer Einstellung durch eine plötzliche Änderung ihrer Erscheinungsweise zum Ausdruck gebracht, besonders durch den afro-asiatischen Haar-Stil (vgl. S. 190f).

Die Frauenmode erfordert Konformität innerhalb bestimmter Grenzen, aber auch Unabhängigkeit und Originalität innerhalb dieser Grenzen. Auch für die Erscheinungsweise bei einzelnen gesellschaftlichen Gelegenheiten gibt es Konventionen; in der Untersuchung von *Gibbins* (1969) zeigten die Versuchspersonen eine Übereinstimmung darin, welche Kleidung für die Kirche, zum Einkaufen, für einen feierlichen Tanzabend, für einen gewöhnlichen Tanzabend oder für eine Party passend wäre. Die Kleidung variiert in einer Dimension von formell-informell, entsprechend einer Rangfolge der gesellschaftlichen Situationen. Indem man sich in einer bestimmten Weise kleidet, suggeriert man eine derartige Situation, an die man gewöhnt ist oder die man bevorzugt oder in der man sich gerne vorfinden würde: man definiert die Situation durch seine Erscheinungsweise und beeinflußt so das Verhalten der anderen. Die Erscheinungsweise wird gezielt beeinflußt und manipuliert, wobei manche Leute für diese Form der Kommunikation sehr viel Mühe verwenden, während andere sich kaum darum kümmern. Jedoch haben viele, vielleicht die meisten Menschen kaum eine bewußt formulierte Vorstellung von dem, was sie auf diese Weise kommunizieren. Sie gehen in ein Bekleidungsgeschäft und suchen sich etwas aus, das ihnen „steht", und entscheiden, was für eine bestimmte Gelegenheit „passend" ist. Sie werden vielleicht Unterscheidungen treffen im Sinne von verbalisierten Kategorien wie „jung", „modisch",, „elegant" oder „eintönig". Oder sie haben vielleicht gar keine Übersetzung für das Image, das sie darstellen werden.

e) Kultur und Erscheinungsweise

Die kulturellen Varianten in der Erscheinungsweise sind enorm. In manchen primitiven Stämmen tragen die Menschen nichts außer einem Perlenband, an anderen Orten tragen sie so viel, als wollten sie völlig unsichtbar sein. Die Konventionen über die Erscheinungsweise ändern sich schnell. In der westlichen Kultur der Gegenwart ändern sich die Frauenmoden sehr schnell, die Männermoden langsamer. Manche Aspekte der Erscheinungsweise ändern sich schneller als andere; Krawatten und Oberhemden werden modisch verändert, während andere Aspekte der männlichen Kleidung sich sehr langsam verändern. Aber warum ändert sich die Mode überhaupt? Die am meisten anerkannte Erklärung besagt, daß Mitglieder einer Elite einen sozialen Status und sexuelle Attraktivität suchen; andere Leute imitieren sie, um selbst diesen Status und die Attraktivität zu erlangen; dann verändert die Elite ihre Erscheinungsweisen, um sich von den Imitatoren wieder zu unterscheiden. Allerdings werden neue Moden nicht von der Elite selbst erfunden; sondern es werden Kleidungsstile und sonstiges Verhalten angenommen, die von anderen, in diesem Falle von Modedesignern, erfunden wurden. Die neuen Dinge werden zu Statussymbolen, und die alten verlieren ihren symbolischen Wert. Gleichzeitig können durch soziale Veränderungen sich neue Leute und Gruppen durchsetzen, deren Stile übernommen werden. Moden wachsen und entwickeln sich aus früheren Moden. Es mag langfristige Trends geben, zum Beispiel in Richtung auf Informalität, oder auch Kreislauf-Entwicklungen, wie etwa die Länge der Röcke. Oft werden Restbestände aus früheren Moden erhalten, wie z.B. der Schlitz an den Jacketts, die früher zum Reiten bestimmt waren. Es ist schwierig, dem Wandel in der Mode zu widerstehen, da ein Mensch, der sich altmodisch kleidet, im allgemeinen als lächerlich gilt; die Mode besitzt eine machtvolle Wirkung darauf, wie die Erscheinung wahrgenommen wird und welche Bedeutungen dadurch übermittelt werden.

Hurlock (1929) befragte 1500 Leute und stellte unter anderem fest, daß 25% sagten, sie würden ihren Kleidungsstil aus Angst vor Ablehnung ändern; 100% der Männer würden warten, bis ein neuer

Stil allgemein angenommen wird, während 19% der Frauen ihn sofort übernehmen würden; 40% der Frauen und 20% der Männer sagten, sie würden der Mode folgen, um mit den Leuten von höherem Sozialstatus als gleich zu erscheinen; etwa die Hälfte würde den Stil ändern, wenn die sozial niedriger Stehenden ihn angenommen hätten; 29% der Frauen und 8% der Männer würden ihre Kleidung wählen, um als bemerkenswert zu erscheinen; Männer sagten, sie wollten durch ihre Kleidung die Anerkennung des anderen Geschlechts gewinnen, Frauen tun es für die Anerkennung von anderen Frauen, und beide meinten, die Erscheinungsweise sei wichtiger, wenn sie mit Fremden zusammen seien, als mit Freunden. Es ist zweifelhaft, wie weit die Befragten auf derartige Fragen genau Antworten geben konnten; aber trotzdem sind die Ergebnisse sehr interessant und bestärken in einem gewissen Maße die Theorie der Imitation von Eliten. Allerdings führen manche gesellschaftliche Gruppen von sich aus Moden ein, die als ,,schick'' gelten, obwohl auch diese von modischen Anführern stammen und gesellschaftlich verbreitet werden, zum Beispiel die Kleidung, die von Pop-Sängern getragen wird. Manche gesellschaftliche Gruppen sind gegenüber modischen Neuerungen sehr resistent, zum Beispiel die Aristokratie und die traditionelle Arbeiterklasse (*Polhemus* 1973). In England tragen die Männer der Arbeiterschicht eine langweilige Kleidung, vermeiden Prahlerei, und die älteren Leute sind mißtrauisch gegenüber eleganter Kleidung. Trotzdem sind die Klassenunterschiede viel geringer als früher (*Zweig*, in *Roach* and *Eicher* 1965). Es gibt auch Regeln der Zusammenstellung: Fußballschuhe würde man nicht mit einem Smoking tragen; denn es werden nur bestimmte Kombinationen geduldet.

Roland Barthes (1967) hat die Kleidung mit der Sprache verglichen. Es gibt mehrere Alternativen, die nicht zur gleichen Zeit getragen werden können, z. B. verschiedene Schuhe und Stiefel. Man übermittelt eine Information dadurch, was man jeweils wählt, und durch eine ungewöhnliche Auswahl noch weitere Information. Einen Teil fortzulassen, etwa die Schuhe, übermittelt auch eine Information.

Jeder Teil hat eine Bedeutung in sich selbst. Das mag willkürlich und digital sein, wie es bei Abzeichen der Fall ist. Es kann willkürlich und eine Frage des Maßes sein, wie etwa bei Bedeutungen, die sich von der Ähnlichkeit mit einer imitierten Person herleiten. Es kann analogisch sein, wie wenn ein Bart für Männlichkeit steht oder ein großer Halsausschnitt für Sexualität. Es kann auch eine komplexere Symbolik geben, wie bei den Masken, die in primitiven Riten getragen werden. Auch dadurch, wie die einzelnen Teile kombiniert werden, wird eine Information übermittelt: wenn etwa ein schwarzer Anzug mit einer roten Krawatte kombiniert wird. Und schließlich übermittelt die Art und Weise, die Kleidung zu tragen, eine Information: eine Uniform z.B. kann sehr elegant und sehr schmuddelig sein. Durch all das kann man ziemlich komplizierte Botschaften über sich und seine Einstellungen zu anderen Menschen, einschließlich seiner Konflikte und anderer Schwierigkeiten aussenden.

Weiterführende Literatur

Bersheid, E. and Walster, E. (1974) Physical attractiveness, *Advances in Experimental Social Psychology* 7: 158-215.
Flugel, J. C. (1930) The Psychology of Clothes, London: Hogarth Press.
Knapp, M. L. (1972) Nonverbal Communication in Human Interaction, New York: Holt, Rinehart & Winston.
Stone, G. P. (1970) Chapters 25 and 43 in *G. P. Stone* and *H. A. Farberman* (eds.) Social Psycholgy through Symbolic Interaction, Waltham, Mass: Ginn, Blaisdell.

Zitierte Literatur

Barthes, R. (1967) Elements of Semiology, London: Cape.
Dion, K., Bersheid, E., and Walster, E. (1972) What is beautiful is good, *Journal of Personality and Social Psychology* 24: 285-290.
Efran, M. G. (1974) The effect of physical appearance on the judgement of guilt, interpersonal attraction, and severity of recommended punishment in a simulated jury task, *Journal of Experimental Research in Personality* 8: 45-54.
Freedman, D. G. (1969) The survival value of the beard, *Psychology Today* 3: 36-9.
Gibbins, K. (1969) Communication aspects of women's clothes and their relation to fashionability, *British Journal of Social and Clinical Psychology* 8: 301-12.
Goffman, E. (1956) The Presentation of Self in Everyday Life, Edinburgh: Edinburgh University Press; dt.: Wir alle spielen Theater. Die Selbstdarstellung im Alltag, Piper, München 1969.
Hallpike, C. R. (1969) Social hair, *Man* 4: 256-64.
Hamid, P. N. (1968) Style of dress as a perceptual cue in impression formation, *Perceptual and Motor Skills* 26: 904-6.
Hurlock, E. B. (1929) Motivation in fashion, *Archives of Psychology* 111.
Iliffe, A. H. (1960) A study of preference in feminine beauty, *British Journal of Psychology* 51: 267-73.
Jourard, S. M. and Secord, P. F. (1955) Body-cathexis and personality, *British Journal of Psychology* 46: 130-8.
Kurtzberg, R. L., Safar, H., and Cavior, N. (1968) Surgical and social rehabilitation of adult offenders, *Proceedings of the Seventy-Sixth Annual Convention of the American Psychological Association* 3: 649-50.
Lambert, S. (1972) Reactions to a stranger as a function of style of dress, *Perceptual and Motor Skills* 35: 711-12.
Polhemus, T. (1973) Fashion, anti-fashion and the body image, *New Society* 11 October.

Roach, M. E. and *Eicher, J. B.* (eds.) (1965) Dress, Adornment and the Social Order, New York: Wiley.

Singer, J. E. (1964) The use of manipulation strategies: Machiavellianism and attractiveness, *Sociometry* 27: 128-50.

Sissons, M. (1970) The psychology of social class, in: Money, Wealth and Class, London: Oxford University Press.

Stone, G. P. (1970) Appearance and the self, in: *G. P. Stone* and *H. A. Farberman* (eds.) Social Psychology through Symbolic Interaction, Waltham, Mass.: Ginn-Blaisdell.

Stroebe, W. et al. (1971) Effects of physical attractiveness, attitude similarity, and sex on various aspects of interpersonal attraction, *Journal of Personality and Social Psychology* 18: 79-91.

Veblen, T. (1899) The Theory of the Leisure Class, New York: Viking Press.

Walster, E. et al. (1966) Importance of physical attractiveness in dating behaviour, *Journal of Personality and Social Psychology* 4: 508-16.

Wells, W., and *Siegel, B.* (1961) Stereotyped somatotypes, *Psychological Reports* 8: 77-8.

18 Nonverbale Vokalisierungen

a) Einführung

Wie wir oben gesehen haben, kommunizieren viele Tierarten untereinander mit Lauten. Vögel beispielsweise haben spezifische Rufe, mit denen sie vor Räubern warnen, sich zur Paarung zusammenfinden, von den Mitgliedern ihrer Familien wiedererkannt werden und ihr Territorium behaupten. Auch bei den Menschen sind nonverbale Laute gebräuchlich: Lachen, Weinen, Stöhnen, Zischen und dergleichen, wenn wir auch unsere Stimmen hauptsächlich für das Sprechen verwenden. Eine nonverbale Kommunikation ist dabei in zweifacher Hinsicht beteiligt: Erstens gibt es verschiedene Aspekte der Stimmbeschaffenheit, die sich nicht auf die Inhalte des Sprechens beziehen: der Tonfall, der Gefühle und Einstellungen zu anderen Menschen zum Ausdruck bringt, der Typ der Stimme und der Akzent, der etwas über die Persönlichkeit und über Gruppenzugehörigkeiten mitteilt. Zweitens gibt es stimmliche Eigenschaften, die näher mit dem Sprechen verbunden sind: die Bedeutung des Sprechens durch Stimmhöhe, Betonung und zeitliche Abstimmung ergänzen, die verbalen Inhalte kommentieren und die Synchronisierung der Äußerungen lenken.

Alle Vokalisierungen basieren auf einer Abfolge von Lauten, wobei jeder Laut aus einer Zuteilung von Frequenzen unterschiedlicher Intensität besteht. Wir abstrahieren und dekodieren bestimmte Aspekte dieser Lautfolgen als Phoneme, die zu bedeutungstragenden Aussagen zusammengefügt werden. Jedoch abstrahieren und dekodieren wir auch andere Aspekte, wie zum Beispiel Gefühl und Akzent. Wir haben oben gesehen, daß ein Vogelgesang auch verschiedenartige Mitteilungen zugleich kommunizieren kann: Spezies, Identität, Warnung vor einem Räuber, dessen Spezies, einen bestimmten Abstand von ihm. Das ist ein sehr gutes Beispiel für die Verwendung desselben Sende- und Empfangssystems, um ganz verschiedenartige Signale gleichzeitig auszusenden. Diese verschiedenen Signale kann man in der folgenden Weise verdeutlichen:

Abbildung 18.1

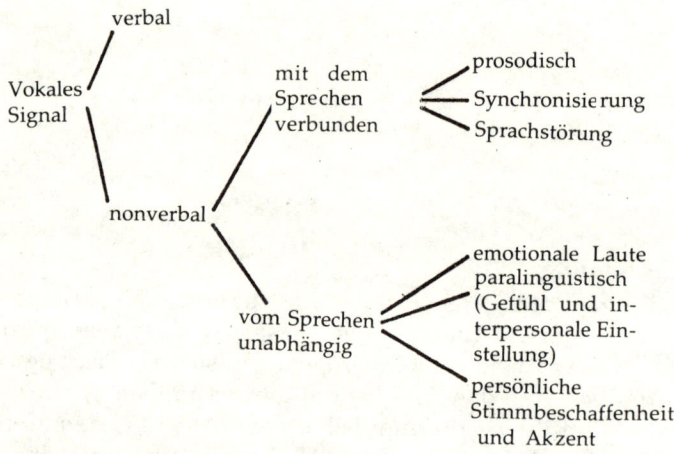

b) Gefühle

Man hat festgestellt, daß folgende Aspekt von Vokalisierung Gefühle zum Ausdruck bringen:

Schnelligkeit

Lautstärke

Stimmhöhe

Sprechstörungen

Stimmbeschaffenheit, z.B. Hauchen, Resonanz.

Das Enkodieren von Gefühlen wurde untersucht, indem Versuchspersonen aufgefordert wurden, verbale Materialien so zu lesen, *als ob* sie wütend, glücklich usw. wären. Andere Experimentatoren haben wirkliche emotionale Zustände induziert; zum Beispiel wurde Angst verursacht, indem Versuchspersonen über Gegenstände ausgefragt wurden, die bekanntermaßen für sie beunruhigend sind, oder sie wurden wütend gemacht und dergleichen. Die so hervorgebrachten Vokalisierungen wurden dann nach Lautstärke, Schnelligkeit usw. physikalisch gemessen.

Bei der Untersuchung des Dekodierens wurden verschiedene Techniken angewandt, um die Wirkungen des verbalen Inhalts zu eliminieren. Es wurden Tonbandaufnahmen vorbereitet, auf denen Sprecher in verschiedenen Gefühlszuständen das Alphabet rezitieren oder Zahlen lesen oder denselben neutralen Satz sprechen, wie z.B. bei *Davitz*: ,,Ich gehe jetzt weg und werde den ganzen Nachmittag nicht zurücksein; wenn jemand anruft, sage ihm nur, daß ich nicht da bin.'' Eine andere Methode ist die Verwendung eines elektronischen Filters, der die höheren Frequenzen und damit die verbalen Inhalte eliminiert - allerdings gehen meiner Meinung nach dabei auch manche der nonverbalen Inhalte verloren.

Scherer (1974) hat drei Untersuchungen durchgeführt, in denen auf einem Moog-Synthesizer akustische Stimuli produziert wurden, die sich im Hinblick auf eine Reihe von akustischen Dimensionen unterschieden, und Versuchspersonen wurden aufgefordert, sie nach Gefühlen zu dekodieren. Die wichtigsten Ergebnisse werden im Folgenden gezeigt:

Begleiterscheinungen von akustischen Dimensionen

Veränderung der Amplitude	mäßig	Vergnügen, Aktivität, Glück
	extrem	Furcht
Veränderung der Tonhöhe	mäßig	Ärger, Langeweile, Abscheu, Furcht
	extrem	Vergnügen, Aktivität, Glück, Überraschung
Kontur der Tonhöhe	abwärts	Vergnügen, Langeweile, Trauer
	aufwärts	Stärke, Ärger, Furcht, Überraschung
Niveau der Tonhöhe	niedrig	Vergnügen, Langeweile, Trauer
	hoch	Aktivität, Stärke, Ärger, Furcht, Überraschung
Tempo	langsam	Langeweile, Abscheu, Trauer
	schnell	Vergnügen, Aktivität, Stärke, Ärger, Furcht, Glück, Überraschung.

Lalljee (1971) hat eine Untersuchung durchgeführt, in der Sätze in verschiedener Weise gesprochen und dann dekodiert wurden. Seine Ergebnisse entsprechen denen von Scherer, aber er hat zusätzlich festgestellt, daß gefüllte und nicht gefüllte Pausen einen Einfluß haben auf die Wahrnehmung der Gefühle. Äußerungen mit zahlreichen gefüllten Pausen (hm und äh) wurden als ängstlich oder gelangweilt interpretiert, Äußerungen mit zahlreichen nicht gefüllten Pausen als ängstlich, zornig oder verächtlich.

Ein anderer Aspekt des Sprechens ist die Stimmbeschaffenheit. *Donald Hayes* hat festgestellt, daß ein steigender Ton positiv bewertet wird (d.h. als fröhlich), ein fallender wird als negativ (als deprimiert) und ein gleichbleibender Ton wird als neutral angesehen.

Ein Problem dabei ist, daß Gefühle in verschiedener Weise zum Ausdruck gebracht werden; während zum Beispiel die meisten Leute schneller reden, wenn sie Angst haben, so reden andere, für die die Angst gewöhnlich ist, dann langsamer. Und während die meisten in einer niedrigen Tonhöhe reden, wenn sie deprimiert sind, so werden andere in einem höheren Ton nur flüstern. Wenn jemand seine Gefühle in einer ungewöhnlichen Weise zum Ausdruck bringt, wäre zu erwarten, daß andere Schwierigkeiten haben werden, sie zu interpretieren. *Davitz* hat in Experimenten, die weiter unten beschrieben werden, festgestellt, daß die Genauigkeit, in der Äußerungen von Sprechern richtig erkannt wurden, zwischen 25 und 50 Prozent schwankte.

Es gab so manche Kontroverse darüber, wie weit man aus inhaltslosen Materialien Gefühle richtig identifizieren könne. Im Durchschnitt werden 30 - 45 Prozent richtig identifiziert, was etwas unter der entsprechenden Zahl bezüglich der Mimik liegt, wenn eine Auswahl von vierzehn Gefühlen verwendet wird. Es können auch deutliche Unterscheidungen getroffen werden, wenn die höheren Frequenzen durch einen Bandfilter entfernt wurden.

Davitz (1964) und seine Kollegen haben eine Reihe von Untersuchungen mit Bandaufnahmen durchgeführt, auf denen neutrale Sätze zum Ausdruck von zehn oder vierzehn verschiedenen Gefühlen rezitiert werden. Dem mag entgegengehalten werden, daß die Akteure die Gefühle nicht in einer natürlichen Weise zum Ausdruck bringen würden, aber die Forscher haben sich bemüht, die Sprecher in den jeweiligen emotionalen Zustand zu versetzen, indem diese sich entsprechende Situationen vorstellen. Manche Gefühle sind leichter als andere zu beurteilen; *Levitt*, einer aus der Davitz-Gruppe, hat festgestellt, daß Furcht und Zorn die Gefühle sind, die aus dem Tonfall am leichtesten erkannt werden (vgl. S. 112). Häufig verwechselte Gefühle sind Liebe und Traurigkeit, Stolz und Zufriedenheit. Manche Beurteiler können besser als andere aus dem Tonfall Gefühle erkennen - in den Untersuchungen von *Davitz* schwankte die Genauigkeit zwischen 20 und 50 Prozent. Es wurde festgestellt, daß Leute, die hierbei am besten sind, auch die besten Fähigkeiten haben, Gesichtsausdrücke zu beurteilen und selbst Gefühle in der Mimik oder im Tonfall zum Ausdruck zu bringen, und auch intelligenter sind. Die Sensitivität könnte hier ziemlich schnell durch einfache Übungen mit einem Tonbandgerät vergrößert werden.

c) Interpersonale Einstellungen

Hier finden manche Überschneidungen mit Gefühlen statt, da in der Stimme kein Unterschied gemacht wird zwischen Zorn oder Liebe als Gefühlszuständen und als Einstellungen zu einzelnen

Personen. So hat zum Beispiel *Davitz* in seinen Untersuchungen zwischen beidem nicht unterschieden und Bewunderung, Zuneigung, Belustigung, Zorn, Langeweile, Verzweiflung, Abscheu, Abneigung, Furcht, Ungeduld miteinbezogen - das alles kann sich auf andere Leute beziehen. Der *Autor* und Kollegen haben in einer Reihe von Untersuchungen mit Tonfall (beim Aufzählen von Zahlen), Mimik und Kopfhaltung einige interpersonale Stile entwickelt. Bei Freundlichkeit, Feindseligkeit, Überlegenheit und Unterlegenheit hatten wir keine Schwierigkeit, einen entsprechenden Tonfall zu gestalten. *Mehrabian* (1972) hat festgestellt, daß der Tonfall etwas weniger als die Mimik, jedoch viel stärker als die sprachlichen Inhalte dazu beitragen, von interpersonalen Einstellungen einen Eindruck zu gewinnen (vgl. oben S. 124). In einem anderen Forschungsprojekt haben Mehrabian und seine Kollegen die Stimme von Leuten untersucht, die überzeugend zu sein versuchen; sie sprachen schneller, viel lauter, mit einem größeren Umfang in der Tonhöhe und der Lautstärke und mit einer regelmäßigeren Geschwindigkeit. Leute, die so sprachen, wurden als überzeugender wahrgenommen. Aber konnten Leute, die besser sprachen, tatsächlich überzeugen? In einer Reihe von Experimenten wurde die Anzahl der Stockungen und anderer Aspekte beim Reden variiert. Leute, die fließender sprachen, wurden zwar als kompetenter angesehen, aber nicht als glaubwürdiger oder zuverlässiger; und so ist es nicht erwiesen, daß sie tatsächlich glaubwürdiger sind.

d) Stimme und Persönlichkeit

Allein aus der Stimme kann man Schlüsse ziehen über persönliche Charaktereigenschaften, wenn auch solche Schlüsse oft unrichtig sind. In einem gewissen Maße sind stimmliche Signale das Ergebnis eines absichtlichen Enkodierens: jemand kann seinen Akzent verändern. Folgende Aspekte der Stimme beziehen sich auf andere Aspekte der Persönlichkeit:

Lautstärke, Tonhöhe und andere Signale für Gefühle
Persönliche Stimmbeschaffenheit, z.B. Resonanz, Atmung
Akzent, bezogen auf Gesellschaftsschicht oder Region.

Gesellschaftsschicht

In England und in vielen anderen Ländern zeigen sich in dem Akzent Schichtenunterschiede, und zwar als Ergebnis von historischen Entwicklungen, wie z.B. die Verbreitung eines bestimmten Akzents durch die viktorianische Public School, oder eines anderen durch die B.B.C.. In einigen Experimenten in England und in den USA wurde gezeigt, daß die Gesellschaftsschicht allein aus dem Akzent geschlossen werden kann. *Mary Sissons* hat in Oxford festgestellt, daß der Akzent und die Kleidung die beiden besten Einzelhinweise auf die Gesellschaftsschicht seien. Viele Leute versuchen, ihren Akzent in Richtung auf den Akzent einer höheren Gesellschaftsschicht hin zu verändern, doch das ist schwierig durchzuführen. *Ellis* (1967) hat festgestellt, daß bei Leuten, die den Akzent einer Oberschicht imitieren, immer noch ihre tatsächliche Gesellschaftsschicht mit einer Korrelation von 0.65 beurteilt werden konnte. In einer anderen Untersuchung wurde festgestellt, daß man im Streß dazu neigt, zu einem früheren Akzent zurückzukehren. Wenn man andererseits, wie *Labov* (1972) festgestellt hat, sorgfältig redet oder wenn Versuchspersonen zu lesen aufgefordert werden, dann modifizieren sie die Vokale in Richtung auf den Akzent der Oberschicht. Das gilt besonders für niedere Gesellschaftsschichten; wenn Leute aus der Oberschicht informell reden, verlagern sie den Akzent in ganz geringem Maße nach unten. In England hat man eine Hierarchie der Akzente von unterschiedlichem Status festgestellt: „vorschriftsmäßige Aussprache", dann der Akzent von Yorkshire und andere angesehene regionale Akzente und schließlich die Akzente der mittelenglischen Industriestädte. Aus dazwischenliegenden Akzenten können auch feinere Statusunterschiede erfaßt werden. Diese Akzente haben manche eindeutige vokale Merkmale. Die Akzente der Mittelschicht und der Gebildesten weisen eine klarere Artikulation und mehr Intonation auf und sind weniger verschwommen; Konsonanten werden klarer ausgesprochen und es wird weniger über Worte gestolpert. Das ist noch nicht alles, da die Akzente noch zusätzliche Merkmale haben, die ziemlich willkürlich sind und einzig dazu dienen, die Gesellschaftsschicht anzuzeigen.

Rassische und kulturelle Gruppen

Ohne Zweifel können rassische und kulturelle Gruppen aus ihrem Akzent erkannt werden. In Großbritannien können die meisten Leute schottische, walisische und mittelenglische Akzente unterscheiden, und manche können noch viel feinere regionale Unterschiede feststellen. Interessanter ist, welche Wirkung der Akzent auf die Eindrücke ausübt, die man von der Persönlichkeit des Sprechenden hat. In einer Reihe von Untersuchungen wurden Versuchspersonen aufgefordert, die Stimme desselben Sprechers in zwei verschiedenen Akzenten zu beurteilen (*matched guise technique*). *Anisfield* und Kollegen (1962) haben in Amerika festgestellt, daß

Sprecher mit einem jüdischen Akzent als kürzer angebunden, weniger gut aussehend und in einer niedrigeren Stellung betrachtet wurden - von Juden ebenso wie von Nichtjuden. Von Juden, aber nicht von Nichtjuden, wurden sie auch als humorvoller, unterhaltsamer und freundlicher angesehen. *Lambert* (1960) stellte in Montreal fest, daß Sprecher mit einem franko-kanadischen statt mit einem anglo-kanadischen Akzent als weniger intelligent, liebenswürdig, zuverlässig, gut aussehend, groß, freundlich und strebsam angesehen wurden - sowohl von Anglokanadiern als auch von Frankokanadiern. *Kleiven* hat bei seinen Forschungen in Norwegen Stereotypen herausbekommen, aber diese wirkten sich hinsichtlich der Bewertung nicht so stark aus, da er Skalen wählte, die jede Gruppe begünstigten.

Bei diesen und anderen Untersuchungen wurde häufig festgestellt, daß dieselben Stereotypen von beiden Gruppen geteilt wurden, von denen die eine Gruppe eine Minderheitsgruppe war oder ungünstige Eigenschaften zugesprochen bekam. Offensichtlich findet in diesen Fällen ein Vorgang in zwei Stufen statt: durch den Akzent wird die Gruppenzugehörigkeit des Sprechenden identifiziert, und dann werden die Stereotypen über diese Gruppe auf ihn angewandt. In anderen Untersuchungen wurden ähnliche Ergebnisse erbracht, indem nur nach den Charaktereigenschaften von verschiedenen Gruppen gefragt wurde. Jedoch diese Methode drängt die Versuchspersonen eher dazu, Stereotypen zum Ausdruck zu bringen, die sie vielleicht gar nicht haben und die vielleicht kaum Bedeutung haben, wenn weitere Informationen verfügbar sind. In einer anderen frankokanadischen Untersuchung haben *Gardner* und *Taylor* (1968) festgestellt, daß Versuchspersonen Stereotypen auf die Sprecher anwenden würden, wenn die Sprecher durch den Kontext ihrer Rede nicht sehr deutlich machen, daß die Stereotypen nicht zutreffen.

Lambert (1960) und andere haben festgestellt, daß Akzente im wesentlichen nach drei Dimensionen beurteilt werden: Kompetenz, Integrität und Attraktivität. *Cheyne* (1970) und *Giles* (1971) stellten fest, daß eine vorschriftsmäßige Aussprache als am stärksten kompetent beurteilt wurde, während verschiedene regionale Akzente als von höherer Integrität und Attraktivität angesehen wurden, besonders von Leuten aus der betreffenden Gegend.

Der Akzent eines Menschen stammt im wesentlichen aus dem kulturellen Milieu, in dem er aufgewachsen ist. Jedoch sind die meisten Menschen mehr als einem Akzent ausgesetzt, so daß der Akzent, den sie sich aneignen, ihre Einstellungen zu der jeweiligen

Gruppe widerspiegelt und auch, wie weit sie sich mit dieser Gruppe identifizieren. Darüberhinaus verändert man oft seinen Akzent, je nachdem mit wem man gerade redet. Schulkinder sind auf diese Weise häufig „zweisprachig", insofern sie zuhause und in der Schule in verschiedenen Akzenten reden. Während eine solche Konvergenz allgemein üblich ist, so werden manche auch von dem Akzent der angesprochenen Person divergieren; zum Beispiel wird vielleicht jemand aus der unteren Mittelschicht einen Arbeiterakzent annehmen, wenn Leute aus der oberen Mittelschicht dabei sind. Solche Veränderungen, ähnlich wie Veränderungen in der Körperhaltung oder der räumlichen Stellung, zeigen das Bedürfnis einer Person, sich jemandem anzupassen oder sich von ihm abzusetzen.

Demographische Merkmale

Die Stimme verändert sich mit dem Alter, wenn auch bei Männern sehr viel stärker als bei Frauen, und somit fungiert sie auch als ein Signal für das Alter. Allgemein bekannt sind die geschlechtlichen Utnerschiede der Stimmbeschaffenheit, obwohl manche auch darin von ihrem Geschlecht abweichen. In einigen Untersuchungen ging es darum, wie gut der Beruf aus der Stimme erkannt werden kann. Die einzigen, die mehr als durch Zufall richtig erkannt wurden, waren Geistliche und (in einer englischen Untersuchung vor dem Krieg) Schauspieler. Die Beziehung zwischen dem Beruf und der Stimme ist wahrscheinlich auf eine besondere Sprecherziehung in diesen Berufen zurückzuführen.

Individuelle Persönlichkeit

Einzelne Menschen sind ebenso wie einzelne Vögel durch ihre Stimmen klar zu erkennen. Manche Eindrücke, die durch die Stimme eines Menschen hervorgerufen werden, basieren auf den Gefühlen, die er zu haben scheint. *Lalljee* (1971) hat festgestellt, daß die gewöhnlichen Sprechstimmen verschiedener Leute sich im Hinblick auf Ängstlichkeit, Ärgerlichkeit oder Heiterkeit so stark unterscheiden, so daß Versuchspersonen sie so einordnen, als würden sie dieses darstellen.

Hunt und *Lin* (1967) stellten fest, daß Versuchspersonen die Persönlichkeit von zwei Sprechern deutlich besser als zufällig, verglichen mit deren Selbsteinschätzung, nach folgenden Charakterzügen beurteilen konnten:

wuchtig	-	sanft
anspruchsvoll	-	zurückhaltend
realistisch	-	idealistisch
kühn	-	vorsichtig

Bei den folgenden Zügen aber waren die Beurteilungen nicht besser als zufällig:

flink	-	langsam
ordentlich	-	nachlässig
ernst	-	humorvoll
kollegial	-	wetteifernd

Anscheinend können manche Charakterzüge aus der Stimme besser erkannt werden als andere. In manchen Fällen konnte herausgefunden werden, wie die Charakterzüge in der Stimme kodiert werden. *Scherer* (1970) stellte fest, daß Amerikaner nur die Geselligkeit korrekt aus der Stimme erkennen konnten - im Sinne des Selbstbildes des Sprechers, wobei Lautstärke, Resonanz, kein Hauchen und keine Düsterheit als Signale dienten. Deutsche konnten bei deutschen Sprechern ein anspruchsvolles Verhalten richtig identifizieren; hier besteht eine Verbindung zwischen Dominanz und Lautstärke, niedriger Tonhöhe und Resonanz. Man hat festgestellt, daß Leute mit einem starken Durchsetzungsvermögen schneller sprechen, mit mehr Intonation und größerer Tonhöhe und selbstsicherer und selbstbewußter klingen.

Die Stimmen von psychisch Kranken wurden von *Ostwald* (1963) und anderen mithilfe eines Sprach-Spektrographen untersucht. Er beschreibt vier Arten von Stimmen, die er allgemein bei Patienten und anderen festgestellt hat: (1) die „scharfe Stimme", oft als klagend, quengelig, hilflos oder infantil beschrieben, die sich hauptsächlich bei neurotischen Patienten findet, (2) die „fade Stimme", interpretiert als schlaff, entnervt, kränklich, hilflos, die sich bei unselbständigen und depressiven Patienten findet; (3) die „dumpfe Stimme", mit wenigen hohen Frequenzen, dekodiert als leblos und leer, die sich bei hirngeschädigten Patienten und bei solchen mit einer allgemeinen Schwäche, Debilität und Erschöpfung findet; (4) die „kräftige Stimme", schwungvoll, eindrücklich und erfolgreich, die sich nicht bei vielen Patienten, wohl aber bei gesunden, selbstsicheren, extravertierten Leuten findet. *Ostwald* hat festgestellt, daß die Stimmen der Patienten sich während der Therapie verändern, von abnormalen zu lauteren, robusteren und volltönenderen Stimmen.

Addington (1968) stellte fest, daß männliche Sprecher (bei Frauen sind die Ergebnisse anders) bezüglich ihrer Persönlichkeit folgendermaßen beurteilt werden, wenn sie verschiedene Redestile annehmen:

hauchend - jünger, künstlerischer
fad - männlicher, schwerfällig, kühl, zurückhaltend
nasal - sozial unerwünscht in verschiedener Weise
angespannt - älter, unbeugsam, rechthaberisch
kehlig - älter, realistisch, reif, weltoffen, gut angepaßt
volltönend - energisch, gesund, künstlerisch, weltoffen, stolz,
    interessant, enthusiastisch
schnell - lebendig, extravertiert
abwechslungsreich in der Tonhöhe - dynamisch, feminin, ästhe-
    tisch veranlagt.

e) Nonverbale Vokalisierungen beim Sprechen

Manche nonverbale Vokalisierungen sind eng mit dem Sprechen verbunden. Manche von ihnen, die sogenannten prosodischen Signale, werden tatsächlich oft als Teil des Sprechens selbst angesehen. Wir vertreten den Standpunkt, daß ein großer Bereich von nonverbalen Signalen in verschiedener Weise sich auf das Sprechen bezieht und als ein Bestandteil eines umfassenden Kommunikationssystems angesehen werden kann, in dem das Sprechen eine zentrale Bedeutung hat.

Zeitliche Abstimmung, Tonhöhe und Lautstärke werden miteinander verbunden, um für jeden Satz ein Muster zu bilden; zusätzlich werden mit anderen Aspekten der Stimmbeschaffenheit die einzelnen Sätze ,,eingerahmt'', d.h. um beispielsweise zu zeigen, ob ein Satz ernsthaft oder als Scherz zu verstehen ist. Prosodische Signale wurden mit linguistischen Methoden untersucht, d.h. durch intensive Studien, welche Sprechmuster innerhalb einer Sprache verwendet werden. Früher wurden meistens nur ziemlich wenige Sprechbeispiele untersucht. Wir wollen auf eine Untersuchung von *Crystal* (1969) zurückgreifen, die auf einer drei Stunden dauernden Unterredung von dreißig gebildeten Engländern basiert. Er berichtet nichts von irgendwelchen Statistiken, aber er sagt, daß viele der von ihm herausgefundenen Regeln in einer hochgradigen Regelmäßigkeit befolgt wurden, wenn wir auch nicht wissen, wie genau die Regeln, von denen er berichtet, befolgt werden.

Zeitliche Abstimmung

Äußerungen unterscheiden sich in der Geschwindigkeit; zum Beispiel ein untergeordneter Nebensatz wird schneller gesprochen, und zur Betonung dient eine langsamere Geschwindigkeit. Pausen

334

sind beim Reden häufig. Pausen unter einer fünftel Sekunde werden zur Betonung benutzt, längere Pausen, um grammatische Nahtstellen zu signalisieren, zum Beispiel das Ende eines Satzes oder eines Nebensatzes. Andere Pausen treten auch mitten in einem Nebensatz auf und werden vielleicht mit Stockungen zusammenfallen, wie etwa Wiederholungen oder Abänderungen des Satzes.

Tonhöhe

In jeder Sprache gibt es für verschiedene Arten von Sätzen feststehende Muster in der Tonhöhe. Im Englischen beispielsweise werden Fragen, die mit ,,How", ,,What" usw. beginnen, mit einer fallenden Tonhöhe gesprochen; aber Fragen mit einer Inversion von Subjekt und Verb werden mit einem ansteigendem Ton gesprochen. Wiederum scheinen derartige Ergebnisse eine Sache von Wahrscheinlichkeit und nicht universal gültig zu sein. Die Muster der Tonhöhe können abgewandelt werden, um eine Äußerung ,,einzurahmen" oder ihr eine weitere Bedeutung hinzuzufügen. ,,Where are you going?" mit einem steigenden Ton auf dem letzten Wort ist eine freundliche Frage, während sie mit einem fallenden Ton mißtrauisch und feindlich ist. Das bringt mehr als eine paralinguistische Einstellung zu dem Empfänger der Frage zum Ausdruck; es zeigt zusätzliche Gedanken des Sprechenden, und es zeigt, welche Art von Antwort notwendig ist. Die Muster der Tonhöhe können die gesprochenen Worte in sarkastischer Weise negieren, oder auch, wenn das Wort ,,ja" mit einem derartigen Widerwillen gesprochen wird, um zu zeigen, daß eigentlich ,,nein" gemeint ist. Durch Veränderungen in der Tonhöhe können auch einzelne Wörter akzentuiert werden, wenn das auch gewöhnlich durch Lautstärke getan wird.

Lautstärke

Das prosodische System jeder Sprache umfaßt Regeln, mit welcher Lautstärke die Worte in den verschiedenen Arten von Sätzen gesprochen werden. Im Englischen werden gewöhnlich die wichtigsten Substantive und Verben betont. Derselbe Satz kann verschiedene Bedeutungen erhalten, wenn verschiedene Wörter betont werden, wie z.B. in dem Satz ,,They are hunting dogs"; oder aber der Satz behält dieselbe Grundbedeutung, aber die Aufmerksamkeit wird auf verschiedene Teile der Mitteilung gelenkt, wie z. B. in dem Satz ,,Professor Browns Tochter liebt moderne Musik": jedes Wort könnte besonders betont werden, und das könnte die

Bedeutung des Satzes verändern. Wenn *Tochter* betont wird, dann wird damit implizit auf einen *Sohn* Bezug genommen - in diesem Falle bezieht sich ein nonverbales Signal auf ein abwesendes Objekt (oder bestärkt eine solche Bezugnahme). Man kann beim Reden feine Unterscheidungen treffen, indem man einige Wörter sehr leise spricht.

Duncan und *Rosenthal* (1968) stellten fest, daß das Ausmaß der Betonung von Wörtern, die den Versuchspersonen in den Anleitungen gesagt werden, eine deutliche Auswirkung auf ihre Reaktionen hatte. Versuchspersonen wurden aufgefordert, ,,Erfolg'' oder ,,Mißerfolg'' von auf Photos gezeigten Leuten zu beurteilen. Es zeigte sich eine Korrelation von 0.74 zwischen den Beurteilungen und dem Ausmaß der Betonung, das der Versuchsleiter auf die Wörter ,,Erfolg'' und ,,Mißerfolg'' bei der Beschreibung der zu verwendenden Skalen legte.

Weiterführende Literatur

Robinson, P. (1972) Language and Social Behaviour, Harmondsworth: Penguin Books.

Moscovici, S. (ed.) (1972) The Psychosociology of Language, Chicago: Markham.

Zitierte Literatur

Addington, D. W. (1968) The relationship of selected vocal characteristics to personality perception, *Speech Monographs* 35: 492-503.

Anisfield, M., Bogo, N. and *Lambert, W.* (1962) Evaluation reactions to accented English speech, *Journal of Abnormal and Social Psychology* 65: 223-31.

Argyle, M., Salter, V., Nicholson, H., Williams, M. and *Burgess, P.* (1970) The communication of inferior and superior attitudes by verbal and non-verbal signals, *British Journal of Social and Clinical Psychology* 9: 221-31.

Cheyne, W. M. (1970) Stereotyped reactions to speakers with Scottish and English regional accents, *British Journal of Social and Clinical Psychology* 9: 77-9.

Crystal, D. (1969) Prosodic Systems and Intonation in English, Cambridge: Cambridge University Press.

Davitz, J. R. (1964) The Communication of Emotional Meaning, New York: McGraw-Hill.

Duncan, S. D. and *Rosenthal, R.* (1968) Vocal emphasis in experimenter's instruction reading as unintended determinant of subjects' responses, *Language and Speech* 11: 20-6.

Ellis, D. S. (1967) Speech and social status in America, *Social Forces* 45: 431-51.

Gardner, R. C. and *Taylor, D. M.* (1968) Ethnic stereotypes: their effects on person perception, *Canadian Journal of Psychology* 22: 267-76.

Giles, H. (1971) Patterns of evaluation in reactions to RP, South Welsh and Somerset accented speech, *British Journal of Social and Clinical Psychology* 10: 280-1.

Hunt, R. G., and *Lin, T. K.* (1967) Accuracy of judgements of personal attributes from speech, *Journal of Personality and Social Psychology* 6: 450-3.

Labov, W. (1966) The Social Stratification of Speech in New York City, Center for Applied Linguistics, Washington, D.C.

Labov, W. (1972) On the mechanism of linguistic change, in: *J. J. Gumperz* and *D. Hymes* (eds.) Direction in Sociolinguistics, New York: Holt, Rinehart and Winston.

Lalljee, M. G. (1971) Disfluencies in Normal English Speech, Oxford, D.Phil. thesis.

Lambert, W. E., Hodgson, R. C., Gardner, R. C. and *Fillenbaum, S.* (1960) Evaluational reactions to spoken languages, *Journal of Abnormal and Social Psychology* 60: 44-51.

Mehrabian, A. (1972) Nonverbal Communication, Chicago: Aldine-Atherton.

Ostwald, P. F. (1963) Soundmaking, Springfield, Ill.: Charles C. Thomas.

Scherer, K. R. (1970) Non-verbale Kommunikation, Hamburg: Helmut Buske.

Scherer, K. R. (1974) Acoustic concomitants of emotional dimensions: judging effect from synthesized tone sequences, in: *S. Weitz*(ed.) Nonverbal Communication, New York: Oxford University Press.

Teil IV

Ergebnisse und weitere Konsequenzen

19 Ergebnisse und weitere Konsequenzen

a) Warum verwenden die Menschen Körpersprache?

Wir können uns viel besser als Tiere über viele Dinge mittels der Sprache verständigen. Warum aber bedienen wir uns dann nicht für alle Mitteilungszwecke der Sprache? Nach unseren bisherigen Untersuchungen legen sich folgende Gründe nahe:

(1) Bereiche ohne verbale Kodierung.
Es gibt relativ wenige Wörter für Formen, außer einigen sehr einfachen. Vielleicht hat die Entwicklung der Sprache in diesem Bereich versagt, zumal Formen leicht mit Zeichnungen oder Handbewegungen nonverbal beschrieben werden können, so daß Wörter nicht nötig sind. Formen können jedenfalls bestimmt wirksamer vermittel werden, wenn Handbewegungen statthaft sind.
Ein anderer Bereich, dem eine wirksame verbale Kodierung fehlt, ist die Persönlichkeit. Informationen über die eigene Persönlichkeit werden nonverbal mitgeteilt. Einige bilden klare, aber im wesentlichen nicht verbalisierte Ausdrucksformen aus und wählen entsprechend einen angemessenen Stil ihres sozialen Verhaltens. Die Persönlichkeit eines anderen zu beschreiben, ist schwierig: zwar stehen dafür viele Wörter zur Verfügung, aber es ist nicht leicht, die richtigen zu finden, und diese können ganz verschieden verstanden werden.
Ähnliches gilt für den ganzen zwischenmenschlichen Bereich: Hierbei verständigen wir uns völlig ausreichend mittels unseres primitiven nonverbalen Rüstzeugs, so daß Wörter nicht notwendig sind und gewöhnlich auch gar nicht verwendet werden, ja, lästig und hinderlich sind, wenn man auf sie zurückgreift.

(2) Nonverbale Signale sind wirkungskräftiger.
Wie wir gesehen haben, sind nonverbale Signale zum Ausdruck von interpersonalen Einstellungen viel wirkungskräftiger als diesen zunächst ähnliche verbale Signale. Über die Gründe dafür können wir nur mutmaßen: Tiere haben ein weithin angeborenes nonverbales Signalsystem; teilweise haben wir dieses System geerbt.

Es wirkt direkt und läßt körperliche Reaktionen entstehen, die den Empfänger zum unmittelbaren Handeln animieren. Demgegenüber vermitteln verbale Signale gewöhnlich Informationen über die Außenwelt; die Information wird genau durchdacht, und mögliche Implikationen werden abgeklärt; im kognitiven Bereich des Empfängers findet manche Veränderung statt, aber das führt nicht zum Handeln, außer wenn es durch einen Lernvorgang mit einem Antrieb verbunden wird. Zwar können verbale Signale zu einem unmittelbaren Handeln führen, wenn z.B. gut trainierten Leuten Befehle gegeben werden, aber gewöhnlich ist die Wirkung von Wörtern schwächer und weniger direkt als die von nonverbalen Signalen.

(3) Nonverbale Signale werden weniger gut kontrolliert und sind deshalb eher echt.

Es ist eine vertraute Erfahrung, daß Worte nicht immer die Wahrheit ausdrücken. Es ist schwierig, in den Worten selbst klare Anhaltspunkte zu finden, die einem zeigen, ob der Redende die Wahrheit sagt oder nicht. Dafür ist man tatsächlich von nonverbalen Hinweisen abhängig, z.B. von der Art zu blicken oder dem Gesichtsausdruck.

Nonverbale Signale sind demgegenüber nicht so leicht zu kontrollieren und werden im allgemeinen für echt gehalten. Die wichtigste Ausnahme dabei ist der Gesichtsausdruck, besonders in Kulturen wie England und Japan, wo starke Konventionen bestimmen, daß man einen freundlich anschaut. Der Tonfall wird kontrolliert, und die meisten gebildeten Leute wissen, daß er kontrolliert wird. Aber die anderen nonverbalen Signale werden im allgemeinen viel weniger kontrolliert - außer von Schauspielern und von Leuten, die Sozialpsychologie studiert haben. Manche Signale, wie die Pupillengröße und Schwitzen, kann man nur dadurch in den Griff bekommen, daß man seinen Gefühlszustand verändert, was aber schwieriger ist als nur die Körpersignale zu verändern.

Höchstwahrscheinlich wird eine weiter verbreitete Kenntnis der Körpersprache zur Folge haben, daß mehr Leute ihr eigenes nonverbales Verhalten manipulieren und dem manipulierten Verhalten anderer Leute mißtrauen, so daß der Wert des nonverbalen Kommunikationssystems teilweise zerstört wird. Andererseits aber könnte eine größere bewußte Wahrnehmung der Körpersprache die sozialen Fertigkeiten und die Sensitivität erweitern. Man kann aber auch einwenden, daß menschliche Zivilisation sich von tierischem Leben teilweise darin unterscheidet, daß viele unmittelbaren Bedürfnisse unterdrückt werden, so daß man seinen aggressiven oder sexuellen Gefühlen nicht ständig Luft macht.

(4) Es wäre störend, wenn man seine Aufmerksamkeit auf einige Signale konzentrieren oder sie zu deutlich machen würde.
Wenn man mit jemandem verhandeln oder Beziehungen pflegen will, wäre es für einen sehr hinderlich, wenn er offen erklären würde, daß er den anderen z.b. nicht besonders gern mag oder sich für bedeutender als den anderen hält, oder auch, wenn beide über ihre Beziehung verschiedener Meinung wären. Vielleicht werden soziale Beziehungen aus diesem Grunde nonverbal gesteuert, an der Grenze zum Bewußtsein, während die Konversation oder der Verhandlungsgegenstand den verbalen Mitteilungskanal und das Bewußtsein hauptsächlich in Anspruch nehmen - selbst wenn die soziale Aufgabe viel wichtiger ist. Wie wir gesehen haben, kommen negative Einstellungen manchmal symbolisch in Riten zum Ausdruck (eine weitere Stufe der Indirektheit), um diese Gefühle ungefährlich entladen zu können (vgl. S. 180f).

Ebenso ist es für solche Angelegenheiten sehr vorteilhaft, wenn sie nicht zu deutlich sind: man kann sich seine Meinungen über andere Leute allmählich bilden und sie ändern, ohne zu endgültigen Beziehungen verpflichtet zu sein.

(5) Es ist sehr nützlich, zusätzlich zur Sprache einen zweiten Mitteilungskanal benutzen zu können.
Wir haben gerade gesehen, daß dieser zweite Kanal interpersonale Informationen übermittelt. Zusätzlich aber befördert er auch zur Unterstützung der Sprache manche Informationen, die in Worte zu fassen jedoch unwirksam und verwirrend wäre. Synchronisierende Signale könnten durch zusätzliche Wörter wie ,,Punkt'' oder ,,Ende der Mitteilung'' ersetzt werden, aber das würde Zeit in Anspruch nehmen; solche Synchronisierung läßt sich nonverbal viel schneller regeln. Ein Zuhörer könnte ein Feedback nicht in Worte fassen, ohne den Redenden ständig zu unterbrechen oder gleichzeitig zu reden, so daß solche Informationen eigentlich zwangsläufig dem visuellen nonverbalen Kanal zufallen. Nonverbale Signale des Redenden, die der verbalen Aussage etwas hinzufügen oder sie kommentieren, vergrößern die Komplexität der möglichen Mitteilungen enorm.

b) Entsprechungen und Unterschiede zwischen menschlicher und tierischer Körpersprache
Es gibt verblüffende Entsprechungen zwischen der tierischen und der menschlichen nonverbalen Kommunikation, was den Be-

weis erhärtet, daß einige menschliche nonverbale Mitteilungsformen angeboren sind. Tiere und Menschen werden mit denselben grundlegenden biologischen Problemen konfrontiert, und sie setzen sich damit auseinander, indem sie weithin dieselben sozialen Beziehungstypen ausbilden: Beide finden Geschlechtspartner, ziehen Junge auf, kooperieren in Gruppen, entwickeln Führungshierarchien und verteidigen sich gegen Feinde. Kommunikation dient dazu, diese Beziehungen zu schaffen und aufrechtzuerhalten, Gefühlszustände zum Ausdruck zu bringen und Informationen über einen selbst sowie über die Außenwelt zu übermitteln. Bei Tieren wie bei Menschen werden Signale durch Gesichtsausdruck, Tonfall, Körperhaltung, Gesten usw. ausgesendet - wenn es dabei auch einige Unterschiede gibt: z.B. spielt eine Veränderung der Körperfarbe bei Menschen nur geringe Rolle.

Der Hauptunterschied (abgesehen von der Sprache) liegt darin, daß Menchen diese grundlegenden Signale in umfassendere soziale Handlungen einordnen, die unter kognitiver Kontrolle stehen und durch die die nonverbalen Elemente Veränderungen erfahren können. Wie wir gezeigt haben, hat das Sozialverhalten eine hierarchische Struktur, wobei die kleineren Einheiten automatisch und spontan sind und die größeren Einheiten kognitive Entwürfe enthalten (vgl. S. 57f). Das gilt auch für die tierische Kommunikation, aber die Hierarchien sind beim Menschen viel weiter ausgebildet; das heißt, daß die menschliche nonverbale Kommunikation weniger direkt ist und daß sie die inneren Zustände in einer komplizierteren Weise wiederspiegelt. Zum Beispiel kann Lächeln im Sinne einer schmeichlerischen Taktik zu verstehen sein, statt daß es Vergnügen oder Zuneigung anzeigt. Der Mensch lernt mehr im Bereich der nonverbalen Kommunikation. Zwar ist die Grundlage z.B. für den mimischen Ausdruck von Emotionen angeboren, aber diese wird infolge von gesellschaftlichen Konventionen verschiedene Ausprägungen erfahren, z.B. bei welchen Gelegenheiten oder wie stark eine Emotion durch die Mimik gezeigt wird. Bei Tieren werden Kommunikationsvorgänge zumeist durch augenblickliche Stimuli und Erregungszustände unmittelbar ausgelöst. Bei den Menschen ergeben sich die Kommunikationsvorgänge, verbale wie nonverbale, teilweise aus kognitiven Prozessen, sie sind auf Fernziele hin ausgerichtet und von der jeweiligen Situation und deren Regeln in einer komplizierten Weise abhängig. Wie wir gesehen haben, können soziale Handlungen bewußt geplant und kontrolliert sein; wenn sie eher spontan sind, dann spielt sich Ähnliches ab, wenn auch auf die Darstellungsweise weniger bewußt geachtet wird.

Beim Menschen wird die nonverbale Kommunikation in verschiedener Hinsicht durch die Sprache beeinflußt. Die Bedeutung nonverbaler Signale kann teilweise aus verbalen Bezeichnungen und Kategorisierungen resultieren, wenn zum Beispiel Leute in Persönlichkeitstypen eingeteilt werden, und wenn sie versuchen, ein verbal definiertes Image darzustellen. Die Bedeutung nonverbaler Signale kann von verbal festgelegten Begriffsstrukturen abhängig sein, wie es bei Spielen und Ritualen der Fall ist. Soziale Handlungen ergeben sich zum Teil aus verbal formulierten Absichten, oder sie werden im nachhinein verbal gerechtfertigt oder erklärt. Jedoch kann der Einfluß der Sprache auch überbetont werden: wie wir gesehen haben, wird vieles Sozialverhalten nicht durch Worte vermittelt, und das Dekodieren der Signale vollzieht sich nicht notwendig in verbaler Weise, sondern es erzeugt eher einen kognitiv und sinnlich wahrnehmbaren Zustand, der teilweise, wenn auch nur vage bezeichnet wird und oft mit der Bereitschaft zu handeln verbunden ist.

Natürlich benutzt der Mensch die Sprache, und wir wollen unten erörtern, wie klar zwischen verbaler und nonverbaler Kommunikation zu unterscheiden ist. Wo Tiere Informationen über die Außenwelt (im Gegensatz zu eigenen Gefühlen und Absichten) nur ungenügend mitteilen können, da können wir komplexe Informationen schnell und präzise übermitteln. Wie wir jedoch gesehen haben, ist dieser verbale Austausch in verschiedener Weise von der Unterstützung durch nonverbale Mitteilungen abhängig (Synchronisierung, Feedback usw.), und diese bilden Formen der nonverbalen Kommunikation, die sich bei Tieren überhaupt nicht finden. Das typische Kommunikationsverhalten der Menschen besteht aus verbalen und nonverbalen Signalen und aus einer Kombination von zwei Mitteilungskanälen: dem auditiven und dem visuellen. Nonverbale Signale werden zumeist visuell wahrgenommen; während Laute unabhängig von der Ausrichtung der Ohren wahrgenommen werden können, sind visuelle Signale davon abhängig, ob der visuelle Kanal geöffnet ist und ob man in die entsprechende Richtung schaut. Deshalb ist der Blick im menschlichen Kommunikationsverhalten von zentraler Bedeutung, und er wird ein sehr wichtigs Kommunikationssignal.

Zwischen einigen menschlichen Ritualen und z.B. tierischen Werberitualen gibt es gewisse Entsprechungen. Beide dienen in ähnlicher Weise dazu, eine soziale Beziehung zu verändern. Jedoch sind die tierischen Rituale das Ergebnis biologischer Evolution, während menschliche Rituale hauptsächlich aus kulturellen Ent-

wicklungen entstanden sind, wenn sich auch hinter den Standard-
formen der *Rites de Passage* universale biologische Strukturen verbergen. Andere Rituale, wie solche, die einen religiösen Glauben
zum Ausdruck bringen, scheinen bei Tieren keine Entsprechung
zu finden. Damit kommen wir in einen Bereich, wo die nonverbale
Kommunikation dazu dient, Ideen zum Ausdruck zu bringen, die
über die Möglichkeiten der Sprache hinausgehen; das soll unten
noch erörtert werden.

c) Übung in Körpersprache

Viele Menschen hätten eine Übung ihrer kommunikativen Fähigkeiten nötig, besonders bezüglich der jeweils beteiligten nonverbalen Signale.

(1) Erziehung

Allmählich wird anerkannt, daß in den Schulen das verbale Lernen zu stark betont wird. Die Einübung nonverbaler Kommunikationsformen und anderer sozialer Fertigkeiten wird gegenwärtig in
England als Teil des Englischunterrichts, der moralischen Erziehung oder des Unterrichts moderner Fremdsprachen eingeführt,
damit Sprachen mit dem richtigen Tonfall und angemessener Gestik gelernt werden. *Peter McPhail* (1972) und seine Kollegen haben
zu diesem Zwecke eine Reihe von Curriculum-Materialien zusam-
mengestellt: Karten und Broschüren dienen als Grundlage für Rollenspiel, Diskussion und künstlerische Gestaltung. Aus diesem
Material ein Beispiel:

Abbildung 19.1.

Ein pakistanischer Ehemann mittleren Alters geht auf einem engen Bürgersteig neben der
Straße vor seiner Frau. Ein Mann in einem Auto bemerkt dazu: „Keiner von ihnen
weiß, wie man sich Frauen gegenüber zu benehmen hat." - Wie weit kannst du unterscheiden, ob jemand Rücksicht zeigt oder gute englische Manieren hat?

346

(2) Soziale Fertigkeiten im Beruf

Bei der Arbeit sind viele soziale Fertigkeiten notwendig. Eine Übungsmethode, die die nonverbale Darstellungsweise in den Vordergrund stellt, beruht auf Rollenspiel, wobei Video-Aufnahmen gemacht und anschließend vorgeführt werden. Mit dieser Methode werden sich die Übenden eher ihres mimischen und körperlichen Verhaltens bewußt als ihrer Stimme; um sie auf verbale und nonverbale Aspekte des Srechens zu konzentrieren, kann man auch nur mit Tonband-Aufnahmen arbeiten. Der *Autor* und *Elisabeth Sidney* (1969) haben in dieser Weise Techniken zur Ausbildung von Interviewern entwickelt, wobei Stichwortgeber verschiedene typische Probleme darstellen und die Beteiligten beim Rollenspiel einen Kopfhörer für das Feedback benutzen. Jedoch wird bei dieser Art von Rollenspiel-Übungen auch verbal eingegriffen, um das nonverbale Verhalten zu kategorisieren - was aber bei nonverbaler Kommunikation normalerweise nicht üblich ist.

Eine andere Übungsmethode besteht darin, daß die Darstellungsweise geübter „Modelle" (unmittelbar oder als Film vorgeführt) nachgeahmt wird. Auch hierbei können verbale Eingriffe notwendig sein, um die Aufmerksamkeit auf bestimmte Aspekte der Darstellungsweise des Modells zu lenken. Und anderen Leuten nur zuzusehen, ist nicht genug: der Übende muß es selbst versuchen. Untersuchungen über die Schulung von Lehrern in Stanford zeigten, daß das Betrachten von gefilmten Modellen nutzbringend sei, besonders wenn der Film verbal kommentiert werde; Rollenspiel, verbunden mit einem verbalen Feedback und mit Video-Aufnahmen, sei ebenfalls erfolgreich. Bei Nachahmung zusammen mit Video-Aufnahmen seien verbale Eingriffe jedoch nicht nötig (*McKnight* 1971).

Wer keinerlei spezielle Übungen betreibt, muß einfach durch seine empirische Erfahrung lernen. Doch wurde festgestellt, daß häufig die Darstellungsweise durch die Erfahrung nicht verbessert wurde - ja bei einer Untersuchung zeigte sich, daß Vorarbeiter durch Erfahrungen schlechter wurden. Einem Interviewer kann es mißlingen, seinen Gesprächspartnern die Befangenheit zu nehmen, oder ein Manager schafft es nicht, mit seinen Untergebenen in die richtige Beziehung zu kommen, nur durch ein falsches Anwenden von nonverbalen Signalen.

Die Übung der kommunikativen Fähigkeiten im Beruf ist großenteils dazu bestimmt, die Sensitivität für die zwischenmenschlichen Vorgänge zu vergrößern. In Untersuchungen der Davitz-Gruppe zeigten sich beträchtliche Abweichungen in der Fähigkeit, aus dem Tonfall Gefühle erkennen zu können, welche wiederum der Fähigkeit, andere nonverbale Hinweise zu erfassen, entsprach (vgl. S. 328). Andererseits haben die meisten Forscher nur eine ziemlich geringe Entsprechung der Fähigkeiten festgestellt, sich nonverbal mitzuteilen und nonverbale Mitteilungen zu verstehen. Berufliche Erfahrung erzeugt nicht notwendig Sensitivität.

Mittels Kurzfilmen über Kinder im Unterricht haben *Jecker, Maccoby* und *Breitrose* (1965) festgestellt, daß Lehrer mit Berufserfahrung kaum besser als Berufsanfänger spüren konnten, ob Kinder etwas verstanden haben oder nicht. Jedoch haben sowohl *Davitz* als auch *Jecker* und *Maccoby* festgestellt, daß sich eine größere Sensititivät ziemlich schnell erlernen läßt, wenn man häufig dazu angespornt wird und die wichtigsten Hinweise und Signale kennenlernt.

(3) Behandlung von psychisch Kranken mit unzureichenden sozialen Fertigkeiten

Im täglichen Leben sind mangelnde soziale Fertigkeiten eine Quelle psychischer Labilität. *Peter Trower* und *Bridget Bryant* haben in Oxford (1978) bei einer Befragung von Studenten zwei Grundtypen von Schwierigkeiten festgestellt: erstens, wenn sie bei Parties oder Tanzveranstaltungen fremde Leute, besonders des anderen Geschlechts, treffen wollen, und zweitens, wenn sie nähere Beziehungen suchen, anderen in die Augen sehen, über sich selbst reden, usw.. Untersuchungen bei psychisch Kranken zeigen, daß viele von ihnen ungenügende soziale Fertigkeiten aufweisen - was allerdings eher eine Wirkung als eine Ursache sein wird. Wir haben festgestellt, daß neurotische Patienten mit zwischenmenschlichen Schwierigkeiten verschiedene Störungen in der nonverbalen Kommunikation an den Tag legen, wenn sie feindselig oder gleichgültig schauen oder sich äußern, ein unangemessenes Selbstbild projizieren, und manche andere Eigenarten ihrer Körperhaltung oder Gestik, ihres mimischen oder räumlichen Verhaltens.

Wir haben eine Zeit lang solche Patienten behandelt, mit Methoden, die den eben beschriebenen ähnlich sind: (1) Rollenspiel über schwierige Situationen mit Stichwortgebern, wobei anschließend eine Videoaufnahme vorgeführt und ein verbales Feedback gegeben wird; (2) Übungen, interpersonale Einstellungen und Gefühle zum Ausdruck zu bringen, mit Tonband- oder Videoaufnahmen; (3) Übungen in Gruppen mit Patienten, wobei in gewissem Maße ein Wettbewerb stattfindet, einzelne nonverbale Fehler zu überwinden. Eine kontrollierte Nachuntersuchung ergab, daß neurotische Patienten mit Schwierigkeiten im zwischenmenschlichen Bereich bei dieser Behandlungsweise einen besseren Erfolg hatten als eine Vergleichsgruppe, die doppelt so lange psychotherapeutisch behandelt wurde. Viele dieser Patienten reagierten auf die Behandlung ziemlich schnell, in bis zu sechs Sitzungen (*Trower, Bryant,* und *Argyle* 1978).

(4) Übungen für interkulturelle Begegnungen
Siehe S. 99f.

d) Historische Veränderungen in der nonverbalen Kommunikation: McLuhan und Huizinga

Marshall McLuhan und *Johan Huizinga* haben ihre Aufmerksamkeit auf die historischen Veränderungen in der nonverbalen Kommunikation gelenkt. *McLuhan* behauptet, daß sie teilweise auf Entwicklungen in der Kommunikationstechnik zurückzuführen seien. Sein Slogan „das Medium ist die Botschaft" kann in einem engeren und einem weiteren Sinne verstanden werden. Im engeren Sinne besagt er, daß jedes Medium spezifische Eigenschaften habe; z.B. der Film ermöglicht Nahaufnahmen, das Theater aber nicht; das Fernsehen hat die Eigenschaft der Unmittelbarkeit, das Kino aber nicht. Im weiteren Sinne behauptet *McLuhan*, daß die Entwicklung eines Kommunikationsmedium weitreichende gesellschaftliche Folgen habe, was etwa individuelles Empfinden und Denken, soziale Beziehungen und Produktionsverfahren anbelangt. *McLuhan* unterscheidet zwischen „kalten" und „heißen" Kommuinikationsmedien. Bei einem kalten Medium muß der Empfänger sich beteiligen, entweder durch eigenes Tätigwerden (wie im Gespräch) oder indem er die fehlenden Teile einer Botschaft aus seiner Einbildungskraft ergänzt (wie beim Fernsehen, bei Karikaturen, beim Telephonieren oder beim Lesen etwa von *James Joyce*). Bei einem heißen Medium ist die Botschaft klar, unzweideutig, vielleicht redundant wie im Kino, im Radio, in der meisten Literatur (außer der Dichtkunst) und in Vorträgen. (Diese Klassifizierung stammt von *McLuhan* und ist ziemlich willkürlich.)

McLuhan meint, akustische und taktile Kommunikation sei kalt, da der Empfänger beteiligt sei, während visuelle Kommunikation heiß sei. Er behauptet, die Erfindung des Alphabets und des Buchdrucks würden eine übermäßige Gewichtsverschiebung in Richtung auf visuelle Kommunikation erzeugen und eine Spaltung zwischen den beiden Arten hervorrufen. Er nimmt an, daß die moderne Zivilisation in erheblichem Maße von der Erfindung des Buchdrucks geprägt sei, welcher Folgendes nach sich gezogen habe: (1) eine Einförmigkeit und Wiederholbarkeit in der Kommunikation, (2) syllogistisches und lineares Denken, da ein Buch seine Inhalte zu einer unnatürlichen linearen Folge verzerren würde, (3) Massenproduktion und Anhäufung von Informationen, im Buchdruck wie auch sonst, was zu neuen Beziehungen zwischen Verbraucher und Erzeuger geführt habe, (4) die Trennung von Kopf und Herz, von Vernunft und Phantasie, von Wissenschaft und Kunst, (5) eine Hervorhebung des Gesichtssinnes, auf Kosten des Gehörs und des Tastsinnes; die Wertminderung des gesprochenen Wortes, (6) ein

Verlust der „magischen Welt des Gehörs mit seiner multidimensionalen Resonanz und damit eine Einschränkung des Bewußtseins", (7) die Spezialisierung und Segmentierung der Menschen in unpersönliche Rollen, und ein Zerbrechen der geschlossenen, mündlich sich verständigenden Stammesgruppe. Er glaubt weiterhin, daß (8) das Lesen den Individualismus und den innengeleiteten Renaissance-Menschen zur Folge habe, und daß (9) der Buchdruck eine breite Kommunikation, Massenbewegungen, Macht und Nationalismus ermögliche.

In dieser Weise habe die Entwicklung des Buchdrucks, so wird behauptet, weitgehende gesellschaftliche Konsequenzen, größere, als die gedruckten *Inhalte* sie haben. Eben das ist mit dem Satz gemeint: „das Medium ist die Botschaft". Jedoch sind die behaupteten kausalen Folgen gänzlich hypothetisch, und es gibt keinen klaren empirischen Beweis, der sie bestätigen würde. Und es gibt weiterhin augenfällige Einwände gegen all das: zweifellos sind die Inhalte der Bücher (wie Ideen und Tatsachen) ebenfalls von Bedeutung, und zweifellos gibt es außer der Kommunikationstechnik noch andere Gründe für eine historische Veränderung.

McLuhan behauptet, die nächste große Veränderung in der Kommunikationstechnik sei das Fernsehen gewesen, und dieses würde die Verzerrungen, die der Buchdruck verursache, wieder ausgleichen. Er meint, das Fernsehen sei ein kaltes Medium, da es die Beteiligung des Zuschauers erfordere, das nur schwach definierte Bild zu vervollständigen und mit der dargebotenen Information zusammenzubringen. Es würde das Ungleichgewicht der Sinne ausgleichen, indem alle Sinne beansprucht würden, und die Darstellung sei simultan und kontinuierlich, nicht zerhackt und linear. Regelmäßige Nahaufnahmen konzentrierten die Aufmerksamkeit auf die Gemütszustände des Schauspielers und erzeugten das Verlangen nach tiefer Anteilnahme an anderen Menschen. Fernsehsendungen zum Beispiel lebten von der vordersten Front, sie gäben das Gefühl, das Geschehen spiele sich hier und jetzt ab, so daß man sich einem „globalen Dorf" zugehörig fühle, in dem man sich mit dem Rest des Stammes in Berührung halten könne. Er meint nicht, daß wir zu einem primitiveren Lebensstil zurückkehren, sondern daß wir uns auf ein neues elektronisches Zeitalter hin fortbewegen, welches jedoch einige Eigenschaften eines primitiveren dörflichen Lebens mit sich bringe.

Obwohl es zur Bestätigung der meisten dieser Ideen nur geringe oder gar keine empirischen Beweise gibt, sind sie nichtsdestoweniger von großem Interesse. Und die Unterscheidung zwischen heiß und kalt ist eindeutig der zwischen verbal und nonverbal sehr ähnlich, wobei heiß dem Verbalen und kalt dem Nonverbalen entspricht. Eine Ähnlichkeit besteht auch zu der Unterscheidung von *Susanne Langer* (1942, S. 384) zwischen diskursiver (Prosa und Logik) und nichtdiskursiver Kommunikation (Poesie, Musik und Ritus).

Huizinga betont die Bedeutung des Spieles in der Gesellschaft. Unter Spiel versteht er freiwillige Aktivitäten, die zum Spaß unternommen werden - d.h. sie sind abgesondert vom wirklichen Leben (wenn sie auch einen sehr ernsten Charakter haben können) - und die kein Interesse verfolgen und keine Grundbedürfnisse zu befriedigen suchen; sie finden in besonderen und begrenzten Zeiten und Räumen statt. Oft nehmen sie die Form eines Wettkampfs an, und innerhalb des Spiels gelten spezielle Spielregeln. *Huizinga* behauptet, das Spiel sei für die meisten Aspekte von kulturellem Wachstum verantwortlich, und die Grundregeln des Spielens seien in Riten, in Philosophie, Kunst und anderswo wirksam. Weiterhin nimmt er an, daß seit früheren Geschichtsepochen das Spielen sehr an Bedeutung verloren habe. In der Antike spielten religiöse Riten eine große Rolle, im klassischen Altertum gab es Wettkampfspiele, Zirkusveranstaltungen und alle möglichen ins Auge fallenden irrationalen Betätigungen; im Mittelalter gab es das Rittertum, Turniere, die höfische Liebe, Wappen und allerhand Spaßen und Possenreißen; in der Renaissance haben die Künste und die Architektur vielfach mythische, allegorische und symbolische Gestalten verwendet; Barock und Rokoko entwickelten höchst phantasievolle Formen in Dekoration, Kleidung und Perücken. Im neunzehnten Jahrhundert jedoch habe sich ,,ganz Europa den Overall angezogen", und in vielen Lebensbereichen seien die spielerischen, irrationalen, symbolischen Aspekte des Lebens durch Technik, Realismus und ernste Spiele ersetzt worden.

Aus dieser Interpretation bestimmter historischer Entwicklungen ergeben sich für das Verständnis der nonverbalen Kommunikation einige Konsequenzen:

(1) Wir haben bereits die Veränderungen der Männerbekleidung erwähnt. Früher war die Kleidung viel pompöser, teilweise ein Ausdruck von Stolz und Prahlerei; Männer trugen auch symbolische Sinnbilder, wie Wappenzeichen. Wenn zwar auch heute noch die Kleidung etwas zum Ausdruck bringt, so geschieht das doch in einer viel schwächeren und subtileren Weise.

(2) Die Bedeutung von Spielen und Riten, die vom Leben abgesondert sind und einen spezifischen symbolischen Charakter haben, ist zurückgegangen.

(3) Die Breite der phantasievoll gestalteten gesellschaftlichen Beziehungen (wie etwa die höfische Liebe und das Rittertum) ist schmaler geworden: das Sozialverhalten ist schlichter und weniger symbolisch geworden.

Huizingas Gedanken lassen sich auch damit in Verbindung bringen, was wir oben über die beschränkte Verwendung von nonverbalen Mitteilungen in England, Amerika und in anderen modernen Staaten gesagt haben (vgl. S. 84). Es scheint, daß die neueren Fortschritte der Technik aus irgendeinem Grunde von einem Rückgang der nonverbalen Kommunikationsfähigkeiten begleitet werden. Was wird voraussichtlich in Zukunft geschehen? *McLuhan* meint, daß das Ausgesetztsein an das Fernsehen im Vergleich mit Büchern die nonverbale Kommunikation bestärken werde, so daß nonverbale Signale, besonders durch das Gesicht, eine größere Verbreitung finden könnten - wenn es auch keinen Beweis dafür gibt, daß das bereits geschehen sei. In gleicher Weise wäre zu erwarten, daß die weit verbreitete Benutzung des Telephons die Sensibilität für stimmliche Signale vergrößern könnte. Auch die im letzten Abschnitt behandelten Entwicklungen im erzieherischen Bereich könnten, wenn sie eine weitere Verbreitung finden, eine größere Bewußtheit, Ausdrucksfähigkeit und Empfänglichkeit für nonverbale Mitteilungen hervorbringen. In manchen Kreisen ist ein Interesse dafür entstanden, die nonverbale Kommunikation in der Gesellschaft zu fördern zu versuchen, und kürzlich wurde im Institute of Contemporary Arts in London eine Reihe von Vorträgen und Vorführungen teilweise mit dieser Absicht veranstaltet (*Benthall* 1975). Unter jungen Leuten zeigt sich in einigen Entwicklungen eine stärkere Beschäftigung mit bestimmten Aspekten der nonverbalen Kommunikation: Encountergruppen, politische Aktionen sowie die Kunst der Avantgarde, deren Formen auf der Gestalt des menschlichen Körpers beruhen.

e) Nonverbale Kommunikation und Sprache

Strukturalisten wie *Lévi-Strauss* behaupten, daß viele Vorstellungen und Sachen als Kommunikationssysteme angesehen werden können, daß sie dieselben grundlegenden Eigenschaften wie die Sprache haben und die Struktur des menschlichen Geistes wiederspiegeln. Was nonverbale Mitteilungen anbelangt, so sind sie noch eher als ein Kommunikationssystem anzusehen als z.B. Verwandtschaftssysteme, Mythen oder der Ablauf von Mahlzeiten. In diesem Abschnitt wollen wir Entsprechungen und Unterschiede zwischen verbaler und nonverbaler Kommunikation untersuchen.

Es gibt eine Reihe von offensichtlichen Entsprechungen zwischen beiden Kommunikationsformen. Beide bestehen aus sozialen Signalen, die für Sender und Empfänger weithin dieselbe Bedeutung haben; beide werden durch feste Regeln gesteuert, und in beiden Fällen sind Signale, die die Regeln der Reihenfolge mißachten oder aus dem Rahmen des gesellschaftlich vorgegebenen Signalrepertoires fallen, bedeutungslos.

Chomsky (1957) hat dargelegt, daß Sprache von einer Abfolge von vorhersagbaren Reiz-Reaktion-Verbindungen ziemlich unterschiedlich ist. Die meisten Sätze, die geäußert werden, sind zuvor nie gesprochen worden, und es ist eher die Aufgabe eines Linguisten, die Regeln zu explizieren, welche alle möglichen Sätze in einer Sprache erzeugen. (Wie wir oben gezeigt haben, gibt es auch statistisch vorhersagbare Aspekte der Sprache; vgl. S. 60). Einige, die in diesem Bereich arbeiten, haben sich gefragt, ob nonverbale Kommunikation in entsprechender Weise betrachtet werden könne, ob sie wie eine Sprache funktioniere.

Das Vokabular der nonverbalen Kommunikation

Birdwhistell hat, wie wir gesehen haben (S. 237f), ein Vokabular von 60 Kinemen aufgestellt, wenn er es auch versäumt hat zu zeigen, daß sie jeweils allgemeine soziale Bedeutungen haben. Im Verlaufe dieses Buches haben wir ein alternatives Vokabular vorgestellt: die sieben Gesichtsausdrücke für Gefühle, die verschiedenen Grade von Nähe usw. Für viele von ihnen haben wir gezeigt, daß sie eine eindeutige soziale Bedeutung haben und daß die Bedeutungen für Empfänger und Sender dieselben sind.

Es zeigt sich eine Reihe von weiteren Problemen:

(1) Wie *Birdwhistell* erkannt hat, variiert die Bedeutung von nonverbalen Signalen in gewissem Maße mit dem jeweiligen Kontext und mit der vorhergehenden Interaktionsfolge.

(2) Es gibt mehr als ein nonverbales Kommunikationssystem, und dasselbe Signal kann in jedem erscheinen. Zum Beispiel kann ein Lächeln 1. eine interpersonale Einstellung zum Ausdruck bringen oder 2. ein Gefühl, oder es kann 3. ein Bestandteil der Selbstdarstellung sein, 4. das Reden begleiten oder 5. einem Ritus angehören, z. B. bei Begrüßungen.

(3) Während einige Reize diskret sind, wie die sieben Gesichtsausdrücke für Gefühle, sind andere kontinuierlich, wie körperliche

Nähe und Orientierung, obwohl man auch diese in wenigen gesonderten Kategorien erfassen kann.

Kombination zu größeren Einheiten

Sprache hat eine klare hierarchische Struktur: Laute, Wörter, Sätze. Im Gespräch erfolgen verbale und nonverbale Signale gleichzeitig, und zwischen ihren beiden Hierarchien besteht eine gewisse Entsprechung, insofern die kleineren verbalen Einheiten mit kleineren nonverbalen Einheiten verbunden sind (Wörter - Handbewegungen), und dasselbe gilt auch für größere Einheiten (längere Äußerungen - Körperhaltungen). Alles soziale Verhalten besitzt diese hierarchische Struktur, in welcher längere Sequenzen aus kleineren Einheiten zusammengesetzt werden, wobei auf jeder Ebene die Einheiten in sich vollständig sind und wobei die kleineren Einheiten automatisch ablaufen und die längeren sich aus Plänen und Intentionen ergeben. Während aber die Sprache aus diskreten Einheiten zusammengefügt wird (Wörter usw.), hat das soziale Verhalten eher einen kontinuierlichen Charakter; die Einheiten des Verhaltens können größer oder kleiner sein und sind von der jeweiligen Perspektive des Beobachters oder des Beteiligten abhängig.

Jedoch können auch nonverbale Signale in verschiedener Weise kombiniert werden, um Mitteilungen mit komplexeren Bedeutungen zu erzeugen. (1) Tiere kombinieren Äußerungen durch Gesicht und Körperhaltung mit Blickrichtung und räumlicher Stellung, um zu zeigen, wer der beabsichtigte Empfänger ist. Ein Alarmruf kann Informationen über die Identität des Rufers und die des Raubtieres, über den Grad der Gefahr sowie über die Stellung des Rufers enthalten (vgl. S. 44). (2) Gefühle und interpersonale Einstellungen kommen gewöhnlich durch zusammenhängende Signale durch Gesichtsausdruck, Tonfall usw. zum Ausdruck. Wenn ein inkonsistentes Verhaltensmuster an den Tag gelegt wird, wird das ganze Signal als verrückt oder spaßig angesehen, den negativen Elementen wird besondere Aufmerksamkeit gezollt, und es kann daraus ein Konfliktzustand abgeleitet werden (vgl. S. 114, 125 f.). (3) Selbstdarstellung impliziert gewöhnlich komplexe Mitteilungen - eine Kombination von Rollen und Wesenszügen mit der Betonung von einzelnen Komponenten, z.B. bei einem Schotten: Oberschicht, aber interlektuell, religiös, Zahnarzt. (4) Die Kombination von Signalen kann dazu dienen, kausale oder andere Verhältnisse zu behaupten, wie in Reklame und Werbung: wenn man suggerieren will, es gebe einen Zusammenhang zwischen Kaffee und entspannter Fröhlichkeit, oder zwischen einer konservativen Regierung und Wohlstand. (5) Komplexere Kombinationen und Sequenzen finden in Kunst und Religion Anwendung, um grundlegende Einstellungen zum Leben zum Ausdruck zu bringen.

Wortarten

In der Gestensprache finden sich eindeutige Entsprechungen zur verbalen Sprache. Nomina, die für Gegenstände oder Personen stehen, können durch hinweisende oder veranschaulichende Gesten angezeigt werden. Für Handlungen stehende Verben können durch die Handlungen selbst mitgeteilt werden oder durch ihre verkürzten Versionen wie Intentionsbewegungen. Adverbien werden durch die Art dieser Handlungen dargestellt, Präpositionen (in, unter usw.) durch Gesten. Diese Wortarten können dann zu einer Sequenz zusammengesetzt werden, so daß sie einen Satz darstellen. Es ist interessant, daß die wichtigsten Wortarten so leicht dargestellt werden können.

Jedoch bei den anderen Formen der nonverbalen Kommunikation finden sich keine so offensichtlichen Entsprechungen für die Wortarten, obwohl es auch da getrennte Klassen von nonverbalen Signalen gibt. Erstens sind dabei verschiedene Körperbereiche beteiligt - Gesicht, Hände usw. Jeder Bereich hat als Kommunikationssystem spezifische Eigenschaften, wie in den obigen Kapiteln ausgeführt. Zweitens vermitteln nonverbale Signale (in jedem Bereich) verschiedene Arten von Informationen - Veranschaulichung der Rede, Synchronisierung, Ausdruck von Gefühlen. Dabei gibt es jedoch keine der verbalen Grammatik entsprechenden Regeln, wie die verschiedenen Arten von Einheiten kombiniert werden müssen.

Es bleibt noch zu sehen übrig, ob es Gruppen von nonverbalen Signalen gibt, die für die Beteiligten identische Bedeutung haben und die Regeln unterliegen, welche Ihre Kombination und Reihenfolge steuern.

Regeln für die Reihenfolge

Sprachen haben grammatische Regeln, die die Reihenfolge der Wörter bestimmen. *Roland Barthes* (1969) hat gezeigt, daß einige nonverbale Kommunikationsformen in etwa vergleichbare Regeln aufweisen, zum Beispiel die Reihenfolge der Gerichte in einem Menü, die möglichen Kombinationen von Kleidungsstücken. Stark strukturierte soziale Vorgänge, wie Begrüßungen und andere Riten, haben solche Regeln für die Reihenfolge. Einige dieser Regeln scheinen grundlegend und universal einheitlich zu sein, wie die Drei-Phasen-Struktur bei Riten; andere richten sich nach gesellschaftlichen Konventionen, wie das bei Mahlzeiten oder bei Gesprächen erwartete Verhalten. Allerdings besteht doch ein Unterschied zwischen diesen Regeln und sprachlicher Grammatik, insofern die nonverbalen Regeln allenfalls einen statistisch feststellbaren Charakter haben, statt daß sie sich eindeutig im Sinne von richtig oder falsch bestimmen ließen.

Chomsky zeigte, daß Sprache durch „Grammatiken mit endlichen Zuständen" *(finite-state grammars)* nicht erzeugt werden kann, d.h. mit Grammatiken, deren Regeln spezifizieren, welches Wort auf die vorhergehenden Wörter folgen müsse; eine größere Flexibilität von Sprache ermöglichen „Formationsgrammatiken" *(phrasestructure grammars)*, in denen Verbindungen zwischen nicht zusammenliegenden Wörtern aufgezeigt werden und wo man bei der Interpretation eines Satzes zunächst die Verbindungslinien herstellen muß. Zwei Sätze können dieselbe Folge von Wörtern, aber verschiedene Satzstrukturen aufweisen - wie z.B. in dem Satz: „alte Männer und Frauen" *(Lyons* 1970). Gelten ähnliche Prinzipien auch für die nonverbale Kommunikation? Es gibt keine genaue Entsprechung, wohl aber Regeln, die sich auf nicht direkt aufeinanderfolgende Bewegungen beziehen. Zum Beispiel die Art des Abschieds ist bezogen auf die Art der Begrüßung bei derselben Begegnung. Es gibt auch das Phänomen des „Einbettens": die tatsächliche Dauer einer Begrüßung beinhaltet selbst ein untergeordnetes Begrüßen und Abschiednehmen. Allgemeiner gesagt, können die Abschnitte einer Begegnung durch nonverbale Signale eingerahmt und der Rest der Begegnung abgebrochen werden, was später noch aufgegriffen werden soll. Die das Reden begleitenden nonverbalen Signale richten sich nach einer Satzstruktur, welche zu der der Wörter in enger Beziehung steht, und sie können tatsächlich auch die Satzstruktur der Wörter aufzeigen.

Man kann mit guten Gründen annehmen, daß das soziale Verhalten, einschließlich seiner nonverbalen Komponenten, durch Regeln gesteuert wird. Die Interagierenden sind sich der Regeln bewußt (und sei es nur, wenn sie gebrochen werden) und haben ihr Verhalten dahingehend unter Kontrolle, daß es mit ihnen übereinstimmt. *Clarke* (1975) hat festgestellt, daß es auch Regeln gibt, die die Abfolge von *Äußerungen* steuern; auch hier besteht eine gewisse Ähnlichkeit mit den grammatischen Regeln über die Verbindung von Wörtern, und auch hier muß der Satzstruktur Rechnung getragen werden. Jedoch die gesamte Abfolge wird nunmehr von zwei Leuten (nicht von einem) erzeugt, und gewöhnlich werden sie in deren Ablauf nicht übereinstimmen, außer vielleicht bei Begrüßungen und anderen formell festgelegten Begegnungen. Wie bei allem sozialen Verhalten sind hier zwei Verhaltensreihen beteiligt, die miteinander verknüpft werden durch Regeln, welche die genaue Anordnung der Vorgänge steuern, und die miteinander in Einklang gebracht werden müssen, damit eine gegenseitig annehmbare soziale Beziehung zustande kommen kann (*Argyle* 1969). *Clarke* betont, daß in solchen Verhaltensreihen verbale Äußerungen durch nonverbale ersetzt werden können. Zum Beispiel „ja" und ein Kopfnicken sind gleichbedeutend, ebenso „sieh mal dort" und ein Hinweis mit dem Finger, oder die Befolgung eines Befehls wird die Form annehmen, daß man etwas tut oder sagt. Somit kann eine von Regeln gesteuerte Folge von Äußerungen teilweise durch nonverbale Signale ersetzt werden.

Tiefenstruktur

Wie in der Sprache kann dasselbe Signal mehr als eine Bedeutung haben, z.B. ein Lächeln oder ein gehobener Zeigefinger. Um die Bedeutung eines zweideutigen Satzes zu klären, muß die tiefere Struktur spezifiziert werden; um die Bedeutung eines zweideutigen nonverbalen Signals zu klären, muß die Folge von Vorgängen und die Struktur der Situation gezeigt werden. Jemand hebt seinen Zeigefinger: die Bedeutung dieses Signals hängt davon ab, ob er ein Schiedsrichter bei einem Kricketspiel ist, oder ein Bieter bei einer Versteigerung, oder sich in sonst einer Situation befindet, sowie davon, an welcher Stelle innerhalb einer Vorgangsfolge dieses geschieht. Eine Aufeinanderfolge von offenem Verhalten wird unter Umständen ein Beispiel dafür sein, wie einer jemanden umschmeichelt oder zu etwas drängen will (z.B. wenn einer vorgibt, er sei ein sehr schlechter Spieler, bevor er ein Spiel um Geld beginnt) - hierbei kann es mehr als eine Tiefenstruktur geben. Man kann sagen, daß Situationen Strukturen haben, deren Kenntnis die Bedeutung von nonverbalen Signalen verdeutlichen wird. Unter Struktur einer Situation werden die zugrundeliegenden Beziehungen und Absichten der Beteiligten verstanden, z.B. Herrschaftsverhältnisse zwischen zwei Leuten; ob sie sich hauptsächlich um eine Aufgabe kümmern oder gesellig zusammen sind; ob zwischen ihnen eine positive oder eine negative Beziehung vorherrscht (z.B. Kooperation oder Konkurrenz), und ob sie gleichen oder verschiedenen Geschlechts sind. So hat etwa ein Tutorenkurs unterschiedliche Strukturen (er erfordert Anstrengung und Zusammenarbeit, und seine Mitglieder können gleichen oder verschiedenen Geschlechts sein); eine Verabredung hat (meist) die gleiche Struktur (gesellig, positive Beziehung, verschiedenes Geschlecht). Vermutlich ergeben sich die Spielregeln von Situationen aus der jeweiligen Struktur; die Regeln von Tutorenkursen spiegeln einfach nur die Absicht dieser Situation, und vielleicht verhindern sie, daß sich ein Kurs in eine anders geartete Situation (wie z.B. die einer Verabredung) verwandelt. Wenn zwei Leute sich nicht an dieselben Regeln halten, können sie nicht Tennis oder Schach spielen, noch können sie eine Verabredung treffen oder zusammen Musik machen. (Jedoch sind auch einige Kombinationen möglich, z.B. eine Verabredung und ein Tutorenkurs, nicht aber eine Musikstunde und eine psychoanalytische Behandlungsstunde.) Zusätzlich gibt es komplexere Regeln, die mit besonderen formal festgelegten Tätigkeiten verbunden sind, wie z.B. einer Versteigerung oder dem Kricketspiel. Obwohl die „Struktur" der jeweiligen Situation die Bedeutung von nonverbalen Signalen klären kann, so hat sie doch wenig gemein mit der „Struktur" von Sätzen.

Regeln für Situationen haben zumindest drei Ursprungsarten: (1) Es mag Universalien biologischen Ursprungs geben, zum Beispiel die Körperteile, die dem Aussenden von Signalen dienen; einige der Signale, die ausgesendet werden, z.B. Gesichtsausdrücke; die Sinnesorgane, die dem Empfang solcher Botschaften dienen, sowie Folgerungen für die Verhaltensweisen, die für Mütter und Kinder, für Liebespaare oder für andere Beziehungen angemessen sind. Zusätzlich mag es auch komplexere Universalien geben, wie etwa die in verschiedenen Kulturen vorfindlichen gemeinsamen Elemente bei Begrüßungsformen (vgl. S. 83). Diese können ihren Ursprung in angeborenen Strukturen haben, die sich auf Beschwichtigung oder andere grundlegende interpersonale Vorgänge beziehen. (2) In jeder Kultur gibt es bestimmte Standardsituationen - eine Mahlzeit einnehmen, Konversation halten, arbeiten, Geschlechtsverkehr, usw. -, die universale Lebensvollzüge sind. Die Kulturen entwickeln jeweils ihre Regeln, um diese Situationen zu steuern; sie sind ein Ergebnis von Versuch und Irrtum im Laufe ihrer Sozialgeschichte. (3) Gleicherweise bilden sich Normen und Konventionen und verändern sich langsam, die die Verhaltensstile in den jeweiligen Situationen bestimmen. Diese unterscheiden sich nur graduell von den Regeln; ein Abweichen von Normen ist weniger störend, und die Normen sind willkürlicher und weniger eng mit der Situationsstruktur verbunden.

Soziale Situationen sind in gewisser Hinsicht Spielen ähnlich, abgesehen davon, daß Spiele immer ein Wettstreit sind. Es gibt Spielregeln, und innerhalb dieser Regeln sind verschiedene Schritte möglich. Ohne ein gewisses Verständnis der grundlegenden Vorstellungen und Zwecke des Spiels wäre es unmöglich zu spielen. Dasselbe gilt für das Verhalten in spezifischen sozialen Situationen und Beziehungen. Beim Schachspiel muß ein Zug mit den Regeln übereinstimmen; um diesen Zug zu verstehen oder vorherzusagen, muß man auch etwas von den Figuren, den Zielen und den Grundprinzipien des Schach verstehen; ein Zug mag aus dem unmittelbar vorhergehenden Zug folgen, jedoch in einer ungeheuer komplizierten Weise. Die Regeln von Spielen sind strenger formalisiert als die Regeln der meisten sozialen Situationen, aber beide entwickeln sich im Laufe der Geschichte durch aufeinanderfolgende Revisionen in Richtung auf ein genau koordiniertes System von Regeln, das ein befriedigendes Spielen ermöglicht. Spiele erlauben auch ein strategisches Spielen, wobei ein Spieler den anderen irreführt und überlistet; *Berne* (1966) meinte, daß das Sozialverhalten von Neurotikern dem häufig gleicht, wenn sie ihre Spiele in diesem Sinne betreiben. In Spielen werden Spieler, die die Regeln mißachten, bestraft oder ausgeschlossen: *Scheff* (1966) meinte, eben dieses würde den Schizophrenen passieren - und andere haben angenommen, sie würden die Regeln zu dem Zwecke brechen, um ausgeschlossen zu werden und ein leichteres Leben zu finden.

Nonverbale Universalien

Gibt es universale Regeln, die die nonverbale Kommunikation in allen Kulturen steuern, entsprechend den sprachlichen Universalien? Man kann einige solcher nonverbalen Universalien behaupten, wenn auch betont werden muß, daß das vorläufige Hypothesen sind, deren Wirkung in jedem Fall nur statistisch feststellbar ist.

(1) Kommunikation findet durch zwei Kanäle gleichzeitig statt: die akustische Wahrnehmung von Stimme und die optische Wahrnehmung von Gestik (*audio-vocal, visual-gestural*).

(2) Nähe und Ausrichtung ermöglichen die Verwendung dieser beiden Kanäle.

(3) Es können nur Handlungen innerhalb des jeweiligen kulturellen Repertoires verwendet werden.

(4) Eine Handlung von A muß durch eine Handlung von B in zeitlicher Hinsicht angemessen beantwortet werden, d.h. ohne eine Zeitspanne von Nichtbeantwortung und ohne eine Unterbre-

chung. (Die genauen zeitlichen Verhältnisse variieren bei den jeweiligen Handlungen und zwischen den Kulturen.)

(5) Eine Handlung von A muß durch eine Handlung von B in inhaltlicher Hinsicht angemessen beantwortet werden, z.B. B sollte nicht lachen oder weinen, wenn eine Handlung von A das nicht rechtfertigt, und er sollte nicht auf einen anderen Gegenstand antworten - ohne das zu erklären oder sich zu entschuldigen.

(6) Die Interagierenden müssen sich an die Regeln eines gemeinsamen sozialen Spiels halten, wie z.B. einer gesellschaftlichen Konversation, einer geschäftlichen Verhandlung oder eines Interviews, oder sie müssen sich über einen Wechsel des Spiels einig werden. (Die genaueren Regeln werden bei den verschiedenen Kulturen variieren.)

(7) Einzelne Einfügungen sind statthaft, für eine Begrüßung oder eine Verabschiedung, oder zur Bestimmung eines Gesprächsabschnitts; sonst sollte ein Teilabschnitt abgeschlossen werden, bevor ein neuer begonnen wird. Es kann ein Zeitabschnitt zum Gegenstandswechsel eingefügt werden, was etwa so eingeleitet wird: „übrigens, ich vergaß ..." oder enkodiert wird: „nun - Sie waren gerade dabei, mir etwas über ... zu erzählen ...".

(8) Bestehende interpersonale Beziehungen und Rollenbeziehungen sollen aufrechterhalten werden, außer wenn man sich über eine Veränderung einig wird.

(9) Die Interagierenden müsen gegenseitig ein gewisses Maß an positiver Aufmerksamkeit und positiven Einstellungen aufbringen.

(10) Die Interaktionen müssen dem Prinzip des Austauschs von Vergeltungen (Gegenseitigkeit) entsprechen.

Ein Beweis für einige dieser Regeln wurde durch die Experimente der Regelverletzung, die in Kapitel 3 beschrieben werden, erbracht.

Andere Aspekte von Sprachlichkeit

Es gibt noch einige andere Aspekte von „Sprachlichkeit", wie sie etwa von *Hockett* (1960) aufgeführt wurden. Nach diesen Kriterien haben bestimmte nonverbale Kommunikationsformen sprachliche Eigenschaften, aber häufiger ist das nicht der Fall. Haben nonverbale Mitteilungen willkürliche Bedeutungen? Zeichensprachen wohl, aber die meisten nonverbalen Mitteilungsformen haben bildliche oder intrinsische Bedeutungen. Haben nonverbale Signale äußere Bezüge auf Gegenstände oder Ereignisse außerhalb des Mitteilenden? Veranschaulichende Gesten wohl, aber die meisten nonverbalen Signale spiegeln Zustände oder Intentionen des Mitteilenden. Gibt es diskrete Standardeinheiten der Kommunikation? Bei Zeichensprachen trifft das zu; andere Signale variieren gewöhnlich innerhalb von kontinuierlichen Dimensionen - wenn auch ein Dekoder nur eine kleine Anzahl von Kategorien verwenden mag, wie etwa bei Gesichtsausdrücken. Sprache ist ein „digitales" Mitteilungssystem, die nonverbale Kommunikation ist zumeist „analog", besonders wenn Gefühle und interpersonale Einstellungen mitgeteilt werden (*Watzlawick* u. a. 1967). Besteht eine Mitteilungsabsicht? Im Falle von veranschaulichenden Gesten ja; aber häufig gibt es keine solche Absicht, oder aber die nonverbalen Signale, z.B. solche, die das Reden begleiten, spielen eine nicht eingestandene Rolle innerhalb von größeren Kommunikationseinheiten.

Spiegelt nonverbale Kommunikation die Struktur der Psyche?

Strukturalisten behaupten, daß alle Aspekte von menschlicher Kultur die Grundstrukturen der menschlichen Psyche wiederspiegeln. *Mepham* (1972) sagt z.B. bezüglich der Wissenschaft: „... der Wissenschaftler lebt, liebt und stirbt immer innerhalb eines Netzes von bedeutungstragenden Systemen, die ihren Ursprung nicht in seiner vernunftmäßigen Betrachtung der Welt haben, sondern vielmehr darin, was durch ihn hindurch spricht, und in seinem In-der-Welt-Sein". Wir haben gesehen, daß nonverbale Kommunikation in begrenztem Maße von verbalen Bezeichnungen beeinflußt wird (vgl. S. 85f). Und wir haben in diesem Abschnitt gesehen, daß zwischen verbaler und nonverbaler Kommunikation gewisse Entsprechungen bestehen. Wenn das System der nonverbalen Kommunikation als Ganzes irgendetwas zum Ausdruck bringen soll, dann ist es die Natur der menschlichen sozialen Interaktionen und Beziehungen.

Merleau-Ponty (1964) beobachtete, daß die Einteilung von Wörtern in Bezug auf die Welt nicht willkürlich ist, sondern von einer Reihe von Grundtatsachen in der Welt abhängt - „*l'être sauvage*": zum Beispiel werden Sterne und Rosen nie zusammen eingeordnet. Gleicherweise enthält das System der nonverbalen Kommunikation, auch wenn es in gewissem Ausmaße zwischen den Kulturen variiert, eine Reihe von universalen Merkmalen, die entweder dem Menschen angeboren sind oder notwendige Aspekte des sozialen Lebens darstellen.

f) Jenseits der Sprache

Sprache ist ein sehr wirksames Kommuniktionsmittel für Informationen über physische Gegenstände und öffentliche Vorgänge in der Außenwelt; sie ist gut geeignet, Verhalten zu beschreiben und zu beeinflussen. Sprache scheint sich für solche Zwecke entwickelt zu haben, obwohl sie auch anderen Zwecken dient, z.B. geselliger Plauderei. Wie wir in diesem Buch gesehen haben, gibt es jedoch andere Bereiche, in denen Sprache weniger wirkungskräftig ist, entweder weil die passenden Wörter fehlen (wie bei Formen), oder weil Sprache eine ziemlich geringe Wirkung hat (wie z.B. zum Ausdruck von Emotionen und interpersonalen Einstellungen).

Noch ein anderer Bereich ist hierbei wichtig: der Ausdruck von subjektiven Lebenserfahrungen und deren Interpretation im Sinne von grundlegenden Lebenseinstellungen, von philosophischen Anschauungen über das Leben und von Religion. *Susanne Langer* (1942) meint, es gebe zwei Arten von Kommunikation: die eine basiere auf Logik und Sprache, die zweite sei dazu bestimmt, mittels nonverbaler Symbole Gefühle auszudrücken und zu artikulieren. Ähnliche Aufteilungen in zwei Arten des Denkens oder der Kommunikation wurden von *Polanyi* (1958) und anderen vorgestellt. Eine solche Aufteilung wurde unerwarteterweise bestätigt durch Untersuchungen über den Unterschied zwischen Leuten, die mit dem Blick nach links, und solchen, die nach rechts ausweichen (S. 228). Bei Leuten, die nach links ausweichen, scheint die rechte Hemisphäre dominant zu sein, und sie scheinen sich für Musik, die Künste und andere Bereiche, die ein intuitives Denken implizieren, zu interessieren; bei Leuten, die nach rechts ausweichen, scheint die linke Hemisphäre dominant zu sein, und sie sind stärker einem verbalen, rationalen Denken verhaftet. Das legt die Vermutung nahe, daß die erörterten nonverbalen Vorgänge in der rechten Hirnhälfte zu lokalisieren sind.

Musik ist eine Weise, Gefühle und Empfindungen zum Ausdruck zu bringen, die sich nicht angemessen in Worte fassen ließen. Man kann Musik ansehen als eine Mitteilung von Komponisten an den Zuhörer, und man kann sie im Sinne eines Enkodierens und Dekodierens betrachten. *Hampton* (1945) fragte nach den Reaktionen von Zuhörern auf eine Reihe von Kompositionen, bei denen die Intentionen des Komponisten bekannt sind: So wurde der 5. Teil des zweiten Satzes aus der Eroica von Beethoven von 93 Prozent der Versuchspersonen richtig erkannt als Ausdruck von ,,Traurigkeit, Verzweiflung oder Schmerz''. Eine ähnliche Untersuchung wurde von *Semeonoff* (1940) durchgeführt mit Kompositionen, die visuelle Bilder zu übermitteln suchen: So wurde die Finlandia von Sibelius von 81 Prozent der Zuhörer richtig erkannt als Beschreibung einer „wilden und zerklüfteten" Landschaftsszene; und der „Elephant" aus dem Karneval der Tiere von Saint-Saëns wurde von 46 Prozent richtig identifiziert.

Musik hat einige verschiedene Bedeutungsarten:

(1) Gefühle

Es ist sehr verbreitet, Musik im Sinne von Gefühlen zu verstehen, wie es z.B. in der eben beschriebenen Untersuchung mit der Eroica geschah. Die hervorgerufenen Gefühle können Erinnerungen an bestimmte gesellschaftliche Situationen oder Beziehungen sein („zarte Erinnerungen" oder Schwermut).

(2) Visuelle Bilder

Das wird von vielen Zuhörern erfahren. *Vernon* (1930) stellte fest, daß Klänge farbige Bilder hervorrufen können („Synästhesie"); z.B. die Trompete ist scharlachrot, die Flöte blau, die Oboe grün. Musik ruft auch Bilder von Formen hervor: z.B. hoch oder tief, fließend oder spitz, aufsteigend oder absteigend, und ein Zuhörer kann leicht Formen zeichnen, die dem Musikerlebnis gleichen. In der Programmusik werden komplexere visuelle Bilder deutlich mitgeteilt.

(3) Bewegungsreaktionen

Häufig berichten Zuhörer, daß sie „physisch erregt" seien, oder sagen, sie fühlten sich wie beim Tanzen. Auch machen sie körperliche Bewegungen beim Zuhören. *Vernon* (1930) weist auf Folgendes hin:

„Beim Hören und in ihrer Vorstellung verbinden viele auch Musik mit Bewegungen. Sie heben den Kopf oder ziehen andere Muskeln zusammen, wenn die Musik ansteigt, oder sie nehmen die Musik so auf, wie wenn sie mit den Händen auf dem Klavier oder auf anderen Instrumenten mitspielen würden. So haben einige aus meiner Zuhörerschaft bemerkt, daß ihre Finger versuchten, denen des Pianisten zu folgen, andere fühlten, daß sie gerne tanzen würden, besonders bei stark rhythmischer Musik."

Es gibt auch physiologische Reaktionen: bei lauter und aufregender Musik schlägt das Herz schneller.

Aber gibt es über Gefühle, Bilder und Körperbewegungen hinaus noch weitere Mitteilungen? Es wird bekannt sein, daß viele verbalisierte Reaktionen auf Musik keine Gefühle im üblichen Sinne sind: triumphierend, träumerisch, tragisch, würdevoll, anmutig oder sehnsüchtig. *Valentine* formulierte in einer Untersuchung beispielsweise folgende verbale Beschreibungen: ,,Das freudige Sicherheben der bedrückten Seele, die sich von den Tiefen der Angst erlöst fühlt ..." (Beethoven, Pastoralsonate). ,,Sehr mächtig und aufregend, als würde der Komponist gegen irgendetwas kämpfen, und wenn ich zuhöre, empfinde ich das auch so, und schließlich stellt sich eine Siegesfreude und der Seelenfriede ein nach einer großen emotionalen Erregung" (Hindemith, Klavier-Duett).

Was in solcher Musik ausgedrückt wird, scheint eine kunstvolle Aneinanderreihung von inneren Erfahrungen einschließlich verschiedener Gefühle zu sein. Eben weil Musik diese Erfahrungen so gut darstellen kann, wurde sie ,,die Sprache der Gefühle" genannt. *Susanne Langer* meint, Musik und emotionale Erfahrungen hätten dieselbe temporale Struktur; beide entwickeln sich in Perioden von ,,Bewegung und Ruhe, von gespannter Aufmerksamkeit und Entspannung, von Übereinstimmung und Unstimmigkeit, von Vorbereitung, Erfüllung, Erregung und plötzlicher Veränderung". Sie meint, Musik würde nicht ein Gefühl selbst erregen, sondern es zum Ausdruck bringen, und der Zuhörer würde das jeweilige Gefühl aus der Distanz betrachten.

Die bildenden Künste sind ein anderes Ausdrucksmittel für verschiedenartige subjektive Gefühle. In Untersuchungen über das Dekodieren einzelner Aspekte von Kunstwerken wurden einige interessante Entdeckungen gemacht. Zum Beispiel wurde festgestellt, daß gefühlsmäßige Reaktionen auf Farben fast ganz durch die Kombination von Farben, Sattheit und Helligkeit bestimmt werden; so wird Glück signalisiert durch eine Kombination von Blau, Sattheit und Helligkeit, Wärme durch Rot, dunkle Färbung und Sattheit. Jedoch ist Sattheit viel wichtiger als die Farbe - obwohl es für Sattheit nur wenige Wörter gibt, für Farbtöne aber eine ganze Fülle von Wörtern (*Wright* and *Rainwater* 1962).

Es gibt auch körperliche Reaktionen auf Kunstwerke. Wenn in einem Bild menschliche Gestalten dargestellt werden, wird sich ein Beobachter in sie einfühlen können; das heißt, er wird sich ihre Gefühle oder ihr körperliches Verhalten vorstellen und beginnen, diese Gefühle zu teilen oder selbst ein ähnliches Verhalten an den Tag zu legen. Oder er wird die Gestalten in dem Bild sexuell anziehend oder ehrfurchtgebietend finden und in entsprechender Weise reagieren. *Lipps* (siehe *Valentine* 1962) meint, daß Beobachter sich in Strichzeichnungen einfühlen können: senkrechte Figuren werden als aufrechtstehend gesehen, schräge Figuren als hinfallend, der untere Teil von Figuren als Stütze für die oberen Teile usw. Bei Skulpturen und Keramiken ist die Art der Oberfläche wichtig, weil die Leute sie berühren oder sie berühren wollen oder sich vorstellen, das zu tun. Manche moderne Kunst verfolgt die Absicht, auf diese Weise erfahren zu werden.

Die bildenden Künste teilen häufig etwas mit, das jenseits der Sprache liegt. *Kenneth Clark* zum Beispiel lenkte in seiner Fernsehreihe *Civilisation* (1969) seine Aufmerksamkeit auf die ,,heroische Energie, das Selbstvertrauen und die Stärke des Willens und des Intellekts'' in der Architektur des zwölften Jahrhunderts, auf die ,,Würde des Menschen'', die im Florenz der Renaissance entdeckt wurde, und auf die ,,Verehrung der Natur'', wie sie sich bei *Constable* und *Turner* zeigt. *Poussin* malte klassische Landschaften, die ein von bedeutenden Menschen bewohntes irdisches Paradies darstellen und uns ein Traumbild von einer poetischen Vergangenheit oder einer idyllischen Zukunft zeigen. Kunstwerke enthalten abstrakte Mitteilungen, die subjektiv wichtig und bedeutungsvoll sind, die aber nicht überzeugend wirken, wenn man sie in Worte faßt - es sei denn, sie werden poetisch ausgedrückt. Solche Mitteilungen würden eine logische Überprüfung oder empirische Verifikation nicht zulassen. Ihre ,,Wahrheit'' ist selbstverständlich, falls sie akzeptiert wird, allein aus der Betrachtung des betreffenden Kunstwerks. Wenn ein Gemälde die Verehrung der Natur proklamiert, dann sagt es uns, daß die Welt der Natur hochgeschätzt werden soll. Einige dieser eher abstrakten Mitteilungen werden auch durch Darstellungen der menschlichen Gestalt oder des Gesichts ausgedrückt. Das legt die Vermutung nahe, daß eine ganze Lebensphilosophie, eine Einstellung zur Welt durch einen Gesichtsausdruck oder andere nonverbale Signale ausgedrückt werden kann.

Das Drama macht noch komplexere Mitteilungen. Gewöhnlich wird im Drama viel gesprochen, aber neuerdings hat sich eine Form des Dramas entwickelt, das nur wenige Dialoge enthält, oder wo die Dialoge absichtlich sinnlos sind. Das Absurde Theater lenkt seine Aufmerksamkeit auf das Versagen von Sprache als Medium für die Mitteilung von bedeutsamen Dingen, und zwar mit der Begründung, daß die Sprache durch die Massenmedien, durch Werbung und politische Propaganda entwertet worden sei und den Kontakt mit dem Leben verloren habe. Die Dramatiker des Absurden bringen das zum Ausdruck, indem sie das Scheitern von Kommunikation darstellen; sie weisen auf die Absurdität hin, ein nicht authentisches Leben zu leben, ohne eine Verbindung mit den elementaren, letzten Wirklichkeiten. Sie weisen auch auf die Absurdität der menschlichen Beschaffenheit hin, wenn uns der Niedergang der Religion des Blickes auf grundlegende Wirklichkeit beraubt hat. Alles, was wir tun können, ist, die elementarsten Tatsachen von Leben und Tod und des Zusammenlebens ins Auge zu fassen (*Esslin* 1961).

Wir haben oben die Riten als Ausdrucksmittel religiösen Glaubens erörtert. Religion besteht nicht aus verbalen Behauptungen über die äußere Welt, sondern aus nonverbalen Behauptungen über subjektive Erfahrungen und deren Konsequenzen für die Ausrichtung des Handelns. Vielleicht ist es ein Fehler, daß man Theologie in Worten betreibt, wie in Predigten, Gebeten und theologischen Vorlesungen. Wie in Kunst und Musik ist eine nonverbale Sprache erforderlich. Eine solche ist in Gestalt von Riten vorhanden, in denen Handlungen und Gegenstände bestimmte Reaktionen hervorrufen und religiöse Gefühle zum Ausdruck bringen. Jedoch sind körperliche Signale nicht sehr genau und nicht besonders dafür geeignet, einzelne religiöse Einstellungen oder Erfahrungen zu erörtern. Aus diesem Grunde bestehen die religiösen Riten gewöhnlich aus einer Verbindung von verbalen und nonverbalen Formen, so daß die genauen und ausgearbeiteten Bedeutungen der ersten und die emotionale Macht der zweiten sich gegenseitig ergänzen. Wenn man Religion in Worten und Begriffen diskutiert, dann sollte man sich klar machen, daß diese die religiösen Einstellungen nur schwach und indirekt repräsentieren - wie die Anmerkungen im Programm die Musik repräsentieren.

Jedoch in diesem Bereich bewegen wir uns nicht nur jenseits der Sprache, sondern auch jenseits der experimentellen Forschung über die nonverbale Kommunikation. Aber es gibt keinen Grund, daß eine solche Forschung nicht unternommen werden sollte, und vielleicht wird sie noch profundere Folgerungen ermöglichen als die bisherige experimentelle Arbeit.

Weiterführende Literatur

Argyle, M. (1969) Social Interaction, London: Methuen; dt.: Soziale Interaktion, Kiepenheuer und Witsch, Köln 1972.

Huizinga, J. (1949) Homo ludens, London: Paladin; dt.: Homo ludens. Versuch einer Bestimmung des Spielelements der Kultur, Amsterdam 1939.

Langer, S. K. (1942) Philosophy in a New Key, Cambridge, Mass.: Harvard University Press; dt.: Philosophie auf neuem Wege. Das Symbol im Denken, im Ritus und in der Kunst, Fischer, Frankfurt 1965.

McLuhan, H. M. (1962) The Gutenberg Galaxy, Toronto; University of Toronto Press; dt.: Die Gutenberg Galaxis. Das Ende des Buchzeitalters, Econ, Düsseldorf, Wien 1968.

Miller, G. A., and McNeill, D. (1969) Psycholinguistics, in: G. Lindzey and E. Aronson (eds.) The Handbook of Social Psychology, Vol. III. Reading, Mass.: Addison-Wesley.

Valentine, C. W. (1962) The Experimental Psychology of Beauty, London: Methuen.

Zitierte Literatur

Barthes, R. (1964, English translation 1967) Elements of Semiology. London: Cape.

Benthall, J. (1975) (ed.) The Body as a Medium of Expression, London: Institute of Contemporary Arts.

Berne, E. (1966) Games People Play, London: Deutsch.

Chomsky, N. (1957) Syntactic Structures, The Hague: Mouton.

Clark, K. (1969) Civilisation, London: BBC and Murray; dt.: Glorie des Abendlandes, Rowohlt, Reinbek 1970.

Clarke, D. (1975) The use and recognition of sequential structure in dialogue, British Journal of Social and Clinical Psychology 14: 333-9.

Esslin, M. (1961) The Theatre of the Absurd, Harmondsworth: Penguin Books.

Hampton, P. J. (1945) The emotional element in music, Journal of General Psychology 33: 237-50.

Hockett, C. F. (1960) Logical considerations in the study of animal communication, in: W. F. Lanyon and W. N. Tavolga (eds.) Animal Sounds and Communication, Washington D.C.: American Institute of Biological Science.

Jecker, J. D., Maccoby, N. and Breitrose, H. S. (1965) Improving accuracy in interpreting non-verbal cues of comprehension, Psychology in the Schools 2: 239-44.

Leach, E. (1972) The influence of cultural context on nonverbal communication in man, in: R. Hinde (ed.) Non-Verbal Communication, Cambridge: Royal Society and Cambridge University Press.

Lyons, J. (1970) Chomsky, London: Fontana; dt.: Noam Chomsky, dtv, München, 2. Aufl. 1972.

McKnight, P. C. (1971) Micro-teaching in teacher training: a review of research, Research in Education 6: 24-38.

McPhail, P. (1972) Lifeline, London: Longman.

Merleau-Ponty, M. (1964) Le visible et l'invisible, Paris: Gallimard.

Mepham, J. (1972) The structuralist sciences and philosophy, in: D. Robey (ed.) Structuralism, London: Oxford University Press.

Polanyi, M. (1958) Personal Knowledge, London: Routledge & Kegan Paul.

Scheff, T. J. (1966) Being Mentally Ill, Chicago: Aldine Atherton.

Semeonoff, B. (1940) A new approach to the testing of musical ability, British Journal of Psychology 30: 326-40.

Sidney, E., and Argyle, M. (1969) Training in Selection Interviewing, London: Mantra.

Trower, P., Bryant, B. and Argyle, M. (1978) Social Skills and Mental Health, London: Methuen.

Vernon, P. E. (1930) The phenomena of attention and visualization in the psychology of musical appreciation, British Journal of Psychology 21: 50-63.

Watzlawick, P., Beavin, J. H. and Jackson, D. D. (1968) Pragmatics of Human Communication, London: Faber; dt.: Menschliche Kommunikation. Formen, Störungen, Paradoxien, Huber, Bern 1969.

Wright, B. and Rainwater, L. (1962) The meanings of colour, Journal of General Psychology 67: 89-99.

Autorenregister

Abercrombie, K., 147, 163
Abrams, M., 191, 198
Adams, J.B., 98, 101
Addington, D.W., 333, 336
Alkema, F., 124, 235
Allen, V., 61
Allport, G.W., 250, 253
Altman, I., 294, 300
Altmann, S.A., 47, 52, 54
Andrew, R.J., 48, 54
Anisfield, M., 330, 336
Anthony, A., 172, 183
Argyle, M., 22, 26, 75, 76, 80, 88, 91,
    101, 108, 115, 121, 124, 129, 133,
    145, 159, 162f, 172, 183, 212, 214,
    218, 220, 222, 223, 225, 233, 235,
    244, 253, 260, 266, 285f, 293, 299f,
    329, 336, 347f, 357, 366f
Aronson, E., 172, 183, 367
Auerbach, A.H., 26, 164

Bakan, P., 228, 235
Bannister, D., 145, 192, 198
Barker, R.G., 68, 76
Barthes, R., 321f, 355, 367
Baxter, J.C., 244, 253, 297, 300
Becker, F.D., 294, 301
Beit-Hallahmi, B., 172, 183
Bem, D.J., 106, 115
Benedict, R., 91, 101
Bennett, J.W., 98, 101
Bennthall, J., 352, 367
Berne, E., 359, 367
Bernstein, B., 170, 183
Bersheid, E., 322
Bevan, W., 215
Birdwhistell, R.L., 24, 26, 66, 76, 163,
    209, 214, 237f, 253, 266, 353
Blurton-Jones, N.G., 119, 129
Bosmajian, H.A., 185, 198
Bower, K.S., 133, 145
Breaux, J., 188f
Breed, G., 287, 300
Breitrose, H.S., 348, 367
Brown, J.M., 198
Brun, T., 101
Bruner, J., 233

Bryant, B., 348, 367
Buck, R.W., 111, 115
Bugental, D.E., 126, 129
Burdick, E., 197, 198
Burgess, E.W., 236
Burgess, P., 266, 336
Burma, J.H., 308
Burns, T., 127, 129
Bush, G., 311
Butler, D., 194, 198

Carlsmith, J.M., 235
Carrol, J.B., 101
Caudill, W., 90, 101
Cavan, S., 73, 76
Cavior, N., 322
Cervenka, E.J., 244, 253
Champness, B.G., 223, 236
Chance, M.R.A., 39, 41, 54, 222, 235
Cheek, F.E., 74, 76
Cheyne, J.A., 301
Cheyne, W.M., 331, 336
Chomsky, N., 35, 53, 54, 60, 76, 149,
    163, 353, 356, 367
Christiansen, B., 266
Christie, R., 163, 235
Clark, K., 365, 367
Clarke, D., 356f, 367
Collett, P., 87, 94, 99f, 101
Condon, W.S., 157, 163
Cook, M., 119, 126, 129, 159, 163, 223,
    229, 235, 283, 287f, 299, 301
Coss, R.G., 227, 233f, 235
Crawley, E., 312
Critchley, M., 253
Crook, J.H. 164, 214
Crystal, D., 151f, 163, 334, 336
Cullen, M., 51, 54

Davitz, J.R., 112f, 114f, 326, 328f, 336,
    348
Dean, J., 121, 129, 222, 235, 285f, 293,
    300
Deutsch, F., 247
Diebold, A.R., 163
Dion, K., 316, 322
Dittmann, A.T., 110, 115, 155, 163

368

Sachregister

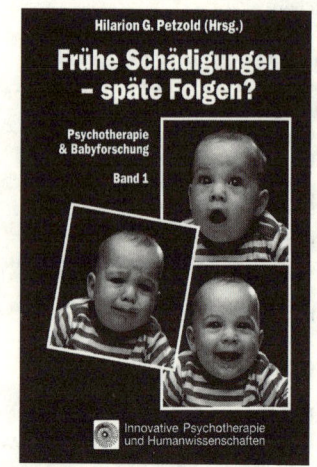